华中师范大学出版基金丛书
学术著作系列

高等教育与大学治理研究

Gaodeng Jiaoyu
Yu Daxue Zhili Yanjiu

陈厚丰/著

华中师范大学出版社
Huazhong
Shifan Daxue Chubanshe

新出图证（鄂）字 10 号
图书在版编目（CIP）数据

高等教育与大学治理研究/陈厚丰著. —武汉：华中师范大学出版社，2022.7
　ISBN 978-7-5622-9741-3

　Ⅰ. ①高… Ⅱ. ①陈… Ⅲ. ①高等教育—文集 Ⅳ. ①G64-53

中国版本图书馆 CIP 数据核字（2022）第 068266 号

高等教育与大学治理研究
ⓒ陈厚丰　著

责任编辑：鲁　丽	责任校对：肖绪旭	封面设计：甘　英
编辑室：高等教育分社	电话：027-67867364	

出版发行：华中师范大学出版社有限责任公司
社　址：湖北省武汉市洪山区珞喻路 152 号　　邮编：430079
电　话：027-67861549（发行部）　　传真：027-67863291
网　址：http://press.ccnu.edu.cn　　电子邮箱：press@mail.ccnu.edu.cn
印　刷：武汉精一佳印刷有限公司　　督印：刘　敏
字　数：440 千字
开　本：710mm×1000mm　1/16　　印张：25.25
版　次：2022 年 7 月第 1 版　　印次：2022 年 7 月第 1 次印刷
定　价：98.00 元

欢迎上网查询、购书

敬告读者：欢迎举报盗版，请打举报电话 027-67867353

前　言

在高等教育大众化、普及化时代，高等教育是一个复杂的"非线性"系统，由数量众多的大学汇聚成的规模巨大的"大学城"类型众多，结构复杂，功能多样。无论是对高等教育系统还是对一所大学而言，要治理好又谈何容易！

纵观世界高等教育和大学演进史，从欧洲中世纪大学的师生自治到国家或地区控制再到法理自治，从德国近代大学的讲座制到美国现代大学的学系制，从20世纪80年代以来英美等西方国家削减大学经费、将大学作为赢利企业来经营到中国坚持政府引导与学术竞争相结合，高等学校的管理模式呈现出从自治到分权、从一元管理到多元治理、从单向管理到交互共治、从政府主导到学术市场导向、从封闭管理到开放管理的发展趋势。今天，就中国高等教育和中国大学来说，一刀切式管理难以为继，放任式管理不可能持续发展，而定量化管理则必然导致趋利化，这都不利于教育强国和"双一流"大学建设。因此，引入"治理"理论，思考中国高等教育和中国大学如何争创一流就具有必然性，研究高等教育与大学治理的有效性不仅必要而且紧迫。基于以上认识，多年来笔者进行过一些积极探索，而拙作《高等教育与大学治理研究》就是这种探索的部分成果。

《高等教育与大学治理研究》一书分为分类和定位篇、高教治理篇、大学治理篇、国际比较篇、大学文化篇、学术评价篇、感念师恩篇及附录八个部分。其中，分类和定位篇收入13篇论文，涉及高等教育分类与定位的基本理论和方法、科学定位的内在机制、学位制度改革、高等学校分类标准与指标及分类实践等问题。高教治理篇收入6篇论文，涉及教育方针、高等教育扩招、高等教育结构、高等教育公平及高等工程教育等内容。大学治理篇收入8篇论文，涉及大学人才培养模式改革、岗位津贴制度、学分制改革、绩效考核、网络引导及纪检工作等内容。国际比较篇收入7篇论文，涉及高等教育的国际化、高等教育分化与重组、高等教育分类政策、国外高校分类法及内部治理等问题。大学文化篇收入4篇论文，涉及青年毛泽东思想、大学文化、中国书院精神及教育传统等内容。学术评价篇收入4篇文章，涉及大学分类法、大学理念、中国书院与大学的关系等内容。感念师恩篇收入3篇文章，追忆了难忘的求学经历和丰富多彩的学术生活，论及师生情、同学情、母校情。附录收录了6篇文章，其中有专家学者对笔者两部学术专著的评价5篇；同行专家论文1篇，涉及对笔者学术影响力的评价。

回顾新中国成立以来我国高等教育的发展历程，我们在倍感骄傲和自豪的同时，更感到的是责任和使命。新中国成立初期，由于经济底子薄、国民教育水平低，我国高等教育发展缓慢，直到1996年高等教育毛入学率也只有8.3%，比世界平均水平低了一半。世纪之交，我国实施了高校持续扩招政策，2002年高等教育毛入学率快速增长到15%，跨过了高等教育大众化门槛。2019年高等教育毛入学率达到51.6%，仅用了17年时间就从大众化阶段进入普及化阶段，我国已建成世界上规模最大的高等教育体系。从发展进程看，我国高等教育进入大众化阶段比大多数西方发达国家晚了40年左右，比美国晚了近60年，进入普及化阶段比美国晚了近50年；从发展速度看，我国高等教育大众化只用了美国三分之二的时间，并计划用15年时间全面实现普及化。这说明，一方面我国高等教育总体水平与西方发达国家相比还有不少差距，必须奋起直追，另一方面21世纪以来我国高等教育发展迅速，在总体规模大踏步赶上西方发达国家的同时必须更加注重质量的提升。

2017年10月，习近平总书记在党的十九大报告中明确要求："加快一流大学和一流学科建设，实现高等教育内涵式发展。"2018年9月，习近平总书记在全国教育大会上深刻指出："教育是国之大计、党之大计。"2019年2月，中共中央、国务院印发的《中国教育现代化2035》首次提出了2035年总体实现教育现代化，迈入教育强国行列的新目标。2020年10月，党的十九届五中全会审议通过的《中共中央关于制定国民经济和社会发展第十四个五年规划和二〇三五年远景目标的建议》再次提出了2035年建成教育强国的宏伟目标。可以预见，"十四五"时期我国高等教育将实现从大众化阶段向普及化阶段的转变，并完成从高等教育大国向高等教育强国的历史性跨越。这意味着人民群众的高等教育需求将从"有大学上"转变为"上好大学"，大学生将从整齐划一的发展转变为个性化发展，高等学校将从同质化转变为多样化。因此，从现在起到2035年，我国高等教育的主要任务是内涵式、高质量发展，高等学校的重点任务是培养一流人才、建设"双一流"大学，而其中最为紧迫的是推进高等教育治理体系和治理能力现代化，不断提升大学治理效能和治理水平。正是从这个意义上说，拙作《高等教育与大学治理研究》的出版适逢其时，既是必要的，也是有意义的。

陈厚丰
2022年4月

目 录

一、分类和定位篇

浅论高等学校分类与定位的若干理论问题 …………………………… 3
我国高校追求"大而全"和"升格热"的外部原因及应对策略 ………… 8
分类评价在研究型大学建设中的必要性及制度设计 ………………… 19
高等教育分类：势在必然还是多此一举
　　——高等教育分类研究的背景和必要性探究 ………………… 26
高等教育分类的方法论问题 …………………………………………… 42
高校定位：自生秩序与分类引导有机结合
　　——兼与邓耀彩博士商榷 ……………………………………… 51
中国高校分类标准及指标体系设计 …………………………………… 63
在分类基础上引导高校科学定位 ……………………………………… 76
中国高等教育分类研究现状述评 ……………………………………… 77
中国高校分类标准及对"985工程"大学的分类尝试 ………………… 86
建立我国高等职业教育学位制度的探讨 ……………………………… 94
我国专业类高校评价标准与指标体系构建 …………………………… 103
我国职业类高校分类初探 ……………………………………………… 113

二、高教治理篇

为人民服务：党的教育方针的新亮点 ………………………………… 125
为人民服务：教育思想理性回归 ……………………………………… 129
扩招以来我国经济结构与高等教育结构的相关性分析 ……………… 131
世纪之交我国高等教育规模扩张政策的评价 ………………………… 139
论多元投入政策视域下的高等教育公平 ……………………………… 150
近十年我国高等工程教育的发展轨迹、困境与路径抉择 …………… 154

三、大学治理篇

论大学创造性人才培养模式的构建与实施 …………………………… 171

对高校实行岗位津贴制度的思考和建议 …………………………………… 177
我国合并高校发展战略初探 ……………………………………………… 182
高校深化学分制改革的微观约束条件及策略 …………………………… 189
高校中层领导干部绩效考核及指标设计探讨 …………………………… 197
公办民助二级学院办学机制探讨
　　——以四川师范大学公办民助二级学院为例 ……………………… 202
立体引导　疏堵并举　把握网络舆情主动权 …………………………… 208
疫情防控常态化背景下高校纪检工作的思考 …………………………… 213

四、国际比较篇

国外高等学校分类法及其评析
　　——以美国卡内基和联合国教科文组织的分类法为例 …………… 221
高等教育国际化≠西方化≠美国化 ……………………………………… 231
近代以来法国高等教育分化与重组的历史考察 ………………………… 236
英国高等教育"双重制"分层政策案例分析 …………………………… 248
国外高等教育分类研究述评 ……………………………………………… 255
英美高等教育分类政策比较
　　——以英国高等教育"双重制"和美国加州《高等教育总体规划
　　（1960—1975）》为例 ……………………………………………… 268
美国大学内部治理考察报告 ……………………………………………… 279

五、大学文化篇

对青年毛泽东追求"大同"理想的历史考察 …………………………… 293
试论提高高校校园文化建设的有效性 …………………………………… 303
岳麓书院教育传统与湖南大学办学理念 ………………………………… 310
中国书院精神之探析 ……………………………………………………… 313

六、学术评价篇

试评《中国大学评价》的大学分类 ……………………………………… 323
大学理念的哲学审视
　　——韩延明《哲学的观点：大学理念》述评 ……………………… 331
理论寓于平实　研究源于问题
　　——读潘懋元先生1983年版《高等教育学讲座》 ………………… 336

中国的书院与大学血脉相连
　　——评邓洪波《中国书院史》 ………………………………………… 344

七、感念师恩篇

"大道"与"大爱"
　　——记潘懋元先生和厦门大学教育研究院的老师们 ……………… 349
难忘的记忆 ……………………………………………………………… 356
学其成时念吾师
　　——潘懋元先生作序的故事 ……………………………………… 360

附　　录

《中国高等学校分类与定位问题研究》序一 …………………………… 365
《中国高等学校分类与定位问题研究》序二 …………………………… 367
《高等教育分类的理论逻辑与制度框架研究》序 ……………………… 371
高等教育分类理论与实践的创新性探索
　　——《高等教育分类的理论逻辑与制度框架研究》简评 ………… 373
高等教育须加强"顶层设计" …………………………………………… 376
我国高等教育研究学术群体可视化知识图谱构建与分析 …………… 378

后记 ……………………………………………………………………… 393

一、分类和定位篇

浅论高等学校分类与定位的若干理论问题

如何引导高等学校分类办学与合理定位是我国高等教育大众化进程中必须解决好的一个关键问题。通过构建适应世界高等教育发展趋势、符合我国国情和高等教育发展规律的高等学校分类标准，加强战略研究和规划工作是促进我国高等教育职能分化的重要途径，也是对高等学校进行科学评价的前提条件。因此，明确界定高等学校分类和定位概念的内涵与外延，探讨分类、定位与评价的关系就显得十分重要而紧迫。

一、高等学校的类型和层次

（一）类型

按照《现代汉语词典》的解释，"类型"是指具有共同特征的事物所形成的种类[①]。

《辞海》对"类型"的解释有三个含义：一是在自然辩证法上，同"层次"组成一对范畴；二是在文学上，指作品中具有某些共同或类似的特征的人物形象；三是在辞书学上，指辞书等工具书按照一定的标准划分成的种类[②]。"类型"指自然界中具有某种共性的事物。把某种属性相似或相同的事物综合起来就成为一类[③]。由此可见，类型是指按照一定的标准，将具有某种共同特性的事物进行划分所形成的种类。

（二）层次

《现代汉语词典》中的"层次"有两个含义：一是指（说话、作文）内容的次序；二是指相属的各级机构。

《辞海》对"层次"一词的解释是：在自然辩证法中同"类型"相对，组

[①] 中国社会科学院语言研究所词典编辑室. 现代汉语词典 [M]. 北京：商务印书馆，1983：687.
[②] 夏征农. 辞海（1989年版缩印本）[M]. 上海：上海辞书出版社，1994：2171.
[③] 夏征农. 辞海（1989年版缩印本）[M]. 上海：上海辞书出版社，1994：1206.

成一对范畴。层次指事物的等级,指自然界中各种事物、两个相邻关节点之间具有某种共同的质的部分。客观事物的某一参数(例如质量、能量、状态、范围)的变化,引起事物存在方式的质的变化,往往就会显示出事物层次的变化。因此,层次是指根据客观事物的若干参数或某一参数的变化而形成的等级。

类型和层次在自然界普遍存在。类型和层次是多种多样的、复杂的,可以按物质的质量、能量、运动状态、空间尺度、时间顺序、组织化程度等标准加以区分。不同物质层次有质的区别,但可以在一定条件下相互转化;不同物质层次既遵循某些共同规律,又各有自己的特殊规律。任何一种物质形态都属于一定的类型,又属于一定的层次,同一层次中有不同的类型,同一类型中有不同的层次。自然界是由不同层次和类型构成的立体动态网络。

(三)高等学校的类型和层次

根据上述解释,现将"高等学校的类型和定位"概念作如下界定:

高等学校类型,是指具有某种共同特征的高等学校所形成的种类。根据分类标准的不同,可将高等学校划分为不同的类型。例如:在计划经济体制下,我国习惯上将高等学校分为综合大学、理工院校、农业院校、林业院校、医药院校、师范院校、语文院校、财经院校、政法院校、体育院校、艺术院校等;根据所履行的社会职能,可将高等学校分为研究型院校、教学科研型院校、教学型院校等;根据学科覆盖面,可将高等学校分为综合性院校、多科性院校、单科性院校等。

高等学校层次,是指根据若干参数或某一参数形成的不同层级的高等学校。例如:根据隶属关系划分,将高等学校分为教育部直属、中央其他部委所属和地方政府所属院校;根据招生范围,将高等学校分为全国性院校、区域性院校、地方院校;等等。

二、高等学校的分类和定位

(一)分类

在《现代汉语词典》中,"分类"是指根据事物的特点分别归类。在《辞海》中,"分类"是指划分的特殊形式。二者的区别是:第一,划分的对象是概念,其目的是揭示概念的外延;而分类的对象是事物,其目的是使事物系统化;第二,划分一般比较简单,可以简单到采取二分法,而分类一般比较复杂，是多层次的，即由最高的类依次分为较低的类、更低的类；第三，划分大都具有临时性，而分类具有相对稳定性，往往在长期实践中使用。

(二) 定位

《现代汉语词典》对"定位"的解释有二：一是指用仪器对物体所在的位置进行测量；二是经测量后确定的位置，这是"定位"的本义。在《辞海》中，"定位"是指在加工、测量工件或装配零部件时，把工件或零部件上已定的基准安放在机床、夹具或其他零部件相应的表面上，以确定其准确位置的过程。"做任何事情，明确自己在整个系统中的位置，即定位，是基础和前提。……办好高等学校的前提和基础同样是定位"①。

(三) 高等学校分类和定位

根据上述"分类"和"定位"的定义，所谓高等学校分类，是指国家教育行政部门通过调查研究，根据高等学校的社会职能和高等学校的特点，将高等学校划分为不同的类型和层次，具有复杂性、多样性、相对稳定性等特点。其目的是在具有相同特点的高等学校之间引入竞争机制，通过发挥横向比较和办学资源配置政策的导向作用，使高等学校做到分工明确、定位准确，形成各自不同的办学特色，以引导高等学校更好地分级分类办学，为国家经济建设、科技进步和社会发展服务，最大限度地发挥高等教育资源的效益。

高等学校分类包括如下五个方面的含义：一是高等学校分类是国家教育行政部门的重要职责，其方式是通过系统研究后提出的；二是高等学校分类的根据是高等学校履行社会职能的情况及其特点；三是高等学校分类的内容主要包括类型和层次的划分，且可以进行多级划分；四是由于高等学校是一个结构复杂的学术机构和专门人才培养机构，相对于其他组织而言，其变革的进程平缓，学术和文化理念丰富多彩、特点各异，因而高等学校分类具有复杂性、多样性、相对稳定性等特点；五是高等学校分类的目的是通过建立一定的规则，促进高等教育职能的分化和高等学校系统化，使同一类型、同一层次的高等学校展开公平竞争，引导高等学校分类办学，从而最大限度地发挥高等教育资源的效益。

所谓高等学校定位，是指高等学校根据自身条件、职能、国家和社会需要以及学生需求，按照扬长避短的原则，参照高等学校类型和层次的划分标

---

① 刘献君. 论高等学校定位 [J]. 新华文摘，2003 (6)：140-150.

准，经过纵向、横向分析和比较，在清醒认识自己的基础、优势和不足的基础上，准确把握自身角色定位，并确定服务面向、发展目标及任务而进行的一系列的前瞻性战略思考和规划活动。我国著名的高等教育学家潘懋元先生指出："高等学校定位不只是高低层次的定位，也不只是学科门类的定位。定位的主要依据应当是高等学校人才培养的职能……"[①] 董泽芳认为：所谓分流机构定位的合理性，是指分流机构能够根据时代发展的需要与自身的条件在分流培养人才的活动中找准自己的位置。据此，他推断这种定位主要包括七个方面：一是对象定位，即招收什么层次、什么类型的学生；二是形式定位，即运用何种形式的高等教育培养人才；三是区域定位，即培养出的人才服务的空间范围；四是层次定位，即培养何种层次的人才；五是类型定位，即培养何种专业或何种学科的人才；六是能级定位，即培养人才的综合实力在同层同类学校中所处的地位；七是特色定位，即培养出的人才与同层同类学校相比有哪些独特的优势[②]。

因此，"高等学校定位"这一概念包含了四层含义：一是定位的主体是高等学校自身，即定位是高等学校面向社会需要独立自主进行的规划活动，政府教育行政部门的主要职责是通过有效的制度安排和市场机制（如高等学校分类和高等教育职能分化规则和办学资源配置规则等）对高等学校定位进行调控与引导；二是定位的依据是高等学校自身的基础和优势、高等教育和科技发展的趋势、国家和社会需要、高等学校职能以及学生成才需求；三是定位主要是回答高等学校应该充当什么角色、承担哪些任务等问题，因此定位的主要内容大致包括学校类型和层次定位、总体目标定位、人才培养目标定位、学科专业定位、办学思路和发展战略定位以及科研方向定位等，其中最为重要的是人才培养目标定位；四是定位必须以建立高等学校的分类标准（基准）为前提，没有多样化的高等学校分类标准，高等学校就没有明确的参照系，也就不可能合理定位，并形成鲜明的办学特色。

三、高等学校分类、定位与评价的关系

高等学校分类、定位和评价相互联系、相互促进，缺一不可。三者的有机结合，可有效地促进高等教育及其机构的健康和持续发展。

---

① 潘懋元，吴玫. 高等学校分类与定位问题 [J]. 复旦教育论坛，2003（3）：5-9.
② 董泽芳. 高等教育分流问题研究 [J]. 高等教育研究，2003，24（4）：35-40.

（一）高等学校分类是进行定位和评价的前提条件和主要依据

没有科学、合理、可行的高等学校分类方法及其标准，高等学校就不可能明确定位，政府就不可能准确把握高等教育及其机构的发展状况，民间组织进行的高等学校评价和排名也就会因缺乏科学依据而失去信度和效度。

高等学校定位和评价是高等学校分类的主要目的。它不仅是政府教育行政部门调控高等教育发展、引导高等学校合理分工的重要手段，也是高等学校科学规划未来发展、及时调适发展进程的重要方法。

（二）高等学校分类是政府教育行政部门的重要职责

政府教育行政部门对目前我国高等学校中存在的分类不清、定位不明、特色迷失、盲目升格等问题不能听之任之，而应当充分发挥分类和评价的政策导向作用。

高等学校定位既是政府教育行政部门的责任，也是高等学校的主体行为。从宏观层面看，政府教育行政部门应当通过组织有关高等学校制定战略规划及中介组织加强评价等方法，促进高等教育职能的分化和高等学校合理分工；从微观层面看，高等学校应当通过加强发展研究和制定战略规划，准确定位，不断明确发展目标和任务。

高等学校评价不仅是政府教育行政部门调控高等教育及其机构发展的重要途径，也是高等学校调控院系发展的重要手段。对院系各项工作进行评价，并将评价结果与办学经费直接挂钩，可引导各院系朝着学校战略规划的方向向前发展。

（原载《中国高教研究》2003年第11期，中国人民大学书报资料中心《高等教育》索引）

我国高校追求"大而全"和"升格热"的外部原因及应对策略

目前，我国高等学校中普遍存在着类型不清、定位不明、目标雷同、特色迷失、盲目追求"大而全"和提升办学层次的"升格热"，致使作为主要担负精英教育职责的重点大学大办成人教育、高等职业教育和网络教育，而作为我国高等教育大众化主力的高职、高专却又一厢情愿地追求学校升格。这不但造成了高校分工较乱和教育资源浪费，而且导致人才培养与产业结构和劳动力市场需求相脱节，已经成为令教育行政部门十分头痛和棘手的难题，必须采取措施予以解决。本文试运用教育的外部关系规律，就造成目前我国高校追求"大而全"和"升格热"的外部原因及其应对策略进行初步探讨。

一、我国高校盲目追求"大而全"和"升格热"的外部原因探析

教育的外部关系规律表明，"社会通过对人才的需求和提供人才培养的资源投入，以促进高等教育的发展"[①]。因此从一定意义上说，我国高校追求"大而全"和办学层次升格的实质是办学资源的竞争，即当规模、类型、层次成为赢得办学资源的约束条件时，争招生指标、争升格、争合并的行为就不可避免。显然，值得反思的不是高校追求"大而全"和"升格热"本身，而是政府教育主管部门制定的办学资源配置规则及其导向的合理性。我们认为，与一般问题不同的是，目前我国高校盲目追求"大而全"和"升格热"的原因主要在高校外部。换言之，高等教育管理体制、办学资源配置规则及其政策导向是导致我国高校模式单一、特色不强、发展目标大同小异和盲目追求规模扩张与层次升格的主要原因。

---

① 潘懋元. 新编高等教育学 [M]. 北京：北京师范大学出版社，1996：15.

（一）高度集中的高等教育管理体制和运行机制，导致高校办学自主权至今没有完全落实

应当肯定，自20世纪90年代以来，我国高等教育宏观管理体制改革取得了新的突破。通过"共建、调整、合作、合并"等方式，实现了高等教育管理重心的下移，初步建立了在国家宏观政策指导下以省级政府统筹协调为主的新体制，形成了"国家和省级政府两级管理、分工负责"的高等教育结构布局。但是，由于各级教育行政部门的职能转变还没有完全到位，高度集中的高等教育管理模式仍然没有从根本上改变，只是由原来的中央集权变为中央与地方分权或有限度的地方集权，致使高校的办学自主权难以真正落实到位。以招生为例，我国至今实行的是"严进宽出"的制度，高校招生规模的确定仍为高度集中的计划模式，分别由教育部和各省、自治区、直辖市教育行政部门确定。在高校连续扩招的过程中，一方面，重点大学特别是进入"211工程"和"985工程"建设的高校为了提升人才培养层次，朝着研究型大学方向发展，并不想过度扩大本专科招生规模（当然也有少数重点高校为求大求全、追求经济效益而与一般院校争生源），但在政府部门的压力之下，却违背教育规律扩大本专科招生规模，而在研究生招生方面又因没有指标无法扩招，导致高层次大学与普通高校争抢本科甚至是高职、高专生源，培养层次和质量下降，加剧了优质教育资源紧缺的状况；另一方面，大部分以教学为主的本专科院校特别是高职、高专又因生源不足导致教育资源浪费。结果，不同类型和层次的高校分工不清、角色错位，政府扩大高职院校招生规模的初衷与实际相背离，高校人才培养规格与产业结构相脱节，使我国本来人才不足与人才浪费并存的现象更加严重。

（二）以规模和身份为标准的经费拨款模式，导致高校盲目追求"大而全"和层次"升格"

我国教育部门对高校的拨款一般分成两大块：一是教育事业费采用综合定额加专项补助的形式拨付。其中，确定综合定额的标准基本上是依据在校生数和生均成本；专项补助主要是依据学校的特殊需要，由高校向教育主管部门申请并经批准确定。二是学校基本建设投资。其中，经常性部分按规定的生均固定资产缺额和高教基建拨款总量限制来确定。在预算管理上，财政对教育部门、教育部门对高校实行"包干使用，超支不补，节余留用"。这种拨款方式是对以前"基数＋发展"模式的改进，体现了高校之间享有政府拨款上的公平，使教育经费与高校事业发展和招生规模紧密结合，有利于扩大高校在办学经费使用上的自主权,促进高校加强财务管理,提高办学的规模效益,"但仍未能考虑到高校不同科类和不同层次之间的差异"①。并且,在这种以规模和身份为标准的教育经费拨款模式下,高校在校学生数是拨款的基本依据,尽管这种拨款模式也实行了公式拨款,但仅仅以学生数作为单一的政策参数,且往往依据前几年的生均综合支出水平、经费开支情况来确定高校经费需求量,实际上使成本越高的高校获得的财政拨款越多。在综合定额一定的情况下,高校获得的经费往往取决于各校的规模,而没有体现高校之间在资源利用效率与社会效益方面的差别,因而资源利用率较低。此外,我国高等教育的专项拨款(如1999年9所创建世界一流大学和随后创建高水平大学的巨额拨款)是以教育部门根据身份确定的,并没有引入竞争机制和绩效评估,缺乏规范性和公正性。同时,由于我国劳动力市场发育还不完善,政府配置办学资源也不是建立在市场机制的基础上,因而毕业生质量和就业率并不对高校的生存和发展产生决定性影响。也就是说,高校的规模扩张和层次升格并不受劳动力市场和产业结构的有效约束,而只受到来自政府提供的办学资源的约束。结果在某种程度上刺激了高校盲目追求规模和身份,使其不切实际地争招生指标、争升格、争改名、争合并,追求"大而全、高而尖",不利于形成高校自我约束的机制。无庸置疑,在政府完全用行政手段配置办学资源的情况下,财政拨款也就难以成为政府对高校发展实行宏观调控的有力手段。

(三)现行的高校分类方式已不适应我国高等教育发展的实际情况

习惯上,我国对高等学校主要采取两种分类方式:一是按隶属关系或管理权限划分,将高等学校分为教育部所属、中央各专业部委所属和地方政府所属三类。按照这种分类法只能大体判断高校的管理层次,而不能真实地反映出高校质量和水平的层次。二是按学科门类划分,将我国高校分为综合大学、理工院校、农业院校、林业院校、医药院校、师范院校、语文院校、财经院校、政法院校、体育院校、艺术院校、其他院校12种类型。这种分类法常用于各种统计之中,虽与学科门类相联系,但实际上只反映高校的学科或专业范围(且其中综合大学、师范院校和其他院校又不是按学科或专业划分的),既不能从整体上反映我国高等教育的水平和高校之间的质量及水平差

---

① 潘云鹤,王生洪,卢铁城,等. 一流大学的财政支持和管理策略:大学管理架构、运行机制改革与调整课题研究报告[J]. 中国高等教育(半月刊),2003(11):17-19.

异,也不能反映一所高校在整个高等教育系统中的地位。经过改革开放以来的快速发展,我国高等教育的面貌发生了巨大变化,不少高校增设了一些新的学科专业,一些高校还获得了自主设置专业权,部分高校由承担单一的教学任务转向承担教学、科研双重任务。同时,一大批民办高校相继创建,一批高等专科学校改制为高等职业技术学院。特别是2000年前后进行的全国高校布局结构调整,从根本上改变了新中国成立以来我国以单一学科、专业为主体的高等教育体系,初步形成了以多科性和综合性大学为主体的类型结构和以多样性为特征的层次结构。显然,再采用这两种分类法,是无法区分众多高校质量和水平层次的,更不可能对其进行横向比较。更为重要的是,在我国高等教育大众化和高等学校日趋多样化的情况下,继续沿用上述分类法必然导致高校分类不清、定位不明,更何况它是建立在身份的基础上,实际上使我国高校的竞争在起点上就是不公平的。因为,高校的层次和类型是由上级部门确定的,而不是依据高校的任务和所作出的社会贡献决定的。

既然这种由上级部门确定的身份决定着一所高校所能获得的政府拨款额,那么对高校来说,追求这种身份就是至关重要的事情。因此,高校出现"升格热"也就不奇怪了。

(四)以办学规模为主要指标的大学综合排名,误导高校片面地进行规模扩张和层次提升

近年来,我国出现了大学"排名热",各种大学排名纷纷亮相,争论也日趋激烈。应当说,大学排名的出现,是我国高等教育发展到一定阶段和水平的产物,也是一种必然趋势。它满足了社会、国家和高校自身发展的需要,促进了高校之间的竞争,在社会上产生了深远的影响。但是,当前一些大学排名,由于指标体系设计不合理、所用数据不准确,特别是其以规模指标为主的评价体系,已经在社会上产生了误导,并对一些高校的声誉造成了损害。众所周知,评价一所高校,不但要有数量指标也要有质量指标,既要有数量判断更要有价值判断。但是,综观我国1987年以来出现的各种排名,在高校人才培养和科学研究的评价上普遍存在重科研轻教学、重数量轻质量甚至是忽视质量的倾向,直到2000年发布《中国大学评价—1998》,大学排名才开始将人才培养纳入排名指标。由于人才培养质量客观上难以量化,在技术上难于操作,结果各种大学排名中对人才培养评价的重点仍然集中在数量上,而培养质量上的差异往往权重很小或被忽略不计,这样学生总数就成为影响高校排名的决定性因素。显然,这种做法是极不合理的。事实上,学校规模并不等于高校的质量，更不等于知名度。"从我国许多大学排名可以看出，排名靠前的大学基本上都是规模宏大的大学；而另外一些大学，尽管其优秀性众所周知，但是由于规模小，培养的人才数量少，排名很靠后。"① 同时，排名指标体系本身也存在片面性。例如，由于社会科学研究与自然科学研究计分标准不尽合理，且将不同类型和层次的高校放在一起比较，结果评价名次信息失真，客观上对一些高校的声誉造成了损害。

如果在排名上以规模、身份和绝对数论英雄的话，那就会产生一种误导，即走内涵式发展之路不如走外延（规模）扩张之路，在排名上立竿见影的最好办法就是扩招、合并、升格、拓展新校区、拼命求大求全求高，至于质量是否下降，那无关紧要，至少在排名中不是主要影响因子。当然，这并非把近年来我国高校盲目追求"大而全"和"升格热"的全部责任都推给大学排名，但我们不能不说，这种以规模为主要指标的大学排名，客观上确实起了推波助澜的作用。

（五）单一的教学评价体系，导致不同类型的高校削足适履、目标趋同、发展同质

为了加强对高校教学质量的监控，20世纪90年代以来，教育行政部门陆续开展了高校教学工作合格评估、优秀评估和随机评估。但是，随着我国高等教育的快速发展，高等学校类型和层次日趋多样化，加上不同类型和层次的高校起点不一、条件各异，单一的评价体系和评估标准也很难用来衡量不同类型的高校。例如生师比、教师队伍的学历、职称、年龄结构等就不能用一把尺子来衡量。同时，高等教育大众化阶段的教育质量与精英阶段的教育质量是不同的，决不能用精英阶段高等教育的标准来衡量大众化阶段多样化的高等教育质量。另外，公立高校与民办高校、重点高校与非重点高校、普通高校与高职高专、全日制高校与成人高校的特点也各不相同。因此，"以单一的指标评估非学术性研究型大学显然是不公平的"②，其负面影响大于正面影响：其一，高校为了确保通过这种单一标准的评估，宁可丢失特色和放弃办学个性，也要削足适履；其二，为了达到不切实际的标准，宁可花费最大的代价，也要搞"人才高消费"，把教师的学历、职称、年龄结构补上来；其三，为了防止不合格，有的高校不惜搞突击，甚至弄虚作假、伪造数据。

---

① 裴云. 艰难的选择：大学排名中的质量评价问题［J］. 教育发展研究，2002（11）：67-70.

② 潘懋元，吴玫. 高等学校分类与定位问题［J］. 复旦教育论坛，2003（3）：5-9.

在这样的评估指标引导下,我国高校出现分类不清、定位不明、发展目标大同小异以及"升格热"就具有某种必然性,而出现高职高专不安心搞大众教育、千军万马奔精英教育之路的现象也就不足为奇了。

(六)以文凭为本位的社会风气,助长了高校的"升格热"

基于"学历越高、能力越强"的虚假前提假设,目前社会上普遍存在着片面追求高学历的现象,不少用人单位不是根据实际需要,而是盲目追求人才的"高消费"。结果,一方面用人单位难以招聘到满意的人才,另一方面又出现了大学毕业生"就业难"。在干部选拔工作中,不少部门将高学历、高学位作为前提条件,致使干部队伍中出现了"考研热""读研热"。中学生及其家长中也弥漫着一种浓郁的"学历本位"氛围,部分中学生热衷于考重点、考名牌,以至于非重点大学不上、非名牌大学不上、非本科不上,宁可复读也不愿意上高职、高专,出现了所谓"复读大军"的怪现象。在这样一种以文凭为本位的社会风气带动下,一般本科院校和高职、高专及成人高校普遍生源不足,而重点大学资源有限、生源过剩,导致精英型高等教育资源紧缺和大众型高等教育资源浪费现象并存。一般本科院校和高职、高专为了争夺生源以图生存和发展,就想方设法拼命追求办学层次的升格,中专学校想升专科、专科院校想升本科、高职院校想变为普通高校、本科院校想变成重点院校、重点院校都想办成世界一流大学,各高校纷纷提出了大同小异的发展目标,使我国高校本来存在的"千校一面"和人才培养中存在的"千人一格"的现象更加严重。

二、我国高校盲目追求"大而全"和"升格热"的应对策略

如前所述,造成目前我国高校追求"大而全"和"升格热"的原因主要在外部。因此,要从根本上解决这个难题,需要各级政府发力。必须从思想观念和管理体制两个方面双管齐下,并着重在管理体制和运行机制上下功夫,大力进行制度创新和政策调整,使不同类型和层次的高校各安其位、各司其职、密切配合、提高水平、办出特色。

(一)彻底打破"新瓶装旧酒"的僵局,认真落实高等学校的办学自主权

我国高等教育管理体制改革的实质,就是如何处理好政府、高校和市场

三者之间的关系。应当看到,已经基本结束的全国高校布局结构调整,只是把条块分割改变成块块分割,而在政府与高校、高校与市场的关系上还没有理顺,高等学校自我发展、自我约束的机制还远没有形成。因此,应当坚持以市场配置办学资源为基础,国家引导与市场调节相结合的方针,政府要切实担负起公正、有效配置办学资源的责任,并在提供教育经费、制定高校竞争规则、指导与监督高校运行方面下功夫;必须加快转变教育行政部门的职能,实现从计划管理向宏观调控的真正转变,努力防止由中央集权演变为地方集权;必须从整体上把高等教育作为产业来运作,真正建立起中央和地方分级管理、高校面向社会自主办学、市场配置教育资源、社会各方面共同参与的高等教育运行机制,彻底打破"新瓶装旧酒"的僵局。具体来说:第一,实行分级、分层管理的模式,明确划分各级政府教育行政部门的职能,大幅度收缩教育行政部门直接管理高校的权限,促使其将主要精力放在通过法规、政策、拨款、评价等手段对高等教育进行宏观调控上;第二,引入产业运作机制,建立以市场为导向的办学资源配置规则,推进高校所有权、管理权和经营权的规范分离,积极进行"国有民营""民办公助"试点,使高校真正成为自主办学的法人实体,高校的党委书记和校长真正成为最终责任人;第三,改革高校人事管理体制,打破"人才单位所有制",实行高校教职工的非公务员化,建立起有序流动、开放竞争的动态用人制度。

(二)加强对高等学校分类和定位问题的研究,以全新的视角构建适合我国国情的高校分类分层标准

如前所述,我国高校类型不清、定位不明的重要原因,在于我们在理论上对我国高校类型和定位问题研究不够,还没有建立起公认的高等学校类型、层次划分的原则和标准。我们认为,重新构建的我国高校分类分层标准应当具有以下四个基本属性:第一,具有包容性,提出的高校分类、分层标准应该能涵盖目前我国绝大部分从事高等教育的机构(招收研究生的科研院所除外),体现我国高等教育多类型和多层次的特点;第二,具有科学性,划分依据应该能全面体现我国高等学校的三大社会职能,划分的标准应该一致,具体指标应当经过实践检验,特别是量化指标应当经过概率统计分析并进行验证;第三,具有简洁性,划分的类型和层次应该简洁明了,指标不宜过细过多,并坚持价值判断与数量判断相结合;第四,具有普适性,分类、分层标准应与我国以往的高校分类、分层习惯相联系,适用于我国所有高校,又容易为社会各界所接受。

基于以上基本认识,我们建议:第一,进行合理分类。具体来说,就是先根据高校办学经费的来源将高校区分为公办高校和民办高校两个一级类型;接着,以高等学校的人才培养、科学研究和社会服务三大社会职能为依据,将我国高校划分为研究型、教学科研型、教学型、应用型四个二级型,其具体划分标准主要是根据各高校承担三大社会职能的比重来确定;然后,根据学科(专业)覆盖面,将上述四型同时区分为综合、多科、单科三个二级类,具体划分标准主要是根据学科门类(专业)的覆盖面及其所占比例;最后,将二级类和型综合起来,可把我国高校划分为 12 种二级类型(见表1)。第二,划分高校层次。为淡化身份和隶属关系,根据服务面向和招生范围将全国高校(包括公办高校和民办高校)区分为全国性高校、区域性高校和社区性高校三个层次。经过这样的类型和层次划分,每一所高校所属的类型和层次就一目了然了。在此基础上,政府教育主管部门根据高校的类型和层次制定相应的资源配置政策,促使同一层次、同一类型的高校展开公开、合理的竞争。各高校只要在其所属类型和层次上达到国内最高水平,就应视为国内一流大学,以引导各高校安心于各自的类型和层次,并在不同的类型和层次上把学校办出特色、办出水平。

表 1 我国高校类型划分表

学科(专业)\职能	综合类	多科类	单科类
研究型	综合类研究型	多科类研究型	单科类研究型
教学科研型	综合类教学科研型	多科类教学科研型	单科类教学科研型
教学型	综合类教学型	多科类教学型	单科类教学型
应用型	综合类应用型	多科类应用型	单科类应用型

(三)改革高等教育经费拨款体制,建立公平与绩效有机结合的高校拨款制度

从 2000 年起,财政部对财政预算进行了改革,其中对中央部门的预算核定方式改为基本支出预算和项目支出预算。因此,进行高等教育财政拨款方式改革应与国家财政预算改革相衔接,同时,应当明确,分类、分层办学与资源配置直接挂钩,是充分发挥政府监控和评价功能的关键。要按照"公开、公正、竞争、效益"的原则,积极推进我国高等教育财政拨款制度改革:一是实行高等教育财权与事权的统一,将高等教育经费预算的编制权、教育经费的分配权划归教育行政部门,使之有效行使高等教育的宏观管理权与调控权，提高高等教育资源使用效益。二是建立高校办学效益评估制度，促进拨款与评估的结合，以充分发挥拨款制度的政策导向作用。三是分级设立中介机构——高校拨款委员会，负责研究并向教育行政部门提出高校经费分配方案。四是推行公平与绩效相结合的拨款方式，将高校拨款分为日常运行拨款和项目拨款两类。其中，日常运行拨款以公平为原则，采用公式拨款法，按照不同类型高校的生均成本、成本分担比例和学生数进行拨款，以保证基本运行经费起点上的公平；项目拨款则以效率为原则，引入竞争机制，与办学绩效直接挂钩，采用合同拨款法，根据专项评估结果、办学的质量和水平拨款，以达到"扶强扶优扶新"的目的。项目拨款具体可分为评估专项拨款（含教学质量评估、学科专业建设评估、科研基地建设评估、研究生院水平评估等）、"211工程"建设专项拨款、"985工程"建设专项拨款、纵向科研项目拨款等种类。凡达到评估标准或建设目标的就给予基本数额拨款；评估获得优秀或超额完成建设任务的给予奖励性拨款；对评估不合格或专项建设验收未通过的，取消其获得经费的资格。

（四）分类重构科学合理的高校评价体系，推进评估制度化

由于我国社会目前正处于转型期，长期形成的计划管理模式在高等教育管理中还广泛存在，尤其是在我国高校分类和定位问题理论研究不够和缺乏普遍认同的高校分类、分层标准的情况下，急于进行高校综合评价往往会事与愿违，不仅无助于当前高校"升格热"问题的解决，反而有可能进一步助长"升格热"。近年来的评估实践也表明，教学合格评估是成功的，但优秀评估和随机水平评估的难度很大，且由政府主导评估效果并不理想。因此，建议各级教育行政部门首先集中精力抓好分类评估指标体系的建立，并推进单项评估，如重点实验室评估、图书资料评估、重点学科评估、重点专业评估、研究生院评估等，在此基础上再逐步过渡到综合评估则是顺理成章的事。这里有几点值得注意：一是政府教育行政部门应尽早将各类评估委托给相关中介机构，同时负责对中介机构的评估进行元评估；加快发展有权威性的中介评估机构（如高等教育学会、各类学科专业建设委员会等），并实行评估资格准入制度，防止利用评估敛财和评估行政化倾向。二是加强评估研究及指标体系的设计，特别是产出指标体系的研究和设计，"应当按照不同类型高校制订不同的评估指标"[①]，最好是以应用性科研项目形式，将各类评估体系的设

[①] 潘懋元，吴玫. 高等学校分类与定位问题 [J]. 复旦教育论坛，2003（3）：5-9.

计任务分别交由专门的高教研究机构研究，并将其指标体系进行必要的验证和评估试点，在基本成熟的基础上再普遍推开。三是及时向社会公布评估结果，并将评估结果与经费拨款直接挂钩，以发挥评估的政策激励和约束作用。

（五）规范大学排名，提高大学排名的信度和效度

从本质上说，大学排名与教学评估一样，也是一种比较性评估。进行比较的前提条件是比较对象必须具有可比性。换言之，进行比较的对象必须同质，属于同一类型、同一层次，将不同类型和层次的对象放在一起比较就会使比较失去信度和效度。可见，当前各种大学排名之所以引起争议，是因为这些排名首先违背了可比性原则，没有建立公认的高校分类、分层标准就试图发布综合性排行榜，同时比较时使用的具体指标和数据又没有经过验证和核实。对此，教育行政部门既不能简单"叫停"，更不能听之任之，而应当以积极的态度，运用法规和行政等手段尽快予以规范，使其真正发挥指导考生及家长择校，吸引社会关心高等教育发展并将资金投向高等教育，引导高校更好地分类、分层办学等作用。具体来说，第一，要加强我国高校分类、分层标准的研究和规范，并向各排名机构推介。第二，要加强全国高校基本数据库建设，并及时向社会发布，为各种评估或排名提供真实可靠的高校信息。第三，要制定有关高校排名的法规，规范排名机构的操作程序。例如，在法规中可以规定：排名机构应当使用国家认可的高校分类和分层标准，应当使用国家统一公布的高校信息，应当有一定数量的同行专家、用人单位及社会各界人士的评价，应当向相关高校核实数据并予以确认，应当在正式公布排名结果前进行历史分析和数量验证，等等。对违反有关法规，出于商业化炒作目的进行大学排名并损害大学声誉的，要依法予以查处。只有规范排名的分类、分层标准和操作规程，才能从根本上解决目前大学排名中存在的问题。

（六）加强舆论引导，推动社会风气由"学历本位"向"能力本位"转变

从一定意义上说，出现"学历本位"的基本原因是我国高学历人才缺少。因此，一方面我们要加强舆论引导，大力倡导"唯才是举、能力本位"的观念，破除"学历越高、能力越强"的错误观念；另一方面要扫除用人上的体制性障碍，形成"能力本位"的制度环境。具体来说，一是实行真正意义上的聘用制，推行评聘分离，建立按能力和绩效用人的制度，真正做到"职务能上能下、人员能出能进、薪酬能高能低"，形成凭能力用人、凭实绩用人的局面；二是实行行业资格准入制度，对那些专业技术性强的工种，必须取得

相应的专业资格证书才能应聘或聘用；三是实行学历最低工资标准制度，即聘用不同学历的人才，必须按国家规定的相应学历的最低工资标准支付薪酬，凡违反规定的处以高额罚金，从而从制度上杜绝人才"高消费"现象。

（原载《现代教育科学》2004 年第 5 期，中国人民大学书报资料中心《高等教育》2004 年第 7 期摘要）

参考文献：

[1] 潘懋元. 潘懋元论高等教育 [M]. 福州：福建教育出版社，2000.

[2] 范文曜，马陆亭，张伟. 国际高等教育日趋明显的评估对拨款的影响 [J]. 中国高等教育，2003，24（8）：40-41.

[3] 王寰安，张兴，包海芹. 中国高等教育拨款模式改革研究 [J]. 江苏高教，2003（2）：9-12.

[4] 江崇廓，叶赋桂. 综合性、研究型、开放式：创建世界一流大学的现实道路 [J]. 清华大学教育研究，2002（2）：7-13.

[5] 董秀华. 对我国大学排行实践的回顾与思考 [J]. 清华大学教育研究，2002（4）：90-95.

[6] 沈红. 美国研究型大学形成与发展 [M]. 武汉：华中理工大学出版社，1999.

[7] 乔玉全. 21 世纪美国高等教育 [M]. 北京：高等教育出版社，2000.

分类评价在研究型大学建设中的
必要性及制度设计

随着高等教育"211工程"和"985工程"的持续实施,我国研究型大学建设的理论和实践问题引起了人们更多的关注和思考。如何建构分级管理、自主办学、特色发展的内部运行机制,使研究型大学的定位由学校逐级传递并落实到院系、学科和教师,是当前我国研究型大学建设过程中亟待解决的重要问题。本文拟从研究型大学这一层面,探讨分类评价的必要性及其制度设计问题。

一、分类评价在研究型大学建设中的必要性

按照国际公认的标准,2002年我国已跨入高等教育大众化阶段。在这一宏观背景下,我国高等教育系统中精英教育与大众教育的矛盾日益凸显。一方面,1999年以来实行的高校连续扩招政策,使精英型大学的校均规模急剧扩大,保护精英教育的呼声高涨。另一方面,为满足人民群众日益增长的高等教育需要,一大批大众型高校(如高职院校和民办高校)应运而生。但是,无论是在精英型大学还是大众型高校内部,目前都存在着分工不清、定位不明、齐头并进、发展模式趋同等问题。究其原因,很大程度上可归因于以一刀切为特征的评估考核体系。因此,分类评价是我国高校应对高等教育大众化时代诸多挑战的明智策略。我们认为,对于研究型大学来说,分类评价不仅是其调控所属院系、学科和教师分类办学、特色发展、各展所长的有效手段,也是建构分级分类管理、自主办学的良性运行机制的关键。这是因为:

(一)从准确定位的角度看,研究型大学必须以分类评价作为传递并落实学校定位的中介

众所周知,定位是高等学校规划未来发展、及时调适发展进程的重要方法。简言之,高校定位实际上是高等学校根据社会发展需要和各自实际,明

确自身在整个高等教育系统及同行中的位置，准确把握自身角色，并确定发展目标、服务面向及任务而进行的一系列前瞻性战略思考和规划活动，而研究型大学是以创新性的知识传播、生产和应用为中心，以产出高水平的科研成果和培养高层次精英人才为目标，在社会发展、经济建设、科技进步、文化繁荣、国家安全中发挥重要作用的大学，因而在研究型大学建设过程中首要的任务是准确定位。尽管研究型大学在社会职能、人才培养目标和办学水平上具有共同的特征，但具体到每一所研究型大学则往往因其历史传统、地理位置、学科特点、能级和关注点的不同而体现出不同的特色。也就是说，研究型大学定位应当是"百花齐放、百家争鸣"，而不是"千校一面"。并且，既然定位是在一定教育理念指导下对学校未来发展进行的前瞻性思考和科学构想，那么它毕竟只是一种关于学校的"应然"描述，而非学校的"实然"状态。因而想要将学校的定位逐级传递到所属院系、学科和教师个人，并使其朝着学校定位的方向健康发展，则必须依靠分类评价。换言之，分类评价是研究型大学的定位能否落实、规划是否得到切实执行的中介。

（二）从研究型大学宏观管理的角度看，必须以分类评价作为学校调控发展的有力手段

自 20 世纪 90 年代以来，通过高等教育宏观管理体制改革和高等学校布局结构调整以及连续扩招，我国研究型大学的校均规模急剧扩大，院系设置增加，学科（专业）结构趋向复杂，综合实力明显增强，但随之而来的是多校区办学，学科（专业）实力差异明显，教师水平参差不齐。也就是说，在目前我国研究型大学内部的院系、学科和教师队伍结构日趋复杂多样的情况下，必然要求实行分级分类管理，建立起校院两级管理、以院为主并对院系、学科和教师进行分类管理的模式，否则就容易导致研究型大学内部管理无序。同时，办学资源总是有限的，研究型大学在建设和发展过程中，必须坚持"有所为有所不为"的原则，找准发展的重点和突破口，通过实施"雁式发展"战略，实现跨越式发展，既无必要也不可能实行"齐头并进"战略。而重点和突破口的选择、"有所为有所不为"项目的确定，必须持之以据，令人信服。我们认为，对院系、学科和教师个人进行分类评价的结果，就是其重要的政策依据。

（三）从研究型大学资源配置的角度看，必须以分类评价作为最主要的根据

应当看到，随着我国社会主义市场经济体制的建立和高等学校面向社会

依法自主办学格局的形成，高等学校已进入市场竞争的轨道。研究型大学要加快自身建设和发展步伐，就必须引入竞争机制，并将社会的需求和其面临的竞争压力逐级传递到院系、学科和教职工。从一定意义上说，国内外高校之间以及研究型大学内部院系之间、学科之间、教师之间的竞争，实质上是资源的竞争。因此，科学、合理地配置各种办学资源，努力提高办学资源的利用率，是研究型大学领导层应该关注的关键问题之一。目前，在我国教育部所属的大学内部，普遍推行了目标管理责任制和院系经费总额动态包干。这一制度的实行，扩大了院系自主权，释放了院系的办学活力，有效地调动了教师的积极性，但是由于包干的主要根据是学生规模，包干目标和考核标准一刀切，同时"超支不补、节余留用""增人不增资、减人不减资"等政策的实行也导致诸如院系盲目扩大招生规模、补充教师的积极性不高和学科专业建设求全、求高等问题的出现。因此，研究型大学十分有必要完善现行考核政策，并通过分类评价的办法，为合理配置办学资源提供更加科学、可行的根据。

二、研究型大学分类评价的制度设计

加速研究型大学建设，其根本还在于研究型大学自身，通过建立分类评价制度，形成分级管理、自主办学、特色发展的良性运行机制。应当明确，研究型大学分类评价的制度设计必须有利于院系、学科和教师各展所长、分类发展、强化特色，有利于建立分级管理、自主办学的内部运行机制，有利于形成公平竞争、优胜劣汰的良好格局。按照这些原则，我们认为，研究型大学分类评价的制度设计大致包括两个方面：

（一）对院系建设和发展的绩效进行分类评价

在研究型大学中，由于办学历史、学科特点、承担任务的不同，院系之间的实力和水平存在较大差异。有的院系办学时间较长、学科实力雄厚，有的院系创办时间较短、学科基础薄弱；有的院系属工学，有的院系属理学，有的院系属人文学科，有的院系属社会科学学科，还有的主要担负公共基础课教学任务，这就决定了院系之间在研究型大学建设中的分工、特点、担负的任务和所起的作用各不相同。因此，对具有不同特点和作用、担负不同职责和任务的院系，在评价其办学绩效时就应当进行分类，也就是根据其职能、任务、特点建立起相应的评价指标体系，使同一类型的院系展开公平合理的竞争，从而形成优胜劣汰的良好环境。具体来说，我们可以根据院系人才培养的类型和教学、科研产出的比重，将院系分为研究型院系、教学科研型院系、教学型院系（具体划分标准见表1）。为解决不同学科门类院系之间的横向比较问题，我们还可以根据学科（专业）的特点将院系区分为工学类、理学类、人文社科类和公共基础课类，从而在同类型院系之间引入竞争机制。例如，土木工程院系、环境工程院系、计算机院系、电气与信息工程院系可划为工学类，而数学、物理、化学等院系可划归理学类，语言文学院系、新闻传播院系、政史院系可划归人文社科类，公共外语系、"两课"教学部和体育部等可划归公共基础课类。在此基础上，针对不同类型的院系，建立起相应的评价指标体系，并引导其相互竞争。

表 1 研究型大学院系类型划分标准

院系分型	教学比重	科研比重	特征描述
研究型院系	40%	60%	以培养拔尖创新的研究型人才和产出原创性科研成果为主要目标，以科学研究为导向，以研究性教学为主体，在研究型大学中处于优先发展地位，对研究型大学建设起带头作用。这类院系办学时间长，基础好，学科实力强，科研水平高，本科教育与研究生教育协调发展，博士点和硕士点较多
教学科研型院系	50%	50%	以培养高水平专门人才为主要任务，以教学科研并重为特征，在研究型大学中处于重点发展地位，对研究型大学建设起骨干作用。这类院系办学时间较长，基础较好，学科和科研水平较高，有少量博士点和一批硕士点
教学型院系	70%	30%	以培养高素质专门人才为主要任务，并围绕教学开展科研工作，承担大量教学工作任务，在研究型大学中起基础支撑作用。这类院系一般为新创办院系和主要从事公共基础课教学任务的院系，主要从事本科教育，部分院系有少量硕士点

（二）对教师实行分类设岗和考核

由于兴趣、爱好和特长的不同，研究型大学的教师实际上也存在不同的类型。自前几年我国高校普遍实施岗位津贴制度以来，各高校相应建立起了岗位考核制度，但是目前还存在考核类型单一、标准一刀切、重数量轻质量、重科研轻教学等问题。为此，我们认为，必须根据不同教师的兴趣和特长、以往的业绩，实行分类设岗和考核。具体来说，可以将教师岗位区分为科研为主型岗位、教学科研型岗位、教学为主型岗位三类（岗位控制比例和任职条件见表2）。然后，再根据其教学科研水平和工作实绩进行分级，如校聘关键岗位、院系聘关键岗位和一般岗位或者一、二、三级岗位等等。

表 2　研究型大学教师岗位类型和任职条件

岗位名称	岗位控制比例	岗位任职条件
科研为主型岗位	30%	具有正高职称或博士学位，或者以科研见长，科研课题（项目）级别高、数量多，且科研业绩突出的副高以上职称教师
教学科研型岗位	55%	具有副高以上职称，教学科研能力强，科研实绩仅次于科研型教师但高于教学型教师
教学为主型岗位	15%	以教学为主要任务，教学质量高、教学成绩突出且具有副教授职称以上的教师或从事教学工作不满五年的助教或副教授以下职称的中青年教师

三、研究型大学实行分类评价时应注意的几个问题

研究型大学实行分类评价的主要目的是在同一类型的院系、学科和教师中引入竞争机制，并分类引导院系、学科和教师各展其长、各得其所，以充分调动各方面的积极性，并将学校定位和发展的责任逐级落实到基层。为了充分发挥分类评价的功能，研究型大学在实行分类评价制度时还应注意如下几个问题：

（一）研究型大学必须根据各自的实际情况，进行科学合理的院系和教师分类

进行分类评价的前提条件是科学分类。不同的研究型大学具有不同的学科结构、教师结构，这就要求分类时必须根据本校的具体情况进行分类，各类型院系和教师岗位设置的比例应该有所区别（本文第二部分提出的比例只是就一般情况而言的），也允许进行适当调整。但是，值得注意的是，无论是院系分类还是教师岗位分类，都应该遵循划分标准一致、同类比较、简洁明

了的原则。如果分类的标准不一,指标体系过多,就很难在实际中操作。

(二)建立起教学、科研工作量折算制度,以鼓励不同类型的院系和教师发挥各自的特长

实践证明,分类评价制度能否实现其预期功能,关键在于其是否具有足够的弹性。也就是说,教学、科研工作量能否相互折算和沟通,是否具有开放性,是判断其优劣的重要标尺。尽管不同类型的院系和教师应该而且必须具备基本的定量和定性标准或任职条件,但是在具体的操作中,业绩或特长完全相同的院系和教师实际上是不存在的。因此,有必要建立起不同类型院系和教师教学科研工作量和业绩相互折算制度。例如,在一定情况下,既允许研究型院系以教学工作量折算一定限额的科研工作量,也允许教学型院系以科研工作量折算一定限额的教学工作量。同理,对不同类型的教师,既允许科研型教师也允许教学型教师相应折抵一定限额的科研工作量和教学工作量。但是,这种折算应当有一定限额。例如,对于研究型院系,以教学工作量折抵科研工作量时应不得高于其科研工作量的10%;而对于教学型教师,以科研工作量折抵教学工作量时应不得高于15%。之所以规定一定折抵限额,主要是为了保持相应院系和教师定位的稳定性,以避免相互串岗而导致学校整体定位和规划的落空。如果某些院系和教师经过一段时间的实践,证明原有类型不适合其特色和特长的发挥,也可以允许其根据实际情况重新定位,但必须在上一个考核周期结束、新的考核周期开始时才能变更。

(三)分类评价的结果必须与资源配置和岗位考核及岗位津贴直接挂钩

我们认为,研究型大学建设和发展的内驱力主要来自资源的竞争,因而是否与资源配置和岗位津贴直接挂钩,是发挥分类评价作用的关键。为了充分发挥分类评价在促进研究型大学建设中的作用,必须将分类评价的结果作为资源配置和确定岗位津贴的主要根据。具体来说,对于院系而言,院系办学绩效评价的结果应该成为学校对院系配置办学资源的根据。例如,对于按时按质完成目标和任务的院系,如数拨给其各类办学资源;对于没有完成任务的,应逐年减少其办学资源总量的5%;对于超额完成承包任务的院系,可在原办学资源总量的基础上奖励10%。对于教师而言,聘期考核的结果应该是决定其岗位津贴额的主要根据。例如,对于超额完成岗位目标和任务的教师,可以升级考核,经考核合格,可以按新级别兑现岗位津贴,并给予相应的奖励。对于考核不合格的教师,可允许其降级考核,经考核合格,可按

降级标准兑现岗位津贴。这样一种优胜劣汰、具有弹性的考核评价机制,有利于贯彻分类办学、各展所长的原则,充分调动各类院系和教师的积极性,从而加快研究型大学的建设和发展步伐。

(本文系与章兢、孙宗禹合作撰写,本人为第三作者,原载《大学教育科学》2005年第3期)

参考文献:

[1] 陈厚丰. 中国高等学校分类与定位问题研究 [M]. 长沙:湖南大学出版社,2004.

[2] 王战军. 中国研究型大学建设与发展 [M]. 北京:高等教育出版社,2003.

高等教育分类：势在必然还是多此一举
——高等教育分类研究的背景和必要性探究

伴随着高等教育大众化进程，近年来我国政府相关部门和学术界关于高等学校的分类研究逐渐成为一个热点问题。然而，对于学术界是否需要进行高等教育分类研究，是否需要通过政府制定分类政策引导高等教育发展、适度干预高等学校分类办学问题，目前存在明显的分歧。本文从高等教育分类研究的时代背景和必要性及意义两个方面展开论述，以期能够为澄清认识、理清思路、达成共识起到积极作用。

一、高等教育分类研究提出的背景

（一）高等教育从社会的边缘逐步走向社会的中心，日益成为国家、社会和个人发展的核心要素

随着现代科学技术和知识经济的发展，世界各国经济社会发展越来越依赖于教育特别是高等教育的发展。高等教育不仅为经济社会培养所需要的学术研究人才、领袖人才、经营管理人才和高级劳动者，而且为社会各行各业提供各种学历学位证书和职业资格证书；高等院校不仅成为各国用以遴选和培养各类高级专门人才的机构，也成为个体实现社会流动、获得职业声誉和社会地位的必经之所。由于当今世界大多数国家及其组织和企业已经把高等教育的学历学位视为甄别人才、录用员工的前提条件，因而高等院校掌握着巨大的"权力"（颁发学历、学位或资格证书）。同时，高等教育不仅为国家提供科学技术成果、增强国家科技竞争力，也为国家提供先进思想、战略咨询、文化整合、理性反思，增强国家的软实力；不仅为社会创造精神财富，也能为社会创造物质财富；不仅为个人提供个性全面、充分自由发展的途径，也为那些处于社会底层的人们提供向社会上层流动的通途。可以说，高等教育的发展状况与人类社会、世界各国、各种组织和每一个人的发展息息相关，因而它也成为国家、社会和个人发展的核心要素和共同关注的对象。正如美

国教育社会学家马丁·特罗（Martin Trow，1984）所指出的，"高等教育已经开始向社会中心移动，开始通过积极参与广泛的社会活动来确立自己的合法地位"，因此他主张"普通教育和职业教育必须携手并进"[①]。美国比较教育学家阿尔特巴赫也认为，"现代大学则处在国际知识体系中心……大学仍然是学问的主要中心，是汇集智慧的仓库"，"在以知识为基础的21世纪社会里，大学将一如既往地处于经济与文化发展的中心地位"，"作为一个教学和科研机构，一个为社会流动提供机会的机构，一个有专门技术和专业能力的机构，大学在现代社会中仍将发挥不可或缺的作用。在过去不到一个世纪的时间里，大学已经从一个虽小但精英荟萃的、完成有限教育使命的机构，变成了以知识为基础的社会的火车头"[②]。正是由于高等教育发展状况已经成为关系一个国家和民族前途与命运的重大问题，所以，各国政府纷纷通过各种法规和政策引导、鼓励、干预高等教育的发展，社会各界也对高等教育的发展给予了高度关注。

（二）高等教育结构日趋复杂化和多样化，世界各国高等教育系统出现了明显的分化

随着高等教育大众化、普及化趋势的发展，高等教育系统不断分化和重组，横向上出现了教育类别的分化，纵向上出现了教育层次的不断增加，并日趋复杂化和多样化。从纵向结构（教育层次）上看，高等教育层次出现了向上发展和向下延伸的趋势，在原有的专科、本科、研究生教育的基础上，向上发展到博士后研究项目，向下延伸到高等职业技术教育，或者说职业技术教育向上发展到高等职业技术教育。从横向结构（教育类别）上看，高等教育分化出普通高等教育和职业高等教育两种类型。其中，普通高等教育又分化为学科型高等教育和专门型高等教育。例如，自20世纪60—70年代以来，英国逐步形成了传统大学（大学）与多科性技术学院和其他学院（非大学）两大系统并立的"双重制"模式，但在1992年英国议会通过《继续教育和高等教育法案》后，多科性技术学院相继升格为大学。尽管这标志着英国"双重制"的终结，但仍然在一定程度上保持了其培养技术应用型人才为主的

[①] 布鲁贝克. 高等教育哲学[M]. 王承绪，郑继伟，张维平，等译. 杭州：浙江教育出版社，2002：91；95.

[②] 阿特巴赫 P G. 比较高等教育：知识、大学与发展[M]. 人民教育出版社教育室，译. 北京：人民教育出版社，2001：1.

特色①。并且，由于多科技术学院办学水平不一，以至于英国社会对这项取消"双重制"的改革法案产生了争议，甚至有人主张只保留60余所大学，而对其他办学水平较低者仍改回多科技术学院②。法国高等教育则分为"精英教育"和"大众教育"两个系统。承担"精英教育"任务的是"大学校"，实行严进严出，而承担"大众教育"职责的是综合大学和短期职业技术学院，实行宽进严出③。德国高等教育系统实行的是"双元制"，即大学和高等专业学院相互分工，大学为学术型高等学校，而高等专业学院为职业应用型高等学校④。美国高等教育体系中同样存在着这一现象。例如，二战后建立的州立大学，与美国南北战争以前建立的州立大学和19世纪后半叶作为技术和农业研究中心建立起来的赠地学院并不相同，它们是第二次世界大战以后通过院校升格发展起来的，其前身是19世纪的师范学院，20世纪初发展成为教育学院，20世纪30—50年代发展成为州立学院，20世纪60—70年代发展成为州立大学的分校，尽管这些二战后的州立大学名称发生了巨大变化，但都没有引人注目的研究能力，也没有授予博士学位的权力。因而马丁·特罗（Martin Trow）认为，它们更像欧洲国家的非大学的高等教育部门⑤，至于美国的社区学院（初级学院），则更是明显属于职业高等教育系统（非大学部门）。日本高等教育系统实际上也分为学术性高等学校与应用性高等学校。1964年日本政府颁布"短期大学设置标准"，正式将短期大学纳入高等教育体系。显然，日本的传统大学属于学术型高等教育，而短期大学和专门学校（主要是非学历的高等职业院校，学制2～3年，共有近3000所）属于职业型高等教育⑥。所有这些，都说明世界各国高等教育体系在类别上正在或已经分化为普通高等教育与职业高等教育两个子系统。尽管世界各国的分化程度不同，有的边界清晰，有的边界模糊，有的仍然处于基于院校竞争之上的自

---

① 陈厚丰. 中国高等学校分类与定位问题研究［M］. 长沙：湖南大学出版社，2004：93-94.

② 马陆亭. 高等学校的分层与管理［M］. 广州：广东教育出版社，2004：83-84.

③ 陈厚丰. 中国高等学校分类与定位问题研究［M］. 长沙：湖南大学出版社，2004：94-96.

④ 陈厚丰. 中国高等学校分类与定位问题研究［M］. 长沙：湖南大学出版社，2004：96-98.

⑤ 克拉克. 高等教育新论：多学科的研究［M］. 王承绪，徐辉，郑继伟，等译. 杭州：浙江教育出版社，2001：137-138.

⑥ 马陆亭. 高等学校的分层与管理［M］. 广州：广东教育出版社，2004：88.

我分化状态，有的开始在法规和政策上加以引导但又出现一定程度的"复归"现象（例如美国加州和英国），但高等教育系统的分化与重组仍然是高等教育发展进程中不可逆转的世界性趋势。

（三）高等教育的快速扩展，使得高等教育系统的结构紊乱问题已成为进一步发展的瓶颈

由于现代经济和社会的快速发展和日益复杂化，世界上任何一个国家都越来越需要更多受过高级训练的劳动力。同时，随着经济、政治的发展和民众生活水平的提高，特别是高等教育的世俗化和民主化程度加深，普通家庭特别是中产阶层逐步认识到个人接受高级训练和具有较高学历学位对于确立其社会地位的重要性，接受高等教育特别是优质高等教育的需求日益增长。因此，高等教育规模的扩展成为第二次世界大战后世界范围内一个重要的趋势，这不仅表现在发达国家，而且表现在发展中国家。在发达国家，仅仅在二战刚刚结束后的几年里，美国高等教育系统招收的适龄青年就已经达到30%左右，但欧洲国家的高等院校只招收了不到5%的适龄青年。到了20世纪60年代，美国适龄青年的高等教育入学率提高到50%左右，而大多数欧洲国家适龄青年的高等教育入学率达到了15%，甚至更多（1970年瑞典的高等教育入学率为24%，法国为17%）。20世纪90年代，美国的高等教育毛入学率继续增长，欧洲大多数国家的高等教育毛入学率则达到了30%以上[①]。在非洲，接受中学后教育的学生数从1960年的2.1万人增加到1983年的43.7万人，但在撒哈拉以南的许多非洲国家，20世纪90年代以来高等教育的增长陷入停滞状态。在亚洲，特别是在新兴工业化国家和地区，高等教育规模扩充速度之快令人惊叹！例如，日本的大学普及率由1950年的7%增加到1998年的44%[②]；韩国的由1950年的2%增加到1990年的39%；新加坡的由1950年的1%增加到1990年的8%；泰国的由1950年的2%增加到1998年的30%。亚洲两个人口大国——印度和中国高等教育的发展速度同样惊人。印度的在校生由1947年独立时的10万人增加到1990年的400多万

---

① 布鲁贝克. 高等教育哲学 [M]. 王承绪，郑继伟，张维平，等译. 杭州：浙江教育出版社，2002：6.

② 大学普及率，即在校大学生人数占适龄人口的比例。在世界现代化进程评价中使用的"大学适龄人口"一般为20～24岁人口；在中国现代化进程评价中，"大学适龄人口"一般为19～22岁人口。大学普及率与高等教育毛入学率的不同之处在于统计口径。高等教育毛入学率统计中的适龄人口为18～22岁，详见《中国现代化报告2003：现代化理论、进程与展望》。

人，大学普及率由 1950 年的 1% 增长到 1980 年的 5%。中国的大学普及率由 1950 年的 0% 缓慢增长到 1980 年的 2%。尽管 1998 年中国的大学普及率增长到 7%，但在世界上的排名却明显下降[①]，与中国经济发展和人民生活水平提高的速度极不相称，高等教育供给不足与高等教育需求强劲的矛盾十分尖锐。因此，1999 年中国开始实行高等学校持续扩招政策，高等教育规模加速扩展，全国普通高等学校招生数由 1998 年的 116 万人增加到 2002 年的 320.5 万人，高等教育毛入学率由 1990 年的 3.4% 增长到 2002 年的 15%，跨过了高等教育大众化的门槛[②]。"十五"期间，中国高等教育总规模已超过 2000 万人，毛入学率超过 19%，人民群众接受高等教育的机会在短短 6 年内翻了一番[③]。

高等教育规模在世界范围内的扩展，一方面使得各国政府在高等教育方面的投入急剧增长。为拓宽经费筹集渠道以回应提高高等教育入学率的呼声，私立高等院校应运而生，收取数额不等的教育成本补偿费成为世界各国的普遍做法。另一方面高等教育与社会需要脱节的现象仍然存在，世界大多数国家的高等教育在急剧扩展的办学规模和高质量水平要求的双重挤压下，出现了质量下降、结构失调、功能弱化等问题。例如，在单一学术性导向的高等教育政策和一维学术型高等教育体系构架下基于学术水平的高等院校分层，导致大众型高等学校纷纷趋向于学术型。重视学术水平的分级，忽视办学类型的区分；重视办学层次的升格，忽视人才培养的社会适应性；重视学术课程，忽视应用技术课程和职业课程；重视学术能力训练，忽视职业能力训练。最终，导致高级专门人才和高级职业技能型人才供给严重不足，高等院校之间职责模糊、分工较乱，人才培养的类型、层次失调，高等院校的课程资源相互分割、转学功能弱化，等等。这些问题不仅在中国存在，而且在新型工业化国家普遍存在，其区别仅仅在于程度不同而已。如不及时研究解决的办法，势必成为影响世界大多数国家高等教育进一步发展的瓶颈性因素。

（四）高等教育大发展后引发的各种问题，暴露出单一的高等教育分层视野存在明显缺陷

在经历二战以来高等教育大发展后，世界各国高等教育出现了普通高等

---

① 中国现代化战略研究课题组，中国科学院中国现代化研究中心. 中国现代化报告 2003：现代化理论、进程与展望 [M]. 北京：北京大学出版社，2003：159-160.

② 陈厚丰. 中国高等学校分类与定位问题研究 [M]. 长沙：湖南大学出版社，2004：47.

③ 《国民经济和社会发展"十一五"学习问答》编写组. 国民经济和社会发展"十一五"学习问答 [M]. 北京：中国方正出版社，2005：5.

教育和职业高等教育的分野，并且二者首先是高等教育类别的分化而不仅仅是高等教育层次的区分。然而，无论是在世界各国政府、经济界还是在高等学校，无论是在高等教育学术领域还是在实践领域，迄今为止基本都是按照单一的分层视野来分析和处理高等教育的结构和功能优化问题。在这种单一分层理念的观照下，人们往往将职业高等教育与普通高等教育的区别视为教育层次的差别而不是教育类别的分化。学术界往往侧重于运用高等教育分层的理论框架去分析高等教育系统的分化与重组，而政府特别是政策制定者则习惯于从高等教育分层的视野选择或评估政策方案。这绝不是个别国家的现象，而是一个世界性的现象。例如，马丁·特罗（Martin Trow，1984）从国际比较教育的视野对高等院校系统进行了地位的分析。尽管他认为每个国家都至少有三种不同类型的院校，但又说老大学总是比新大学享有更高的学术地位，并认为大学部门与非大学部门（如法国的大学技术学院、西德的技术学院、澳大利亚的高级教育学院、挪威的地区学院、美国的州立学院和社区学院等）存在着明显的地位层次差别；第二次世界大战后建立的新的非大学院校，其地位都低于老大学和战后的新大学，因此高等教育按照新的成分相应地区分为第二次世界大战前的老大学、第二次世界大战后的新大学和新的非大学高等教育形式三个等级①。我国学者金一鸣、周长春、马陆亭在其相关专著中，也将研究的重点放在高等学校的分层上。其中，以金一鸣为组长的课题组在"中国教育类别与结构的研究"课题中，虽然采用了普通教育与职业教育的分类视野，讨论过中等教育的初级阶段（初中）、高级阶段（普通高中、职业高中、中专和技校）、普通教育与职业教育之间的关系，但在研究高等教育阶段的结构时，并未一以贯之地坚持上述分类标准，而是使用了另一种分类方法，并且偏重于高等教育分层。在类型上，该课题组将中国高等教育分为全日制高等教育与业余高等教育两大类型，至于这两大类型特别是全日制高等教育如何进一步在横向上分类则语焉不详，而在层次结构上则细分为专科教育、本科教育和研究生教育三个层次②。周长春曾就高等职业教育是否是一种高等教育类型进行了初步探讨，但并未从理论和实践层面上提供有力的证据。尽管他也在研究过程中涉及过高等教育及其机构分类，但

---

① 吕诺. 高教总规模居世界第一，上大学机会六年翻一番［N］. 新华每日电讯，2005-10-01（3）.

② 金一鸣. 中国教育类别与结构的研究［M］. 上海：上海教育出版社，1999：64-66.

并未脱离通过高等学校分层来进行政策分析和社会评价的思维路径。而武书连提出的中国大学分类，虽然既有分类又有分层，但从其研制的一年一度的"中国大学评价"中可以看出，其中的排名实际上也是按照同样的思路进行的，即主要按照学术水平（分层）来区分高等学校（包括高等职业技术学院）的地位（等级），并将各种类型的高等学校放在一起排名，发布综合性排行榜。在实践界，目前没有一个国家的政府对新大学和老大学进行过横向上的区分，更未对当今高等教育系统日益分化为普通高等教育子系统与职业高等教育子系统做出适时的反应。

由于政府还停留在对高等学校进行一维分层的视野上，其政策和规制所依据的又是单一的学术性导向，因而对高等学校中普遍存在的趋同、升格现象的分析停留在表象上且存在明显的分歧。在学术界，有的学者（解飞厚，2005）认为，高等学校定位中的问题（趋同和攀升）是前进中的问题，也可以说是整个社会发展中的问题，从某种意义上说是不可避免的。但同时他也主张按照现代市场经济体制，政府应该而且可能通过宏观调控影响和引导高等学校定位，在运用经济手段分配高等学校资源时应当遵循分类分层投资的原则，也就是要使每一个类别、每一个层次的高等学校认识到，只要做得好，都能获得政府足够的投入[1]，但是关于如何分类分层，他并未进一步论述。有的学者（陈厚丰，2004）认为，必须采取构建新的高等学校分类法及其标准并进行政策重构和制度设计等措施，有效引导高等学校合理定位、分类发展，否则高等学校的人才培养将会严重脱离国家和社会的实际需要，导致高等教育重复建设、资源浪费、研究型人才培养的过度供给与技能型人才短缺现象并存。为此，其提出了从纵向和横向二维视野构建的包括12种高等学校综合类型的中国高等学校分类构想[2]。有的学者（张建新，2004）认为，高等院校分类和定位的多样化是在社会竞争中由学校自主办学形成的，不是政府的强制性行为，高等院校的趋同是特定的产物[3]。政府方面，对高等学校分类发展问题普遍倾向于政府干预，以便建立一批能够与传统学术型大学不

---

[1] 解飞厚. 高等学校定位问题辨析 [J]. 新华文摘，2005（12）：111-113.

[2] 陈厚丰. 中国高等学校分类与定位问题研究 [M]. 长沙：湖南大学出版社，2004：211；陈厚丰. 我国高校追求"大而全"和"升格热"的外部原因及应对策略 [J]. 现代教育科学，2004（5）：47-51.

[3] 张建新. 走向多元：英国高校从"二元"到"趋同"再到"趋同下多元"的分类 [A]. 西安：全国高等学校教学研究中心，"高等学校办学的合理定位与分类发展"学术论坛，2004（8）：29-31.

同，既满足国家对应用型和技能型人才的需求，又满足普通民众接受高等教育愿望的新型院校（马丁·特罗，1998）。然而，由于各国政府并未对当今高等教育系统分化现象给予高度重视并采取适当的分类引导政策，因而对高等学校分工混乱、职能交叉、趋同和攀升等问题束手无策，其政策之间相互碰撞甚至相互矛盾，至今没有摆脱被动应对的状态。

潘懋元教授认为："高等职业教育是一种有别于理论性普通高等教育的类型，但并不是一个区别于本科的专科层次。众所周知，职业教育既有中等教育的职业学校、技工学院，也有高等职业技术学校；而高等职业技术学校既可以是专科层次的，也可以是本科以上层次的，形成一个独立于理论性本科院校之外的独立高等教育体系。所以，不应把高等职业教育限定于专科层次。"[①] 由此可见，高等教育的结构优化不仅包括纵向结构的优化，也包括横向结构的优化，并且横向结构的优化和重组是纵向结构优化的前提条件。因此，高等教育分类既是调整和优化高等教育结构的理论基础，又是高等教育机构分类的前提，而高等教育横向上的类别区分是纵向上层次划分的基础。显然，解决上述问题必须理清认识问题和研究问题的思路，特别是要摆脱非此即彼的传统哲学思维，防止脱离高等教育及机构分类而侈谈高等学校定位的舍本求末之举；必须创新研究思路，立足新的理论和视野从更加宏观的层面研究高等教育分类问题，从分类的视角研讨高等教育结构优化和功能发挥以及高等学校定位等问题。

二、高等教育分类研究的必要性

（一）以单一学科性为主要特征的高等教育规制已经难以适应高等教育大众化、普及化的趋势

中世纪大学诞生以后，大学进行人文教育、启迪和开发人的心智是其主要功能，教学是其主要职责，培养思想精英、政治精英是其主要目标，学科导向便成为其重要特征。19世纪初洪堡创立并改革德国柏林大学时，大力提倡"教学与研究统一"。至此，科学研究开始成为继教学职责之后大学的另一个重要职责，进行科学教育、发展和创新知识是大学的两项主要职能，学术性导向成为其重要特征。19世纪中期，美国总统林肯签署《莫雷尔法案》

---

① 潘懋元. 建立高等职业教育独立体系刍议［J］. 教育研究，2005（5）：26-29.

后，专门型、应用型高等院校（如美国的赠地学院）开始从学术型高等院校分化出来，成为肩负直接为社会服务新职能的现代大学。为社会各行各业培养高级专门人才、发展科学技术和直接为社会服务成为人们至今公认的现代大学的三项职能。至此，以培养理论型高级专门人才为职责、以学术性为导向的高等教育规制框架基本形成，同时也出现了以培养职业型人才的大众型高校（如美国的初级学院）。随着第二次世界大战的结束，恢复和发展经济成为当时世界各国面临的主要任务，经济建设对各类高级专门人才的需求极大地推动了高等教育的发展，特别是由于科学技术的进步和社会分工的发展，到20世纪60—90年代，高等教育大众化、普及化成为一个世界性趋势，这不仅表现在发达国家，也表现在发展中国家。为适应经济社会发展对各类高级专门人才的需求，满足普通民众接受高等教育的需要，一批区别于传统精英型大学的大众型高等学校应运而生，例如美国的社区学院，英国的多科技术学院和开放大学，法国的综合大学和短期职业技术学院，德国的高等专业学院，日本的短期大学和专门学校，澳大利亚的高级教育学院，中国的高等职业技术学院、民办高等学校和独立学院，等等。这种新型的高等教育机构以培养职业技能型人才为目标，以增强人们的就业能力和职业能力为导向，受到各国社会和普通民众的欢迎，并逐步形成了独立于传统学术型高等教育的新体系。尽管这种新型的高等学校符合国家、社会和民众的需要，但是传统学术型高等教育制度并没有受到致命的冲击，并且初期的大众型高校在数量上并不占优势，因此人们也没有意识到对现行一维的学术型高等教育制度改革之必要性。恰恰相反，相关部门还有意无意地在强化这种单一的学术型高等教育制度。其实质原因是，人们尚未意识到职业高等教育是高等教育自身发展的内在逻辑和必然结果，更不愿承认职业教育竟然能够被纳入高等教育的范畴。

值得注意的是，在一部分人的眼里，职业教育只是"术"而不是"学"，"学为本，术为末"，职业教育是绝对不可以入以学习和研究高深学问为己任的"高等教育"之流的。这种明显与社会进步和高等教育发展趋势背道而驰的陈腐观念，阻滞了人们对单一学术型高等教育制度框架的反省和革新。尽管自20世纪初期就在美国出现了师范学校"升格"的现象，但并未引起美国政府和教育理论界的重视。此后，世界各国相继出现了高等学校之间分工不清、竞相"升格"的现象，例如英国屡次创办面向社会生产实际需要的职业性新型高等教育机构，隔一个时期就为传统学术型大学所同化并"升格"为学术型大学，并最终导致英国20世纪90年代末高等教育"双重制"的终结；

在中国，早在20世纪30—40年代就出现过高等学校的"升格潮"；20世纪80年代中期和90年代延续至今的改名、"升格"、合并愈演愈烈。在世界各国高等教育发展进程中，高等教育结构的紊乱和功能失调似乎已成为一种痼疾。可以说，高等学校的"升格热"并不是个别国家的个别现象，而是一种周期性的高等教育世界性"失范"。而许多学者对这种"失范"现象的解释，仅仅停留于"人往高处走，水往低处流"之类的常识性说明，似乎对此"失范"无能为力也认为不值得为之努力。然而，笔者认为，对于这种"失范"的周期性复发现象，我们有必要进一步追问：是否与我们一元构架的高等教育体系及制度缺失（单一的市场导向或单一的政府导向）有关？是否与我们现有的只重视高等教育纵向分层而忽视高等教育横向分类的政策框架和研究视野有关？

也许社会学奠基人埃米尔·涂尔干的论断对我们分析高等教育制度的这种"失范"现象是有启迪意义的。他说：

> 任何一种制度在实施了一段时期以后，没有不退化变质的，这不仅因为它没有在适当的时候发生改变，从而使自己变得顽固不化，而且也因为它只是朝着单一的方向发展，从而使自己变得面目全非。这样一来，它已经再也没有能力胜任自己的职责了，因此，我们应该试图在根本上改造它，而不是在整个历史中去否认它，破坏它。①

显而易见，正是由于我们没有能够及时构建起普通高等教育和职业高等教育并立的分类体系，而是仍然沿用单一学术型导向的高等教育分层制度框架制定单一导向的高等教育法规和政策体系，从而导致了高等教育朝着单一方向发展，高等教育机构职责不清并向上趋同，这正是问题的关键之所在。事实上，近年来高等教育理论界关于高等教育机构（高等学校）分类研究的结果也证明，这一结论的正确性是毋庸置疑的。

（二）学术界对于高等教育是否分类的争论已经凸显重构高等教育分类体系的必要性

对于高等教育及其机构是否应该分类，如果分类是建立起二元还是多元分类框架，目前在高等教育学术界仍争论不休，但主要还是反对分类和主张分类两种截然相反观点的分野。相当一部分研究者认为，对于高等教育进行分类并应用于高等教育实践没有必要。其主要理由是，自高等教育产生以来，

---

① 涂尔干. 社会分工论[M]. 渠东, 译. 北京：生活·读书·新知三联书店, 2000：第二版序言26.

人们并没有有意识地对高等教育进行分类引导并相应地对高等教育机构进行学术分工，更没有从法规和政策上采取系统的干预策略，结果高等教育的发展并未因此受到影响。即使是在世界个别国家中出现过分类引导的法规或政策，也是昙花一现。例如，英国对高等教育进行"双重制"的试验就以"失败"而告终。持这一观点的学者，常常以处于当今世界高等教育先进水平的美国为例，认为美国只有高等教育的分层而没有进行过分类，即使是高等教育分层也还不是人为地加以划分、在政策上加以有目的的引导，而是通过院校之间在学术市场上的自由竞争自然而然形成的。虽然美国加州通过制定"高等教育总体规划"进行的分层具有重要价值，但只能视为一个特例，它对世界各国高等教育而言并无普遍意义。并且，高等教育有自身的规律，有它自身发展的逻辑，其中"学术自由、大学自治、教授治校"对高等教育的发展至关重要，对高等教育进行分类极有可能会使正在受到政府和社会侵蚀的高等教育的"学术自由、大学自治、教授治校"的原则雪上加霜，因此没有理由也无必要进行人为的干预。在他们看来，代表当今世界高等教育先进水平的美国都没有做过高等教育分类，难道我们应该去做这种没有必要的无用功吗？

另一些有识之士认为，随着高等教育的大众化、普及化，特别是社会对应用型、技能型专门人才需求的急剧增长，高等教育的类别和结构日趋多样化、复杂化，高等教育出现了明显的分化和结构重组现象，高等教育机构特别是大众型高校数量持续增加。同时应该看到，在任何国家，学术型大学毕竟仅占少数而大众型高校却占多数。在这种背景下，必须采取高等教育分类发展的策略，优化高等教育结构，提高高等教育资源配置效益，以最大限度地发挥高等教育的功能。而实行高等教育分类发展策略的前提是高等教育及其机构的分类。没有建立起高等教育分类框架，要实行分类发展的策略是不可能的。因此，只有加强高等教育分类研究，创新分类法和分类标准，并建立起高等教育的分类和分层规制体系，高等教育才能既满足各国经济社会发展需要又满足人的全面发展需要。必须指出，历史和现实都已证明，高等教育分化与重组本身就是高等教育的内在逻辑，高等教育机构分类发展是应对高等教育进入大众化、后大众化时代所面临问题的理性策略；高等学校在学术市场上围绕学生、教师、经费竞争和政府通过经费资助政策进行适度调节及干预，是高校、市场、政府之间相互博弈而逐步形成的自组织机制。事实上，正如西方发达国家大学基于学术市场竞争并未导致"学术自由、大学自治、教授治校"原则被消解一样，高等教育分类发展也并不必然导致高等学校"学术自由、大学自治、教授治校"受到侵蚀,我们不能将高等教育分类发展与高等教育自身逻辑,高等教育分类与"学术自由、大学自治、教授治校"原则,学术市场竞争与政府适度引导对立起来。问题的关键不是要不要分类而是如何分类,不是要不要分类发展而是如何分类发展的问题。持这种观点的学者(潘懋元,2004)认为,"高等学校的分类是一个世界性的难题,又是关系到中国高等教育能否持续发展的关键","如何改变当前许多(不是所有)高等学校存在的分类不清、定位不明的现象,不能只靠强制性的行政命令,需要的是正确的政策引导。如何制定正确的政策,要有高等学校分类与定位的理论根据。因此,高等学校的分类与定位问题的研究,是高等教育理论工作者应当攻关的难题"[1]。"高等教育是分类分层的,相应地,高等学校也是分类分层的,如何建设好在数量上占绝大多数的普通高等学校,如何促进高等学校抓好本专科教育,如何保证高等学校在各自的类型和层次中展开竞争,使其中最优秀的高等学校又能向高一层次提升,这是值得深入研究的问题。"[2] "今天来讨论一个合适的、既符合中国国情又符合高等教育发展规律的高等教育机构分类已迫在眉睫,这是一种高等教育组织机构上的重构"[3],"我们决不能用既有的西方理论框架束缚自己,而应该(在高等学校分类方面)大胆开拓,通过发挥我国高等教育'后发外生型'的优势,走出一条中国特色的高等教育跨越发展之路"[4]。概言之,如何在分类法上使高校、市场、政府之间保持必要的张力和平衡,依据什么标准、哪些方式和手段实现分类发展,才是我们应该而且必须抓紧深入研究的重大理论和实践问题。

应当看到,高等教育的本质和特征是随着其发展与变革的进程而逐步显现的,同样,高等教育的规律也是随着时代的发展和人们对高等教育认识的不断深化而逐步发现和探究出来的。例如,高等教育范畴在中世纪的欧洲与大学等同,而在20世纪60年代高等教育跨入大众化阶段以前,高等教育并

---

[1] 潘懋元. 分类与定位:高校可持续发展的关键 [N]. 光明日报,2004-04-15 (B2);参见陈厚丰. 中国高等学校分类与定位问题研究 [M]. 长沙:湖南大学出版社,2004:序1-2.

[2] 解飞厚. 高等学校定位问题辨析 [J]. 新华文摘,2005 (12):111-113.

[3] 沈红. 美国研究型大学形成与发展 [M]. 武汉:华中理工大学出版社,1999:262.

[4] 陈厚丰. 中国高等学校分类与定位问题研究 [M]. 长沙:湖南大学出版社,2004:15.

不包括职业技术教育、成人教育、培训教育。但是，伴随着高等教育的大众化、普及化以及终身教育和学习化社会理念的树立，高等教育已经成为涵盖普通高等教育、专门高等教育、职业高等教育、成人高等教育、高等培训教育且内涵和外延十分丰富的范畴，甚至这个范畴有被"第三级教育""终身教育"等概念取代的可能。同样，在近代大学诞生时，高等教育只承担单一的教学职责，课程是单一的人文教育，因此高等学校的功能单一、结构简单，高等教育既没有明显分化也没有分类和分层的要求。而在知识经济蓬勃发展，高等教育大众化、普及化时代，科学分化和综合、学科分化和重组、社会分工的发展、产业类别的区分、劳动分工的细化以及人们的高等教育需要的多层次化和多样化，导致高等教育类别增加，高等学校的类型和层次多样，高等教育的结构十分复杂。无论从学术研究还是从高等教育宏观管理的角度看，我们不能不承认：依靠现有的理论视野和单一学术性高等教育框架已经无法全面地了解、透彻地理解高等教育，更遑论对高等教育的确切把握、科学研究和正确引导。由此可见，我们决不能用我们的前辈甚至是当今处于世界先进水平国家的理论和政策框架作为判断我们是否需要进行高等教育分类研究的标准，或者作为决定我们是否需要对高等教育实行分类发展政策的依据。因为人们的认识是不断进步的，科学的发现是永无止境的，更何况在不同时代、不同国家、不同政治制度、不同文化背景下的高等教育系统，其特点是不相同的。美国独立前后模仿英国牛津大学、剑桥大学模式和19世纪中叶以前对德国柏林大学模式的模仿并没有使美国高等教育达到世界先进水平。直到19世纪60年代中期赠地学院的创办，将直接为社会服务作为高等院校的新职能，才创立了区别于英国和欧洲大陆系统的美国高等教育体制。正是这种以研究生院、赠地学院、初级学院和社区学院为主要标志的新模式，奠定了美国成为世界高等教育"领头羊"的坚实基础。可以说，停留于前人的认识水平，满足于移植、模仿和照搬别国高等教育模式，陷入权威理论范型和成功经验而不能自拔，是决不可能有所发现、有所进步、有所超越的。并且，任何一种科学理论和正确的政策都有其适用的范围和合适的边界，超越了其适用范围和边界，真理就可能变成谬误，正确的政策就可能是种误导。这不仅可以从政治制度上找到根据，也可以从经济、文化（包括教育）制度上找到证据。也许，生物学者（昆廷·D. 维勒，伯特·H. 拉文，爱德沃·O. 维尔逊，2004）对于生物分类学的认识，可以为我们提供有益的启示：

  现在是我们将分类学作为国际性的大科学来对待的时候了。发现、描述和分类地球上的物种这样的目标使得分类学的确有资格作为一门大科学……分类学是全球性的科学，因而需要适用于全球范围的工具。这种实质上的工具能极大地加速分类学研究和教育。对生物多样性的分类学理解——生物多样性只受进化史所限制是对生物多样性在生态系统功能中的作用而进行的长期和以地点为基础的研究的补充。这两种视角都是必需的。这个工具将成为生物多样性的天文台，借助这个天文台，科学家们的视野可以穿越大陆和地质时代。①

从这个意义上说，我们有必要研究高等教育分类问题，包括对高等学校分工问题进行研究，通过建立并运用高等教育分类法这样的视野和分析工具，深刻理解高等教育生态系统的多样性，进而发现可以运用于高等教育管理和学术研究的规律。笔者甚至认为，也许高等教育分类研究正是我们找到解决当今高等教育结构紊乱、功能弱化、目标趋同等难题突破口的路径之一，也是优化高等教育结构、拓展高等教育功能、创新高等教育制度的理性选择。

（三）人的全面发展要求高等教育系统主动适应人类多样化、多层次的高等教育需要

人的全面发展是人类不懈追求而又永无止境的目标，是人类社会的永恒主题。所谓人的全面发展，就是指人的素质多方面、多层次和多样化的和谐发展。一方面，人的全面发展是社会不断发展和完善的客观要求。对于社会的发展而言，只有全面发展的人，只有个性得到充分而自由发展的人，才能创造生动多样、五彩缤纷、协调和谐的人类文明，才能形成相对全面、协调与和谐的社会发展格局。如果人的发展是片面的和畸形的，就必然导致社会发展的片面、畸形和失衡。另一方面，对于个体的发展而言，人的全面发展也是人对自身发展的一种自然而然的人生倾向和终极追求。追求生活多彩、环境优美、人际和谐、模式多样、价值多元、个性张扬，尽可能避免单调、孤独，防止失衡和个性压抑，可以说是人类与生俱来的自然本能，是人趋利避害的本性在人的发展方面的表现。

随着科学技术的进步和社会化大生产的发展，马克思关于人的全面发展学说得到进一步证实。首先，社会化大生产为人的全面发展提供了客观要求。"大工业的本性决定了劳动的变换、职能的更动和工人的全面流动性"，"从而

---

① WHEELER Q D, RAVEN P H, WILSOH E O. Taxonomy: impediment or expedient?[J]. Science, 2004, 303 (5656): 285.

承认了工人尽可能多方面的发展是社会生产的普遍规律"[1]。生产中技术要素不断增加、社会流动不断加速,必然造成个人职业的变换和职能的变更,而现代化生产必然要求用那种把社会职能当作相互交替的活动方式的全面发展的个人,来代替只是承担一种社会局部职能的局部个人,因此马克思把人的全面发展看成是关系到现代化生产的"生死攸关"的重大问题。其次,大工业生产为人的全面发展提供了可能性。建立在科学技术基础之上的现代化生产,为基本掌握了生产和工艺一般原理的劳动者提供了从一个生产部门流动到另一个生产部门的可能性。同时,现代化生产过程中科技含量的持续增加,大大提高了劳动的智力含量,有助于缩小体力劳动与脑力劳动的差别。此外,现代化生产为社会创造了巨大的物质财富,为人的全面和自由发展提供了必要的物质基础。最后,现代化生产条件下人的自由时间的增加,为人的全面发展提供了重要条件。现代化生产大大提高了劳动生产率,缩短了劳动时间,增加了劳动者的自由支配时间,这就使得人们能够利用闲暇时间来获得应当具备的各方面的知识、能力或者满足其参与各种活动要求的各种素质。例如参加各种业余培训来满足自己的兴趣、发展自己的特长、提升自身的素质,或者接受职业培训来增强自己的职业技能、提高自己的岗位竞争能力和工作收入,或者接受正规教育来实现自己获得高等教育学历学位的愿望、提升自己的职业声誉和社会地位,等等。

由此可见,人的全面发展是人类社会发展的终极目标,而现代化生产和社会发展为实现人的全面发展提供了更为广阔的前景。只要社会在发展,人的全面发展进程就永远不会完结;只要人类文明在进步,人的全面发展就是其内在的有机组成部分。随着经济社会的发展、科技的进步、人类文明水平的不断提高,人的全面发展要求就会越来越高。高等教育作为培养高级专门人才的社会活动,在人的全面发展进程中发挥着十分重要的作用,必须主动适应人的全面发展与个性充分而自由发展的多方面、多层次的需求。任何以教育公平原则为由,却无视人的遗传素质、兴趣、爱好差异和主观愿望来要求所有人都接受学术型高等教育,或者以效率优先原则为由,而置人的多样化高等教育需求于不顾,从而反对高等教育分类研究及高等教育分类发展的观点,都是违背人的全面发展和社会多样化发展趋势的。笔者认为,人的全面发展是第一位的,而高等教育及其机构是因为人和社会的发展需求而产生

---

[1] 刘合群. 职业教育学 [M]. 广州:广东高等教育出版社,2004:80-81.

和发展的。因此，我们必须通过高等教育分类研究，适时、科学地建立起多样化的高等教育结构及多种类型和层次的高等学校，才能满足不同类型、不同层次、不同知识基础、不同兴趣爱好的人接受高等教育的多样化需要。可以说，高等教育分类不仅是从事高等教育学术研究所应有的理论视野，也是高校、市场、政府所必需的政策分析工具。

（原载《民办教育研究》2005年第6期）

高等教育分类的方法论问题

高等教育分类问题是一个世界性难题，又是我国当前学术界和决策者共同关注的热点问题。尽管有关高等学校分类的研究取得了一定程度的进展，也取得了一些研究成果，但是无论是理论工作者还是实践工作者对此都未达成共识，各方观点存在明显分歧，似乎短期内很难达成共识。之所以如此，一是因为高等教育分类及高等学校分类的重要性与急迫性是在高等教育进入大众化、普及化阶段后才凸显出来的理论和实践问题，有关研究在国际上始于20世纪70年代，至今不过30多年时间，引入我国还是世纪之交的事情，短期内理论上难于达成共识。二是因为高等教育已经成为一个十分复杂而庞大的系统，在宏观上抽象出一个科学可行的分类框架确实难以把握。三是因为高等教育分类既是一个"价值有涉"的理论问题，又是一个必须能够用于实践的技术问题。总之，这是一个难于解决而又不能不及时予以解决的难题。因此，首先从高等教育分类的方法论上达成共识十分必要。本文试就此进行初步探究。

一

高等教育分类研究必须首先明确界定"高等教育分类"的概念，否则讨论和研究就可能陷入无谓的争论。因此，什么是高等教育分类？其内涵和外延如何界定？这是我们研究高等教育分类时首先应弄清楚的问题。

在社会学创始人涂尔干和莫斯看来，"所谓分类，是指人们把事物、事件以及有关世界的事实划分成类和种，使之各有归属，并确定它们的包含关系或排斥关系的过程"①。据此，"分类"这个概念在内涵上有以下几个方面的含义：第一，分类的对象是事物、事件和事实。第二，分类的任务是确定事物、事件和事实之间的相互关系，如包含关系、交叉关系或排斥关系。第三，

---

① 涂尔干，莫斯. 原始分类[M]. 汲喆，译. 上海：上海人民出版社，2005：2.

分类的目的是使划分的对象各有归属，以便人们更好地认识、理解和把握事物、事件和事实。同时，分类是一个连续不断的过程，不能企求一劳永逸，毕其功于一役。

涂尔干和莫斯还从社会人类学的角度认为分类的外延包括符号分类和技术分类。根据他们的论述，可以对这两个方面的分类作如下区别：符号分类是人们对事物、事件和事实在观念上进行的划分，具有道德或宗教意蕴，实际上是一种逻辑分类（概念分类），它受人们价值观的制约和影响，是一种"价值有涉"的分类，所反映的是人们对事物、事件、事实的认识水平与价值期望，可以理解为形而上的划分；而技术分类是一种实用图式，实际上是一种操作分类，它希望的是尽可能地减少人们价值观的制约和影响，是一种力求"价值无涉"的分类，通过建立起能够实际操作的分类指标体系，揭示人们对事物、事件、事实的把握程度，可理解为一种形而下的划分。因此，前者是人们根据心理积习的汇总和一定目的，对事物、事件、事实因自身发展导致其结构缓慢分化而呈现在人们面前的实际图式或样式，在一定的价值观引导下通过分析归纳，从逻辑上建构起并列、等级或并列与等级相互结合的分类模式或分类框架，并给予事物、事件和事实以相应的分类符号（分类名称），以帮助人们更好地认识、思考和理解事物；后者是根据符号分类提供的分类模式或分类框架，通过建立相应的分类标准及指标体系，或对事物、事件和事实进行横向归类和纵向分层，以便人们确定事物、事件、事实之间的相互关系（如属种关系、对立关系、矛盾关系等）。

我们认为，涂尔干和莫斯关于分类的界定，是基本正确的，它至少给我们三点启示：一是从分类的层面看，分类可划分为逻辑分类和操作分类，用涂尔干和莫斯的说法就是符号分类和技术分类。前者属于理论层面，后者属于实践层面。二是从分类的向度看，分类可分为横向分类和纵向分层，前者指横向上将事物、事件、事实划分成不同的类别，后者指纵向上将事物、事件、事实划分为不同的层次或等级。进行分类研究时首先必须区分分类的层面和向度，不作区分就容易导致范畴或概念混乱。三是分类是一个连续不断和逐步完善的过程。尽管分类在一定时期、地点和条件内具有相对稳定性，但这并不是说分类就永远固定不变，恰恰相反，分类应该随着分类对象本身和外部环境的发展变化而适时进行调整，应该随着人们对分类对象认识的深化而不断完善，否则就有可能导致人们认识上的落后、理解上的偏差、行动上的盲目，并最终导致发展策略上的失误。因此，研究高等教育分类，首先要对"高等教育分类"这个概念的内涵和外延进行明确界定,否则就很难在研究和讨论时达成共识。

界定"高等教育分类"范畴,首先要界定"高等教育",然后才能界定"高等教育分类"。众所周知,从性质和任务看,"高等教育是建立在普通教育(或基础教育)基础上的专业性教育,以培养各种专门人才为目标"①。而分类如上所述,是指人们根据一定的标准将事物、事件和事实划分成类型和层次,从而确定它们之间相互关系的过程。因此,高等教育分类是指人们为了更好地认识、研究和引导高等教育发展而将高等教育系统划分成不同的类型和层次,从而确定高等教育系统中各子系统及各要素之间的相互关系(种属关系、并列关系、层次关系)的过程。

这一概念的内涵包括五个方面:第一,高等教育分类的目的是更好地认识、研究和引导高等教育发展。例如,普通民众(包括学生及其家长)在接受高等教育前需要对高等学校进行选择,这就需要借助高等教育分类来帮助其认识、判断高等教育及其机构的各自特点。有关学者、专家在对高等教育的某个问题进行研究时,也需要借助高等教育分类方法作为分析工具来帮助其进行理论抽象和实证分析。决策者和政策制定者在选择、设计高等教育改革发展的政策方案及评估高等教育政策效应时,更需要借助高等教育分类作为决策或政策分析的工具。第二,高等教育分类的对象是高等教育系统,这个系统至少应该包括高等教育及其实施机构——高等学校,如果没有对高等教育进行分类就直接对高等学校进行分类,那么后者的分类就可能出现随意性,导致高等学校定位的混乱。第三,高等教育分类的内容是将高等教育作为一个统一的开放系统进行类型和层次的划分,这种划分不仅包括横向上的分类,也包括纵向上的分层;不仅包括分类框架、分类标准和分类指标体系,也包括高等教育与中等教育之间、高等学校之间相互沟通和衔接关系的设计。第四,高等教育分类的任务是确定高等教育系统中各子系统及各要素之间的相互关系。也就是说,首先要分析各子系统之间纵向和横向上存在什么样的关系,如包含关系、排斥关系,或者同类关系、同层关系,等等;然后才能根据它们之间的关系确定其在整个高等教育系统中的位置,也就是我们通常所说的"定位"。第五,高等教育分类是一个不断改进和完善的过程,要适时根据高等教育系统内外部环境的变化和高等教育系统自身的发展进行修改和

---

① 潘懋元. 新编高等教育学[M]. 北京:北京师范大学出版社,1996:5.

完善，从而使高等教育以合理的结构最大限度地发挥自己的功能。

与此相应，高等教育分类的外延也可以从两个维度去划分：从分类的层面看，可分为高等教育逻辑分类和高等教育操作分类；从分类的向度看，可分为高等教育横向分类和高等教育纵向分层。

二

人们之所以对已有的高等学校分类法及分类标准难以达成共识，除了文化传统的因素以外，就分类方法和定位政策本身而言，主要分歧集中于分类依据、分类指标和定位政策的导向。换言之，由于分类依据的不同、分类时所遵循的原则不同、分类的思维向度不同和定位的政策导向不同，高等教育分类框架和定位政策的效应存在差异。因此，我们认为，对高等教育进行分类时，要注意如下方法论问题：

第一，要尽可能减少分类者自身价值观的制约和影响。如前所述，无论是高等教育逻辑分类还是高等教育操作分类，都是一种直接或间接的"价值有涉"的有关高等教育结构的认识和实践活动，分类者的高等教育价值观在很大程度上决定着分类原则、分类依据、分类指标的确定。例如，"中国大学评价"课题组负责人武书连认为，评价一所大学的地位主要是看其对社会所做贡献的大小，而贡献大小主要看其培养人才的数量和科学研究的规模，因此他的"大学分类"主要依据之一是大学的科研规模。美国卡内基教学促进基金会认为，高等院校的行为决定其任务，必须最大限度地用任务来区分高等院校，因而根据每年授予学位的等级与数量将美国院校进行分类。

第二，要科学确定分类的依据。分类依据的科学性决定着分类框架的优劣。例如，英国高等教育"双重制"主要依据高等院校的自治权进行纵向分层，具有学术自治权的大学（自治部门）处于上层，没有学术自治权的多科技术学院、教育学院等（公共部门）处于下层。又如，联合国教科文组织的国际教育标准分类所依据的基本分类单位是教学计划，按照教育级别和学科类型对教学计划进行交叉分类。显然，前者分类的依据是高等学校的自治权，由于不是按照性质、任务、职能而是按照权力分层，因而这一政策实施的结果与其政策预期（促进英国高等职业技术教育发展）相距甚远；后者的分类依据是教学计划，抓住了高等学校最基本的人才培养职能和教学工作，因而是比较科学的分类方法，为世界各国所认同。我们认为，应当依据所承担的主要任务对高等教育进行横向分类，依据人才培养的类型及专业设置的面向对高等学校进行横向分类，依据履行社会职能的能级对高等院校进行纵向分层。

第三，要遵循高等教育发展的内在逻辑。高等教育发展史表明，高等教育经历了从简单到复杂、从单一到多元的演进历程，因此高等教育分类应该遵循如下顺序：高等教育类型分类→高等教育层次分类→高等学校类型分类→高等学校层次分类……对高等教育来说，横向类别划分是纵向层次划分的前提，任何单一的纵向分层都可能导致高等教育单一化、高等学校趋同化，科学合理的高等教育分类模式和框架应该是在横向分类的前提下，做到横向分类与纵向分层两个维度相互结合，从而促进高等教育的多样化。

第四，应当区分高等教育逻辑分类与操作分类的思维路径。高等教育逻辑分类建立在对高等教育分化与重组状况进行描述与归纳的基础上，高等教育操作分类是根据高等教育逻辑分类的框架设计出具体可行的分类标准及分类指标体系，而且这些标准及指标体系应该建立在对一定数量高等教育及机构的样本进行统计分析的基础上。质言之，在研究方法上，高等教育逻辑分类应该遵循归纳推理的思维路径，侧重于高等教育特征方面的定性分析；高等教育操作分类应该遵循演绎推理的思维路径，侧重于高等教育及机构按分类标准和指标的数量统计、遴选及验证。

第五，要结合高等教育结构的现状，更要引领高等教育结构分化与重组的方向。高等教育分类的主要目的是促进高等教育系统整体的多样化发展，维护高等教育系统的正常秩序，引导未来高等教育结构的合理分化与理性重组。因此，高等教育分类框架是从高等教育结构的现实出发，对高等教育分化与重组的历史线索和现实状况进行描述和归纳而建立的，不是从理论出发，凭空设想出一个理想化的分类框架、分类标准和分类指标体系，然后凭借这些框架、标准和指标去规范高等教育结构分化和高等学校分类办学。换言之，只能通过高等教育分类引导高等教育结构的优化，而不应企图通过高等教育分类去限制高等教育的多样化发展。

第六，既要适时优化又要在一定时期内保持稳定。作为一个开放系统，高等教育系统与其外部的政治、经济、文化系统不断进行着信息的动态交流，同时其自身内部诸要素因相互影响、相互作用而不断分化与重组，从无序趋向有序，从不稳定趋向稳定。从这个意义上说，高等教育系统的变化是绝对的，因此高等教育分类是一个持续不断的优化、完善过程，企望一蹴而就、一劳永逸既不现实也不可能。分类框架特别是定位政策要根据高等教育外部环境的变化和高等教育系统分化与重组的状况进行及时的调整。例如，美国《卡内基高等院校分类》自 1973 年首次公开发表以来，先后已修订发表过五个版本，不久将发表第六个版本。自 20 世纪 70 年代联合国教科文组织首次提出"国际教育标准分类"以来，至今也有两个版本。同时，高等教育系统又会在一定时期内保持其结构的稳定性，并在一定时期内呈现出比较稳定的特征。从这个意义上说，高等教育系统又相对稳定，因而高等教育分类框架及其定位政策也要保持相对稳定，不可朝令夕改。我国高等教育自 20 世纪 50 年代后期以来，由于缺乏一个相对稳定的学制系统，高等教育体制经常按某一"决定""指示"而变化，甚至随着教育管理部门内部的管理职权分工而变换，导致长期处于混乱状态，给高等学校的定位与发展带来困惑与困难。高等教育具有滞后性、周期长等特点，实际工作中政府重视高等教育及其机构分类，往往是为了解决高等教育系统面临的现实问题，很难兼顾高等教育未来的持续发展，所以在设计高等教育分类框架和定位政策时，既要立足解决高等教育结构优化中的现实问题，也要引导未来高等教育结构的分化，设计者不能只使用"显微镜"，还必须戴上"望远镜"。

第七，要正确认识分类框架与定位政策的辩证关系。必须看到，高等教育分类框架与定位政策是两个相互联系、相互区别的概念，从二者的联系看，高等教育分类框架是制定定位政策的前提，而定位政策又是落实分类框架的重要保证；从二者的区别看，高等教育分类框架解决的是高等教育及其机构的任务、职责和能级区分问题，不是解决高等学校的社会地位高低问题；而高等教育定位政策是根据高等教育分类框架建立起相应的激励和约束机制，通过规划方式明确高等学校各自的职责和分工，通过评估方式判断高等学校的办学质量和水平，并将其与资源配置特别是拨款联系起来，引导高等学校合理分工、科学定位、明确方向，不断提高质量和水平。

三

一般而言，根据不同的标准，高等教育及机构类型和层次的划分结果各不相同，从而适用于不同的目的。目前我国对高等学校层次和类型的划分多种多样。例如，以隶属关系为标准，从纵向上将我国高等学校划分为部委属、省（区、市）属、地（市）属三个层次；以举办主体为标准，从横向上将我国高等学校划分为公立高校和民办高校；以是否列入各级政府重点建设行列为标准，从纵向上将我国高等学校划分为"985 工程"建设大学、"211 工程"建设大学、全国重点大学、省（区、市）重点大学等；以行政级别高低为标准，从纵向上将我国高等学校划分为省部级高校、正厅级高校、副厅级高校等层次；以授课形式为标准，从横向上将我国高等学校划分为全日制大学、函授大学、广播电视大学、网络大学、夜大等等。

值得注意的是，在高等教育及机构分类方面，至今人们往往习惯于用社会等级观念，首先关注高等学校的层次划分，而对于作为层次划分之前提的类别划分却没有予以足够的重视。这一现象并非中国所独有，它导致高等学校之间的竞争异化为围绕地位、层次、身份展开竞争，而对质量、水平、效益不够关心。人们评价高等学校也异化成对办学地位、层次、身份的判断，而淹没了对教育服务质量、学术水平应有的关注。这也许正是导致世界大多数国家职业型高校竞相向学术型大学趋同和攀高的根本原因。

为了防止以往单一层次分类框架的弊端，我们认为，高等教育及机构分类应该运用系统论和分类学的原理，将不同类型的高等教育及机构整合为统一、开放的高等教育系统。具体而言，高等教育类型和层次可按如下步骤进行划分：

第一，在统一的高等教育体系下，依据所承担的任务，从横向上将高等教育系统划分为高等普通教育和高等职业教育两个子系统（相当于国际教育标准分类中的 5A 和 5B）。

第二，依据人才培养的类型和学科专业设置的面向，将从事普通高等教育的高等学校从横向上划分为学科型、专业型两种，即根据学科来设置专业的高等学校称之为学科型高校（相当于国际教育标准分类中的 5A1[①]）；面向社会各行业领域设置专业的高等学校称之为专业型高校（相当于国际教育标准分类中的 5A2[②]）；从事高等职业教育、根据岗位和岗位群设置专业的高等学校称之为职业型高校（相当于国际教育标准分类中的 5B），从而将高等学校划分为学科型、专业型、职业型三种类型（见图 1）。

---

① 潘懋元，吴玫. 高等学校分类与定位问题 [J]. 复旦教育论坛，2003（3）：5-9.
② 潘懋元，吴玫. 高等学校分类与定位问题 [J]. 复旦教育论坛，2003（3）：5-9.

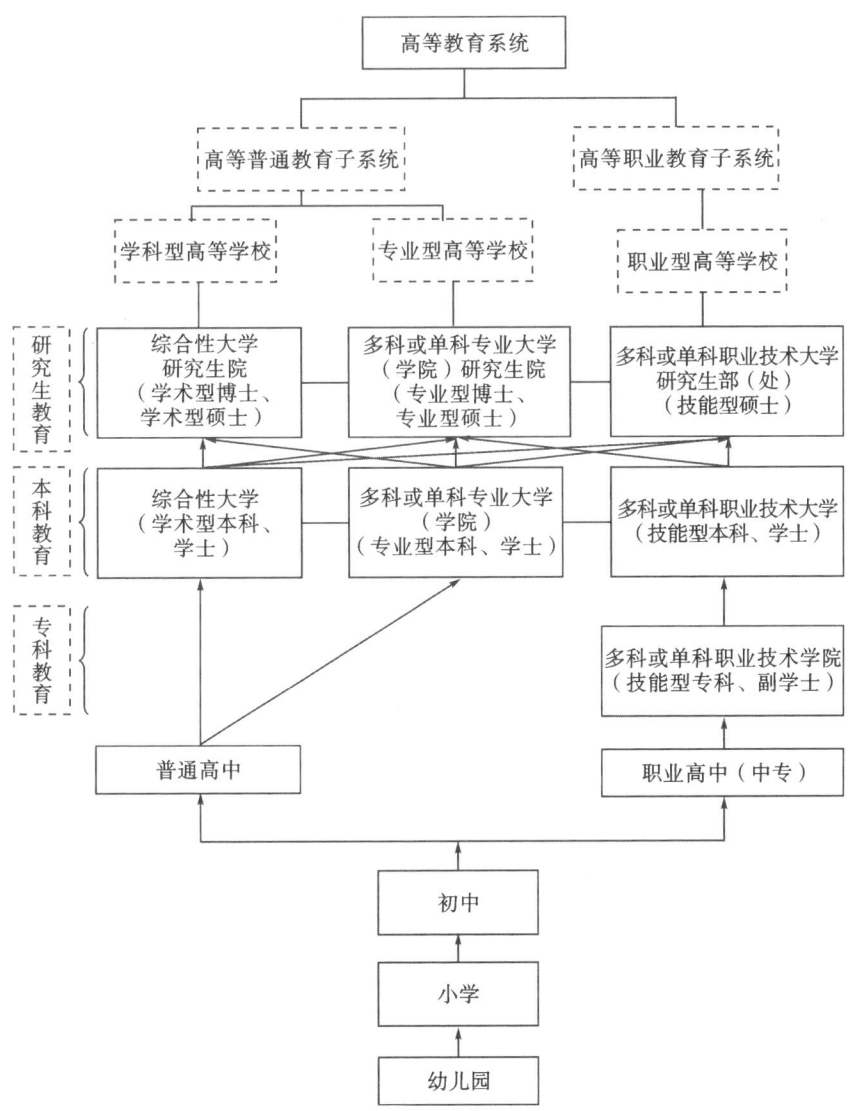

图 1　高等教育系统分类示意图（人才培养类型和层次）

第三，根据高校所设学科（专业）的内在关系与覆盖面，在横向上将高等学校划分为综合性、多科性和单科性三类。

第四，根据履行社会职能的能级，将普通高等教育子系统中的学科型、专业型两种类型的高校在纵向上划分为研究型、教学科研型、教学型三个层次，将职业型高等教育子系统中的高校在纵向上划分为教学科研型和教学型两个层次（见图2）。

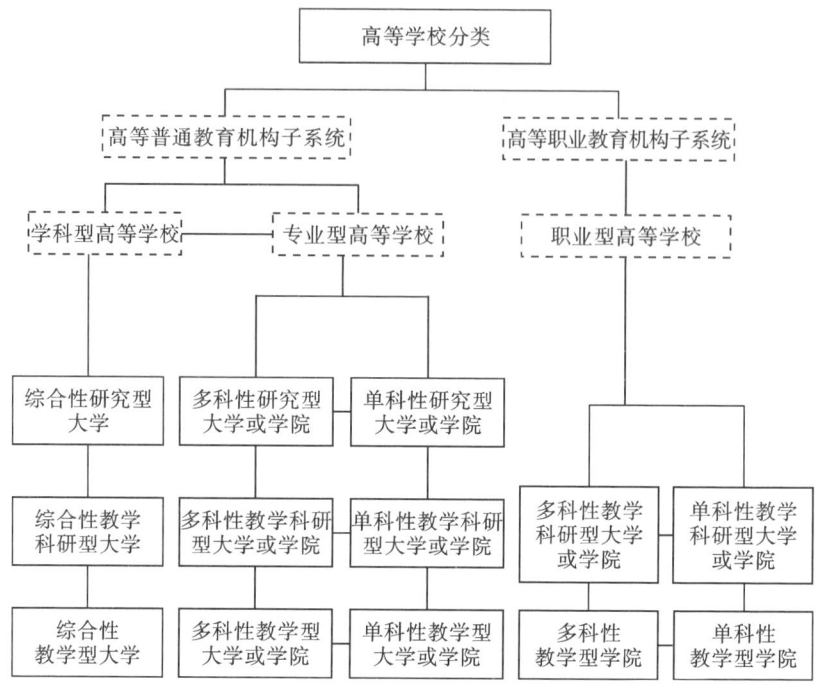

图 2 高等学校分类示意图（高等学校类型和层次）

同时，在上述各种类型和层次的高等学校间建立起相互沟通和衔接的证书体系（包括学历证书、学位证书、资格证书等）。其中，学历证书只标示接受高等教育的经历，而学位证书则标示持证者达到的高等教育水准（学位不只是以往标示其学术水平的证明）。这样，我们就可以在不同类型和层次的高等学校之间建立起横向相互沟通、纵向相互衔接的证书体系。这种开放性证书体系不仅解决了不同类型和层次高等教育及机构的任务分工、能级区分及相互比较问题，从而为高等教育学制改革提供依据，而且解决了不同类型和层次的高等教育及机构毕业生在就业、晋升方面的横向比较问题，也为政府和用人单位分别制定不同类型和层次人才的薪酬标准、聘任条件、失业保险政策等方面提供可以进行比较的尺度。

（本文系与导师潘懋元先生合作撰写，本人为第二作者，原载《高等教育研究》2006年第3期，被《新华文摘》2006年第19期索引目录，被中国人民大学书报资料中心《高等教育》全文复印）

高校定位：自生秩序①与分类引导有机结合
——兼与邓耀彩博士商榷

邓耀彩博士在《高等教育研究》2006年第2期发表了题为《高校定位：自生秩序还是管制》一文（以下简称"邓文"）。邓文的基本观点是：现阶段我国高校的定位机制应该以放松管制释放自生秩序为重点，高校分类不具有指导高校定位的能力，因此反对将高校定位与高校分类联系起来，反对依靠高校分类来指导高校定位，并认为强调分类无助于各高校办出特色。言下之意，目前高校定位的机制应是基于各个高校自主决策的自生秩序，而发挥高校分类对高校定位的指导作用会导致管制，并破坏这种自生秩序。应该肯定，邓文运用哈耶克新自由主义的自生秩序理论，揭示了当前我国高等教育体制存在的弊端，指出了政府在高等教育管理上存在的一些问题和不足，对于深刻反思新中国成立以来我国高等教育改革和发展的经验与教训、深化高等教育管理体制改革是有积极意义的。然而，拜读之后，笔者对邓文有关自生秩序和高校分类的作用、高校分类与定位关系的论断很难赞同。本着切磋学术的目的，笔者就自生秩序理论、高校定位机制、高校分类与定位的关系及分类引导的积极意义谈一点个人陋见。

一、自生秩序理论及其局限性

众所周知，哈耶克是新自由主义"伦敦学派"的主要代表人物，自生秩序（spontaneous order，又译为"自生自发秩序"或"自发秩序"）是其自由主义理论的核心概念。但是，由于哈耶克对"自生秩序"概念的论述既分散又常因具体论题的变化而变化，因而人们（也包括一些著名学者，如布坎

---

① 在邓正来翻译的哈耶克的《自由秩序原理》中，将"自生秩序"（spontaneous order）译为"自生自发秩序"，详见[英]弗里德利希·冯·哈耶克著，邓正来译：《自由秩序原理（上）》，生活·读书·新知三联书店1997年版，代译序第7页。李其庆主编的《全球化与新自由主义》一书中的《哈耶克批判》一文，将"自生秩序"译为"自发秩序"，详见李其庆主编：《全球化与新自由主义》，广西师范大学出版社2003年版，第82页。

南和 G. P. Roche 等) 对这一概念的实质、解释范围和重要性的理解产生了重大分歧,结果在实践中陷入了非此即彼的逻辑,要么对自生秩序理论予以滥用,要么对其做简单却彻底的否定。所以,首先我们有必要对哈耶克使用的"秩序""自生秩序""自生社会秩序"等概念进行简要的解读。

按照哈耶克社会理论的框架,"秩序"是"一种事务的状态,在这种状态中,各种各样的要素之间的关系极为紧密,以至于我们可以根据对整体中某个特殊部分要素的认识,去形成对其余部分的正确预期,或者至少是有机会被证明为正确的预期",也可用系统论中常用的"系统"(System)术语来代替①。可见,哈耶克的"秩序"既是指事物的有序状态,又是指由联系紧密的各要素组成的系统。关于"自生秩序",哈耶克认为,也可用"自我生成的秩序"(self-generating order)、"自我组织的秩序"(self-organizing order)或"人的合作的扩展秩序"(extended order of human cooperation)等术语来代替②,相应地,"自生自发秩序的型构,乃是这些秩序的要素在回应它们的即时环境时遵循某些规则的结果",或者说,"对特定情势的个别回应,将导致一个整体秩序,只要个人服从这样一些会产生秩序的规则……"③ 如邓文所言,它是"指因个人的独立决策而自我生成的秩序,是很多个体行动无意识的结果"④。"所谓社会的秩序,在本质上便意味着个人的行动是由成功的预见所指导的,这亦即是说人们不仅可以有效地运用他们的知识,而且还能够极有信心地预见到他们能从其他人那里所获得的合作。"⑤ 由于自生社会秩序是一种众多个人与环境相调适的秩序,而关于这种环境的知识又是由众多个人分散掌握的,因而不可能通过集中指挥的方式(具体的命令)得到构建,而只能产生于作为社会要素的个人之间的相互调适以及他们对直接作用于他们的事件的回应过程之中。所以,其形成的机制有二:一是人们对某些行为规则的普遍遵守,二是个人对具体情势的调适,并且前者在很大程度上比后

---

① 哈耶克. 自由秩序原理(上)[M]. 邓正来,译. 北京:生活·读书·新知三联书店,1997:代译序 21.

② 哈耶克. 自由秩序原理(上)[M]. 邓正来,译. 北京:生活·读书·新知三联书店,1997:代译序 7.

③ 哈耶克. 自由秩序原理(上)[M]. 邓正来,译. 北京:生活·读书·新知三联书店,1997:代译序 22.

④ 邓耀彩. 高校定位:自生秩序还是管制[J]. 高等教育研究,2006,27(2):47-51.

⑤ 哈耶克. 自由秩序原理(上)[M]. 邓正来,译. 北京:生活·读书·新知三联书店,1997:200.

者更重要①。简言之，自生社会秩序是规则遵循机制与个人调适机制的结合。

哈耶克的自生秩序理论虽被人们视为"经济学的第一原则"②，但其局限性也是无法回避的：一是哈耶克强调自生秩序而完全否定国家干预，使其走向了另一个极端。例如，他断言自生秩序如果受到建构秩序（通过规划来建构或改造社会）的干扰就会导致灾难性后果。然而根据选择论的观点，选择是双向的，选择的一端指向偶然、随机、混沌和不稳定，选择的另一端则指向必然、决定、秩序、稳定，虽然双向选择的起因是混沌和不确定性，但双向选择所造成的结果却是秩序和确定性③。事实上，当代资本主义国家并不只是实行纯市场自由的政策，而当代社会主义国家也不只是实行纯政府干预的政策，人类社会恰恰是自生秩序与建构秩序双向选择的结果。二是将自生秩序视为一种无意识结果的观点并不成立，因为自生秩序既是选定的又是给定的，"自组织的社会往往比哈耶克的社会更复杂，更少自发性……社会从未仅仅建立在一种自发秩序与个人利益的基础上，而是首先建立在一种象征秩序之上，建立在价值基础上"④。三是将人类历史和生物进化相类比并归结为文化功能的反映，将经济竞争类比为动物界的生存竞争，断言制度是文化进化功能的结果，会推动社会进步。这一观点本质上是一种社会达尔文主义的思想，而它实际上已沦为牛顿机械决定论的附庸，就连哈耶克本人也承认："'自然选择'、'生存竞争'和'适者生存'等观念……在社会科学领域中并不适宜；因为在社会进化中，具有决定意义的因素并不是个人生理的且可遗传的特性的选择，而是经由模仿成功有效的制度和习惯所做出的选择"⑤。

由于自生秩序理论的上述局限性，加之各种主观原因，或因哈耶克个人的偏好，或因人们理解上的偏差，或因其继承者目的的不同，自生秩序理论被作了无边界的延伸和误读，成为某些人心目中的"涅槃"。例如，在哈耶克那里，自生秩序成为他赞颂私有制、反对公有制和社会主义的依据；在他的

---

① 哈耶克. 自由秩序原理（上）[M]. 邓正来，译. 北京：生活·读书·新知三联书店，1997：代译序 22.

② 哈耶克. 自由秩序原理（上）[M]. 邓正来，译. 北京：生活·读书·新知三联书店，1997：代译序 8.

③ 王振武. 再论选择论的方法论意义 [J]. 自然辩证法研究，1990（5）：8-14.

④ 阿兰·伯努瓦. 哈耶克批判 [M] // 李其庆. 全球化与新自由主义. 桂林：广西师范大学出版社，2003：88.

⑤ 哈耶克. 自由秩序原理（上）[M]. 邓正来，译. 北京：生活·读书·新知三联书店，1997：代译序 22.

信仰者和继承者那里，自生秩序成了新自由主义理论的基石，并被简化为完全摒弃国家干预和管制的市场秩序，市场秩序成了人们必须顶礼膜拜的对象。在英国，撒切尔主义以大学是亏损者而非赢利者为由大量削减办学经费和教学岗位，导致教学质量急剧下降，实际上将大学搞得一塌糊涂[①]；在美国，社会秩序成了市场至上的秩序，国际秩序成了以双重标准为特征的市场极权主义的经济秩序（亦称为"华盛顿共识"）和美国单边主义的政治秩序，甚至连美国邮政和部分监狱的管理也被私有化和放松管制[②]。在西方发达国家，新自由主义成为政治、经济的范式和推进经济全球化的理论武器，他们"一方面承诺'看不见的手'具有造福人类、促进繁荣的作用，另一方面又造成世界范围内人为的和史无前例的大众贫困"[③]。在拉丁美洲、苏联和东欧国家的政治家眼里，市场秩序成了包医百病的"灵丹妙药"。他们全盘接受世界银行和国际货币基金组织提供的以市场为导向的所谓"休克疗法"式的结构调整方案，不遗余力地强制推行私有化和削减社会福利的政策，以至于国家由市场支配、政权让渡给强大的公司和股东，学校被作为赢利企业来管理，医院只给看得起病的人提供服务。

由上可知，邓文将哈耶克的"自生秩序"概念扩展到高等教育领域的确有其特定的背景，并不令人意外。在邓文看来，既然高等教育自生秩序是指"高等教育产生和发展中非人为设计而产生的秩序，是基于各个高校自主决策而产生的秩序"[④]，那么，在实践中它当然是现阶段我国高校定位的最有效的机制。然而，邓文为了强调自生秩序的重要性而排斥一般性规则（高校分类）及政府依此对高校定位进行的分类指导和引导，似乎比哈耶克本人更为激进，同样滑入了"唯自生秩序论"的极端，因为毕竟"世界既不是一个自动机，也不是一片混沌，它是一个具有不确定性的世界，这种不确定性会通过选择转化为确定性"[⑤]。

---

① 爱德华·赛义德. 新自由主义的问题 [M] //李其庆. 全球化与新自由主义. 桂林：广西师范大学出版社，2003：48.

② 爱德华·赛义德. 新自由主义的问题 [M] //李其庆. 全球化与新自由主义. 桂林：广西师范大学出版社，2003：48.

③ 库尔茨. 资本主义黑皮书：自由市场经济的终曲（上）[M]. 北京：社会科学文献出版社，2003：9.

④ 邓耀彩. 高校定位：自生秩序还是管制 [J]. 高等教育研究，2006，27（2）：47-51.

⑤ 王振武. 再论选择论的方法论意义 [J]. 自然辩证法研究，1990（5）：8-14.

二、高校定位是自生秩序与分类指导的有机结合

根据普里高津（Ilya Prigogine）的耗散结构理论，高等教育系统是一个远离平衡态的开放系统，要维持其原有结构，并促使其走向更高级、更复杂的有序结构，就必须从外界不断地输入物质、能量和信息。如果从外界输入的负熵（有序性的输入）大于熵增（系统趋向无序），高等教育系统就会产生新的有序化行为，这一行为就是自组织行为。反之，就会趋向无序。由于"开放和远离平衡态是系统自组织的必要条件，也是系统自组织的边界条件和必要条件"[1]，因而高等教育系统只有既向社会大系统开放又向社会各子系统开放（交往），并与外界保持动态的差异性，才能形成自组织机制。用复杂性哲学的话语来说，复杂系统不仅存在于自然事物之中，也广泛存在于社会系统中。在平衡态、近平衡态、远平衡态的线性区域（分叉临界点之外），系统的行为是确定的，它由决定论支配，内因（内熵）具有决定性作用；但在远离平衡态的非线性区域，情况就复杂多了。系统越远离平衡态，它所具有的选择性就越多，分叉就越快。在分叉临界点上，决定论机制被破坏了，系统的发展方向由随机性支配，任何微小的扰动都可能产生难以预料的巨涨落，这时外因（外熵）具有决定性作用[2]。而当系统的分叉方向一旦选定，决定论便又开始起作用，直到下一个分叉点。简言之，系统的演化是必然的，但演化的未来状态具有多种多样的可能性，究竟出现哪种状态是这一系统内外各种因素相互选择的结果[3]。具体而言，高等教育系统究竟朝哪个方向演化和怎样演化，取决于各主体的选择，亦即其内部各高校（自生秩序）与外界环境（如政府、社会）的双向选择。显然，在高校定位问题上，自生秩序与政府适度地宏观引导是缺一不可的。

首先，自生秩序是高校定位的内因（内熵），政府对高校定位的分类引导是外因（外熵），后者必须以发挥前者的作用为基础。同时，高校要做到科学定位就必须准确把握经济社会的需求，而这离不开政府的分类引导。在缺乏政府分类引导的情况下，单纯依靠各个高校分散自主决策的自生秩序，虽能使高等教育系统趋向有序但可能并不是我们期望的那种有序。例如，目前我

---

[1] 赵凯荣. 复杂性哲学[M]. 北京：中国社会科学出版社，2001：91.
[2] 赵凯荣. 复杂性哲学[M]. 北京：中国社会科学出版社，2001：100.
[3] 王振武. 再论选择论的方法论意义[J]. 自然辩证法研究，1990（5）：8-14.

国普遍存在的高校分工不清、定位不明、追求综合化、趋向学术型大学、争办新专业等问题,恰恰是政府在高校定位中的"缺位"所导致的。当然,我们也可以单纯依靠自生秩序的作用来缓慢形成高等教育的有序结构,但时间太长、付出的代价太大,并且所生成的也许并不是我们所期望的合理秩序。而高等教育作为培养高级专门人才的社会活动,任何国家、执政党和政府领导人都不能也无权放任高等教育自我生成这种时间长、代价大、结果难以预测的高等教育秩序。

其次,高校定位必须是自生秩序与分类引导的有机结合。如果在强调自生秩序重要性的同时而排斥政府分类引导,那无异于说高等教育系统(包括高校)是一个孤立存在的系统,而实际上高等教育系统作为社会子系统,恰恰是开放系统。因此,我们对于自组织机制不应作狭隘的理解,如果天真地认为无须外力作用而仅凭系统内部子系统之间的协同效应就能产生有序结构,就是把高等教育系统预想为一个孤立系统,而孤立系统只能沿着无序化方向演化进而走向"死寂",根本不可能产生自组织行为①。可见,为了强调自生秩序而排斥分类引导,或为了强调分类引导而忽视自生秩序,都是一种片面的观点。

第三,自生秩序本质上是一种主要适用于生物进化的机制,不能直接移植于高等教育及其实施机构——高校。不言而喻,尽管生物的反应经历了由刺激感应性到动物的感觉、心理的发展,但迄今为止动物并没有自我意识,它们只是消极地适应环境,其反应是其趋利避害本性的一种被动选择,所以生物进化遵循的是生物的遗传与变异规律。与之相反,人类在劳动的基础上形成了自我意识,人的这种自我意识具有主观能动性。正如马克思所言:"蜘蛛的活动与织工的活动相似,蜜蜂建筑蜂房的本领使人间的许多建筑师感到惭愧。但是,最蹩脚的建筑师从一开始就比最灵巧的蜜蜂高明的地方,是他在用蜂蜡建筑蜂房以前,已经在自己的头脑中把它建成了。"② 可见,高等教育的发展是人类有计划、有目的、有组织地进行的一种主动选择,而高校作为一种具有特殊性的社会组织,不仅与其他社会组织(如政党、企业)有着巨大的差别,更与一般生物有着本质的区别,这就决定了我们既不能用政治

---

① 邓树增,卢生芹,刘庆有,等. 自然辩证法 [M]. 长沙:湖南大学出版社,1989:132-133.

② 李秀林,王于,李淮春. 辩证唯物主义和历史唯物主义原理 [M]. 3版. 北京:中国人民大学出版社,1990:97.

规律、经济规律代替教育规律，更不能将生物进化机制等同于高等教育发展机制。

第四，自生秩序理论是有其边界条件的，不能无限度地运用。一般而言，在单一、初级、线性的系统中，可以依靠个人的独立决策并经过缓慢的环境调适自我生成秩序；而在复杂、高级、非线性的社会系统中，由于子系统及其各要素的类型和层次多样、结构复杂、信息不对称，因而需要外部力量的适度引导才能形成有序结构。高等教育系统就是这样一种复杂、高级、非线性的社会子系统。按照哈耶克的理论，在适当的外界条件下，高校定位是通过高等教育系统内部大量相互作用的子系统（如教育行政部门和高校，或学术型大学、专业型大学和职业技术型学院）之间的协同效应来实现的，这种协同效应促使不同类型和层次的高校产生整体的有序运动，从而形成新的更高级、更复杂的高等教育有序结构。可见，高等教育系统的演化是内部自生秩序与外部调节机制相互作用的过程，高等教育有序结构是自生秩序与环境作用相互博弈的结果。

应当看到，改革开放以来，我国高等教育管理体制改革已经取得了一些重要突破，但在高等教育宏观管理上仍然是"越位"与"缺位"现象并存。一方面政府管理"越位"，过分依赖并习惯于用单一、直接的行政管制手段去确定高校的社会地位和配置资源（如行政级别、经费分配），导致高校在定位上的自主性缺失；另一方面政府又在引导上"缺位"，没有适时从宏观上建立起科学的高校分类体系及合理的定位政策分类引导高校自主定位，导致高校在单一的自生秩序下分工不清、定位不明、相互串岗、竞相趋同与攀升。

按照邓文的逻辑，目前我国高校在定位上存在的趋同和攀升，似乎是高校自生秩序的结果，是一个无需也不可能解决的矛盾，人们对此没有必要努力也无能为力，最好的办法就是听任自生秩序发挥作用，自生秩序似乎成了"灵丹妙药"，可以用来解决今天中国高等教育面临的各种现实难题。在邓文看来，只要国家释放自生秩序，高校就可以借其顺利发展；只要不依靠高校分类来指导高校定位，高校就能做到自主定位。然而，事实上正是政府在分类引导上的"缺位"，听任不同类型、层次的高校自我生成秩序，才形成了高校当前在定位上的这种混乱、趋同的局面。

三、高校定位必须与高校分类相联系

邓文将主张把高校分类与高校定位联系起来并依靠分类来指导高校定位

的人们，斥之为"简单化"。依笔者理解，邓文所担心的主要是政府运用某一类型和层次高校的标准"简单地"去规范某一高校的办学行为，担心高校将自己套进某种类型和层次的办学标准而不能自拔。这种担心确实不是空穴来风，因为"忽视一个系统特性的管制措施可能会导致典型的混沌过程"[①]。并且，我国政府现行的层次分类方法的确存在着将高校定位简单化的倾向。但是我们决不能因噎废食，尽管高校定位政策与任何其他政策一样，也有正反两方面的效应，但问题的关键不在于高校定位政策有没有这种正反效应，而在于这一政策的主要预期目标是什么，如何才能防止这一政策可能产生的负面效应，最大限度地发挥其正面效应。

毋庸置疑，就高等教育领域而言，我们可以而且必须对"定位"的外延作多个维度的划分，这有利于在理论上厘清一些模糊认识，在实践上防止行动的偏差。根据定位的主体，定位可分为高等教育定位和高校定位。其中，政府对一个国家或地区的高等教育进行的宏观思考和战略规划活动可称为高等教育定位；而高校通过自主制定并实施战略规划以明确发展方向的活动可称为高校定位[②]。前者是政府义不容辞的责任，后者是高校必不可少的自主权利，决不能将二者混为一谈。根据定位的时间指向，高校定位又可分为现状定位和发展定位。其中，现状定位是指高校以高等教育分类体系为参照，根据自身的发展状况和实力，自主确定其目前在高等教育体系及同行中的位置；而发展定位是指高校以高等教育分类体系为参照，根据自身的现有基础、发展潜力、发展愿望及外部环境，自主确定其在可预见的将来能够或预期达到的位置和水平。换言之，现状定位是一种从实然角度进行的定位，发展定位是一种从应然角度进行的定位；前者基于对自身当前现状的清醒认识，后者基于对自身未来的科学把握[③]。此外，根据定位的内容，我们还可将高校定位分为规模定位、类型定位、层次定位、人才培养目标定位、科学研究定位、服务面向定位、学科定位、办学特色定位等等。基于以上分析，我们赞同高校定位是高校的自主行为，是高校在分类体系指导下独立自主地进行的一种顶层设计，我们也赞成通过建立高校分类体系来引导高校定位，但不赞

---

① 哈肯. 协同学：大自然构成的奥秘 [M]. 凌复华，译. 上海：上海译文出版社，2001：135.

② 陈厚丰. 中国高等学校分类与定位问题研究 [M]. 长沙：湖南大学出版社，2004：36.

③ 卢晓中. 对高等教育分层定位问题的若干思考 [J]. 高等教育研究，2006（2）：52-56.

成政府据此来规范或管制高校定位;我们主张高校定位的机制应该是自生秩序与分类引导的有机结合,但不同意高校定位仅仅依靠自生秩序。

还应该强调的是,通过高校分类引导我国高校定位,至少有三个方面的作用:一是尽可能地缩短我国高等教育系统从无序到有序、从不确定性到确定性的时间;二是尽可能地减少目前我国高等教育因结构无序、混乱、动荡所造成的损失,有效降低我国高等教育结构优化乃至高等教育大众化的成本;三是尽快地将我国高等教育结构引向多元、开放、弹性的正确方向,形成精英与大众高等教育协调发展的良好局面,从而最大限度地发挥高等教育的功能。

必须看到,高校分类与定位是在高等教育进入到大众化、普及化阶段后才凸现出来的问题。随着知识经济时代的到来,高等教育逐步走向经济社会的中心,高等教育系统日益庞大和复杂,人们要全面认识和透彻理解高等教育系统及各类高校的特点已经十分困难,更遑论政府进行高等教育定位和引导高校定位。不管我们愿不愿意、承不承认,从整体上看,没有高校分类体系作为参照,高校就不可能自主、准确定位,政府也不可能分类引导高等教育实现可持续发展。正因为我国至今没有能够从总体上统筹高等教育系统的理性建构,缺乏系统、连贯的高等教育结构优化、职权划分和学制改革策略,特别是缺乏科学可行的高等教育(含高校)分类体系,才使我国高等教育结构长期处于混乱、动荡、随意的状态,所以才有通过高校分类来指导、引导高校定位的必要。由此可见,无论是从高校还是从政府的角度,无论是高等教育定位还是高校定位,无论是现状定位还是发展定位,其前提条件是必须有一个科学可行的高等教育(含高校)分类体系。因为高等教育分类体系(包括分类原则、分类依据、分类框架、分类标准等)是高校定位的参照系,缺乏高等教育分类体系的观照,高校要科学合理地定位是不可能的。所以,讨论高校定位首先必须准确理解高校分类与高校定位的内涵及辩证关系。我们认为,高校分类与高校定位是两个相互联系、相互区别的概念。从二者的联系上看,高校分类是高校定位的前提条件,而高校定位是落实高校分类的重要保证。从二者的区别上看,高校分类是解决高校的任务、职责和能级区分问题,而不是解决高校的社会地位高低问题[①]。高校定位是高校根据分类体系及定位政策框架,自主选择相应类型和层次,通过规划方式理性规划未

---

① 潘懋元,陈厚丰. 高等教育分类的方法论问题[J]. 高等教育研究,2006(3):11.

来发展方向的活动。从这个意义上说,高校定位必须与高校分类联系起来,撇开高校分类侈谈高校定位,未免有些本末倒置。

值得深思的是,过去我们往往是在没有建立高校分类体系及相应定位政策的情况下空谈高校定位,将高校定位不明的责任一概推给高校,结果高校分工不清、定位不明和向学术型大学趋同与攀升等问题至今不仅没有得到解决,反而愈演愈烈。由于在没有分类体系作为参照物,而国家又是根据行政级别、办学规模和层次来分配办学权利和配置办学资源的情况下办学,因而高校只能"跟着上级走""跟着北大、清华走",并且无论是教职员工还是大学生既"不愿",也"不能"[①] 安于其位,这就是问题的症结之所在。

我们还应当看到,高校校长和教职员工是生活在社会环境中的社会人,高校也是存在于一定社会环境中的社会组织,在上述没有定位参照系和各安其位的政策环境中,他(它)们能够置身事外而仅仅依靠自生秩序生存和发展吗?正是基于这一现实,一些有识之士才认为,必须建立起高校分类及定位政策体系,为高校定位提供良好的竞争规则和制度环境。需要说明的是,我们主张通过高校分类引导高校定位,是指立足复杂性哲学的视野并在充分发挥高等教育系统自组织机制前提下的宏观引导,亦即这种引导必须尽可能宏观一些、简练一些,并给高校留有足够的、自主发挥的空间。

四、分类引导并不等于管制

邓文认为,依靠高校分类来指导高校定位,不可避免地存在系统风险,而这种系统风险之一是容易导致政府管制。我们认为,将指导、引导等同于管制是不正确的。

从狭义的语义上进行分析,现代汉语中的引导、指导、管制都是一种调控方式,但指导、引导并不等于管制。因为指导、引导、管制是调控的下位概念,而调控是引导、指导、管制的上位概念。其中,引导是间接的调控,一般适用于经济、文化、教育领域;指导是相对直接一些的调控,一般适用于行政上存在隶属关系的组织;而管制则是最直接的调控,一般适用于政治、军事领域及突发性公共事件的处理。所以,必须将引导、指导与管制区分开来,否则容易引起误解。以高校定位为例,引导是指政府依据高校分类体系

[①] 卢晓中. 对高等教育分层定位问题的若干思考[J]. 高等教育研究,2006(2):52-56.

及定位政策，通过法规、经费、评价等间接手段来引领高校定位；指导是指高校主管部门根据隶属关系激励和约束所属高校定位；而管制是指政府依据行政权力直接干预高校定位，甚至直接确定高校的办学权利和社会地位。若将高校定位中的引导与管制进行比较，则二者的区别更为明显：从手段上看，引导是间接的，管制是直接的；从形式上看，引导依据的是导向性（非强制性）的分类体系和定位政策，管制依据的是强制性的命令、指示；从层次上看，引导是立足高等教育定位的宏观战略层面的，管制则是深入到高校定位的微观战术层面的；从性质上看，引导具有导向性，强调并力求落实高校定位的自主权，管制则具有强制性，忽视乃至无视高校定位的自主权。

从历史和现实看，调控高等教育在世界各国是普遍存在的现象，其中管制只是直接运用行政权力的一种调控方式而已。高校分类和定位与国家对高校的教学评价和经费资助政策一样，也是一种分类引导，或者说是一种政策扶助措施，这种措施基于不同的定位政策导向和不同官员的偏好，既可能是一种引导手段，也可能是一种管制手段。简言之，分类引导不等于管制，也不必然导致管制；高校分类与管制并不存在必然联系，自生秩序也不排斥分类引导。因而将引导、指导与管制等同起来的观点是不正确的。诚然，高校分类在一定程度上也可能导致政府将引导异化为管制，也可能导致高校之间的分割与封闭，但我们完全可以通过建立政府与高校之间的权责规制、高等教育系统内部纵向衔接与横向沟通的机制及合理的定位政策来规避。

从高校定位的具体实践看，政府的权责是为高校定位提供可供参照的高校分类框架、分类标准及指标体系，同时提供有利于高校公平竞争、多样化发展的激励与约束相结合的定位政策（含资源配置政策）；高校的权责是根据政府的分类体系、定位政策、现有基础和外部环境自主选择其类型和层次，明确发展方向、发展战略和办学特色。事实上，世界各国都颁发了各自的高校办学标准（如高校设置基准），而这些标准在实践中并未妨碍高校在达到基本质量标准前提下的自主定位和发展，更没有扼杀高校的个性和特色。同理，建构高校分类及其标准，不仅不会妨碍高校特色办学，反而有利于高校分类办学、强化特色。试想，如果在国家层面上没有一个分类体系（包括分类标准），那么我国高等教育就将永远走不出目标趋同、层次升格、综合化的周期性困境；如果高校没有相应类型和层次的分类标准作为参照系去自主定位，那么所谓高校自主定位必定是在自生秩序下的"诸侯混战"。

从高校分类研究的现状看，由于我国起步较晚，与任何其他研究一样，学习和借鉴国外已有的分类研究成果是必经的阶段，但学习与借鉴的目的不是模仿而在于创新和运用。因此，我们主张的高校分类，是切合我国高校实际的分类，决不是照抄照搬；我们主张的高校定位，是用于解决我国高等教育现实问题的政策框架，决不是鹦鹉学舌式的所谓"系统学习和借鉴"。

在当今时代，面对日益多样化的高等教育需求，高校分类虽然不能解决我国高等教育结构优化的所有问题，但至少可以解决高校分工不清、无序竞争的问题；以高校分类为参照的高校定位虽然不能做出最佳选择，但可以做出最理性的选择。高校分类与定位是一个需要不断改进和完善的动态过程，我们既不能奢望一劳永逸，也不能畏葸不前。尽管高校分类是一个公认的世界性难题，但经过学术界与实践界的共同努力是完全可以有所作为的。

（原载《高等教育研究》2006年第6期，被《新华文摘》2006年第22期和中国人民大学书报资料中心《高等教育》2006年第9期摘要）

中国高校分类标准及指标体系设计

  高校分类标准及指标体系的探讨，是近年来国内外学术界诸多学者探讨的一个热点和难点问题。国际上，美国卡内基基金会打破了前五个版本单一的阶梯式分类框架模式，代之以纵向、横向相结合的网格式多元分类框架模式。2005年卡内基基金会公布了由5个平行分类组成的美国高校新分类模式，2006年5月又补充了基础分类与社区参与两个分类模式。在中国大陆，有学者参照卡内基大学分类框架提出了由5类9种指标组成的中国普通高校分类标准及指标体系[①]；在中国台湾，有学者依据卡内基基金会2005年版的高校分类体系，对台湾地区159所大学进行了分类尝试，得出了无法完全将卡内基分类框架模式移植于台湾地区大学分类的结论，在对其修正后再次对台湾地区大学分类的验证情况表明，台湾地区应在借鉴卡内基高校分类经验的基础上，重构符合自身实际的大学分类框架。另有一些大陆学者结合国情提出了各自的高校分类标准，如马陆亭[②]、邹晓平[③]、戚业国和杜瑛[④]。然而，由于各地的差异，人们对我国高校分类研究中的一些理论和技术难题仍难以形成共识。例如，如何解决高校分类与排名脱钩问题，如何明晰不同类型和层次高校之间的界线问题，如何体现中国高校分类标准的普适性问题，如何使分类指标具有独立性、简洁性、可操作性问题，如何解决高校分类数据的获得性及甄别问题，如何解决中国高校分类框架与国外其他分类体系的兼容性及国际比较问题，等等。为了解决上述难题，本文试就中国高校（仅涉及中国内地高校，不涉及港澳台地区高校）的分类标准与指标体系设计问题进行初步探讨。

---

  ① 刘少雪，刘念才. 我国普通高校的分类标准与分类管理［J］. 高等教育研究，2005（7）：40-44.
  ② 马陆亭. 我国高等学校分类的结构设计［J］. 北京大学教育评论，2005（2）：101-107.
  ③ 邹晓平. 高等院校分类的三维视角［J］. 教育发展研究，2005（12）：57-60.
  ④ 戚业国，杜瑛. 试探我国高等学校分类思路及方法［J］. 教育发展研究，2005（23）：61-64.

一、高校分类标准与高校分类指标的界定

关于"标准"一词,《辞海》的解释是:"衡量事物的准则。如,取舍标准。引申为榜样;规范。"① 而《现代汉语词典》认为,"标准"一词有两个含义:一是指"衡量事物的准则";二是指"本身合于准则,可供同类事物比较核对的事物",如标准音、标准时②。据此,高校分类标准可界定为用来区分高校性质、任务、能级的准则和参照系,是用于判断高校类型和层次的定性化尺度,是对高校分类依据的具体化,具有示范和导向作用。我们认为,首先,以专业和课程的设置面向为依据,根据面向学科、面向专业领域、面向岗位及岗位群等三个标准,可将我国高校划分为学科型、专业型、职业型三种一级类型;接着,以学科和专业覆盖面及其内在联系为依据,根据所设学科、专业涵盖的学科门类及招生专业数,可将高校划分为综合性、多科性、单科性三种二级类型;然后,根据履行社会职能的情况,可将学科型、专业型两种类型的高校从纵向上划分为研究型、教学科研型、教学型三个层次,将职业型高校从纵向上划分为教学科研型和教学型两个层次③。

关于"指标"一词,《辞海》解释为:"综合反映社会现象某一方面情况的绝对数、相对数或平均数。绝对数往往是'总量指标',相对数即'相对指标',平均数即'平均指标'。分'计划指标'和'统计指标',前者表明一定时期内计划上要求达到的水平;后者表明该时期内实际达到的水平。指标又分数量指标和质量指标以及实物指标和价值指标。"④《现代汉语词典》将"指标"解释为"计划中规定达到的目标"⑤。例如,数量指标、质量指标、生产指标等等。据此,笔者认为,高校分类指标是指在高校分类标准的基础上,综合测量或反映高校性质、任务、能级和发展现状的数量指征,主要包括总量指标、相对指标。由于平均指标反映的是高校办学绩效,属于高校评

---

① 夏征农. 辞海(1989年缩印本)[M]. 上海:上海辞书出版社,1994:1443.
② 中国社会科学院语言研究所词典编辑室. 现代汉语词典[M]. 北京:商务印书馆,1983:70.
③ 潘懋元,陈厚丰. 高等教育分类的方法论问题[J]. 高等教育研究,2006(3):12.
④ 夏征农. 辞海(1989年缩印本)[M]. 上海:上海辞书出版社,1994:783.
⑤ 中国社会科学院语言研究所词典编辑室. 现代汉语词典[M]. 北京:商务印书馆,1983:1488.

价范畴，所以本研究舍弃了平均指标。一般而言，高校分类指标必须具备三个条件：一是应能描述和表征出某一时刻高校主要方面发展的现状；二是应能描述和反映某一时刻高校主要方面发展变化的趋势；三是应能描述和表征高校主要方面的协调程度。由上可见，高校分类指标属于统计指标，而高校规划指标属于计划指标；高校分类指标也属于数量指标，而高校评价（排名）指标则属于质量指标。

高校分类指标体系，是指由若干相互独立、相互联系和相互参照的高校单个分类指标组成的指标系统。国内一些学者也认为，"指标是指可以反映或测量一些情况的指征，它有助于将信息转化为更易理解的形式，并以简明的方式来描述复杂的状况"，"通常包含较为概括的内容，通过利用比数据和统计资料更为综合的形式来描述相互关联的方面和可以获得数据的有关方面"[1]。因此，高校分类指标体系是由单个分类指标组成的综合性指标，它应当具备四个功能：第一，描述功能，能够反映高校在办学的性质、类型、层次及在人才培养、科学研究、社会服务方面的基本状况；第二，解释功能，能够解释有关高校的性质、类型、层次及能级形成的原因及有关数据；第三，监测功能，能够监测高校发展过程中出现的问题及其严重程度；第四，预测功能，能够预测高校的发展趋势，为高校合理定位、优化发展战略、制定政策措施提供决策辅助工具。

二、高校分类标准及指标体系设计的原则

首先，着眼于从输入的视角来设计高校分类指标。为解决实际运用中高校分类与高校排名混同从而导致争议的难题，更加清楚地将二者区分开来，笔者认为，在设计我国高校分类标准及指标时应当只考虑输入端的状况。这是因为，高校分类是有关高校性质、任务、职能的区分，即将同一性质、任务、职能的高校归为同一类型或层次，将不同性质、任务、职能的高校归为不同的类型、层次。而高校排名（评价）是有关高校教育质量、办学水平及效益的比较，即根据高校的质量、水平和效益，按照从高到低的原则将高校排出名次。从本质上说，前者侧重于输入（投入）指标的测量，例如生源结构、教师队伍、科研经费、办学经费来源等；后者侧重于输出（产出）指标

---

[1] 中国21世纪议程管理中心，中国科学院地理科学与资源研究所. 可持续发展指标体系的理论与实践 [M]. 北京：社会科学文献出版社，2004：4.

的测量，例如毕业生数及结构、科研成果及获奖数、师均获得科研经费数等。以往许多高校分类指标（包括卡内基分类）之所以引起人们的质疑，或沦为排名工具，恰恰是由于同时采用了投入指标和产出指标，导致分类与评价（排名）不分，分类法的功能被扩大到评价领域。因此，设计高校分类标准与指标体系时，应主要考虑体现高校输入的指标，原则上不采用反映高校产出（如质量、水平及效益）的指标。

其次，运用多元分类的视角来设计高校分类指标。高校分类的目的是为政府、社会公众和高校三方了解、理解和管理高等教育系统及自身提供工具，因此设计高校分类标准与指标体系时，应主要着眼于高等教育需求的视角。从需求者角度看，高校分类的需求主体主要有三个，即政府、社会和高校。政府需要根据高校分类进行分类管理；社会需要根据高校分类来判断、选择、统计高校；高校自身也需要根据高校分类来合理定位。因此，高校分类至少应该有三个维度，即适用于政府的分类、适用于社会的分类、适用于高校的分类。这充分说明，高校分类标准及指标体系必须打破以往单一政府或单一学术视野（研究者、排名者）的层次分类框架，而代之以适应政府、社会、高校三方需求的多维视野，且分类框架应有概括性，分类指标应尽可能简便易行，从而构建起类型与层次相互结合，且以多元、立体、网格式为特征的高校分类框架。

再次，高校分类体系应具有开放性、弹性和互动性。所谓开放性，是指高校分类体系应尽可能包括现在的所有类型和层次的高校（至少应包括普通高校），适用于各种分类主体的需求，具有广延性、包容性。所谓弹性，是指高校分类体系及分类指标应具有合适的标准区间和指标空间，而不能唯数据论英雄，且应留有必要的发展空间。指标体系应既具有相对的稳定性，又具有适应环境变化及高等教育发展的适切性。所谓互动性，是指高校分类主体的交互性，即政府部门、分类机构和高校可以就一所高校的分类结果进行交流、讨论，一所高校的分类结果既可以是分类机构根据有关数据统计得出分类，也可以是高校通过数据统计来确定自身的分类，还可以根据分类需求主体不同的需求，将单一维度的分类指标灵活组合成不同的分类模块，从而为不同目的高校分类提供具有动态组合功能的分类工具。

三、高校分类标准及指标体系框架的设计

根据以上思路，本文尝试从培养目标及学科专业、人才培养、科学研究、

社会服务、学生成分、教师队伍、经济(地理)区域、宏观管理八个维度,设计中国高校的分类标准及指标体系。

(一) 培养目标及学科专业

本研究以高校的培养目标及学科专业为标准进行两次类型划分。其中,在培养目标中选取人才培养类型(学术研究型、专业应用型、高级技术技能型)为指标,学科专业主要选取设置面向(学科分类、专业领域、岗位和岗位群)、覆盖面及其内在联系(学科门类)、本专科招生专业数为指标。详见表1、表2。

表1 依据人才培养目标及学科专业设置的高校分类标准及指标

高校类型	分类标准	分类指标
L1 学科类高校	1. 人才培养类型 2. 学科专业设置面向 3. 本专科招生专业数	1. 以培养学术研究型人才及后备人才为主要目标 2. 面向学科分类来设置专业和课程 3. 基础学科或本专科招生专业数达到其所设总数的20%及以上
L2 专业类高校		1. 以培养专业应用型(工程型和专业型)人才为主要目标 2. 面向社会各行业领域来设置专业和课程 3. 专业型学科或本专科招生专业数达到总数的2/3
L3 职业类高校		1. 以培养高级技能型人才为目标 2. 面向岗位和岗位群来设置专业和课程 3. 职业类招生专业达到其所设总数的2/3

注:用L表示类型,后面的数字表示类型编号。

表2 依据学科内在关系、覆盖面和招生专业的高校分类标准及指标

高校类型	分类标准	分类指标
L4 综合性高校	1. 学科覆盖面及其内在联系 2. 本专科招生专业数 3. 相关学科在校学生数所占比例	1. 设有文、理、工三大类学科,且内在联系紧密,所设学科覆盖9个及以上学科门类 2. 本专科招生专业至少各覆盖文、理、工三大类学科3个以上的一级学科,且本专科招生专业总数高于60个 3. 文、理、工三大类学科在校学生数占全校在校学生总数的2/3及以上

续表

高校类型	分类标准	分类指标
L5 多科性高校	1. 学科覆盖面及其内在联系 2. 本专科招生专业数 3. 相关学科在校学生数所占比例	1. 所设学科包括3~8个学科门类，且文理、文工、理工内在联系较为密切 2. 本专科招生专业在21~59个之间 3. 文、理、工任意两类学科在校学生数占全校在校学生总数的2/3及以上
L6 单科性高校		1. 所设学科少于3个学科门类 2. 本专科招生专业数少于20个 3. 文、理、工任意一类学科在校学生数占全校在校学生总数的2/3及以上

注：目前我国有哲学、文学、史学、经济学、法学、教育学、理学、工学、农学、医学、管理学11大学科门类，根据习惯性的学科划分法，可归纳为文（哲学、文学、史学、经济学、法学、教育学、管理学）、理、工（工学、农学、医学）3大学科类。

（二）人才培养

本研究以在校全日制学生规模和结构为标准对高校进行两次划分。一般而言，人才培养主要有生源和毕业生两个指标，其中反映生源数量、质量和学生选择性的指标主要有招生总数、招生面向、第一志愿录取率、总录取率[①]等；反映毕业生数量与质量的指标主要有毕业生总数、授予学位（毕业证书）的数量和结构、毕业生就业率及毕业生就业面向等指标。因毕业生就业率反映的是高校的毕业生质量，毕业生数、学位授予数量等是产出指标，都属于高校评价范畴，且这些数据的获得及甄别的难度较大，因此不作为高校分类的指标。

1. 在校生规模

选取在校全日制学生总规模作为划分高校规模层次的标准。具体划分见表3。

---

① 总录取率＝录取总人数÷报考总人数×100%，一般取当年值或取近三年录取率平均值。

表 3 依据在校生规模的高校分类标准及指标

高校层次	分层标准	分层指标
C1 巨型高校	在校生规模	40000 人及以上
C2 大型高校		10000～39999 人
C3 中型高校		8000～9999 人
C4 小型高校		3000～7999 人
C5 微型高校		2999 人以下

注：用 C 表示层次，后面的数字表示层次编号。在校生规模分层指标根据当年全国普通高校校均规模确定。

2. 在校生层次结构

在校生层次结构反映一所高校的人才培养层次和工作重心。本研究选取两个指标作为划分标准：一是以研究生与本科生之比（简称"研本比"）作为划分学科类、专业类高校层次的标准；二是以本科生与专科生之比（简称"本专比"）作为划分职业类高校层次的标准。具体划分见表 4。

表 4 依据在校生层次结构的高校分类标准及指标

层次	学科类、专业类高校		职业类高校	
	分层标准	分层指标	分层标准	分层指标
C6 研究型	研本比	1∶2 及以下	/	/
C7 教学科研型	研本比	1∶2.1～1∶5	本专比	1∶2 及以下
C8 教学型	研本比	1∶5.1 及以上	本专比	1∶2.1 及以上

注：研本比＝研究生÷本科生；本专比＝本科生÷专科生；研本比、本专比根据在校研究生或本科生不低于在校学生总数的 5% 左右确定。

（三）科学研究

本研究以科学研究经费总规模及科学研究经费的结构为标准进行两次划分。由于科学研究中的师均科研经费、师均纵向科研经费、师均横向科研经费三个指标反映的是高校教师的科研效率，属于高校评价范畴，因此不作为高校分类的指标。

1. 科研规模

选取科学研究到账总经费作为划分标准对高校科研规模进行分层。具体划分见表 5。

表 5　依据科研经费的高校分类标准及指标

高校层次	分层标准	分层指标（亿元）
C1 巨型高校	科研到账总经费（人民币）	5.0 及以上
C2 大型高校		4.9～2.0
C3 中型高校		0.60～1.9
C4 小型高校		0.59～0.31
C5 微型高校		0.3 及以下

注：以科研到账总经费作为高校分层的指标，应根据国家和社会科研经费的增长幅度、物价指数及高校科研经费的实际来确定，上表中的数据是根据目前中国高校科研经费的实际状况提出的。

2. 科研结构

选取科学研究到账经费的结构作为划分标准对高校进行分层，以纵向科研到账经费与横向科研到账经费的比例（简称"纵横比"）作为划分指标。具体划分见表 6。

表 6　依据科研经费结构的高校分类标准及指标

高校层次	分层标准	分层指标
C6 研究型	纵横比	2∶1 及以上
C7 教学科研型		1∶1～1∶1.99
C8 教学型		1∶2 及以上

（四）社会服务

自 19 世纪 60 年代美国赠地学院创办以来，社会服务逐渐发展成为高校的第三个社会职能。随着知识经济的发展和高等教育功能的拓展，高校社会服务的能力越来越重要。广义的理解是，除了少数研究型大学通过直接参与所在国家或区域重大科研攻关和创办高新技术企业外，高校主要还是通过人才培养和科学研究来履行社会服务职能的。而狭义的社会服务指高校直接参与所在国家、区域或社区的科技开发、科技咨询工作，或直接创办科技企业，因数据获得及数据甄别难度大，故在本研究中不列为指标。因此，基于广义社会服务职能的角度，本研究选取招生面向（高校招生的地域范围，含留学生）、分校（课程）的开设范围和科研项目（课题，含国际项目）面向作为划分高校层次的标准。具体划分见表 7、表 8。

表7　依据招生面向的高校分类标准及指标

高校层次	分层标准	分层指标
C9 国际性高校	留学生占在校生总数的比例	10%及以上
	分校（课程）开设范围	在2个及以上国家开设分校或学位课程
C10 全国性高校	招生面向（省份）	20~31个
C11 区域性高校		10~19个
C12 地方性高校		1~9个
C13 社区性高校		所在社区

表8　依据科研项目面向的高校分类标准及指标

高校层次	分层标准	分层指标
C9 国际性高校	科研课题面向（国际）	10项以上
C10 全国性高校	科研课题面向（省份）	10个以上
C11 区域性高校		6~9个
C12 地方性高校		2~5个
C13 社区性高校		1个及以下

（五）学生成分

本研究从学制类型和学生选择性两个角度分别对高校进行分类和分层。学制类型反映一所高校学生的正规学习时间，本研究以全日制与非全日制学生比例为标准划分高校类型。学生选择性反映一所高校的生源情况，可以选择两个指标来划分高校层次：一是录取率[①]，即录取人数与申请人数的比率。以美国为例，2008年顶尖级大学录取率一般在10%以下，美国著名大学的录取率一般在20%以下[②]；二是第一志愿录取率[③]。以中国为例，2008年中国顶尖级大学第一志愿录取率一般在99%以上，著名大学一般在96%以上。由于中国高校的录取率数据难于获得，因此本研究选取第一志愿录取率为标准划分中国高校层次。具体划分见表9、表10。

---

① 录取率＝录取人数÷申请报考（入学）人数×100%。
② 美名校录取率创历史新低[N]. 参考消息，2008-04-04.
③ 第一志愿录取率＝第一志愿录取人数÷第一志愿报考人数×100%。

表 9　依据学制类型的高校分类标准及指标

高校层次	分层标准	分层指标
L7 全日制高校	全日制与非全日制学生比	10∶1 及以上
L8 非全日制高校		0.99∶10 及以上

注：全日制指学生全天在校学习；非全日制指学生部分时间在校学习，部分时间工作。

表 10　依据学生选择性的高校分类标准及指标

高校层次	分层标准	分层指标（％）
C14 高选择型高校	1. 第一志愿录取率（学科类、专业类）	96 及以上
C15 中选择型高校		71~95
C16 低选择型高校	2. 新生平均报到率（职业类）	70 及以上

（六）教师队伍

生师比反映一所高校在校学生与师资力量的匹配情况，一定程度上反映一所高校学生所享有的教师资源。本研究以生师比作为划分标准，对高校进行层次划分。由于师职比反映的是高校的办学效率及效益，属于产出指标，应纳入大学评价的指标，故根据本研究前述分类标准及分类指标的确定原则，不将其作为分层标准与分层指标。具体划分见表 11。

（七）经济（地理）区域

经济（地理）区域反映一所高校的区位优势，例如交通条件、经济发展水平、地方财政实力和社会资金等，在一定程度上体现出了一所高校所拥有的外部资源条件。根据不同国家的地理特点，我们可以将高校划分为东部高校、中部高校和西部高校等类型；根据不同区域的经济社会发展水平，也可将高校划分为发达地区高校、中等发达地区高校、欠发达地区高校等类型。本研究以经济区域作为划分标准，对中国内地高校进行类型划分。具体划分见表 12。

表 11　依据生师比的高校分类标准及指标

高校层次		分层标准	分层指标
一级层次	二级层次		
C17 大众型高校	C17-1 极高大众型高校	生师比	30∶1 及以上
	C17-2 高大众型高校		26∶1~29∶1
	C17-3 普通大众型高校		21∶1~25∶1

续表

高校层次		分层标准	分层指标
一级层次	二级层次		
C18 精英型高校	C18-1 普通精英型高校	生师比	15∶1～20∶1
	C18-2 高精英型高校		10∶1～14∶1
	C18-3 极高精英型高校		9∶1及以下

注：(1) 生师比＝在校标准（当量）学生数÷专任教师数；全日制高校生师比＝全日制在校学生数÷专任教师数。生师比的划分指标应根据当年全国各类高校的平均生师比确定。(2) 标准（当量）学生数＝本专科生数×1＋研究生数×2＋留学生数×3＋进修生数×1.5＋预科班学生数×1＋函授生数×0.2＋夜大生数×0.5＋成人脱产班、成人第二学历学生数×1。(3) 全日制在校学生数＝普通本、专科生数＋研究生数＋留学生数＋预科生数＋成人脱产班学生数＋进修生数。

表12 依据经济（地理）区域的高校分类标准及结果

高校层次	分层标准	分类结果
L9 东部高校	经济区域	北京、天津、河北、辽宁、上海、江苏、浙江、福建、山东、广东、海南共11个省（自治区、直辖市）
L10 中部高校		山西、吉林、黑龙江、安徽、江西、河南、湖北、湖南共8个省
L11 西部高校		内蒙古、广西、重庆、四川、贵州、云南、西藏、陕西、甘肃、青海、宁夏、新疆共12个省（自治区、直辖市）

注：根据中国国家统计局的划分，东部地区包括北京、天津、河北、辽宁、上海、江苏、浙江、福建、山东、广东、海南；中部地区包括山西、吉林、黑龙江、安徽、江西、河南、湖北、湖南；西部地区包括内蒙古、广西、重庆、四川、贵州、云南、西藏、陕西、甘肃、青海、宁夏、新疆。资料来源：国家统计局官网，《第一次全国经济普查主要数据公报全文（第一号）》(http://www.stats.gov.cn/tjsj/tjgb/jjpcgb/qgjpgb/201407/t20140731_590160.html)。

（八）宏观管理

投资主体、管理关系反映一所高校的经费来源和管理的层级，在一定程度上体现一所高校的产权性质、办学目的及获得的办学自主权。本研究以投资主体、管理关系为标准，对中国高校进行类型和层次划分。

1. 投资主体

根据投资主体及所占比例，将中国高校进行类型划分。首先，以投资主体及其比例为标准将高校划分为公立高校、混合类高校和民办高校三种一级类型；其次，以私人投资及其所占比例为标准将民办高校划分为营利性民办高校与非营利性民办高校两种二级类型。具体划分见表13。

表13 依据投资主体及比例的高校分类标准及指标

高校类型		分类标准	分类指标
一级类型	二级类型		
L12 公立高校	/	投资主体及比例	由国家或地方政府投资且占70%以上
L13 混合类高校	/		由国家（或地方）和私人共同投资，且占50%~69%及以上
L14 民办高校	L14-1 营利性民办高校		由私人投资70%及以上，且以营利为目的
	L14-2 非营利性民办高校		由私人投资70%及以上，且不以营利为目的

2. 管理关系

根据政府管理及建设的层级，将公立高校进行两次层级划分。

(1) 主管部门。以主管部门的行政层次为标准，首先将中国高校划分为国家办高校与地方办高校两个一级层次，然后将地方办高校划分为省办高校、市办高校和县办高校三个二级层次。具体划分见表14。

表14 依据主管部门的行政层次的高校分类标准及指标

高校层次		分类层次	分类指标
一级层次	二级层次		
C19 国家办高校	/	主管部门	由国家一级政府及部门主管
C20 地方办高校	C20-1 省办高校		由省级（自治区、直辖市）政府及部门主管
	C20-2 市办高校		由市级（地级市）政府及部门主管
	C20-3 县办高校		由县级（自治县、县级市）政府及部门主管

(2) 建设层次。以是否列入重点建设行列为标准，首先将中国公办高校

划分为重点高校和一般高校两个一级层次，然后又将重点高校划分为"985工程"建设高校、"211工程"建设高校和示范性高职建设高校三个二级层次。具体划分见表15。

表15 依据重点建设层次的高校分类标准及指标

高校层次		分层标准	分层指标
一级层次	二级层次		
C21 重点高校	C21-1 "985工程"建设高校	是否列入重点建设行列	进入国家"985工程"投资建设行列
	C21-2 "211工程"建设高校		进入国家（含部门）投资或地方政府投资建设"211工程"行列
	C21-3 示范性高职建设高校		进入国家投资建设的示范性高职院校行列
C22 一般高校			没有进入"985工程""211工程"投资建设行列的其他高校

综上所述，按照以上八个维度，中国高校总计有36种一级类型（用L1、L2、L3标记）和层次（用C1、C2、C3标记）、2种二级类型（用L14-1、L14-2、L14-3标记）以及12种二级层次（用C17-1、C17-2、C17-3标记）。其中，一级类型为14种、一级层次为22种。如果仅从基本维度来划分，则在学科型、专业型和职业型三大类别的高校中，基本类型和层次只有6种，即综合性、多科性、单科性三种一级类型和研究型、教学科研型、教学型三种二级层次。值得强调的是，本文中的一些高校类型（如混合类高校、营利性民办高校）目前在法律上并不存在，同时高校分类指标只经过少量样本统计验证。有关分类指标的全样本验证问题，将另作专题探讨。

（原载《高等教育研究》2008年第6期）

在分类基础上引导高校科学定位

近年来，我一直在研究高校分类与定位问题。我发现，目前我国高校在定位上确实存在一些不容忽视的问题。一些高校追求规模大、规格高、学科全，并以综合性研究型大学为发展目标，如"985工程""211工程"高校纷纷向综合性研究型大学方向发展，许多地方本科院校向"211工程"和"985工程"大学看齐，占我国普通高校1/2的高职（专科）院校虽然在国家现有政策框架下暂时无法升格，但升为本科、追求学术性的愿望和内在动力丝毫没有减弱。可见，无论是加强分类指导还是推进分类评价，都迫切需要对高校进行分类。现在的焦点集中在以什么为依据进行分类、如何建立起可操作的高校分类标准及分类指导政策等基本问题上。

我认为，我国高校分类应当以高级专门人才类型（如学术研究型人才、复合应用型人才、技术技能型人才）为基本依据。设计时应遵循以下思路：先对高等教育分类，再对高校分类；先横向分类，后纵向分层；根据国情设计而不照搬国外标准；将分类与评价（含排名）分开。

基于以上思路，建议政府在《国家中长期教育改革和发展规划纲要（2010—2020年）》中，根据人才培养目标和学科、专业的设置面向，先将我国高校划分为学科类、专业类和职业类三类。其中，学科类是指以培养学术研究型人才及后备人才为主要任务，面向学科分类设置专业和课程的高校；专业类是指以培养复合应用型（工程型和专业型）人才为主要任务，面向行业领域设置专业和课程的高校；职业类是指以培养高级技术技能型人才为主要任务，面向岗位（岗位群）设置专业和课程的高校。在高等职业教育子系统内相应建立起包括专科（副学士）、本科（学士）、研究生（硕士）三级教育在内的层次体系，使这一子系统中表现优秀的高校和学生都有向上发展的空间。同时，建立起普通高等教育与高等职业教育两个子系统横向上相互沟通、纵向上相互衔接的机制（课程互认、学分互换、学位互通等），真正构筑起人才成长的"立交桥"。

值得强调的是，高校定位只能由高校自主选择和确定，政府的职责是制定高校分类标准及分类指导政策，加强分类指导，推进分类评价。

（原载《中国教育报》2009年2月16日03版）

中国高等教育分类研究现状述评

20世纪90年代特别是新世纪以来，中国有关高等教育分类特别是高校分类的理论与应用研究形成了热潮。在中国大陆地区，出现了以潘懋元、周长春、陈厚丰、马陆亭和张力、刘少雪和刘念才、戚业国和杜瑛、邹晓平等为代表的学者分类法，以及以武书连为代表的大学排名机构分类法；在台湾地区，出现了以杨国赐、王如哲教授为代表的台湾地区高校分类建议，以杨莹、侯永琪为代表的台湾地区高校分类尝试，以及台湾地区行政管理机构所属的"教育改革审议委员会"有关台湾地区高校分类的咨询建议。本文尝试就中国高等教育分类的理论与应用研究现状（不含政府的高等教育分类制度）进行综述与评价。

一、研究文献综述

（一）中国大陆地区

中国大陆地区高等教育分类研究始于20世纪90年代中期，2003年前后开始形成热潮，研究的重点在于高校分类，特别是高校的层次分类。从现有的文献可以判断，最早提出我国高校分类设想的是上海智力开发研究所[①]。从事高校分类研究的主要代表人物有：潘懋元、武书连、周长春、马陆亭、陈厚丰等。此外，金一鸣、张力、曹赛先、张宝蓉、刘少雪、刘念才、钟秉林、邹晓平等专家及博士研究生也在相关论文中较为系统地论述过高校分类问题。

1. 代表性高校分类法

国内最有代表性的高校分类法主要有四个：

一是潘懋元教授的培养类型和层次分类法。我国著名高等教育学家、厦门大学教育研究院（高等教育科学研究所）名誉院长潘懋元教授，在其论文

[①] 上海智力开发研究所. 我国高等教育结构、布局调整方案研究（讨论稿）[Z]. 上海：上海教育，1995：8.

《高等学校的分类与定位问题》《建立高等职业教育独立体系刍议》《21世纪国家的核心竞争力——"教育—人才"的合理结构》中，根据高级专门人才的培养类型和层次，提出了综合性研究型大学，多科性或单科性专业型大学或学院，多科性（单科性）职业技术型或技能型专科学校（学院）三种基本类型及其体系的构想。

二是武书连的大学分类法。2002年，"中国大学评价"课题组负责人武书连，为服务于大学排行榜，提出将我国大学分为研究型、教学研究型、教学型、专业型四种类型的设想。随后，他又对这一分类框架进行了完善，并分别在《科学学与科学技术管理》和《中国高等教育评估》上发表了题为《再探大学分类》的论文，提出了新的大学分类法。其基本内容是：按学科门类及其比例将现有大学划分为综合类、文理类、理科类、文科类、理学类、工学类、农学类、医学类、法学类、文学类、管理类、体育类、艺术类13类；按科研规模大小将现有大学划分为研究型、研究教学型、教学研究型、教学型4型。每个大学的类型由上述类和型两部分组成，类在前、型在后[①]。

三是陈厚丰的高校综合分类法。2004年，湖南大学陈厚丰在《中国高等学校分类与定位问题研究》一书中，以教育的内外部关系规律、特罗理论和高校社会职能理论为基础，以学科和专业覆盖面作为分类依据，将高校从横向上分为单科类、多科类和综合类3类；以履行社会职能的产出比重为依据，将高校分为研究型、教学科研型、教学型、应用型4型，并从理论上组合成12种中国高校的基本类型[②]，构建起了一个纵向和横向相结合的综合性分类框架。

四是马陆亭的高校结构分类法。2004年，国家教育发展研究中心马陆亭在《高等学校的分层与管理》中，将劳动力市场分割理论和学校能级理论作为分类的理论基础[③]，以学术水平作为层次分类标准，即根据学术性指标值的集中度进行聚类分层，其中主变量包括博士学位授予数集中度、科研经费获取数集中度两个指标；辅变量包括硕士学位授予数集中度、在国外及全国性刊物发表学术论文数集中度两个指标。在此基础上，提出了21世纪前期中国普通高校的层次结构，确定了研究型大学、教学科研型大学两类高校的边

---

① 武书连. 再探大学分类 [J]. 科学学与科学技术管理，2002（10）：26-30.
② 陈厚丰. 中国高等学校分类与定位问题研究 [M]. 长沙：湖南大学出版社，2004：36-41.
③ 马陆亭. 高等学校的分层与管理 [M]. 广州：广东教育出版社，2004：前言1.

界条件。2005年,他又在题为《我国高等学校分类的结构设计》的论文中,对其分类法进行了修正,提出了按两个维度划分高校类型的新方案①。

2. 代表性学术著作

目前中国大陆地区公开出版的关于高校分类的学术专著有三部,即周长春的《高校分类分层标准的探索》、陈厚丰的《中国高等学校分类与定位问题研究》、马陆亭的《高等学校的分层与管理》。这三部专著主要研究高校的分层,尚未从高等教育系统层面来研究分类。其中,周长春的研究虽然涉及了高等教育分类特别是高等职业教育分类,但研究重点在于高校的分层标准,分类依据是学历学位证书或高等教育证书。陈厚丰从纵向和横向两个维度对高校进行分类,横向的分类依据是经费来源、办学导向和社会职能,纵向的分类依据是招生范围和服务面向,研究的目的在于协助政府解决分类指导问题。马陆亭研究的重点也是高校分层,虽然他在研究中涉及过高校分类,但未将横向分类作为高校分类的前提,其分层的依据是学术水平,并侧重于从实证研究的角度确定高校分层的边界条件。在研究方法上,马陆亭引入了经济学的有关理论,其研究着眼点在于优化我国高等教育政策。

3. 代表性学术论文

在高等教育及机构分类的学术论文方面,大致可从学术期刊论文和学位论文两类来分析。

一是学术期刊论文。在中国大陆地区,有关高校分类的代表性论文主要有(按发表时间先后):谈松华的《我国高等学校管理体制的未来模式初探》,马陆亭、冯厚植、邱菀华的《关于普通高等学校分类问题的思考》,马陆亭的《如何实现高等教育资源的优化配置——对我国高等学校层次类别的剖析》,卢小珠的《21世纪中国高等教育类型改革探讨》,戴井冈、贺绍禹、邱国华的《我国普通高等学校布局结构的现状分析》,何晋秋等的《对我国高等院校设置合理布局的几点建议》,武书连的《再探大学分类》,陈敏的《大众化视野中的高等学校分类》,孙远雷、陈敏的《试论高等学校分类与高等教育质量》,张振刚的《中国研究型大学分类研究》,潘懋元、吴玫的《高等学校的分类与定位问题》,陈学飞的《高等教育系统的重构及其前景——1990年代以来中国高等教育管理制度的改革》,陈厚丰的《浅论高等学校分类与定位的

---

① 马陆亭. 我国高等学校分类的结构设计[J]. 北京大学教育评论,2005(2):101-107.

若干理论问题》《我国高校追求"大而全"和"升格热"的外部原因及应对策略》,教育部中外大学校长论坛领导小组报告《不同类型大学的发展战略及其与社会的契合》[①],甘晖等的《战略机遇期高等学校的定位及其分层次管理探析》,张民选的《财政视野下的高等学校类型》,潘懋元的《建立高等职业教育独立体系刍议》和《21世纪国家的核心竞争力——人才的教育与配置》,张建新、陈学飞的《从二元制到一元制——英国高等教育体制变迁的动因研究》,邹晓平的《精英高等教育与大众高等教育:两个体系的解读》,肖化移的《试论高等教育分类及其质量标准的划界》,李钢的《中国高等教育事业单位分类属性的渊源及其改制发展的政策分析》,马陆亭的《我国高等学校分类的结构设计》,刘少雪、刘念才的《我国普通高校的分类标准与分类管理》,黄志方、张淑林的《基于"任务导向"的高校分类评价方法初探》,王义遒的《我国高校的恰当定位为什么这么难》,史秋衡、冯典的《转变政府调控方式,优化高校分层分类》,傅林、胡显章的《以科学发展观指导高等学校的分类与定位》,骆四铭的《中国大学类意识的发展影响大学定位》,邹晓平的《高等院校分类的三维视角》,戚业国、杜瑛的《试探我国高等学校分类思路及方法》,潘懋元、陈厚丰的《高等教育分类的方法论问题》,陈厚丰的《高校定位:自生秩序与分类引导有机结合——兼与邓耀彩博士商榷》和《英国高等教育"双重制"分层政策案例分析》,郑桂珠的《2005年版卡内基高校分类法及其变革特点》,李政云、徐延宇的《2005年卡内基高等教育机构分类框架解读》,刘宝存、李慧清的《2005年卡内基高等学校分类法述评》,钟秉林的《让本科教学评估在再认识再思索中再完善》,陈厚丰的《国外高等教育分类研究述评》,包常海、闫隽的《中国普通高等学校分类及其标准的研究》,陈厚丰的《中国高校分类标准及指标体系设计》,杨林、刘念才的《中国研究型大学的分类与定位研究》,等等。

二是学位论文。根据网络电子文献检索及纸质文献查阅情况,目前国内有关高校分类研究的博士和硕士学位论文共计13篇。其中,博士学位论文2篇,分别是曹赛先的《高等学校分类的理论与实践》、邹晓平的《地方院校战略规划的理论问题与个案分析》。硕士学位论文11篇,按先后顺序排列分别是:陈厚丰的《中国高等学校分类问题研究》、杜瑛的《我国普通高等学校分

---

① 专题研究小组4. 不同类型大学的发展战略及其与社会的契合[M]//教育部中外大学校长论坛领导小组. 大学校长视野中的大学教育(第二辑). 北京:中国人民大学出版社,2005:45-73.

类研究》、张宝蓉的《中美高等教育机构分类比较与走向分析》、张慧的《中国普通高等学校分类与定位问题研究》、史芸的《我国教学型大学合理定位探析》、李伟娜的《普通高等学校定位问题的探讨》、张玉双的《大众化背景下普通高等学校分类问题研究》、袁怡琴的《现阶段中国民办高校的定位问题研究——以上海民办高校个案为例》、刘晓霞的《B类高等教育的模式与发展研究》、封丽娟的《我国高等教育评估的问题及对策研究》、江红霞的《地方本科院校定位与特色问题研究》。

（二）中国台湾地区

近年来，高等教育分类研究在中国台湾地区成为研究热点。主要代表人物有：杨国赐、王如哲、陈碧祥、杨莹、侯永琪等。

1. 学术论文

中国台湾地区关于高校分类的学术论文主要有：杨国赐的《提升大学教育品质，增进国际竞争力》，杨国赐、王如哲的《对国际间高等教育分类意见之调查研究》《我国高等教育的分类——一项实证调查之分析》，杨国赐的《新世纪高等教育的分类、定位与功能》，陈碧祥的《我国大学教师升等制度与教师专业成长及学校发展定位关系之探究》，杨莹的《近年来台湾高等教育体制的重要改革及发展趋势》，王保进的《英国研究品质评鉴结果之实证分析》，杨莹、杨国赐、张培禛的《欧盟高等教育品质保证机制之检视》，王如哲的《大学排名制度的跨国分析》，等等。

2. 专题研究报告

2007年5月，由杨莹、侯永琪主持的"以美国'2005年新版卡内基高等教育机构分类表'研究我国大学之分类"课题成果内部出版。这是目前见到的唯一的台湾地区学者关于高等教育机构分类的专题研究报告。

3. 政策研究报告

台湾教育事务主管部门就高校分类发展问题发表了《大学教育政策白皮书》等相关报告，基本主张是将高等教育定位问题由市场力量来运作，高校"基于自我管理的精神，衡量学校之资源及其他条件，订定办学目标与拟发挥之功能，因此大学有必要适当地进行分类，根据相关的区隔指标自行定位所属类型，当局宜尊重各校的办学理念与特色，使大学教育展现多元的风貌"[①]。

[①] 杨国赐. 新世纪高等教育的分类、定位与功能 [Z]. 台北：大学分类、评比与品质保证学术研讨会，2006：9.

二、研究现状述评

从以上文献检索和文献综述中不难看出，20世纪90年代以来，中国有关高等教育分类的理论、方法及政策研究取得了一些重要进展，提出了一些代表性的高校分类法，产生了一批具有重要价值的研究成果。这不仅为深入研究高等教育分类提供了珍贵资料，也为今后的研究提供了有益的借鉴和参考。同时，在研究过程中也形成了自身特点，且一些理论与应用的难点问题还有待深入研究。

（一）有关研究集中于历史研究和文献研究

总体上看，中国关于高等教育机构分类的片断性、描述性、个别性研究较多，但引导高等教育未来发展的预测性研究比较少；关于高校层面的分类研究较多，关于高等教育分类层面的研究很少。在研究起步的时间及成果方面，中国高等教育分类研究虽然起步于20世纪90年代中期，比国外晚了20～30年，但有关研究的论文数量增长较快，并且针对中国高等教育大众化进程中的高校分类与评估研究较多。这说明高等教育分类问题已经成为我国学术界与实践界共同关注的热点，有待在理论研究的广度和专题研究的深度上进一步深入。

（二）研究成果集中于对现有分类法及分类政策的介绍、评述、反思和批判

从现有成果看，目前中国关于高等教育分类研究的成果集中在卡内基高等教育机构分类、联合国教科文组织的国际教育标准分类、美国加州高等教育总体规划、英国高等教育"双重制"及"科研评估"等内容的介绍、评述、反思及批判等方面，相关著作中翻译介绍的占多数，很难见到系统探讨高校分类理论的成果，在高等教育分类的理论研究上可谓凤毛麟角。换言之，中国在高等教育分类研究中的因素性分析、实证研究和学理性研究方面还有待深入和系统地展开。

（三）尚处于以介绍和借鉴国外高校分类法及制度为主要特征的起步阶段

毋庸讳言，目前中国高等教育分类研究尚处于以介绍、学习和借鉴为主要特征的起步阶段，具体表现在：翻译与介绍国外已有的分类研究成果较多，深入研究分类法及分类政策、分类制度背景和原因的较少；评述国外著名的

高等教育分类法的较多，探讨中国高校分类特别是分类标准问题的较少；关于高校分类层面研究的较多，而高等教育分类层面的研究目前几乎处于空白状态；提出高校分类框架设想的较多，设计可操作性的分类标准及指标体系的较少；移植卡内基分类标准及指标进行分类尝试的较多，自主研发适合中国国情的高校分类体系的较少；分散和个别研究分类的较多，系统和专门研究分类的较少；涉及高校分类的论文较多，专题研究高校分类的专著较少。这说明，目前急需我们从理论与应用两个方面将有关研究引向深入，并将分类研究从高校层面提升到高等教育层面。

（四）在分类的理论与应用研究上还存在一些不足和难点

虽然目前中国高等教育分类研究取得了一些重要进展，但是还存在一些明显的不足和亟待突破的难点：

一是未能区分高等教育分类与高校分类。例如，马陆亭的"高校结构分类"框架按照两个维度设计，一维是高等教育人才培养体系，另一维是高校体系。由于前者是根据人才培养目标对高等教育进行的分类，后者是根据教学科研能力的大小对高校进行的分类，将二者交错在一起就很难给人以分类思路清晰的感觉。笔者认为，根据人才培养目标，高等教育分为高等普通教育和高等职业教育，由于前者经历了数百年的演变，实际上已分化为学科类与专业类两个小类。当然，国内的研究之所以停留于高校分类层面，也许与传统的分类视野有关。由于迄今为止国内外有关分类法都是直接对高校分类，因此在分类框架及分类标准上很难达成共识（笔者也不例外，拙著《中国高等学校分类与定位问题研究》也是直接对高校分类）。然而，随着研究的深入，停留于高校层面的分类法在诸如"升格热""研究型大学热""分类与排名混同"等难题面前无能为力，必须将分类研究提升到高等教育层面。因为高等教育是分类分层的，所以才需要实施高等教育的机构——高校以相应的类型和层次来回应。换言之，只有先对高等教育进行分类，才能更加清晰地对高校进行分类。

二是受到层次分类优先和单一学术性标准等传统分类视野影响。目前，我国学者和政策研究者提出的高校分类框架大多以层次分类为主，分类标准是单一的学术性标准，设计思路仍未摆脱"计划分类"的思维定势，容易导致高校片面追求办学层次、趋向学术型大学等弊端。例如，武书连的大学分类就是一个以分层为主轴的高校分类框架，而这种以研究型、研究教学型、教学研究型、教学型等纵向层次为主的分类，不仅会误导高校特别是职业类高校片面向研究型大学看齐，也极易使分类与排名混同，从而导致基于性质、任务、职能差异的高校分类异化成为层次、质量、水平和地位比较的高校排名。笔者认为，深刻反思以往高校分类法的不足，横向分类（类别划分）恰恰是纵向分层（层次划分）的前提，而高等教育分类恰恰又是高校分类的前提。

三是国内多数高校分类法认为学科类、专业类高校与职业类高校存在层次上的差别，这一做法在职业技术教育还没有高移到高等教育阶段时也许有其合理性，但在高等职业教育被纳入高等教育体系后就不一定合适了，因为学科类、专业类与职业类高校不是层次之分而是类型之别，三者在人才培养的类型上明显不同。具体来说，学科类高校以培养学术研究型高级专门人才为目标，专业类高校以培养各行业领域的工程型、复合应用型高级专门人才为目标，而职业类高校以培养生产、管理、服务第一线的实用性、技术技能型高级专门人才为目标，并由此决定了三者在专业和课程设置上的差别，即学科类高校以科学发展和学科分化为依据，专业类高校以行业领域为面向，职业类高校以岗位和岗位群为面向。归结为一点，就是三者分属不同性质的高等教育，即学科类、专业类高校属于高等普通教育系统，职业类高校属于高等职业教育系统。进一步说，专业类高校是介于学科类与职业类高校之间的中间类型，也是高等教育的主体部分，并且在中国还为数不少（包括相当部分的原部委所属院校、绝大部分地方本科院校和新办本科院校）。这既与新中国成立初期我国模仿苏联的高等教育模式进行院系调整的背景有关，也与我国经济社会发展需求和产业结构重心低的特点密切相关。值得注意的是，随着世纪之交我国高校结构布局的调整，许多工程型、应用型高校纷纷走向综合化，这与我国产业结构重心低、急需大量工程型和复合应用型高级专门人才的现实情况明显不符，如果不采取措施加以引导，就可能导致学科性综合类高校过多、专业应用类高校不足，从而引发新一轮的高等教育结构失调。

四是国内有关高校的分类标准与指标体系比较复杂，且将高校投入与产出指标并用。譬如，武书连的大学分类就是如此。它以输出（产出）指标为主，包括科研得分、每年授予的学位数量、科研规模大小、每年培养的学士学位人数、每年毕业的专科生人数、培养的学士质量等。同时，它又采用了输入（投入）指标，诸如在校生人数、理科生（文科生）在校生人数等。而马陆亭界定的研究型大学、教学科研型大学的边界条件也是如此[①]。在研究

---

① 马陆亭. 高等学校的分层与管理[M]. 广州：广东教育出版社，2004：前言1.

型大学的边界条件中，他分别采用了年授予博士数、科研经费、收入SCI和EI的论文数、学科综合程度、在校研究生比例、学校规模、留学生数、在国内高校的排名位置、建校历史、地理位置等10个方面的指标。归纳这10个边界指标，属于输入（投入）的指标有5个，属于输出（产出）的指标有3个。而在教学科研型大学的边界条件中，他设计了边界条件8个，其中属于输入（投入）的指标有4个，属于输出（产出）的指标有3个，另外1个指标为"办学历史"。这表明，在马陆亭的分类指标中同时采用了投入与产出指标。同时，"在国内高校中的排名位置"明显属于大学排名指标，而"收入SCI和EI的论文数"这个条件属于输出（产出）指标，不仅不适宜于高校分类，而且也忽视了我国哲学社会科学学科特别是人文学科的特点和现实。至于"建校历史"这个边界指标，从严格意义上说，应归属于高校评价（排名）范畴，同样不宜用于高校分类。此外，分类指标过多，数据计算量过大，一定程度上影响了高校分类法的可操作性。

综上所述，在当前和今后一段时期，我国高等教育分类研究面临的主要任务有两个方面，即一方面要加强专题研究和理论研究，例如高等教育结构分化与重组、高等教育分类理论、高等教育分类制度、高等教育分流途径等，尽快将分类研究从高校层面提升到高等教育层面，总结和探索高等教育分类的经验与规律。另一方面，要加强原创性研究和应用研究，集中力量研究中国高等教育分类（含高校）的依据、标准、指标及配套的制度和政策框架，并进行高等教育分类法的应用性试验和试点。解决中国高等教育结构调整与优化问题，必须以高等教育结构研究为基础，而结构研究必须以高等教育分类研究为基础。换言之，无论是讨论高校定位、高等教育学制改革还是探讨高等教育结构改革问题，我们都必须以高校分类标准及指标体系的研究与设计为基础，高校分类标准及指标的确定又必须以高等教育分类研究为前提。

（原载《大学教育科学》2010年第1期）

中国高校分类标准及对"985 工程"大学的分类尝试

为便于高校分类法的推广和运用,并检验其可行性,本文在中国普通高校分类框架和分类标准及指标体系设计的基础上①,对原有 12 个维度的分类标准及指标体系进行了适当的简化,首次尝试对我国"985 工程"二期重点建设大学(共 38 所)进行具体分类(因数据原因实际分类 36 所)。

一、中国普通高校分类的基本框架

依据学科、专业和课程设置面向的不同,我们从横向上将中国普通高校划分为学科类高校、专业类高校、职业类高校 3 个一级类别②。同时,依据

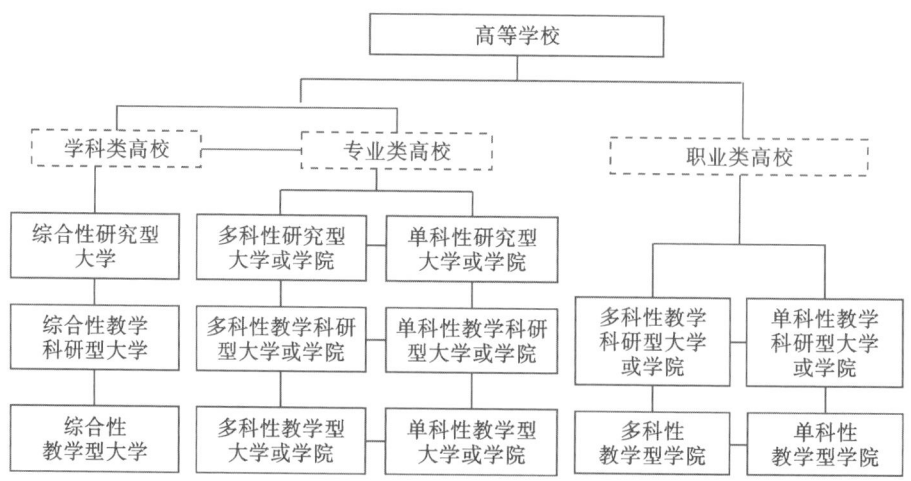

图1 中国普通高校分类基本框架

---

① 陈厚丰. 中国高校分类标准及指标体系设计 [J]. 高等教育研究,2008(6):8-14.
② 潘懋元,陈厚丰. 高等教育分类的方法论问题 [J]. 高等教育研究,2006(3):8-13.

高校的学科、专业的覆盖面及其内在关系，将上述三类高校划分为综合性、多科性和单科性 3 个二级类别。纵向上，我们依据履行社会职能的能级，自上而下将学科类高校和专业类高校划分为研究型、教学科研型、教学型 3 个层次；将职业类高校自上而下划分为教学科研型、教学型 2 个层次（见图 1）。

二、中国普通高校分类标准及指标体系

根据以上中国普通高校分类的基本框架，现将简化后的中国普通高校分类标准与指标体系列表如下（见表 1 至表 5）：

表 1 培养目标及学科专业设置面向

高校类型	分类标准	分类指标
L1 学科类高校	1. 人才类型； 2. 学科专业设置面向； 3. 本专科专业中的基础专业所占比例。	1. 以培养学术研究型人才及后备人才为主要目标； 2. 面向学科分类设置专业和课程； 3. 基础专业数①占本专科专业设置总数的 20% 及以上。
L2 专业类高校		1. 以培养专业应用型（工程型、专业型、复合型）人才为主要目标； 2. 面向社会各行业领域设置专业和课程； 3. 基础专业数占本专科专业设置总数的 19% 及以下。
L3 职业类高校		1. 以培养高级技术技能型人才为目标； 2. 面向岗位和岗位群设置专业和课程； 3. 职业类专业达到其总数的 50% 及以上。

注：用 L 表示类型，后面的数字表示类型编号，用第一个阿拉伯数字表示一级类型（如 L1），用第二个阿拉伯数字表示二级类型（如 L1-1）。用 C 表示层次，后面的数字表示层次编号，用第一个阿拉伯数字表示一级层次（如 C1），用第二个阿拉伯数字表示二级层次（如 C1-1）。表 2 至表 5 同此表示。

---

① 本研究将高校所设的本专科专业划分为基础专业和应用专业两类，基础专业指对应于哲学、文学、史学、理学 4 个学科门类的专业；应用专业指对应于经济学、法学、教育学、工学、农学、医学、管理学 7 个学科门类的专业。

表 2　学科专业覆盖面及其内在结构

高校类型	分类标准	分类指标
L4 综合性高校	1. 学科覆盖面及本专科专业总数； 2. 学院（学系）设置结构； 3. 本专科专业设置结构。	1. 所设学科（专业）覆盖 9 个及以上学科门类①，且本专科专业设置总数达到 60 个及以上； 2. 所设学院（学系）中人文科学学科（或社会科学学科）与自然科学学科②之和的比例达到 50% 及以上； 3. 所设的本专科专业中基础专业数占 1/3 及以上（或者本专科专业设置总数达到 100 个及以上）。
L5 多科性高校		1. 所设学科（专业）覆盖 3~8 个学科门类； 2. 所设本专科专业总数在 21~59 之间。
L6 单科性高校		1. 所设学科（专业）覆盖 2 个及以下学科门类； 2. 所设本专科专业总数少于 20 个。

表 3　学生和科研层次结构

高校层次	普通型高校		职业型高校	
	分层标准	分层指标	分层标准	分层指标
C6 研究型高校	本研比 横纵比	3 及以下；0.09 及以上	/	/
C7 教学科研型高校		4.9~2.9；0.09~0.03	/	0.79 及以上
C8 教学型高校		5 及以上；0.029 及以下	专本比	0.78 及以下

注：本研比＝在校本科生数与在校研究生数之比；专本比＝在校专科生数与在校本科生数之比；横纵比＝横向科研经费与纵向科研经费之比。

表 4　在校生和科研规模

高校层次	分层标准	分层指标
C1 巨型高校	1. 在校生规模； 2. 科研到账经费。	1. 在校生总数在 40000 人及以上； 2. 科研到账经费为 5.0 亿元及以上。
C2 大型高校		1. 在校生总数为 20000~39999 人； 2. 科研到账经费为 2.0 亿~4.9 亿元。

---

① 目前中国普通高校（不含军事院校）分哲学、文学、史学、经济学、法学、教育学、理学、工学、农学、医学、管理学 11 个学科门类（军事学除外）。

② 为便于分类操作，根据世界通用性的学科划分法，本研究将中国普通高校的 11 个学科门类归纳为 3 大类，即人文科学（哲学、文学、史学）、社会科学（经济学、法学、教育学、管理学）、自然科学（理学、工学、农学、医学）。

续表

高校层次	分层标准	分层指标
C3 中型高校	1. 在校生规模； 2. 科研到账经费。	1. 在校生总数在 10000~19999 人； 2. 科研到账经费为 0.6 亿~1.9 亿元。
C4 小型高校		1. 在校生总数在 5000~9999 人； 2. 科研到账经费为 0.31 亿~0.59 亿元。
C5 微型高校		1. 在校生总数在 4999 人及以下； 2. 科研到账经费在 0.3 亿元及以下。

注：如用折合在校学生规模，则指标相应提高 10000 人划分。例如，巨型高校用折合在校生总规模为 60000 人以上，其余类推。

表5 教师资源

高校层次		分层标准	分层指标
一级层次	二级层次		
C21 大众型高校	C21-1 极高大众型高校	生师比	30 及以上
	C21-2 高大众型高校		25—29
	C21-3 普通大众型高校		20—24
C22 精英型高校	C22-1 普通精英型高校		16—19
	C22-2 高精英型高校		10—15
	C22-3 极高精英型高校		9 及以下

注：生师比＝折合在校学生数与专任教师数之比；折合在校学生数＝本专科学生数×1+硕士研究生数×1.5+博士研究生数×2+留学生数×3。

三、中国普通高校分类标准及指标体系的特点

本文设计的高校分类标准与指标体系是在总结我国已有高校分类研究成果及分类实践经验基础上设计的，但更多的是在借鉴的基础上结合我国国情进行的自主创新，与其他高校分类法相比具有如下四个特点：

（一）只采用输入指标而不采用输出指标

为了真正实现高校分类与高校排名脱钩，有效地防止人们将高校分类与高校排名混同起来，本研究首次提出只采用输入指标而不采用输出指标的思路来设计分类指标。这是本综合分类体系首要的特点。综观已有的高校分类

高等教育与大学治理研究

法，无论是国外的卡内基分类还是中国的武书连、马陆亭、刘少雪和刘念才、戚业国和杜瑛等专家和学者的分类，都同时采用了输入与输出指标，而将输出指标列为高校分类指标极易使高校分类与高校排名混同。

（二）结合国情设计了多元分类框架

高校分类的目的是满足人们多样化的分类需要，必须着眼于需求者的视角设计。因此，本研究在原分类体系设计的 12 个角度的分类框架中选取了常用的 5 个基本角度，使人们可以从这 5 个基本角度去观察、描述和分析同一所高校的特点，通过多维分类使高校的特征具有立体感。

（三）标准明确、指标简洁、容易理解

本分类体系采用了理论界和实践界共同认同和熟悉的参照系作为分类标准，遴选相对容易理解的数据作为分类指标，分类时尽可能使用约定俗成的名称，并符合中国文化传统和分类习惯。根据分类实际情况（如数据收集、甄别、统计）尽可能地对分类指标予以简化，便于分类时操作。例如，分类标准中的培养目标、专业数；分类指标中的生师比、本研比、专本比、横纵比、在校生数等。

（四）规范使用高校分类名称

按照约定俗成和沿用成习的原则，本研究中尽可能使用我国民众习惯性的分类名称，例如综合性、多科性和单科性等。

四、中国"985 工程"建设大学的分类结果

根据我国"985 工程"二期重点建设的 38 所大学 2005—2006 年度有关数据，对照"中国高校分类标准及指标体系"（见表 1 至表 5），现就我国"985 工程"二期重点建设的 36 所大学（应为 38 所，2 所大学因数据原因没有分类）的分类结果进行简要分析，并将各大学的具体分类结果列表如后（见表 6）。

从培养目标与学科专业设置看，学科类高校 20 所，占 36 所"985 工程"建设大学的 55.6%；专业类高校 16 所，占 44.4%。从学科覆盖面及内在结构看，综合性大学 16 所，占 44.4%；多科性大学 20 所，占 55.6%。从学生和科研层次看，研究型大学 33 所，占 91.7%；教学科研型大学 3 所，占 8.3%。从在校生和科研规模看，巨型大学 9 所，占 25%；大型大学 19 所，占 52.8%；中型大学 7 所，占 19.4%；小型大学 1 所，占 2.8%。从教师资

源看,高精英型大学 2 所,占 5.6%;普通精英型大学 31 所,占 86.1%;普通大众型大学 3 所,占 8.3%。

上述分类统计表明,通过"985 工程"的重点建设,我国已经建立了一批以学科类、综合性、研究型为主要特征的中国一流大学和高水平大学,为建设若干所世界一流大学和一批世界知名的高水平研究型大学奠定了坚实基础。对于这些学科和专业基础好、综合实力强、知名度高,并具有一定国际影响力的大学,必须继续加大体制改革、机制创新、政策扶助和经费支持力度,同时引入竞争机制,鼓励其加快建设和发展步伐,主动参与国际高等教育竞争,力争在不远的将来能够从中涌现出若干所真正代表中国高等教育水平的世界一流大学和世界知名的高水平研究型大学。但是,毋庸讳言,目前"985 工程"重点建设大学中的生师比和本研比偏高,与处于世界先进水平的一流大学差距巨大,对此必须给予足够的重视。从理论上说,作为以建设世界一流和世界知名高水平研究型大学为目标的"985 工程"建设大学,教师资源不足不应成为一个问题,更重要的是应集中精力提升教师队伍的整体水平,重点培养和吸引一批世界一流的大师、名家,并以此来吸引一流的本科生和研究生,乃至留学生。由此看来,中国"985 工程"建设大学任重而道远。同时,从数据统计和分类结果中可以看到,也有个别大学之所以被列入"985 工程"重点建设行列,并非其实力堪当重任,而是政策平衡的结果,无论是从培养目标与专业设置、学科覆盖面及内在关系,还是从人才培养和科学研究规模、学生层次及科研层次看,都有着较大的差距,与"985 工程"名称并不相称;也有少数几所"985 工程"建设大学(甚至包括知名度极高的大学)办学定位失当、战略重点不明,甚至还在盲目求大、求全,从而导致教师资源不足,值得高度警惕。建议政府在"985 工程"大学建设过程中尽快建立起绩效评价制度,引入动态性的淘汰机制,强化分类引导。

表 6 中国"985 工程"二期建设大学分类结果(36 所)

分类维度 高校名称	培养目标与专业设置	学科覆盖面及专业	学生和科研层次	在校生和科研规模	教师资源
A1	学科类	综合性	研究型	巨型	普通精英型
A2	学科类	多科性	研究型	中型	普通精英型
A3	学科类	多科性	研究型	大型	普通精英型
A4	专业类	多科性	研究型	中型	普通精英型
A5	学科类	综合性	教学科研型	中型	普通精英型

续表

分类维度 高校名称	培养目标与专业设置	学科覆盖面及专业	学生和科研层次	在校生和科研规模	教师资源
A6	学科类	综合性	研究型	大型	普通精英型
A7	专业类	多科性	研究型	大型	普通精英型
A8	专业类	多科性	研究型	大型	普通大众型
A9	专业类	多科性	研究型	大型	普通精英型
A10	学科类	综合性	研究型	巨型	普通精英型
A11	学科类	综合性	研究型	大型	普通精英型
A12	学科类	综合性	研究型	大型	普通精英型
A13	专业类	多科性	研究型	大型	普通精英型
A14	学科类	综合性	研究型	大型	高精英型
A15	专业类	多科性	研究型	大型	普通精英型
A16	学科类	综合性	研究型	巨型	普通精英型
A17	学科类	综合性	研究型	大型	普通精英型
A18	学科类	综合性	教学科研型	巨型	普通精英型
A19	学科类	综合性	研究型	中型	普通精英型
A20	学科类	综合性	研究型	巨型	普通精英型
A21	专业类	多科性	研究型	巨型	普通精英型
A22	学科类	综合性	研究型	大型	普通精英型
A23	专业类	多科性	研究型	巨型	普通大众型
A24	学科类	综合性	研究型	大型	普通精英型
A25	专业类	多科性	研究型	大型	普通精英型
A26	专业类	多科性	研究型	大型	普通精英型
A27	学科类	综合性	研究型	巨型	普通精英型
A28	学科类	多科性	研究型	中型	普通精英型
A29	专业类	多科性	研究型	大型	普通精英型
A30	专业类	多科性	研究型	中型	普通精英型
A31	学科类	综合性	教学科研型	大型	普通精英型
A32	学科类	多科性	研究型	小型	普通精英型

续表

分类维度 高校名称	培养目标与专业设置	学科覆盖面及专业	学生和科研层次	在校生和科研规模	教师资源
A33	专业类	多科性	研究型	大型	普通精英型
A34	专业类	多科性	研究型	中型	高精英型
A35	专业类	多科性	研究型	巨型	普通精英型
A36	专业类	多科性	研究型	大型	普通大众型

注：①根据全国普通高校基本情况统计的数据分类，折合在校学生总规模、生师比、本研比、专本比、科学研究总经费、横纵比均取 2005、2006 年两年的平均值。②表中"高校名称"未列出具体高校而用 A1、A2……代替。

（原载《高校教育管理》2011 年第 6 期）

建立我国高等职业教育学位制度的探讨

一、我国高等职业教育学位之辨识

学位制度是高等教育制度的重要组成部分,与高等教育系统相对应,学位亦涵盖不同的类型和层次,且呈多样化发展之势。《中华人民共和国学位条例》(以下简称《学位条例》)将我国学位分学士、硕士、博士三级,但对学位类型未进行明确阐释。究其原因,很大程度在于改革开放初教育类型相对单一,且国家亟需大量学术型人才参与科学研究。目前,我国授予的学位包括科学学位与专业学位两类,专业学位是1990年应专业性高级专门人才之需而生。因此,学位制度改革与完善的探讨有必要从发展的视域展开。

随着高等教育系统的分化与重组,我国普通高等教育系统现已包括普通高等教育和高等职业教育两大子系统,普通高等教育又分化出学科类高等教育与专业类高等教育两种类型。从学位类型角度审视,理论上高等教育学位可划分为科学学位、专业学位和职业学位三类[1]。从学位层次分析,目前我国的学士、硕士、博士三级学位与高等教育的本科教育、硕士研究生教育、博士研究生教育三阶段相对应。实际上,早已占我国高等教育"半壁江山"且在高等教育大众化、普及化进程中发挥中流砥柱作用的高等职业院校却以专科教育层次为主。"目前的三级学位制度已不能适应中国规模庞大、纷繁复杂的高等教育发展的需要了","专科是高等教育中唯一没有学位的层次……是中国目前高职高专教育发展滞后的原因之一"[2]。2014年6月,《国务院关于加快发展现代职业教育的决定》提出"研究建立符合职业教育特点的学位制度"。建立有别于科学学位、专业学位的新学位类型——职业学位,势在必行。

---

[1] 陈厚丰. 高等教育分类的理论逻辑与制度框架研究 [M]. 广州:广东高等教育出版社,2011:298.

[2] 骆四铭. 中国学位制度:问题与对策 [M]. 武汉:华中科技大学出版社,2007:81-82.

《学位条例》的制定是"为了促进我国科学专门人才的成长，促进各门学科学术水平的提高和教育、科学事业的发展，以适应社会主义现代化建设的需要"。学位所依据的或所依托的主要是学术标准，如果舍去了学术性，学位则不复存在，任何学位都应该是研究型学位，只有研究型学位，才赋予学位以相应的学术水平。基于此，根据科学分化的现实，学位可分为科学研究型学位、技术研究型学位和应用研究型学位三种类型①。毋庸置疑，学位被广泛赋予学术内涵。"在知识社会，学位不再囿于学术这个范畴，而被置于广泛的高深知识活动之中。"②"学位"与"学术"指代意义的交错，应作全面剖析。其一，《学位条例》颁布于20世纪80年代初，特定时代背景要求高等教育培养大批经济发展急需的科学专门人才，30多年后，仅此类学术型人才已难以适应社会主义现代化建设的需要。其二，不同类型、不同层级的学位对学术的要求必然存在差异。科学学位与专业学位对申请者学术能力的考量标准应各有侧重，博士学位与学士学位对申请者学术水平的要求更是相去甚远。由此，笔者认为，学位制度的建立与完善应以促进高校人才培养质量的提升与推动社会经济持续健康发展为目的，不能以高学术为门槛否定高等职业教育学位存在的价值与必要性。

当前，无论是学术界抑或教育行政部门，对职业教育类型之实已逐步达成共识。现阶段，我国高等教育区分为大学专科教育、大学本科教育、硕士研究生教育、博士研究生教育四个层次，与后三者呼应，学位体系涵盖学士、硕士、博士三个等级。不难理解，高等职业教育目前不能授予学位并非因其为职业教育，而是由于其在专科层次。可以设想，即使高等职业教育向上延伸至本科教育层次和硕士研究生教育层次，按现行学位制度，在未来一段时期内会有占相当比重的专科教育层次的高职院校仍无学位授予权。无论是产业的升级转型还是新型工业化的实现，这批大专层次高职院校的作用都非常突出，地位不可谓不重要。然而，学位类型与学历层次的不完全衔接削弱了高等教育系统的弹性、降低了高职院校的社会地位，其毕业生不被授予学位非但不能扭转传统"重学轻术"的陈旧观念，反而加剧了社会对高等职业教育的歧视和排斥。新世纪以来，高职院校热衷于外延扩张，求大求全，其意在于转型成为普通本科院校，剥离原有职业院校的职能，以提升社会地位，获取更多办学资源。虽然高等职业教育的重要性口号喊得响亮，但若不采取

---

① 康翠萍. 学位论 [M]. 北京：人民教育出版社，2005：38-39.
② 张陈. 我国当代学位制度的传统与变革 [D]. 重庆：西南大学，2011.

实质措施,就很难与普通高等教育"平起平坐"。对建立高等职业教育学位制度,应厘清如下认识:第一,当高等职业教育由当前专科教育层次为主上移至本科和硕士研究生教育层次时,授予学位就理所当然、顺理成章,问题在于授予何种学位?学术学位显然不合适,专业学位也未必贴切。因此,有必要探索并建立符合高等职业教育特点的新的学位体系,本文暂称之为"职业学位"。第二,即使高等职业教育层次上移,专科教育层次仍占相当比重,其培养的高级技能型人才正是社会发展之亟需,高职院校必将成为不同年龄人口接受高等教育或在职培训的共同选择。过去大学专科教育不授予学位或许有多方面原因,时至今日,给那些在学期间表现优异的毕业生获得学位的机会,已尤为迫切,本文暂称此学位为"副学士学位"。第三,专科教育层次的高等职业院校通过内涵建设、特色发展,办学实力提升到一定水平后,应允许其拓展到本科教育层次,但不适宜跨类升格。同类高校竞争可有效激发办学活力,而院校间的无序攀比则会引发高等教育系统秩序的混乱。同时,秉持"以学生为本"之教育理念,有必要通过学位制度创新为高等职业院校专科生开辟多条人生发展通道:就业、转学、升学。就业,即达到要求的高职大专毕业生可获得副学士学位,直接走向工作岗位;转学,是指高职专科生取得学位后符合条件者可转入普通本科三年级,主要是为入学后不喜欢技能学习而又想深造的学生提供机会,此功能的实现有赖于保持高等职业教育与普通高等教育之间在课程、学分和学位上的相互沟通;升学,主要是指为部分希望进一步提升职业技能或从事技术开发、技能创新的大专毕业生开辟教育通道,使其在取得副学士学位后可以继续进入本科教育层次乃至硕士研究生教育层次的职业院校。

二、建立高等职业教育学位制度的必要性与紧迫性

高等职业教育是以培养高级技能型人才为主要任务的高等教育类型,但未能享有与普通高等教育对等的地位,致使相当一段时期没有摆脱办学趋同、跨类升格的痼疾。未形成独立的学位体系是高等职业教育发展的外部症结。2002年10月,杨干忠就曾呼吁:大专层次应该设立副学士学位,使学位形成阶梯状,以利于人才的培养[1]。2004年2月,周济在第三次全国高等职业

---

① 刘会胜,王运来. 我国应当增设副学士学位[J]. 学位与研究生教育,2003(4):31-33;38.

教育产学研结合经验交流会上提出,"今后只要高职学生完成学习任务,达到毕业要求,就可授予一个学位。这样做的目的,可以促进中国高等职业教育更加健康发展,并且使学位体系更加完善"①。时隔十年有余,高等职业教育在国家经济建设中的作用日趋突出,在高等教育系统中的地位不断提升,其学位体系的建立已变得愈加迫切。

首先,高等职业教育学位制度的建立能有效提升个人的社会地位,是加快构建现代高等职业教育体系的内在需要。我国高等职业教育在高等教育系统中长期处于尴尬的境地,主要表现为社会对高级技能型人才的迫切需求与高等职业院校地位相对偏低的矛盾。高等职业教育长期以来得不到公众认可,与学位制度缺失不无关系。社会舆论是众多个体观念的集合,又反作用于个体的思维活动与行为方式。职业学位制度的建立,可在一定程度上纠正公众轻视职业教育的观念。学生选择接受高等教育时,能从自身的喜好与特长出发,减少对高等职业教育的盲目排斥,进而促进个体身心的全面发展。同时,高等职业院校生源数量得以提升,生源质量得到提高。此外,学历和学位已成为当今社会筛选人才的标尺,所有高校毕业生对学位都存在需求,职业学位的授予是对高等职业院校中学习勤奋者的充分肯定,是对他们的制度性激励。为取得学位,高等职业院校在校生必会以高标准严格要求自己,转变学习态度,有效发挥学习潜力。职业学位的授予能进一步激励在校生努力掌握知识、习得技能,进而逐步强化公众对高等职业教育的正面认知,形成高等职业教育发展的良性循环。

其次,高等职业教育学位制度的建立符合世界高等教育的发展趋势,是推进我国职业教育与国际惯例接轨的必然要求。纵观国外高等职业教育发展态势,无论发达国家抑或发展中国家,其学位制度的建立已非个案。当前,世界范围内职业教育学位制度的发展呈现两种趋势:一是越来越多的国家赋予高等职业教育机构学位授予权,虽然名称有所差异,但无实质区别。如印度尼西亚、菲律宾的"副学士"(Associate Degree)②、英国的"基础学位",

---

① 周济. 培养数以千万计的高技能人才 办让人民满意的高等职业教育:在第三次全国高等职业教育产学研结合经验交流会上的讲话[C]//中华人民共和国教育部高等教育司. 第三次全国高职高专教育产学研结合经验交流会论文集. 北京:高等教育出版社,2004:8.

② 潘懋元. 东盟五国学位制度与研究生教育[M]//王忠烈. 学位与研究生教育比较研究:哲学与社会科学"八五"国家重点课题研究成果选编. 北京:中国人民大学出版社,1999:354-368.

日本的"专门士"和"准学士"①。二是高等职业教育机构学位授予层次不断上移。如 2001 年开始，美国部分社区学院享有独立的学士学位授予权②；德国的高等专科学校可以授予硕士学位③；我国台湾地区高等技职教育涵盖专科、本科、硕士和博士等层次④。此外，各国高等职业教育机构学位授予权的享有并非对传统大学亦步亦趋，而是"半路出家"，多是应社会发展之需而出现。如 1900 年美国芝加哥大学首次授予副学士学位，此后该学位颇受欢迎并表现出强大的生命力，与 20 世纪初美国工业发展急需大批技术工人直接相关；2000 年英国《基础学位计划》的颁布，也是为了加快并推进英国高等教育大众化与民主化进程⑤。可见，为满足经济社会发展需要，高等职业教育学位制度的建立已成为世界范围内学位制度改革与发展的共同趋势。虽然各国国情与经济发展水平有异，但其学位制度都会经历由单一向多元的发展历程，这一趋势符合世界高等教育演进的历史规律。现阶段，我国高等教育国际化程度不断加深，职业学位制度的建立有助于国际上的学位对等，进而促进我国高等职业教育与国际惯例对接。同时，职业学位制度的健全对国际学术交流、教师进修及教育评价大有裨益，有利于早日建成中国特色、世界水平的现代职业教育体系。

尽管国家层面尚未颁布正式的法规文件，伴随高等教育大众化的进程，职业院校授予毕业生学位的探索与实践从未停止。哈尔滨工业大学与香港理工大学携手共办的珠海国际创新人才培训学院于 2001 年首次开设副学士课程，厦门南洋学院与美国普莱斯顿大学合作办学可授予部分毕业生副学士学位。这种通过联合办学方式授予职业院校毕业生学位的事例屡见不鲜。2005 年 6 月，安徽休宁县一所中职木工学校授予 39 名毕业生"匠士"学位，得到当地政府的支持⑥，如此"草根"学位授予的尝试从侧面彰显出学位对学生

---

① 李梦卿，安培，王克杰. 高等职业教育学位制度的理论循证与实践形态：兼谈我国"工士"学位制度建设 [J]. 教育发展研究，2014 (21)：50-58.

② 赵昕. 职业教育学位制度的比较与借鉴 [J]. 中国职业技术教育，2012 (33)：5-8.

③ 徐洁. 中德学位对比研究 [M] //王忠烈. 学位与研究生教育比较研究：哲学与社会科学"八五"国家重点课题研究成果选编. 北京：中国人民大学出版社，1999：12.

④ 赵昕. 职业教育学位制度的比较与借鉴 [J]. 中国职业技术教育，2012 (33)：5-8.

⑤ 李梦卿，安培，王克杰. 高等职业教育学位制度的理论循证与实践形态：兼谈我国"工士"学位制度建设 [J]. 教育发展研究，2014 (21)：50-58.

⑥ 光辉. 安徽休宁县喜添 38 名木工"匠士"[N]. 中国旅游报，2009-07-27 (15).

的价值。2014年6月,湖北职业技术学院1103名毕业生取得工士学位证书①,再次证明了创设高等职业教育学位制度的必要性和紧迫性。

三、构建我国高等职业教育学位制度的路径

无论是基于为国家现代化建设输送大量德艺双馨的高级技能型人才,还是基于为高等职业教育发展提供充分的政策支持与制度保障,构建符合高等职业教育特点的学位制度都势在必行。职业学位是指以培养技术开发、实施与管理研究,侧重以各岗位和岗位群中的现场管理、技术指导、高级技能操作为主要任务的技术型、高级技能型专门人才为目标的学位类型。不同类型的学位没有地位上的差别,只有属性上的不同,相互之间不可替代。

(一)专科层次增设技能型副学士学位

专科层次高等职业教育是我国高等教育系统的重要组成部分,承担着培养高级技能型人才的重任,是推动高等教育大众化与普及化的骨干力量。教育部2013年统计数据显示,当年我国各类专科招生数、在校生数、毕业生人数分别为610.7万、1731.7万、539.8万。一方面,庞大的数量凸显高等职业院校在我国高等教育大众化进程中发挥的突出作用;另一方面,如此规模的专科学校毕业生均不被授予学位,无疑会削弱其求职竞争力,强化社会轻视职业教育的观念,阻碍经济社会的持续发展。专科层次高等职业教育增设技能型副学士学位,可有效填补当前职业学位尚处空白的局面,优化现有学位结构,完善学位制度,加快高等职业教育发展。

借鉴发达国家经验,根据在校生不同的发展意向,副学士学位应兼具就业、转学、升学等多重功能。就业功能主要是针对直接走向工作岗位的高职毕业生;转学功能为部分由于种种原因希望升入普通高等院校学习的学生提供机会;升学功能则为打算进入更高层次职业院校继续深造的学生做准备。随着副学士学位制度的建立与逐步完善,三大功能逐渐与之融合,进而分化出就业型、转学型、升学型三种类型的副学士学位。学生可在入学第二年根据自身兴趣、特长重新定位,选择适合自己的教育路径。三类副学士学位在入学一年后的专业课程设置上各有偏重:就业型学位更强调实践性、实用性、职业性;转学型学位兼顾学生掌握扎实的基础理论知识;升学型学位则侧重

---

① 翟帆. 工士学位,国家学位制度会采纳吗?[N]. 中国教育报,2014-07-08(06).

挖掘、塑造学生的技能创新、技术开发与现场管理等能力。

对于增设副学士学位的合理性与可行性，应及早开展理论及实践上的论证工作，可在部分办学实力较强的示范性高职院校先行试点，若实践效果与理论预期一致，则应尽快在整个高等职业教育系统推广。此外，为有效提高人才培养质量，国家层面有必要合理设定副学士学位的标准与条件，各院校在此标准和条件下享有一定的自主权，根据实际情况制定实施细则。原则上学生获得学位的门槛不宜过高，也不应过低。倘若所有学生毕业后都能轻易拿到学位，则难以激励其在校期间发奋努力；倘若多数学生通过努力尚难以取得学位，同样会降低其热情与自信心。毋庸讳言，当前普通高等院校学生培养质量不尽如人意，与学位取得门槛过低不无关系。

（二）构建技能型三级学位体系

在高等职业教育内部，初步建立起技能型副学士、技能型学士、技能型硕士三级职业学位体系。无论是从当今世界高等职业教育发展趋势分析，还是从我国高职院校现实发展审视，高等职业教育都不可能一直停留在专科层次。随着高新技术对生产、管理、服务过程的渗透，现代产业不仅对高级技能型人才的需求数量增加，对其水平的要求也在不断提高，越来越多的职业岗位不但要求员工实践操作本领过硬，而且需要其具备开发研究、技能创新等能力，这必然要求高等职业院校培养更高层次的技能型高级专门人才。由此看来，高等职业教育上移至本科层次和硕士研究生层次是大势所趋，技能型三级学位体系的建立必将成为我国高等教育事业发展的重要标志，推动高等教育的跨越式发展。

2014年6月教育部等六部门联合印发的《现代职业教育体系建设规划（2014—2020年）》明确提出发展应用技术类高校，培养本科层次职业人才，到2020年，"本科层次职业教育达到一定规模，建立以提升职业能力为导向的专业学位研究生培养模式"。目前，我国本科层次职业教育初露端倪，且局限在与普通高校合办的少数专业，与"达到一定规模"尚有不小的差距。举办本科层次职业教育，可通过多种渠道、采取不同方式，包括引导一批普通本科院校向应用技术类高校转型，或给予部分办学实力较强、社会评价较高的示范性高职院校以学士学位授予权。对于研究生层次的职业教育，技能型硕士学位的授予有两种可行路径：一是围绕高等职业教育特色打造独立的研究生层次的职业学位，区别于原有科学学位与专业学位，在高等职业教育体系内部形成由技能型副学士、技能型学士、技能型硕士构成的完整的职业学位体系；二是丰富原有的专业学位内涵，或对其进行整合。因为职业类高校与专业类高校虽在人才培养目标与课程设置上各有侧重，但随着二者教育层次的高移，差异逐渐缩小，即硕士研究生层次职业类高校与专业类高校会出现"合流"，共同授予专业学位。无论采取何种方式，均可谓异曲同工、殊途同归，是高等职业教育稳步发展与健全学位制度的必由之路。

无论是引导普通本科高校向应用技术类高校转型，还是专科层次高职院校学历学位层次上移，都将加剧职业类高校间的竞争，使得缺乏办学特色、管理不善者面临淘汰。值得强调的是，高职院校学位授予权的获得与其办学实力直接相关，而办学实力的衡量标准绝不能过分依据办学规模，内涵建设代替外延扩张是保障高等教育质量的"良药"，考量与评价院校办学水平的"指挥棒"应当是人才市场，培养的毕业生本领强、素质高、用人单位抢着要才是根本。

（三）推进高等职业院校与普通高校间的学位沟通与衔接

在推进高等职业教育和普通高等教育学位沟通与衔接过程中，应对普通高等教育中的学科类高校与专业类高校有所区分。横向上，建立起高等职业教育与普通高等教育间的学位沟通机制。在就读、就业资格上，按照相近原则建立不同类型高校但属于同一层次的学位等值制度，同一层次的学位证书不仅在就业时具有同等资格，也在继续深造时具有同等价值，即高职毕业生获取相应学位后有资格跨类攻读专业类高校高一层级的学位；专业类高校毕业生获取相应学位后有资格跨类攻读学科类高校高一层级的学位。要实现以上构想，有赖于保持职业类、专业类、学科类高校之间公共课和专业基础课的相通性[①]。只有职业类高校与专业类高校、专业类高校与学科类高校之间，才可实现课程、学分和学位上的相互沟通，这是因为其相互间课程联系更为紧密，具有较好的沟通性。

纵向上，建立高等职业教育与普通高等教育间的学位衔接机制。具体包括两方面：一是学科类高校、专业类高校与职业类高校学位应相互衔接。学科类高校、专业类高校的学士学位获得者可跨类报考职业类高校的硕士研究生，但应增加至少半年至一年的实际操作训练。二是根据相近原则，职业类高校的学位按照逐类、逐级的顺序与专业类和学科类高校衔接。技能型副学士学位获得者经加试相关科目或课程合格，可转入专业类高校三年级继续深

---

① 陈厚丰. 高等教育分类的理论逻辑与制度框架研究[M]. 广州：广东高等教育出版社，2011：370.

造并攻读学士学位，但不能跨类直接转入学科类高校（需加考相关学科才能转入）；职业类高校的学士学位获得者，可报考专业类高校的硕士研究生，但不能直接报考学科类高校的硕士研究生（需加考相关学科才可报考）。以此类推，职业类高校的硕士学位获得者也不能直接跨类报考学科类高校的博士研究生（需加考相关学科才可报考）①。

之所以这样规定，主要是因为进入高一层次学历学位教育必须在相关学科领域具有扎实的基础理论、专门知识和基本技能，职业类高校与学科类高校在专业及课程设置的导向上明显不同，差异较大。即便如此，职业类高校毕业生进入专业类高校、专业类高校毕业生进入学科类高校还应补修所缺的科目和相应的课程知识、获得相应学分，才能适应新类型高校的专业学习；学科类高校、专业类高校的学生进入职业类高校学习，也需要增加一定时长的实际操作训练。唯有如此，才能在学位体系中开辟职业类高校、专业类高校和学科类高校之间彼此独立又相互联系的通道，从而为大学生构建起横向贯通、纵向衔接的成才"立交桥"（见图1）。

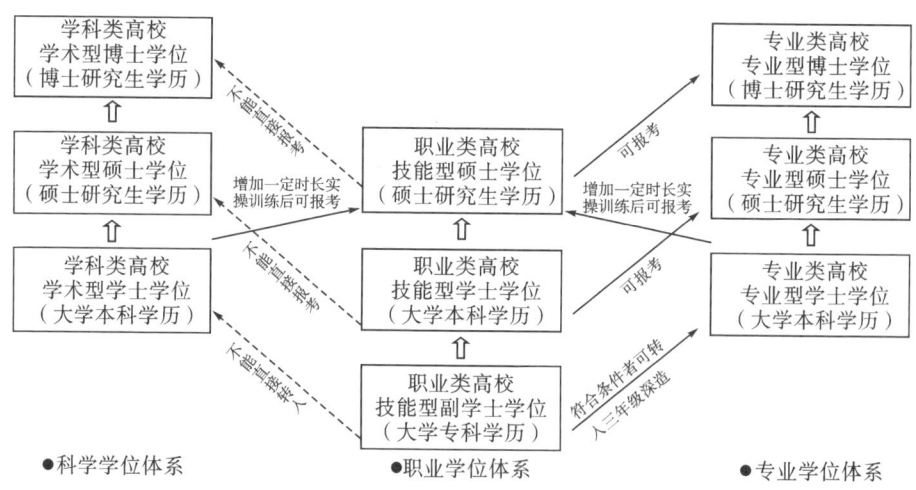

图1　职业学位、专业学位和科学学位沟通与衔接示意图

（本文系与李海贵合作撰写，本人为第一作者，原载《高等教育研究》2015年第7期）

---

① 陈厚丰. 高等教育分类的理论逻辑与制度框架研究［M］. 广州：广东高等教育出版社，2011：370.

我国专业类高校评价标准与指标体系构建

一、研究缘起

1985年《中共中央关于教育体制改革的决定》提出"对高等学校的办学水平进行评估"以来，不同主体对高校评价的探索如雨后春笋般悄然兴起。有效地开展高校评估工作需厘清两点认识：一是忠于评估目的，即明确评估服务的主体，不同的评价初衷与价值理念得出的结果或许大相径庭；二是区分评估对象，即评估工作可针对某一类或多类高校，但须注意对象选择的适切性。当前不少大学排行榜在未指明服务对象的前提下，因指标设计与指标赋予权重的不同导致排行结果差异较大而屡遭质疑，其将不同类型高校置于同一指标体系下排名更是广受诟病。因此，高校评价有必要以高校分类为前提。广为接受的一种高校分类法是将我国普通高校划分为高等普通院校和高等职业院校，高等普通院校进一步分化出学科类高校和专业类高校[①]。其中，专业类高校又称特色型大学，是指专业与课程设置面向行业领域，从事应用研究并以工程性、复合性、应用型高级专门人才为培养目标的多科性或单科性的大学或学院，如中国政法大学、湖南农业大学、广西师范大学等高校。专业类高校为经济建设提供了重要的人才保障与智力支撑，然而发展中却存在定位不明、特色弱化等问题。由于新一轮高校调整后此类大学与原行业的联系变得松散，其"面向特定行业办学的定位有所动摇"，"加之缺少相应的特色评估指标，在单一的评估标准影响下，特色型大学纷纷扩大规模，增设专业，办成多科性院校……新增设的非行业特色的学科、专业实力相对较弱，在竞争中明显处于劣势"[②]。基于专业类高校基本特征，本研究尝试通过专家

---

① 潘懋元，陈厚丰. 高等教育分类的方法论问题[J]. 高等教育研究，2006（3）：8-13.

② 潘懋元，王琪. 从高等教育分类看我国特色型大学发展[J]. 中国高等教育，2010（5）：17-19.

访谈、问卷调查等方法对其评价标准与评价指标进行预拟与筛选，采用层次分析法进行赋权，以期初步构建起专业类高校评价指标体系，引导其安于办学、特色发展。

二、专业类高校评价标准的遴选和评价指标的预拟

有别于高校分类，高校评价的标准与指标应当具备区分高校质量和地位的功能。高校评估是一种质量、水平、声誉、地位的比较，具有质量优劣和名次先后之分，重在输出指标的测量，如所授学位的数量与结构、发表论文数与影响因子、科研成果及获奖数等①。基于这一思路，本研究在设计专业类高校评价标准与指标体系过程中，侧重筛选能够反映专业类高校基本特征的输出指标。

（一）专业类高校评价标准的遴选

为确保评价标准与评价指标设计的适切性与代表性，经专家访谈与交流后获得以下主要建议：遵循简洁原则，应当具有代表性，在数量与质量指标、定性与定量指标等之间取得平衡，彰显高校发展潜力。经过筛选与剖析，将专业类高校评价标准拟定为人才培养、科学研究、发展潜力。

第一，培养行业需求的应用型高级专门人才。人类文明的传承离不开教育，中世纪大学自创立之始就被赋予培养人才的使命。伴随高等教育的分化与专业化发展，各类高校履行人才培养职能时也会有所选择与偏重。"特色型大学作为一种类型，尽管其各自的办学风格不尽相同，但作为一个类群，有其共同的、区别于其他大学类群的特质。它们规模适中，学科面不宽，但有一门或若干门特别突出的传统学科，在某一行业或专业领域独占鳌头，得到本行业领域的普遍认可，在社会上有一定的影响，短期内其他院校难以企及和超越。"② 有别于培养学术型人才的学科类高校与培养高级技能型人才的职业类高校，专业类高校主要培养以各专业领域的管理、技术或工程研究为主要任务的应用型、复合型、工程型、管理型高层次拔尖创新人才或从事应用

---

① 陈厚丰. 高等教育分类的理论逻辑与制度框架研究 [M]. 广州：广东高等教育出版社，2011：404.

② 王亚杰，张彦通. 论新时期特色型大学的建设和发展 [J]. 教育研究，2008（2）：47-52.

研究的后备专门人才，其毕业生主要在不同行业领域从事技术创新、工程研发、政策设计等工作，如工程师、评估师、律师、医师、建筑师等。2006年中国工程院一项研究显示，哈尔滨工业大学等五所高校培养了航天行业38.94%的高层次人才，中国石油大学等五所高校培养了化工行业41.08%的人才[①]，专业类高校在培养特色行业领域人才中发挥的作用可见一斑。由此，为引导专业类高校面向行业特色办学，避免贪大求全，在对其评价过程中，有必要考虑人才培养的质量、水平与社会满意度。

第二，在应用研究领域取得社会认可的成果。科学研究能力是衡量高水平大学的重要标准。"应该承认，大学科研为提高教学质量服务，这是正确的。但社会的发展已经要求高等学校的科研不只是为教学服务，还要承担国家的科学研究任务。"[②] 专业类高校开展科学研究应处理好"为教学服务"与"为社会服务"的关系，一方面把科研作为教育过程的重要组成部分，坚持"教育与科研统一"原则，另一方面通过应用研究和技术理论研究解决国家与企业发展中面临的实际问题，将基础研究成果转化为直接可用的设计、规划、决策等，提高社会经济效益，从而"改造世界"。专业类高校取得科研成果能有效促进自身发展、推动社会进步，同时提升公众认可度、彰显自身价值。对专业类高校科研实力的评价，可以将高质量学术论文产出量与引用率、取得发明专利情况、科研成果转化情况、获取科研项目情况等可量化类项作为考量指标，引导其高水平发展。

第三，具备可持续的发展能力与发展潜力。高等院校制定发展战略应立足长远，不宜好高骛远。曾任清华大学校长的梅贻琦说过："大学者，非大楼之谓也，乃大师之谓也。"这一经典诠释广为引用和流传，但从现实来看不乏专业类高校在发展中遵循"大楼路线"：将有限的办学经费用于扩大校区或增建新校区，盲目地新建教学与住宅大楼，不切实际地增设新专业、贪大求全。诚然，随着高校招生规模的扩大与办学实力的提升，一定程度地外延扩张必不可少，扩大规模亦是高校进一步发展的基础和保障。然而，若将稀缺的办学资金过度地用于扩建大楼或增设专业，其教学资源与师资力量则难以提升到应有水平，进而阻碍专业类高校持续发展与高水平建设。若以规模为标准考量大学，欧洲中世纪的大学可谓"小"得可怜。专业类高校只有坚持"大

---

① 王亚杰. 挑战与出路：特色型大学的发展之路 [J]. 高等工程教育研究，2008(1)：1-6.

② 潘懋元. 潘懋元论高等教育 [M]. 福州：福建教育出版社，2000：247.

师"路线，重视师资队伍与特色专业建设，增强发展能力、挖掘发展潜力，才能为自身发展注入不竭动力。现阶段，高校用内涵建设代替外延扩张是保障高等教育质量的良策，高水平大学的建设无不以独特的办学理念、厚重的文化底蕴与办学能力的长期积淀作支撑，以结构合理、规模适宜的精良师资与社会需求、特色鲜明的学科专业作保障。

（二）专业类高校评价指标的预拟

将人才培养、科学研究、发展潜力作为专业类高校评价标准，各项标准进一步预拟若干评价指标。具体为：人才培养预拟学历学位授予率、毕业生就业率、学生对学校教育满意度、毕业生对就业满意度、用人单位对毕业生满意度5项评价指标；科学研究预拟CSCD/CSSCI收录论文数、SCI/SSCI/EI/A&HCI收录论文数、ESI-TOP论文被引频次、发明专利数、科研项目（课题）数、科研成果转化获取经费数、获国家三大奖或教育部人文社科奖数7项评价指标；发展潜力预拟高层次人才占学校专任教师比、横向科研项目经费占科研经费比、省级及以上重点学科占比、进入ESI前1%的学科占比、学校的显著特色及特色显示度5项评价指标，从理论上初步得出我国专业类高校评价标准与指标体系。

三、专业类高校评价指标的修订与有效性检验

用李克特五点式量表将拟定的指标体系制作成调查问卷，发放给高校学生和教职人员进行问卷预测试。评价指标的筛选与修订过程见图1。

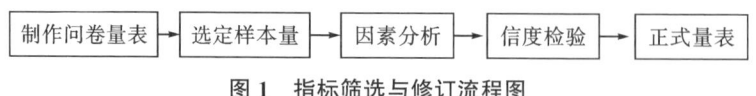

图1 指标筛选与修订流程图

（一）样本选定与样本情况

一般而言，采用探索性因素分析法，选取的问卷样本量最好为测量题项的5倍以上，若两者比例为10∶1，结果会更具稳定性①。此外，学者Comrey（1988）持以下论点：样本数少于50为"非常不佳"、样本数少于100为"不佳"、样本数在200附近为"一般"、样本数在300附近为

---

① 吴明隆. 问卷统计分析实务：SPSS操作与应用［M］. 重庆：重庆大学出版社，2010：207.

"好"、样本数在 500 附近为"非常好"、样本数在 1000 附近为"相当理想"[①]。本研究共 17 题项,通过电子邮件、邮寄、现场调查等方式发放问卷 540 份,回收 521 份,有效问卷 503 份,约为题项的 30 倍,因此样本量"非常好"。问卷回收率为 96.48%,有效率为 96.55%,具备有效性。

(二)运用因素分析修订指标

用 SPSS 软件对调查数据进行统计分析,其 KMO 值为 0.894,Bartlett's 球形检验的 sig. 值为 0.000,达到"显著水平",表明量表的题项变量适合进行因素分析。事实上,因素分析结果可能和前期编制的构架存在分歧,题项内容差异太大会导致纳入同一层面的解释不合理,需经多次探索逐一删除较不适切题项才能求出最佳的构念效度,使共同因素包含的题项同质性高。具体如下:首先,将量表中的 17 个题项进行因素分析得到转轴后的成分矩阵,发现 3 个共同因素(三层构念)中的第二层构念有多个因素纳入了第一层构念,题项"进入 ESI 前 1% 的学科占学校学科总数比例"的因素负荷量最大而考虑将之删除。其次,对剩余 16 个题项用同样的方法处理,发现原编制的第三层构念在矩阵图中被分割成两个构念,题项"学历学位授予率"的因素负荷量最大(0.808)而将之删除。再次,对剩余 15 个题项进行处理,最终得到由 3 个共同因素、15 个子因素组成的完整的构念框架,即共同因素可以命名因素构念包含的测量题项(见表 1)。并且,此框架中子因素和共同因素的结构和组合恰好与原构想中的人才培养、科学研究、发展潜力三个评价标准相吻合,故将 3 个共同因素分别命名为"人才培养""科学研究""发展潜力"。

表 1 专业类高校评价指标遴选量表探索性因素分析结果摘要

指标	科学研究	发展潜力	人才培养
SCI/SSCI/EI/A&HCI 收录论文数	0.859		
CSCD/CSSCI 收录论文数	0.814		
ESI-TOP 论文被引频次	0.790		
科研项目(课题)数	0.721		

---

① COMREY A L. Factor-analytic methods of scale development in personality and clinical psychology [J]. Journal of Consulting and Clinical Psychology,1988,56(5): 754-761.

续表

指标	科学研究	发展潜力	人才培养
发明专利数	0.714		
科研成果转化获取经费数	0.646		
获国家三大奖或教育部人文社科奖数	0.541		
省级及以上重点学科占学校学科总数的比例		0.778	
高层次人才占学校专任教师总数的比例		0.726	
学校的显著特色及其显示度		0.666	
横向科研项目经费占科研经费总量的比例		0.649	
毕业生对就业满意度			0.768
学生对学校教育满意度			0.679
用人单位对毕业生满意度			0.670
毕业生就业率			0.610
特征值	4.158	2.805	2.100
解释方差%	27.720	18.703	14.002
累积解释方差%	27.720	46.423	60.425

注：采用主成分分析，配合直交转轴的最大变异法进行因素轴间的转轴。

（三）专业类高校评价指标量表的信度检验

信度反映测量结果的稳定性及异质性，量表的信度愈大，标准误差愈小。以 Cronbach's alpha 系数（a 系数）代表量表的内部一致性信度，a 系数愈高表示一致性愈佳。一般探索性研究中，信度系数要求在 0.50 以上，0.60 以上较佳；但在应用性与验证性的研究中，值在 0.60 以上尚可，最好在 0.80 以上，0.90 以上更好①。通过信度检验，人才培养、科学研究、发展潜力三个层面构念上的信度系数值分别为 0.675、0.901、0.779，均达到 0.60 以上，符合要求。因此，最终专业类高校评价指标量表由三个层面构念、15 个子因素构成。

---

① 吴明隆. 问卷统计分析实务：SPSS 操作与应用 [M]. 重庆：重庆大学出版社，2010：237.

四、专业类高校评价指标权重的确定

确定指标权重的方法有专家调查法（Delphi法）、层次分析法（AHP）、模糊分析法、二项系数法等多种。其中层次分析法将复杂问题层次化，是一种整理和综合人们主观判断的客观分析方法，也是一种定量和定性相结合的系统分析方法，运用较为广泛。该方法主要有三个步骤：

（一）建立专业类高校评价体系的层次结构模型

专业类高校评价指标体系由两级指标构成，因此可建立两级层次结构模型，专业类高校评价为决策目标，人才培养、科学研究、发展潜力为中间层要素，15个二级指标为备选方案。

（二）建立专业类高校评价体系各层次结构的判断矩阵

判断矩阵建立的前提和依据是事先通过问卷调查数据求得各层次指标得分，依各得分平均数进行排序，再对各指标进行两两比较，从而建立判断矩阵。专业类高校评价指标体系由3个一级指标、15个二级指标构成，可形成4个判断矩阵：专业类高校评价判断矩阵、人才培养判断矩阵、科学研究判断矩阵、发展潜力判断矩阵。

用SPSS统计软件对有效问卷数据进行处理，各指标得分平均值如下：

1. 一级指标及其均值

科学研究职能的发挥3.89；人才培养职能的发挥4.03；学校的发展潜力4.04。

2. 二级指标及其均值

人才培养层面：毕业生对就业满意度3.89；毕业生就业率4.01；学生对学校教育满意度4.04；用人单位对毕业生满意度4.08。

科学研究层面：ESI-TOP论文被引频次3.36；SCI/SSCI/EI/A&HCI收录论文数3.36；CSCD/CSSCI收录论文数3.37；科研成果转化获取经费数3.42；发明专利数3.43；获国家三大奖或教育部人文社科奖数3.56；科研项目（课题）数3.57。

发展潜力层面：横向科研项目经费占科研经费总量的比例3.39；省级及以上重点学科占学校学科总数的比例3.80；高层次人才占学校专任教师总数的比例3.81；学校的显著特色及其显示度3.91。

根据以上一级指标及其二级指标的平均数和排序建立判断矩阵，求得专业类高校评价判断矩阵的一致性比例为 0.0000；人才培养判断矩阵的一致性比例为 0.0265；科学研究判断矩阵的一致性比例为 0.0025；学校发展潜力判断矩阵的一致性比例为 0.0077。各判断矩阵比例均小于 0.1000，通过一致性检验。

（三）专业类高校评价指标体系的形成

根据建立的判断矩阵，用 yaaph 软件计算得出各级指标的权重，将权重结果同构建的评价指标相组合得到加权后的专业类高校评价指标体系（见表2）。

表 2　专业类高校评价指标体系及其权重

一级指标（3项）	二级指标（15项）	单一权重（%）	综合权重（%）
人才培养（40.00）	毕业生就业率	24.62	9.85
	学生对学校教育满意度	31.47	12.59
	毕业生对就业满意度	9.08	3.63
	用人单位对毕业生满意度	34.82	13.93
科学研究（20.00）	CSCD/CSSCI 收录论文数	7.58	1.52
	SCI/SSCI/EI/A&HCI 收录论文数	7.58	1.52
	ESI-TOP 论文被引频次	7.58	1.52
	发明专利数	13.96	2.79
	科研项目（课题）数	24.68	4.94
	科研成果转化获取经费数	13.96	2.79
	获国家三大奖或教育部人文社科奖数	24.68	4.94
发展潜力（40.00）	高层次人才占学校专任教师总数的比例	23.95	9.58
	横向科研项目经费占科研经费总量的比例	8.83	3.53
	省级及以上重点学科占学校学科总数的比例	23.95	9.59
	学校的显著特色及特色显示度	43.27	17.31

五、若干说明

专业类高校评价是一种分类分层评价。分类评价是指针对不同类别的高校构建相适应的评价指标体系；分层评价以分类为基础，即评价时对某类高校的研究型、教学研究型、教学型等不同层次高校在指标赋权中有所区分。本研究给出了专业类高校总体的指标权重。为使测量内容、运用方法一目了然，方便读者理解，特作如下运用说明：

（1）专业类高校，指如中国政法大学、湖南农业大学、广西师范大学等面向相关行业专业领域，以培养复合型、应用型高级专门人才为目标的多科性或单科性的大学或学院。

（2）学生对学校教育满意度，指学生对学校教师教学、学校教育环境、就业指导等促进自身成才方面的满意度。

（3）毕业生对就业满意度，指毕业生对年薪满意度、工作性质满意度、工作能实现自身价值满意度、工作中个人晋升、发展空间的满意度。

（4）用人单位对毕业生满意度，是指用人单位对毕业生是否具备在该单位工作的素质及能力的满意度。包括四种素质：思想道德素质、科学文化素质、身体素质、心理素质；七项能力：学习能力、决策能力、工作适应能力、实践操作能力、社交能力、组织管理能力、创新能力。

（5）CSCD（中国科学引文数据库）、CSSCI（中文社会科学引文索引）为国内各学科较权威的论文数据库。

（6）SCI（自然科学引文索引）、SSCI（社会科学引文索引）、EI（工程索引）、A&HCI（艺术与人文科学引文索引）为国际上各学科较权威的论文数据库。

（7）ESI-TOP论文，指基本科学指标数据库（EssentialSci-enceIndicators，ESI）中被引频次排名在世界前1‰的以中国高校为第一单位的论文，在世界相关学科领域具有影响力。

（8）科研项目（课题）数，指包括学校所有科研经费到账的纵向、横向科研项目（课题）数。横向科研项目（课题）是相对于纵向课题而言的，纵向科研项目（课题）是指国家、省部立项的课题，横向课题多指企事业单位委托的课题。

（9）国家三大奖分别指国家自然科学奖、国家技术发明奖、国家科学技术进步奖。

（10）高层次人才包括两院院士、"千人计划"专家、长江学者、教育部"新世纪优秀人才支持计划"学术带头人、国家杰青、教育部"青年骨干教师培养计划"教师、教育部"国培计划"专家、省部级"人才工程"入选者（"人才工程"因省而异）。

（11）学校显著特色依高校实际办学宗旨和培养目标而不同，有多个测评维度，如特色学科与专业、教学方式、培养制度、校园文化等，是一项开放、自主的指标。特色显示度指由特色办学带来的区别于其他高校的显著成效。

（本文系与陈艳椿、李海贵合作撰写，本人为第一作者，原载《高教学刊》2015年第19期）

我国职业类高校分类初探

纵观已有高校分类法，学术界关于高校分类的探讨已经比较深入，但聚焦到职业类高校分类的研究却凤毛麟角，而针对普通高校的分类难以适切地应用于职业类高校。当前，一方面高等职业教育规模的扩张与结构的复杂加剧了人们认识的难度；另一方面产业升级与经济转型亟需不同类型和层次的技能型高级专门人才投入到生产建设，迫切要求更多求学者参与其中学习技术、提升技能。职业类高校的分类发展势在必行。本文围绕职业类高校分类的必要性与理论依据两个方面展开论述，以期能够澄清认识，并对高等职业教育体系的建立及高水平的发展有所裨益。

一、职业类高校分类的必要性探寻

（一）量级扩张：职业类高校分类发展的直接动因

受岗位实用型人才劳动力市场供不应求的影响以及国家政策的大力支持，我国职业类高校在改革开放之后，尤其是20世纪90年代末高校扩招政策实施以来，逐渐驶入规模发展的快车道。世纪之交，"三多一改""六路大军办高职"等方针政策逐步确立宽渠道、多途径兴办职业类高校的可喜局面。教育部2014年统计数据显示，当年我国高等教育毛入学率为37.5%，职业类高校达到1327所，占普通高校的52.5%。根据社会分工愈加精细化的发展趋势以及劳动力市场人才需求的客观现实，我国高等职业教育规模呈扩张态势，在高等教育大众化进程中将发挥重要作用，这是经济社会持续发展的迫切要求，也符合世界高等教育纵深演进的历史规律。在美国，集职业教育、社区服务、继续教育等功能于一体的社区学院具有强大的生命力，为其高等教育与经济发展做出了突出贡献。至2011年，全美社区学院有1500余所，在校学生达660万人，"学校总数和学生总数均占美国大学总数和在校大学生总数的50%以上"，成为独具特色、面向地方的"大众化高等教育机构"①。无独有偶，德国拥有庞大的职业教育体系。在中学毕业后分流过程中，德国"70%的中学生开始进行职业教育，10%的学生在大学阶段开始转向更高层次的高等专业技术学校，其余20%在大学毕业后一般就职于科研部门"②，职业教育在教育体系中的作用可见一斑。日本的职业教育表现出与经济和社会进步互相推动的特点。20世纪90年代以来，形成了专修学校、高等专科学校、短期大学、技术科学大学和专业研究生教育机构等构成的立体交叉式、开放贯通的高等职业教育体系③。虽然各国经济水平与社会制度不尽相同，但工业化的实现无不以庞大的职业教育体系作支撑，高等教育在分化与重组进程中亦是异曲同工、殊途同归，职业类高校规模的扩张成为一种普遍趋势。

2014年5月《国务院关于加快发展现代职业教育的决定》提出：到2020年，专科层次职业教育在校生达到1480万人，接受本科层次职业教育的学生达到一定规模，从业人员继续教育达到3.5亿人次。如此众多的职业类高校，虽都以培养生产、建设、服务、管理一线需要的技能型高级专门人才为目标，但实际办学质量、师资水平、学科专业、服务面向等必然存在差异。可以预见，高等职业教育将成为不同年龄人口接受高等教育或参加职业培训时的共同选择。面对上千所形态各异的职业类高校，学生填报志愿时依靠何种依据加以区分、筛选？职业类高校自身怎样准确定位、办出特色？政府部门如何分类指导、政策引导？这些都有必要成为教育研究者予以洞察、关注的问题。

(二) 人才需求：职业类高校分类发展的现实诉求

1993年2月中共中央、国务院印发的《中国教育改革和发展纲要》已提出"全民受教育水平有明显提高，城乡劳动者的职前、职后教育有较大发展，各类专门人才的拥有量基本满足现代化建设需要"的发展目标，然而目前我国技能型高级专门人才存量仍不能适应现代化建设需求。根据美国万宝盛华公司对4097家中国内地企业调查后发布的2009年人才短缺调查报告，可知当年我国企业"最难找到合适员工"的十大职位中，技术人员位列榜首，连

---

① 顾月琴. 美国社区学院的发展历程及其未来趋势 [J]. 中国成人教育，2011 (1)：122-124.

② 魏爱苗. 职业教育撑起"德国制造" [J]. 教育，2007 (26)：54-56.

③ 李文英，史景轩. "二战"后日本职业教育的发展趋势 [J]. 教育与职业，2010 (12)：20-22.

续三年成为最短缺的职位①。另据麦肯锡调查报告预测，2020年中国将需要1.42亿高级技能型人才，若劳动者的技能得不到有效提升，将面临约2400万的人才缺口②。因此，2013年4月28日习近平总书记在全国总工会机关同全国劳动模范代表座谈时指出："工业强国都是技师技工的大国，我们要有很强的技术工人队伍。"这一论断深刻揭示了国家工业化发展与技术人才队伍建设之间的内在关系，阐明了培养各类各级高级技能型人才对实现中国梦的重要性。

众所周知，各国产业结构的升级无不以大批高级技能型人才作支撑和后盾，而单一类型、层次的此类人才越来越不能适应我国经济发展需要，这对职业类高校办学提出了新要求。在西方发达国家，由于高等教育经历了较长的发展历程，承担技能型人才培养的机构发展相对成熟、作用突出。美国社区学院以服务地方、面向大众、形式多样为特点，为本国社会发展做出突出贡献；德国职业教育以法律保障体系完善、资质认证制度健全、校企深入合作为特点，其独具特色的"双元制"模式享誉世界。与之相对，我国高等职业教育在高等教育体系中长期处于尴尬境地，主要表现为高级技能型人才短缺与职业类高校地位偏低的矛盾。新中国成立之初，工业化刚刚起步，劳动力素质普遍不高，社会对技能型人才需求尚不强劲，加上传统"重学轻术"的陈旧观念，高等职业教育发展较为迟缓。改革开放以来，国家把工作重心转移到经济建设上，工业化进程加速，而劳动者素质偏低与高技能型人才匮乏成为生产力进一步发展的桎梏。当前，我国应充分发挥后发优势，采取跨越式与赶超式发展战略，培养大批社会急需的技能型专门人才，为经济发展注入新动力。与此同时，国家在技能型人才培养的数量与质量上有了更高要求，明确提出"培养数以亿计的工程师、高级技工和高素质职业人才，传承技术技能，促进就业创业，为建设人力资源强国和创新型国家提供人才支撑"。这必然要求各职业类高校安于定位、各司其职，从实际出发，在适合自身的领域内办出特色，促进职业类高校分类发展也因此变得尤为迫切。

（三）层次提升：职业类高校自身发展的内在逻辑

高校分类是高等教育演进的产物，也是其向更高层次发展的重要路径。伴随职业类高校量级增长，若仅由市场机制发挥效能而缺乏科学引导，可能

---

① 高路. 十大最短缺职位：技术人员位列榜首［N］. 新华每日电讯，2009-07-10（02）.
② 陈雪辉. 中国"工业4.0"最大挑战在哪里［N］. 中国商报，2015-03-25（03）.

会引发一定时期的无序与混乱，从而短期内难以发挥最大功用。"分类，将为秩序提供标记和保护"①。通过建立职业类高校分类体系，配套以政策支持与物质资助，使各类职业类高校只要独具特色、办出水平就有崭露头角的机会，能引导其安心办学，避免盲目求大求全、跨类升格。因此，构建职业类高校分类体系是维持其内部秩序、推动其持续发展的内在要求。

我国职业类高校长期未摆脱办学趋同、盲目升格的痼疾，原因值得深思。首先，专科教育是层次，职业教育是类型。理论上高等普通教育与高等职业教育都应涵盖专科、本科、研究生三个教育层次，只是受一定条件制约，某"类"教育的某"层"尚未出现或无存在必要。职业类高校若因"类"不清而沦为普通高校的专科层次，就会导致"不伦不类"。其次，重点大学建设计划带来了反向引导。由于得到资助的全为学科类高校和专业类高校，无疑会对办学资源紧张的职业类高校产生影响，世纪之初的高校"合并潮"又为职业类高校跨类升格打开方便之门，其成功升格仿佛成为提升地位的"救命稻草"。稍加分析不难发现，这种"重点"与"一般"大学的划分其实是将纵向分层建立在横向分类基础之上，其结果必然导致所有高校不约而同地向某一类的某一层发展。此外，能有效提升职业类高校地位与吸引力的政策不多（"示范性高职"建设计划除外），经费投入太少。最后，高校分类体系建设滞后。早期，不少研究者认为人为地对高校进行分类是"没有必要的无用功"。在他们看来，"自高等教育产生以来，人们并没有有意识地对高等教育进行分类引导并相应地对高等教育机构进行学术分工，更没有从法规和政策上采取系统的干预策略，结果高等教育的发展并未因此受影响"，即使个别国家出现分类引导的政策规制也是"昙花一现"②。而事实证明，"自生秩序"与"分类引导"有机结合才是高等教育有序发展的良策。

由此，对规模持续扩张的职业类高校，有必要超前规划，尽早探索并建立起分类体系，开展前瞻性研究。同时，政府应加大政策支持力度，增加财政资助，为高等职业教育健康有序发展保驾护航。一言以蔽之，职业类高校结构的复杂化与机构的多样化要求建立相应的分类体系，同类高校角逐能有效激发办学活力，从而推动高等职业教育向更高水平发展。

---

① 罗德尼·尼达姆. 《原始分类》英译本导言 [C] //涂尔干，莫斯. 原始分类. 汲喆，译. 北京：商务印书馆，2012：147.

② 陈厚丰. 高等教育分类：势在必然还是多此一举——高等教育分类研究的背景和必要性探究 [J]. 民办教育研究，2005（6）：1-9；107.

二、职业类高校分类的理论依据分析

"分类绝不是人类由于自然的必然性而自发形成的,人性在其肇端并不具备分类功能所需要的那些最必不可少的条件",也就是说,"分类图式不是抽象理解的自发产物,而是某一过程的结果,而这个过程是由各种各样的外来因素组成的"①。我们对职业类高校进行分类,也并非仅为出于自我认识的自发行为,而是有着可靠的理论作为依据。为论证职业类高校分类的可行性,笔者从社会、学生、高校三个维度切入,选取社会分工理论、人的个性差异理论、高校职能理论作为理论支撑。

(一) 社会分工理论

亚当·斯密在其巨著《国富论》中肯定了劳动分工的作用,认为分工是提高劳动生产效率的主要手段,是增加国民财富的重要途径。如他所言,"在每一种工艺中,只要能采用劳动分工,劳动生产力就能成比例地增长"。为说明问题,亚当·斯密以制针手工工场作为例证,指出"将抽丝、拉直、切断、削尖、磨光等工序进行专业化分工,一个工人一天可生产4800枚针;如果单个人完成制针的所有工序,说不定一天连一枚针也生产不出来"②。面对现代工业带来的最大限度的劳动分工,亚当·斯密和穆勒"以为农业可以成为小型产业的最后避难所",而农业生产的绝大部分日益卷入其中,"就连商业也紧随其后"。对此多元化现象,许多经济学家宣称是"一种必然趋势",甚至从中发现了"人类社会的高级规律以及人类进步的必要条件"③。

分工带来的变革已延伸至整个社会领域。涂尔干将社会分工的规律进一步拓展到有机体,进而把分工的起源推进到了无限远古的时代。"自从地球有了生命,分工就几乎同时出现了",原始社会,受生产力制约与先天体力影响,男子负责渔猎捕食、女子负责煮食哺育。随着文明的进步,两性在劳动方面进一步分离,"妇女早已被抛弃在战争和公共事务之外,她们的生活完全

---

① 涂尔干,莫斯. 原始分类[M]. 汲喆,译. 北京:商务印书馆,2012:7-8.
② 于秋华. 解读斯密和马克思的劳动分工理论[J]. 大连海事大学学报(社会科学版),2007 (4):27-31.
③ 涂尔干. 社会分工论[M]. 渠东,译. 北京:生活·读书·新知三联书店,2013:1-2.

集中在了家庭内部,她们的作用也越来越变得专门化"①。与此同时,生产力的发展与科技进步催生了不同类型与层次的产业、行业和部门。如卡尔·马克思所言,"可以把社会生产分为农业、工业等大类,叫做一般的分工;把这些生产大类分为种和亚种,叫做特殊的分工;把工场内部的分工,叫做个别的分工"②。由此,分工已经渐渐地成为社会秩序最重要的基础,它是"普遍发展的一种特殊形式","社会要符合这一规律,就必须顺应分工的趋势,这种趋势远在社会出现以前就已长久存在,并且遍及整个生命世界"③。

社会分工同时推动了教育(包括高等教育)的专业化,高等教育系统的分化和高校之间的分工成为必然趋势。瑞士植物学家康多尔考察后发现,至19世纪,"科学家非但不能兼容不同领域的科学,而且也无法占据某一科学的全部领域",其"研究领域只限于固定的某一问题域,甚至单独的一个问题"④,属学科领域的不断复杂化与专业化使然。高等教育逐渐由普通高校和职业类高校共同实施,普通高校进一步分化出学科类高校(少量)和专业类高校(一批),职业类高校则应高级技能型人才之需规模迅速扩张。与此同时,高等教育的专业化加速了高等职业教育内部的分化。职业类高校服务区域经济发展的水平不断提升,办学主体、服务面向与专业设置呈现多样化。此外,高新技术对生产、管理、服务过程的渗透促使岗位技术要求不断提高,职业类高校人才培养目标的划界愈发清晰,逐渐出现高级技术员、技术工程师、高级技术师的区隔,其由目前的专科教育层次为主高移至本科和硕士研究生教育层次是大势所趋。高等教育分类成为高等教育大众化、普及化时代人们应对教育专业化和高校间竞争的理性策略。

不难看出,社会分工提高了劳动生产效率,加速了产业分化与升级,三大产业对不同类型与层次技能型高级专门人才的迫切需求促进职业类高校规模的持续扩张。同时,分工逐渐拓展到整个社会领域,推动高等教育专业化发展,高等教育的专业化要求各类高校各司其职,职业类高

---

① 涂尔干. 社会分工论 [M]. 渠东, 译. 北京: 生活·读书·新知三联书店, 2013: 23.
② 中共中央马克思恩格斯列宁斯大林著作编译局. 马克思恩格斯全集(第二十三卷) [M]. 北京: 人民出版社, 1972: 389.
③ 涂尔干. 社会分工论 [M]. 渠东, 译. 北京: 生活·读书·新知三联书店, 2013: 4.
④ 涂尔干. 社会分工论 [M]. 渠东, 译. 北京: 生活·读书·新知三联书店, 2013: 3.

校内部出现了分化。此外,生产力的发展则为这一过程提供强有力的物质保障(见图 1)。

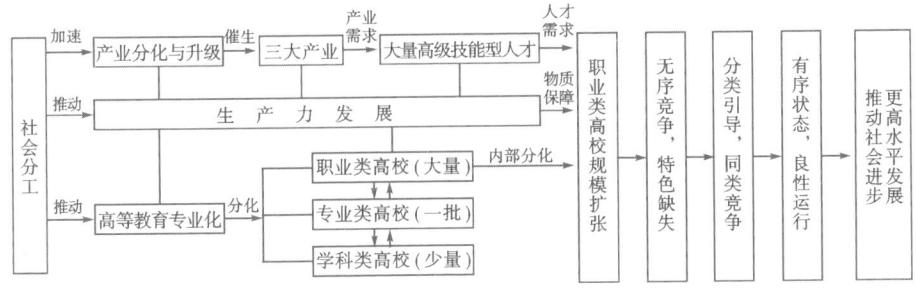

图 1 社会分工推动职业类高校分类发展的路径

(二) 人的个性差异理论

杜威曾对儿童个性的形成做过系统的阐述,强调本能和生理遗传带来个性差异,认为教育的任务是"根据自然的禀赋,使人类与生俱来的能力得以生长"。但他并未否定外界环境的作用,个性"是对环境的特有的敏感、挑选、抉择、反应和利用的一种方式",社会环境对个性的形成至关重要[①]。马克思主义认为,个性的形成是生物自然性和人类社会性的辩证统一,但两者并非同等地位,"人的自然性为其个性的形成所提供的主要是生理的、解剖的基础和条件,而对个性内容及倾向的形成,则是社会环境起决定性作用"[②]。因遗传素质、家庭背景、教育基础、社会环境的不同,个体在成长和发展过程中会形成不同的兴趣、爱好、能力和特长,即人的个性存在差异。对学生而言,不同的个性特征决定了他们在选择接受高等教育时会做出不同的抉择。一些学生理论知识扎实,热衷于钻研高深学问,毋庸置疑,其适合投身于科学研究。然而,"由于天赋、基础、背景和环境的不同,真正有兴趣、有潜质、有机会从事学术研究的人在人类群体中的比例相对较少,而大多数人则在各专业领域或各个职业岗位从事着应用性的专业工作和实用性的技术技能性工作"[③]。

职业类高校是培养我国高级技能型人才的主力军,其毕业生虽多数走向

---

① 杨汉麟. 杜威的儿童个性发展思想初探 [J]. 教育研究与实验,1987 (3): 41-45.
② 徐世朴. 对个性及其发展的认识与思考:与李翰如等同志商榷 [J]. 高等教育研究,1990 (3): 44-49; 91.
③ 陈厚丰. 高等教育分类的理论逻辑与制度框架研究 [M]. 广州: 高等教育出版社,2011: 261.

生产一线，但因个性特征的差异必然有不同的兴趣与特长。不难理解，有人动手能力较强，对维修制造兴趣浓厚；或致力于新农村建设，投身于农林牧渔领域。在学期间，有人积极参加生产实践，掌握实操技能；或深入专业领域，专注于设计开发与技术管理。简言之，人们的职业定位更加精细与多样。从现实来看，个体行为除受个性特征等内在因素影响，还受外界因素制约。比如，学生选择接受高等教育时时常出现异化现象，即未依据自身生理与心理需求而被迫进行选择。主要表现为乐于学习技术的学生最终选择学科类高校或专业类高校，进入职业类高校者对一技之长毫无兴趣。我们认为，这种异化现象造成了教育资源的浪费，抹煞了学生的兴趣和喜好，不利于学生成长成才。事实上，无论从事何种工作，只要个体觉得切合自己的兴趣、爱好，能够发挥自身的能力和特长，并且感到这种学习或工作是一种愉悦而不是一种强迫，这样的高等教育就遵循了人的身心发展和个性差异规律，这样的社会就是一种体现了以人为本和充满人性的社会。此外，受经济发展水平制约与劳动力供求关系影响，不同类型与层次的人才需求也存在差异。一方面，目前及未来一段时期我国对学术型、专业型、技能型三类人才的需求量呈金字塔形；另一方面，社会对各类技能型高级专门人才的需求亦有所不同。由此，无论基于人的个性差异还是劳动力市场需求，都需要不同类型、不同层次的技能型高级专门人才，这必然要求高等职业教育机构类型与层次的多样化发展。质言之，在高校分类的基础上，对职业类高校进一步分类符合人的个性差异规律，是人才需求结构适应并拉动经济增长的现实要求。

（三）高校职能理论

各类社会机构设立、存在与发展的根本推动力量源于社会需要，高等院校正是基于社会对高级专门人才之需而产生、发展并逐渐演化出不同的职能。高等学校的职能一般认为有三个：第一，培养人才。体现在学校的主要活动——教育活动和教学活动之中。第二，发展科学。体现在学校的科研活动之中。第三，直接为社会服务①。三大职能得到国内外广泛认同，被认为是"经过历史的沉淀和印证后高等学校最基本、最有生命力的职能，是社会进步与大学'内在逻辑'发展相统一的产物"②。文明的演进离不开知识传承，高

---

① 潘懋元. 潘懋元论高等教育 [M]. 福州：福建教育出版社，2000：242.
② 邬大光，赵婷婷. 也谈高等教育的功能和高等学校的职能：兼与徐辉、邓耀彩商榷 [J]. 高等教育研究，1995（3）：57-61.

校自创立之始就被赋予培养人才的使命。19世纪初,科技成为社会进步的重要推动力量,以柏林大学创办为标志,发展科学职能在大学应运而生;至19世纪后期,高等教育渗透到社会生活的众多领域,直接服务于社会逐渐成为高校的又一职能。因此有理由认为,高校的一切活动皆因社会之需而产生,同时又必须服务于社会发展。

社会的进步与发展要求高校承担起多项职能,而高校职能的多样化又要求不同类型的高校担负职能时有所侧重。在知识财富极大丰富与高等教育高度专业化的今天,任何高校在保证教育质量的前提下都难以兼顾起所有职能。"哪怕是世界上最好的大学,也不是拥有所有的学科领域,也不是在所有的领域都很强。哈佛大学、耶鲁大学在工程领域就比较弱,但他们不去追求"[1],"不同层次、不同类型的高等学校,对于这三个职能以及每个职能的任务可以有所侧重,也应当有所侧重,可以根据自己的特点,选择适当的活动范围"[2]。高校职能的拓展与深化加速了高校类型的分化,而高校类型的多样化又促使高校职能不断地增加甚至更新。"各种类型学校的侧重点各不相同,这为高等学校职能的发展提供了广阔的空间。在高等学校类型单一的历史时期,高等学校的职能相应地也呈单一化。而到高等学校的类型逐渐丰富起来的时候,高等学校的职能也朝向多样化趋势发展"[3]。由此看来,高校职能与高校类型相辅相成、相互促进。

社会发展的现实诉求要求各类高校合理定位,而长期以来职业类高校因职能不清弱化了人才培养。伴随职业教育作用的彰显,国家提出"加大职业教育投入力度,新增财政教育投入向职业教育倾斜"。对于高等职业教育,重点支持一批"办学定位准确、产学结合紧密、改革成绩突出、制度环境良好、辐射能力较强"的"国家示范性高职院校"。在高等职业教育规模持续扩张、结构趋于复杂的新形势下,若不及早采取措施,上千所类型有别的职业类高校是否会"重演历史",向重点高职的少数专业趋同?职业类高校应保持特色,向同类型中的"重点"看齐,否则在未来的数年是否又会造成高级技能型人才的结构性失衡?因此,一方面应建立起职业类高校分类体系,另一方面有必要实行重点建设高职的评估淘汰机制。此外,《中华人民共和国职业分

---

[1] 熊丙奇. 体制迷墙:大学问题高端访问[M]. 成都:天地出版社,2005:65.
[2] 潘懋元. 潘懋元论高等教育[M]. 福州:福建教育出版社,2000:253.
[3] 邬大光,赵婷婷. 也谈高等教育的功能和高等学校的职能:兼与徐辉、邓耀彩商榷[J]. 高等教育研究,1995(3):57-61.

类大典》将我国职业划分为 8 个大类、66 个中类、413 个小类、1838 个细类（职业）①，职业类高校必须有所侧重，依据师资水平、办学历史、专业特长等选择适应区域需求、适合自身发展的岗位群与特色领域。唯有如此，才能在竞争激烈的高校市场中具备核心竞争力，同时为社会发展提供各类急需的高素质技能型专门人才。

综上所述，为适应社会之需，高校职能逐步拓展，要求各类高校各安其位、分工协作，不断催生出新的高校类型或衍生高校子类型；高校类型的多样化，又为高校职能的深化提供广阔空间，从而形成良性互动的循环（见图2）。对职业类高校进行分类，正是基于高校职能的发展，亦是高等教育适应社会需要的逻辑。

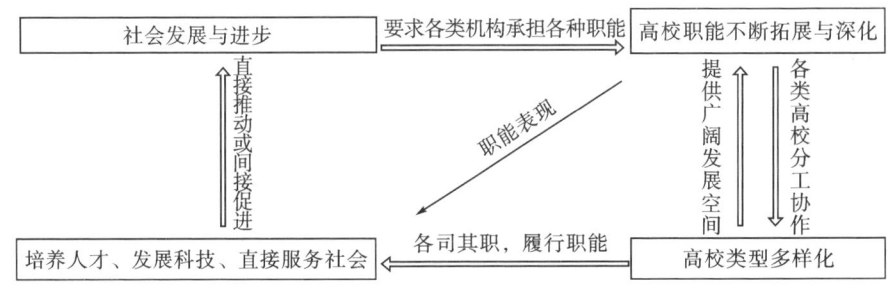

图 2　社会发展、高校职能、高校类型间的互动循环

（本文系与李海贵合作撰写，本人为第一作者，原载《职教论坛》2015 年第 33 期）

---

① 陆晓东. 基于国家职业分类大典的"专业职业系谱"研究 [J]. 职教通讯，2014 (21)：18-22.

二、高教治理篇

为人民服务：党的教育方针的新亮点

"坚持教育为社会主义现代化建设服务，为人民服务，与生产劳动和社会实践相结合，培养德智体美全面发展的社会主义建设者和接班人。"这是党的十六大报告中明确提出的新时期党的教育方针。教育方针从"一为"到"两为"的演变，是对党的教育方针的继承、创新和发展。深刻认识教育"为人民服务"的重要意义，是当前教育战线的一项极为重要的任务，对于全面贯彻新时期党的教育方针，坚持教育创新，加快教育改革和发展步伐，不断满足人民群众日益增长的教育需要，是至关重要的。

一、教育"为人民服务"浸透着"三个代表"重要思想，具有显明的方向性

"三个代表"重要思想是党必须长期坚持的根本指导思想，反映在教育工作上，就是旗帜鲜明地把"为人民服务"作为党的教育方针的重要内涵。作为培养人的社会活动，教育究竟应当为谁服务、培养什么人的问题，不仅是事关中国特色社会主义教育性质和方向的根本问题，也是关系到广大人民群众切身利益的重大问题。改革开放以来，我国经济快速持续发展，城乡居民生活水平明显提高，人民群众中蕴藏的日益增长的教育需要越来越强烈。同时，现代化建设也急需大量的高素质劳动者、一大批高级专门人才和拔尖创新人才，不加快发展教育事业就难以满足人民群众接受教育的需要和经济社会发展的需要。因此，党中央、国务院从维护人民的根本利益和让人民享有接受良好教育机会的目的出发，实施了科教兴国战略。特别是在"三个代表"重要思想的指导下，近年来我国教育改革和发展步伐明显加快，教育经费持续增长，高等教育宏观管理体制改革的任务基本完成，普及九年义务教育的力度明显加大。高校连续数年扩招，基础教育得到进一步加强，职业技术教育蓬勃发展，《中华人民共和国民办教育促进法》出台，旨在创建世界一流大学和一批高水平大学的"211工程"和"985工程"先后启动实施。所有这些举措，都适应了广大人民群众日益增长的教育需求和社会主义现代化建

设的需要，符合人民群众的根本利益，贯彻了教育"为人民服务"的指导思想，体现了党和政府对全国人民的教育关怀。

二、教育"为人民服务"是适应全面建设小康社会、加快推进社会主义现代化需要的产物，具有鲜明的时代性

经过改革开放二十多年来的快速发展，我国顺利实现了现代化建设的"三步走"战略中的前两步目标，全国人民的生活总体上步入了小康水平。但是，我国还处于社会主义初级阶段，并且各地的发展又极不平衡，例如教育资源配置不合理，东西部地区之间、城乡之间和学校之间发展不平衡的现象还普遍存在，因而目前达到的小康仍然是低水平的。人民群众日益增长的物质文化需要同落后的社会生产之间的矛盾仍然是目前我国社会的主要矛盾，近几年人民群众要求接受高等教育的强烈愿望和巨大需求就是明证。

进入新世纪，我们党的历史性任务是推进现代化建设，完成祖国统一大业，维护世界和平与促进共同发展。因此，党的十六大明确提出了在新世纪头20年全面建设惠及十几亿人口的更高水平的小康社会的奋斗目标。具体到教育方面，其主要目标是：以"造就数以亿计的高素质劳动者、数以千万计的专门人才和一大批拔尖创新人才"为主要任务，进一步提高全民族的思想道德素质、科学文化素质和健康素质；形成比较完善的现代国民教育体系，使人民享有接受良好教育的机会，基本普及高中阶段教育，消除文盲；形成全民学习、终身学习的学习型社会，促进人的全面发展。一言以蔽之，就是教育部周济部长所说的：让人民群众享有接受良好教育的机会，办出让人民满意的教育。

显而易见，要实现这些目标和完成这些任务，我们首先必须在教育思想和观念上有所创新。全面建设小康社会的目标是一个"中国特色社会主义经济、政治、文化全面发展的目标，是与加快推进现代化相统一的目标"。如果说到2020年我国在经济上的目标主要表现为国民生产总值比2000年翻两番，在政治上的目标主要表现为社会主义民主和法制更加完善和完备，那么，在教育上则主要表现为全民族整体素质的普遍提高、学习型社会的形成和人的全面发展。因此，教育面临的任务是十分艰巨的。事实证明，人的现代化是现代化建设的难点，其关键又在于教育现代化。如果不摒弃旧的不合时宜的教育思想和观念、不在教育发展的思路和模式上有新的突破，要实现我国教育的跨越式发展就是一句空话。正是从这个意义上说，"为人民服务"被纳入

新时期教育方针，是党在贯彻"三个代表"重要思想生动实践中始终坚持执政为民本质的体现，是党在全面建设小康社会的伟大进程中始终坚持与时俱进、开拓创新的产物，其意义十分深远。

三、教育"为人民服务"反映了教育内部规律和外部规律的辩证统一，具有科学性

教育作为一种培养人的活动，有其自身的规律。其中有两条基本规律，即教育与社会发展关系的规律（教育外部关系规律）和教育与人的发展关系的规律（教育内部关系规律）。教育方针作为教育基本政策的总概括，体现了教育外部关系与内部关系的统一。

我们知道，不同的社会发展时期、不同的阶级及政党有着不同的教育价值观。对于教育"到底是根据社会需要还是根据人的自身发展需要来培养人"这个问题，长期以来教育界争论不休，并始终是教育家所关注、教育科学所探讨的主题。马克思主义教育价值观则认为，教育过程是社会发展需要与人的发展需要的辩证统一，教育不仅是社会延续和发展的需要，也是满足人类自身发展的需要，促进社会发展和促进人的发展是教育的两种基本职能。中国特色社会主义教育价值观必然是社会需要和人的发展需要的辩证统一。由此不难看出，"两为"方针一方面反映了社会发展的需要，提出"教育为社会主义现代化建设服务"，而不是"为教育而教育"；另一方面又反映了人的自身发展的需要，提出了"为人民服务"，而不是违背教育自身规律去侈谈教育，更不主张"教育市场化"或"教育政治化"。换言之，如果离开社会发展需要而片面强调"教育就是教育""教育就是一切为了人"，那么人的自身发展和教育本身就成了空中楼阁；而离开人的自身发展需要片面强调社会发展需要，那么社会发展也就成了无本之木。既然如此，我们为什么不能够理直气壮地在教育方针中更加明确地表述这一教育价值观呢？党的教育方针从"一为"到"两为"的发展，正是社会发展需要与人的自身发展需要二者辩证统一的表现，是对党的教育方针的发展和完善，不仅体现了教育方针的科学性，也体现了党兴教为民的亲民、爱民和向民情怀。教育"为人民服务"的提出，是中国特色社会主义教育更加接近其本质的表现，科学地体现了社会主义教育价值观，使党的教育方针在教育基本规律的表述上更加明确、严密和完整。

四、教育"为人民服务"是针对我国教育的历史使命提出来的,具有很强的针对性

教育"为人民服务"不仅明确回答了教育为谁服务的问题,还科学地回答了教育培养什么人的问题,即我们要培养的不仅是热爱党、热爱人民、热爱社会主义和忠于祖国的社会主义建设者和接班人,也是德智体美全面发展和个性充分、自由发展的社会主义新人;我们培养的人既要有建设小康社会、实现中华民族复兴的真才实学,更要有为人民服务的崇高品质和献身中国特色社会主义事业的大公无私精神。可以说,培养"四有"新人是教育"为人民服务"的集中体现。

应当看到,当今世界,各民族文化相互激荡,西方敌对势力加紧对我国实施"西化""分化"战略和思想文化渗透。同时,我国正处于社会转型期,人们的思想观念和价值取向日益多样化。一段时期以来,人们为人民服务、为国家服务的观念逐渐淡薄,只重眼前不重长远、只讲实惠不讲奉献的现象比较普遍。在日益开放并与社会互动的高校校园里,主要表现为人文主义失落,教育关怀淡薄,淡泊名利、甘于求真、乐于求知的氛围淡化,浮躁情绪和急功近利蔓延校园。人们对只重技能不重素质、只重视个人价值的实现而忽视社会价值的实现等现象习以为常。教师缺乏甘坐"冷板凳"的沉着而急于发表文章,学生缺乏潜心读书的耐心而急于找工作。所有这些现象,都是与社会主义价值观格格不入的。因此,高校贯彻教育"为人民服务"方针,核心是提高学生的思想道德素质,培养学生为人民服务的高尚品格和献身精神,关键是解决好在新的历史条件下如何培养"四有"新人的问题。必须以培养社会主义事业的建设者和接班人为根本任务,按照党的十六大精神,以为人民服务为核心、以集体主义为原则、以诚实守信为重点,切实加强思想品德教育、职业道德教育特别是学术道德教育,加强师德建设,让道德渗透于高校校园文化之中,让教育更加关注人的全面发展,引导师生树立正确的世界观、人生观和价值观,增强教职工为全体学生服务、为学生的全面发展服务的意识,教育学生珍视民族精神,增强"为人民服务"的观念,培养"为人民服务"的高尚品格,正确处理好国家、集体和个人的关系。

(原载《中国高等教育》2003 年第 9 期)

为人民服务：教育思想理性回归

党的十六大对我国教育方针作了新的表述，特别强调教育要为人民服务。我们认为，"为人民服务"作为新时期党的教育方针的重要内容，是"三个代表"重要思想在教育工作中的具体体现和教育思想的理性回归，它向我国教育理论界和教育工作者（当然也包括高等教育界）提出了三个富有挑战性的问题：一是教育究竟应该为谁服务？二是教育究竟通过哪些途径和方式或者说凭什么去服务？三是教育究竟怎样服务？这三个问题不仅需要教育理论界和教育工作者去积极探索和实践，而且也是我们各级政府特别是教育行政部门应该认真研究并加以解决的。同时，它也向教育投资者、举办者（含民办学校）提出了明确的要求。如何贯彻落实教育"为人民服务"方针？笔者认为，可以从如下几个方面去把握：

第一，社会主义市场经济条件下的教育（包括高等教育），是为全体中国人民服务的教育，这是对中国特色社会主义教育性质的规定。无论是基础教育还是高等教育，无论是公立学校还是民办学校甚至是中外合作学校，都要自觉维护国家的教育主权，坚持"社会效益第一"的原则。

第二，中国特色社会主义教育的服务对象是全体国民。教育必须为全体国民服务，而不是为部分人甚至是小部分人服务；必须坚持普及与提高并举的方针，进一步巩固普及九年义务教育的成果，大力发展职业技术教育和社区高等职业教育，促进民办教育发展，加快普及高中阶段教育，推进高等教育大众化，尽快解决国民教育需求强烈与教育（尤其是高等教育）供给不足的矛盾，以最大限度地满足广大人民群众日益增长的教育需要特别是高等教育需要。

第三，中国特色社会主义教育必须处理好教育公平与效率问题，各级政府及教育主管部门要努力创造教育公平的政策环境和制度环境，并将发展农村教育事业、解决贫困地区和城市贫困家庭的教育资助问题作为工作重点；所有学校要努力提高办学效益，尽可能为人民群众提供公平的教育机会。

第四，进一步加大教育战线乱收费现象的惩治力度。由于种种原因，学校乱收费现象在有的地方还相当严重，必须采取一切措施坚决予以治理。对不按规定的项目和标准收费的,不仅要追究当事者的责任,还要追究领导者的责任。同时,学费标准的制订一定要采取听证制度,要与大多数人的经济承受能力相匹配,努力保障人民受教育权益的实现。

第五,中国特色社会主义教育必须面向人才市场,提高服务水平和服务质量,转变教育思想和教育观念,加快人才培养模式改革、课程体系改革、学科专业改革和教学方法与教学手段改革的步伐,以满足不同层次、不同教育服务对象的多样化学习需要。高等学校必须走出"象牙塔",面向经济建设主战场,研究解决经济建设、科技进步和社会发展中的重大理论问题和实际问题,加快科技成果向现实生产力的转化,为区域经济和社会发展服务。

第六,中国特色社会主义教育必须树立"以学生为本"的理念,努力增强"为学生服务"的观念,面向全体学生,认真落实学生的主体地位,推行素质教育,促进学生全面发展和个性充分、自由地发展,培养学生的创新精神和创新能力。"为学生服务"的主体不仅是指教师和教辅人员,也指学校领导和管理人员。校长不仅要学会管理,也要学会服务。

第七,中国特色社会主义教育必须高度重视并抓好民族优秀文化传统教育和思想道德教育以及社会主义价值观教育,帮助学生牢固树立"为人民服务"的思想,增强学生的民族自豪感和社会责任感,引导学生为全面建设小康社会和实现中华民族伟大复兴而艰苦奋斗。

第八,中国特色社会主义教育必须树立以"人民为本"的理念,在继续坚持以国家为主办好教育的同时,切实依靠广大人民群众的力量兴办和发展教育事业,大力发展民办教育,把科教兴国战略化为全体人民群众的共同愿望和自觉行动,为促进我国由人口大国变为人力资源强国提供广泛的群众基础,从而走出一条"穷国办好大教育"的新路子。

(本文系与罗仲尤合作撰写,本人为第一作者,原载《光明日报》2003年5月8日第2版)

扩招以来我国经济结构与高等教育结构的相关性分析

经济结构与高等教育结构存在某种相关性，探讨我国经济结构与高等教育结构的相关性，并以此分析经济发展与高等教育发展的互动关系及其规律，对于制定和优化我国高等教育发展的宏观政策具有重要意义。因此，本文尝试以扩招前的1998年为基数，主要选取我国国内生产总值、产业结构、就业结构分别与高等教育规模、普通高等学校设置的本专科专业点数和本专科毕业生的专业结构、普通高等教育毕业生总量进行对比分析，从而得到若干启示。

一、国内生产总值与高等普通教育总规模的相关性

20世纪90年代以来，我国经济发展处于高速增长时期，而从1999年起，我国政府开始实施高等学校持续扩招政策，高等教育发展速度明显加快，无论是从高等学历教育总规模的增长速度还是从高等普通教育招生的增长速度看，均大大超过了国内生产总值增长的速度（详见表1）。

根据表1列出的国内生产总值（GDP）与高等学历教育总规模数据，可以看出，1998—2004年我国国内生产总值与高等学历教育总规模之间大体呈现出正相关关系。

为了准确地测定1998—2004年我国国内生产总值与高等学历教育总规模之间这种正相关关系的密切程度和方向，以国内生产总值 x（亿元）和高等学历教育总规模 y（万人）进行相关系数计算，其结果相关系数（r）为0.959，$r \geqslant 0.8$。根据统计学规律，可以判定这一时期国内生产总值与高等学历教育总规模之间存在高度的正线性相关关系。即是说，随着我国国内生产总值（GDP）的增长，高等教育规模也相应呈现出持续扩张的趋势。但值得注意的是，我国高等学历教育规模增长的速度明显快于我国经济发展，究其原因主要是政府的政策因素而非经济发展的自身推动。换言之，政府的扩招政策直接推动着我国高等教育规模的急剧扩张。具体表现为：第一，1998—2004年我国GDP年均增长率为8.24%，同期我国高等学历教育年均增长率达到

17.46%，比 GDP 增长率高出 9.22 个百分点，远远超过经济增长速度。由此可见，自 1999 年扩招以来，我国高等学历教育规模的发展速度过快，且已开始超过经济发展的承受能力。第二，1998—2004 年我国 GDP 的增长率保持在 7%～10% 之间，呈现出较快平稳增长的态势；而同期我国高等学历教育规模的增长除扩招前的 1998 年外，基本上保持着两位数的增长率，高等教育规模的增长幅度大大高于我国 GDP 的增长幅度。第三，从高等学历教育规模的年增长率看，扩招的头一年（1999 年）即增长 15.4，到了 2004 年增长率降为 5.9，呈现出扩招起步快、增长不平稳、大起大落的态势；其中研究生数量增长迅速，而普通本专科规模急剧扩大，成人本专科规模增长次之。

表 1 国内生产总值与高等学历教育总规模的比较

年份	国内生产总值（GDP，亿元）			高等学历教育总规模（万人）				
	总值（亿本币）	增长率（比上年增长，%）		在校学生数				
		中国	世界	总规模	增长率(%)①	研究生数	普通本专科	成人本专科
1998	78345.2	7.8	—	642.97	5.8	19.88	340.87	282.22
1999	82067.5	7.1	—	742.26	15.4	23.35	413.42	305.49
2000	89468.1	8.0	4.6	969.97	30.7	30.12	556.09	353.64
2001	97314.8	7.5	2.5	1214.38	25.2	39.33	719.07	455.98
2002	105172.3	8.3	3.0	1512.62	24.6	50.10	903.36	559.16
2003	117390.2	9.5	4.0	1732.85	14.6	65.13	1108.56	—*
2004	136875.9	9.5	5.1	1835.29	5.9	81.99	1333.50	419.8

*因缺此数据，暂用上年度相应数据补充计算。"—"为数据缺损。

数据来源：

①中华人民共和国国家统计局：《中国统计年鉴（2005）》，中国统计出版社 2005 年版。

②中华人民共和国教育部公布的 1998—2004 年全国教育事业发展统计公报。

① 高等学历教育增长率＝［（本年度总规模－上年度总规模）÷上年度总规模］×100%。

二、产业构成、就业构成与普通高校专业构成的相关性

随着我国经济的快速发展和生产力水平的提高,我国产业结构逐步升级,带动了国民就业结构开始趋向高级化,从而促进了高等教育的下移和职业教育的上移,由此导致普通高校设置的应用型专业点数及应用型专业毕业生的快速增加,推动了高等职业教育的快速发展。

从GDP的产业构成来看,1998—2004年第一产业产值除2004年略有回升外,所占比例在逐年下降,由18.6%下降到15.2%,七年间下降3.4个百分点;第二产业产值所占比例呈现出逐年上升的态势,由49.3%提高到52.9%,七年提高3.6个百分点,且增长速度在2003年开始明显加快;第三产业产值所占比例也呈现逐年上升的势头,但在2003年开始出现下降,总体上由32.1%降低到31.9%,下降0.2个百分点。

普通高校设置的专业点数中基础专业①从1998年的28.77%下降到2004年的27.69%,下降1.08个百分点;应用型专业②从1998年的71.23%提高到2004年的72.31%,上升1.08个百分点(详见表2)。

表2 1998—2004年中国产业结构与普通高校本专科专业点数结构分级相关表

年份	GDP的产业构成(%)			普通高校本专科专业点数构成*(%)	
	第一产业	第二产业	第三产业	基础专业	应用型专业
1998	18.6	49.3	32.1	28.77	71.23
1999	17.6	49.4	33.0	28.37	71.64
2000	16.4	50.2	33.4	28.39	71.61
2001	15.8	50.1	34.1	28.39	71.61
2002	15.3	50.4	34.3	27.86	72.14
2003	14.4	52.2	33.4	27.96	72.04
2004	15.2	52.9	31.9	27.69	72.31

---

① 基础专业包括哲学、文学、历史、理学。
② 应用型专业包括经济学、法学、教育学、工学、农学、医学、管理学。

表3则反映了1998—2004年中国就业结构与普通高校本专科毕业生结构的对应情况。

从就业的产业构成来看,第一产业就业人员所占比例总体上呈现平稳且逐步下降的趋势,但下降速度较慢且幅度较小,所占比例由49.8%降低到46.9%,下降2.9个百分点;第二产业就业人员所占比例除2003年略有增长外,基本呈现逐步下降的趋势,所占比例由23.5%降低到22.5%,下降1个百分点;第三产业就业人员所占比例稳步上升,由26.7%上升到30.6%,提高3.9个百分点,上升速度快于第一产业就业人员所占比例的下降速度。

表3 1998—2004年中国就业结构与普通高校本专科毕业生结构分级相关表

年份	就业的产业构成(%)			普通高校本专科毕业生专业构成*(%)	
	第一产业	第二产业	第三产业	基础专业	应用型专业
1998	49.8	23.5	26.7	27.44	72.56
1999	50.1	23.0	26.9	26.64	73.36
2000	50.0	22.5	27.5	27.35	72.65
2001	50.0	22.3	27.7	27.48	72.52
2002	50.0	21.4	28.6	25.63	74.37
2003	49.1	21.6	29.3	25.30	74.70
2004	46.9	22.5	30.6	24.69	75.31

* 表2、表3数据中基础专业包括哲学、文学、历史、理学,应用型专业包括经济学、法学、教育学、工学、农学、医学、管理学。

数据来源:

①中华人民共和国国家统计局:《中国统计年鉴(2005)》,中国统计出版社2005年版。

②中华人民共和国教育部公布的1998—2004年全国教育事业发展统计公报。

③教育部发展规划司:《中国教育统计年鉴》(1998~2004),人民教育出版社出版。

三、就业人员总量与高等教育毕业生总量的相关性

我国经济的发展推动着就业规模的扩大,并由此带动了高等教育规模的增长和毕业生总量的增加。1999年我国开始实施高等学校扩招政策以来,高等教育规模急剧扩展,普通高校招生数从1998年的116.5万人增长到2004

年的 1415.5 万人，比 1998 年增加近 1300 万人，年均增长 162.4 万人；高等教育毛入学率由 1998 年的 9.8%增长到 19%，年均增长 1.15%。在数量增长的同时，我国高等教育结构发生了显著的变化，高等职业教育和民办高等教育发展速度明显加快。1998—2004 年普通高校由 1022 所增加到 1731 所，八年增加 709 所，年均增加近 89 所；其中，本科院校由 590 所增加到 684 所，八年增加 94 所；高职院校由 101 所增加到 872 所，八年增加 771 所。此外，2004 年民办普通高校和成人高校增加到 228 所。

表 4 是 1997—2004 年就业人员总量与普通高校在校生和毕业生总量的对应情况。

表 4　1997—2004 年就业人员总量与普通高校在校生和毕业生总量比较

单位：人

年度	就业人员总量	在校学生数*	研究生毕业生	普通本科毕业生	高职（专科）毕业生
1997	69820	335.08	4.65	61.04	21.87（1998）
2003	74432	1173.69	11.11	92.97	94.78
2004	75200	1415.49	15.1	119.62	119.48

* 普通高校在校学生数＝本年度在读研究生数＋普通高校本专科在校学生数。

数据来源：

①中华人民共和国国家统计局：《中国统计年鉴（2005）》，中国统计出版社 2005 年版。

②中华人民共和国教育部公布的 1997 年、2003 年、2004 年全国教育事业发展统计公报。

由表 4 可知，1997—2004 年我国就业人员总量与普通高校在校生总量特别是普通高校毕业生总量呈正相关。具体表现在：第一，我国普通高校毕业研究生和本科、高职（专科）毕业生总量的增长速度高出我国就业人员总量的增长速度（平均高出 1.99 倍），1997—2004 年我国就业人员总量增长 0.07 倍[①]，同期我国毕业研究生总量增长 2.25 倍，比就业人员总量的增长高出 2.18 倍；普通高校本专科毕业生总量增长了 1.88 倍，比就业人员总量的增长高出 1.81 倍。第二，我国高职（专科）毕业生总量的增长速度远远高于我国就业人员总量的增长速度，1997—2004 年高职（专科）毕业生总量增长了 4.46 倍，比我国就业人员总量增长高出 4.39 倍。第三，我国普通高校毕业

---

① 增长倍数＝累计增长数÷最初数量－1。

生中毕业研究生的增长速度高于普通本专科毕业生总量的增长速度;在普通本专科毕业生中,高职(专科)毕业生总量的增长比普通本专科毕业生总量的增长高出2.58倍。第四,我国普通高校在校生总量的增长速度远远高于我国就业人员总量的增长速度,2004年我国普通高校在校生总量的增长速度比就业人员总量的增长速度高出3.15倍。

1997—2004年我国就业人员总量发展趋势参见图1的折点图。

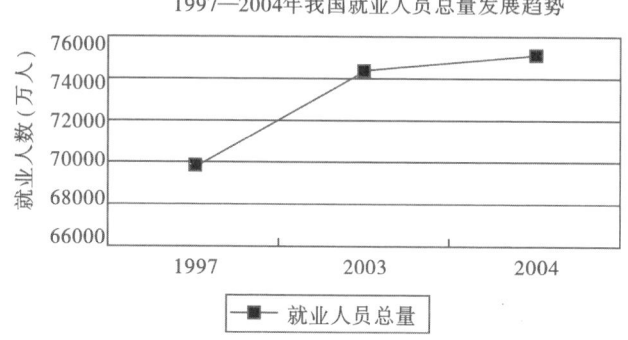

图1　1997年以来我国就业人员变化趋势

从图1可以看出,1997—2004年我国就业人员总量呈现出逐年较大幅度上升的态势。其中1997—2003年上升幅度较大,2003—2004年上升幅度相对平缓。

类似地比较同期我国普通高校毕业研究生与本科和高职(专科)毕业生各自的发展趋势可知,1997—2004年我国普通高校毕业研究生与本科和高职(专科)毕业生之间呈现正相关关系,其中2003—2004年毕业本科生与高职(专科)毕业生总量增加的轨迹基本重合,二者之间呈现出高度线性正相关关系,表明我国普通高校增速最快的是高职(专科)毕业生,其次是本科毕业生,增幅最小的是毕业研究生。这说明,我国普通高校毕业生的类型和层次结构仍不合理,与我国经济结构的调整与升级还不完全协调,具体体现在毕业研究生增幅慢于经济发展对高层次拔尖创新人才的需求,本科毕业生增速高于经济发展的需求,而高职毕业生的增速仍难以满足经济发展对高级技能型人才的大量需求。

四、若干启示

通过对国内生产总值与普通高等教育总规模、产业构成和就业构成与普通高校专业构成、就业人员总量与普通高校毕业生总量三个方面的相关性分析，可以得到如下启示：

首先，高等教育总规模的增长速度应与国家GDP的增长速度保持基本同步，高等教育规模过快增长可能导致高等教育发展与经济发展的失衡。20世纪80年代末至90年代中期，我国经济一直保持着快速发展，但是高等教育的发展却一直遵循着控制发展、稳步发展的原则，以至于高等教育总规模的增长速度滞后于我国GDP的增长速度，导致高级专门人才供给不足的矛盾日益突出。1999年我国政府决定实行高校扩招政策以来，高等教育规模的扩展明显加速，在较短的时间内缓解了高级专门人才供给不足和人民群众日益增长的高等教育需求强烈的矛盾。但是，到了2003年，我国高等教育开始出现增长过快、高等教育总量明显供给过剩的问题。然而，由于扩招政策的惯性作用，更由于我们对GDP增长速度与高等教育增长速度之间的相关关系研究和关注得不够，尽管政府教育行政部门采取了一些控制高等教育规模过快增长的措施，但由于地方政府将高等教育大众化作为"政绩"的重要体现，而两级教育行政部门又因缺乏有效的宏观调控依据和多种调控手段，因而控制高等教育规模的成效并不明显，引发了我国高等教育发展中的一些深层次矛盾和问题。

其次，高等教育的类型和层次结构应主动适应国家的产业结构和就业结构。理论上说，产业结构和就业结构主要决定着高等教育的类型、层次、科类和专业结构，高等教育结构的调整与优化应该主要以经济结构、产业结构、就业结构为依据。按照教育的外部关系规律，经济的发展对教育的发展起着决定性作用。从这个意义上说，经济结构包括产业结构、就业结构决定着高等教育的类型、层次、科类和专业结构。经过改革开放20多年来的发展，我国第一、二、三产业"金字塔"式的低重心结构从根本上得到改变，即工业产值比重最大，服务业次之，农业比重最少。但是，从就业构成来看，我国目前的状况仍然是农业从业人员比重最大，服务业从业人员次之，工业从业人员比例最小。这说明我国就业结构与产业结构呈现负相关关系，二者之间的比例不协调，农村剩余劳动力急需向工业和服务业转移，这就要进一步加速推进工业化和农业产业化进程，通过加速职业教育特别是高等职业教育的发展推动服务业的发展。近年来我国产业结构出现了趋向高级化的势头，这就要求我国高等教育的类型、层次、科类和专业结构做出相应调整。具体说，从类型上看，应当减少高等普通教育的比重，提高高等职业教育的比重；从层次上看，应当降低学术型本科教育的比重，大幅增加职业型专科教育和应用型研究生教育的比重，适度提高学术型研究生教育的比重。从科类与专业结构看，应当大量增加工、农、医、管、经济学、法学、教育学和应用文学（如外贸英语和汉语写作）专业点数，创办农业种植技术、新型制造技术、信息技术、生物技术、材料技术等应用型学科和专业，适当减少本科和专科层次中理学和人文专业的招生数量。

最后，高等教育规模的扩展规划要以国家就业容量和就业岗位总量作为重要的依据。一方面，高等教育发展规划要根据国家能够提供的就业岗位总量来确定，并适当超前发展，否则就容易导致高等教育过剩或短缺。高等教育供给过剩将导致"高才低用"现象，从而造成专门人才资源和高等教育资源的浪费；而高等教育供给不足也将导致"低才高就""高薪难求高级技工"等现象，从而制约经济社会的发展。例如 20 世纪 80 年代末期至 90 年代中期，我国高层次学术型人才和高级应用型、技能型人才的供给不足的现象同时并存，高等教育毕业生总量的增长明显滞后于就业总量特别是高层次岗位数量的增长。1999 年政府实行高校扩招政策以来，由于地方政府将高等教育毛入学率不恰当地作为政府教育工作的首要目标，高等教育大众化理论成为我国地方政府的"目标理论"，高等教育规模扩展不断加速，从而导致 2003 年开始出现部分基础专业本科毕业生供给过剩的现象，2005 年以来大学生"毕业即失业"的现象日益突出并开始上移到硕士毕业生。另一方面，高等教育的科类、专业结构及其招生数量要与国家能够提供的岗位数量及岗位群类型和层次基本协调，并适当保有一定的提前量（如本科超前 4 年，高职超前 2~3 年）。总体上看，迄今为止，我国高等教育还未能解决好类型、层次、科类、专业结构与经济结构、产业结构、就业结构及人才市场结构之间的协调问题，高等学校纷纷趋向学术型，学生及其家长存在着强烈的"高学历、高学位"的追求情结，学术型人才培养过剩和创新能力不足、应用型和技能型人才培养不足和动手能力不强等问题仍然没有得到妥善解决。究其原因，一方面是由于高校的人才培养没有形成与产业结构、就业结构、人才市场之间的供需调节和约束机制，另一方面也是由于社会上"重学轻术、学历本位"的传统观念对高校和学生及其家长有着深远的影响。

（本文系与吕敏合作撰写，本人为第一作者，原载《高等工程教育研究》2007 年第 1 期，中国人民大学书报资料中心《高等教育》索引）

世纪之交我国高等教育规模扩张政策的评价

一、世纪之交我国高等教育规模扩张政策动因

1999年1月,国务院批准的教育部《面向21世纪教育振兴行动计划》明确指出,高等教育规模要有较大扩展,到2010年入学率将达到适龄青年的15%。这一新目标的提出,标志着世纪之交我国高等教育规模扩张政策的正式启动。2002年,党的十六大又提出了造就"数以千万计的专门人才和一大批拔尖创新人才"的新任务。我国政府在高等教育规模发展上由稳步发展政策向积极扩张政策转变,其主要背景和原因如下。

(一)国内外宏观形势严峻

亚洲金融危机的爆发和国内面临的就业压力,是导致我国政府转变高等教育规模发展政策的客观原因。

1997年,为防止我国经济急剧减速,稳定亚洲金融秩序,我国政府实施了积极的财政政策和货币政策、加强宏观调控、保持人民币稳定等一系列重大决策。为此,就必须加大固定资产投资和基础设施建设力度,刺激并扩大内需,缓解就业面临的巨大压力。一方面,当时我国面临着新中国成立以来规模最大的突发性失业高峰。1998年,全国城镇实际失业人口为1540万人~1640万人,真实失业率为7.9%~8.5%[1]。另一方面,应届高中毕业生人数不断增加,形成了对高等教育的"双重挤压"效应。1998年,全国中等学校毕业生数达到11057.44万人,其中普通高中毕业生总数为251.8万人,而普通高校招生总数却只有116万人,这意味着其他135.8万名应届普通高中毕业生必须走向社会就业[2]。1999年,全国中等学校毕业生总数增加到

---

[1] 胡鞍钢. 中国经济增长的现状、短期前景及长期趋势[J]. 战略与管理,1999(3):27-34.

[2] 中华人民共和国教育部发展规划司. 中国教育统计年鉴(1999)[M]. 北京:人民教育出版社,2000:15-16.

12554.58万人,其中普通高中毕业生总数为262.91万人。而实行扩招政策后,我国当年的应届高中毕业生就业人数只有95.11万人,扩招政策将167.8万人(约占当年普通高中毕业生总数的63.82%)的就业压力推后了3~4年。因此,这是一项具有全局性意义的重大举措。

(二)高等教育供求矛盾突出

我国经济社会发展和人民群众对高等教育的巨大需求,是高等教育规模扩张政策的根本原因。

20世纪90年代中期以来,我国经济社会发展对高级专门人才的需求旺盛,无论是高水平拔尖创新人才还是高级应用性、技能型专门人才都十分缺乏,并出现了严重的"技工荒"。据国家统计局1999年对全国1‰人口的抽样调查结果,在全国7.06亿从业人口中,具有大专以上学历的仅占3.8%,初中和小学文化程度的占73%左右,另有10%左右的人口为文盲。2000年,约7000万技术工人中,高级工、中级工和初级工的比例分别为5%、35%和60%;在3900多万专业技术人员中,具有副高级以上职称人员仅占总数的5.7%[1]。另有抽样调查表明,我国沿海一个省份城市制造业的高级技师和技师、高级工、初级工和中级技师的比例为2:4:94,而在发达国家这三者的比例为35:50:15[2]。同时,随着人民生活水平的提高,人民要求接受高等教育的愿望强烈,特别是对优质高等教育的需求强烈与优质高等教育资源紧缺的矛盾日趋突出。例如,1998年,我国平均每万人口中只有大学生27.3人,而中学生却达到588人,大学生人数只占各级各类学生总数的1.6%[3];每十万人口中高校(含普通高校和成人高校)平均在校生数只有504人,高等教育毛入学率为9.8%。但是,当年高中阶段(全口径)平均在校生数却达到1978人,全口径毛入学率为40.7%[4]。

(三)高等教育发展滞后

我国高等教育发展的规模与速度不仅远远落后于世界高等教育发展步伐,

---

[1] 陈厚丰. 中国高等学校分类与定位问题研究[M]. 长沙:湖南大学出版社,2004:3.

[2] 大学生"滞销",职校生"紧俏"[J]. 世界中学生文摘,2006(5):4.

[3] 中华人民共和国国家统计局. 中国统计年鉴(1999)[M]. 北京:中国统计出版社,1999:650-655.

[4] 中华人民共和国教育部发展规划司. 中国教育统计年鉴(1999)[M]. 北京:人民教育出版社,2000:15-16.

也明显滞后于经济社会发展步伐。

一是与发达国家水平相比,我国高等教育毛入学率的差距非常大。1995年,美国高等教育毛入学率为81%,而我国当年高等教育毛入学率(18～22周岁)只有7.2%,比美国低73.8%。英国1960年21岁以下人口入学率为6%①,而我国1994年高等教育毛入学率才达到6%,比英国落后了34年。日本1963年高等教育毛入学率开始超过15%,1970年达到24%②,而我国2002年高等教育毛入学率才达到15%,2005年才达到21%,分别比日本落后了39年和35年。

二是与世界高等教育发展的平均水平和发展中国家高等教育的发展水平相比,我国也明显处于落后状态。早在20世纪80年代末,全世界高等教育毛入学率已经达到13.5%,其中发展中国家为8.3%③,而我国1990年才达到3.4%。1996年世界各国高等教育毛入学率达到16.7%④,而我国高等教育毛入学率只有8.3%。以东亚为例,早在1990年东亚地区高等教育毛入学率就已达到17%,而我国2003年高等教育毛入学率才达到这一比例。1996年,印度高等教育毛入学率为6.9%⑤,而我国只有5.6%⑥。

三是我国高等教育发展滞后已经影响到经济社会持续发展。20世纪90年代以来,我国经济发展处于高速增长时期,但由于当时教育财政性支出有限,加上当时高等教育面临的主要任务是推进高等教育宏观管理体制改革,建立适应区域经济发展需要的"中央和地方两级办学、以地方为主、条块结合"⑦的新体制,为高等教育大发展准备条件,因此遵循的是"稳步发展、提高质量"的指导思想。事实上,当时高等教育发展速度已经明显滞后于经济社会发展的速度。例如,按当年价格计算,1998年GDP达到79395.7亿

---

① 周巧玲,谢安邦. 英国当今高等教育政策框架及其影响分析 [J]. 比较教育研究,2006(7):42-46;51.

② 黄福涛. 外国高等教育史 [M]. 上海:上海教育出版社,2003:370.

③ 闵维方. 高等教育运行机制研究 [M]. 北京:人民教育出版社,2002:92.

④ 谢作栩. 中国高等教育大众化发展道路的研究 [M]. 福州:福建教育出版社,2001:1.

⑤ 中国教育与人力资源问题报告课题组. 从人口大国迈向人力资源强国 [M]. 北京:高等教育出版社,2003:679.

⑥ 马海泉,吕东伟. 加速构建中国特色高等教育理论体系:访中国高等教育学会会长周远清 [J]. 中国高等教育,2006(9):8-10.

⑦ 中华人民共和国国家统计局. 中国统计年鉴(1999)[M]. 北京:中国统计出版社,1999:650-655.

元,比上年增长7.8%;而高等学历教育总规模只有642.97万人,比上年增长5.8%,高等教育规模增长率不仅没有适度超前于经济发展速度,反而比GDP增长率低2个百分点①。

二、高等教育规模扩张的主要成就

经过七年的努力,我国高等教育规模扩张取得了巨大成就,初步实现了由精英阶段向大众化阶段、高等教育规模小国向高等教育规模大国两个历史性跨越,为我国在21世纪实现从高等教育大国向高等教育强国的转变奠定了重要基础。

(一) 高等教育入学率快速提高

1998—2005年,各类高等教育在校生总规模共增加1767.63万人,年均增加252.52万人。2005年各类高等教育在校生总规模是1998年的3.75倍,研究生、普通本专科和成人本专科在校生分别是1998年的4.92倍、4.58倍和1.54倍。从总体规模看,我国已成为名副其实的世界高等教育大国。高等教育入学率提高了11.2个百分点,提前实现了"十五"计划目标,我国高等教育由精英阶段跨入了国际公认的大众化阶段(见表1)。普通高校的招生数、毕业生数和在校学生数快速增长,缓解了高等教育需求旺盛与供给不足的矛盾(见表2)。高中升学率由1998年的46.1%提高到2005年的76.3%,提高了30.2个百分点,比1998年提高了0.66倍;每十万人口中在校大学生数由1998年的519人提高到2005年的1613人,增长了2.11倍;普通高校师生比从11.63:100提高到16.85:100,提高了5.22个百分点。提高了高校的办学规模效益。

表1　1998—2005年各类学历高等教育在校生规模和高等教育毛入学率

单位:万人

年份	合计	研究生	普通本专科	成人本专科	其他	毛入学率(%)
1998	642.99	19.89	340.88	282.22	/	9.8
1999	742.27	23.36	413.42	305.49	/	10.5
2000	939.86	30.12	556.09	353.64	/	12.5
2001	1214.37	39.32	719.07	455.98	/	13.3

---

① 中华人民共和国国家统计局.中国统计年鉴(1999)[M].北京:中国统计出版社,1999:55.

续表

年份	合计	研究生	普通本专科	成人本专科	其他	毛入学率（%）
2002	1512.62	50.10	903.36	559.16	/	15.0
2003	1973.27	65.13	1108.56	559.16	240.42	17.0
2004	2133.57	81.99	1333.50	419.80	298.28	19.0
2005	2410.62	97.86	1561.77	435.33	315.66	21.0

资料来源：根据教育部发展规划司1998—2004年《中国教育统计年鉴》相关数据整理；2005年数据均来自教育部发展规划司2006年《中国教育事业发展统计简况》（表2、表3同）。

表2　1998—2005年普通高校本专科学生数、教职工数

单位：万人

年份	学生数			教职工数	
	招生数	毕业生数	在校学生数	教职工总数	专任教师数
1998	108.36	82.98	340.88	102.96	40.73
1999	159.68	84.76	413.42	106.51	42.57
2000	220.61	94.98	556.09	111.28	46.28
2001	268.28	103.63	719.07	121.44	53.19
2002	2320.50	133.73	903.36	130.36	61.84
2003	382.17	187.75	1108.56	145.26	72.46
2004	447.34	239.11	1333.49	161.078	5.84
2005	504.45	306.79	1561.77	174.20	96.58
年均增长率（%）	25.09	21.20	24.41	7.84	13.24

▲学生数和教职工数均指学历高等教育中的普通本专科（研究生除外，不含非学历高等教育）。

（二）一定程度上缓解了就业与再就业的压力

七年来，各类学历高等教育共招生3871.93万人，其中招收研究生154.85万人，普通高校招收本专科生2303.04万人，成人高校招收本专科生1104.12万人，其他学历高等教育招收学生309.92万人。学历高等教育共培养了2291.55万名毕业生。其中，毕业研究生71.37万人，普通本专科毕业生1150.77万人，成人本专科毕业生902.87万人，其他类高等教育毕业生166.54万人，使2291.55万人推迟了就业时间，有效地错开了我国适龄青年

的就业高峰。

（三）扩大了高教资源，提高了其效益

高等教育机构数量快速增加，高校办学条件明显改善，提高了高等教育资源使用效益。2005年全国高等教育机构（含研究生教育机构、普通高校、其他民办高教机构和成人高校）共计4116所，是1998年的1.51倍。具体而言，七年来全国新增普通本科院校110所、普通高职院校820所，而普通专科院校减少161所，成人高校减少481所。与此同时，民办高等教育发展较快。1998年全国只有独立设置的民办高校25所，2005年全国民办高等教育机构达到1329所（不含独立学院），其中独立设置的普通民办高校252所、民办其他高等教育机构1077所，独立设置的民办高校是1998年的10.08倍。此外，还有公立高校采用新机制举办的独立学院295所。

高校办学条件明显改善。通过多渠道（含社会、民间和银行）筹集办学资金，1998—2004年共新建大学生公寓约7200万平方米，新建学生食堂1000万平方米；普通高校生均住房面积由1998年的6.35平方米增加到2004年的8.43平方米，生均食堂面积由1.21平方米增加到1.30平方米，新增占地面积18884万平方米①。

提高了高校办学的规模效益。一是全国普通高校校均规模由1998年的3335人增加到2004年的7704人，校均新增4369人。其中，本科院校由4418人增加到13561人，校均新增9143人；专科院校由1701人增加到3209人，校均新增1508人②。二是师生比由1998年的11.62%提高到2005年的16.85%，提高了5.23个百分点。其中，本科院校由11.63%提高到17.75%，专科院校由11.09%提高到14.78%。三是普通高校平均每位专任教师负担的学生数由1998年的8.4人提高到2003年的15.3人③。

（四）优化了高等教育结构

规模发展优化了高等教育结构，调整了高等教育布局，促进了高等教育与经济社会发展更加紧密地结合。高等教育类别结构明显优化。2002年我国

---

① 中华人民共和国教育部发展规划司. 中国教育统计年鉴（2004）[M]. 北京：人民教育出版社，2005：17.

② 中华人民共和国教育部发展规划司. 中国教育事业发展统计简况[M]. 北京：人民教育出版社，2005：95.

③ 中华人民共和国国家统计局. 中国统计年鉴（2004）[M]. 北京：中国统计出版社，2004：785.

高等教育毛入学率达到15%后，高等职业教育便迅速发展。从高校数量来看，2005年我国普通高校数共计1792所，新增普通高校396所，比2002年增加了1.28倍。其中，普通本科院校增加了1.11倍，高职（专科）院校增加了1.42倍。与1998年比较，2005年高职院校数增加了8.11倍。从学生数来看，2005年普通本科院校的在校生数、招生数和毕业生数分别比2002年增加了29.09%、13.03%和54.38%；高职（专科）院校的在校生数、招生数和毕业生数分别比2002年增加2.69倍、2.01倍和4.78倍。其中，高职（专科）院校的在校生数、招生数和毕业生数增长率分别比普通本科院校高出2.4倍、1.88倍和4.24倍。从教师数来看，2004年普通本科院校教职工和专任教师数分别比2002年增加19.66%和38.50%，高职（专科）教职工和专任教师数分别比2002年增加53.23%和71.84%；高职（专科）院校教职工和专任教师数增长率比普通本科院校教职工和专任教师数分别高出33.57个百分点和33.34个百分点。

  高等教育层次结构趋于合理。1998年我国专科生、本科生和研究生三个教育层次在校生的比例分别占20.69%、73.69%和5.61%，2005年三者的比例分别调整为42.96%、51.14%和5.90%。与1998年相比，2005年专科、研究生教育层次的在校生比例分别提高22.27和0.29个百分点，本科层次的比例下降22.55个百分点，三个层次在校生的比例有所优化，一定程度上改变了长期以来专科层次高职生和研究生比例偏低、普通型专科生和本科生比例偏高的问题，适应了我国经济社会对高级技能型专门人才的需求。当然，与世界发达国家上述三个层次教育在校生的比例相比，我国专科层次的比例仍然高出10个百分点左右，本科层次的比例低6个百分点左右，研究生层次的比例低5个百分点左右。这种差别主要与我国产业结构重心低、初中级人才市场需求较大有关。

  高等教育区域结构有所改善。1998年，1022所普通高校中分布在东部、中部和西部地区的高校数分别为454所、319所和249所[①]，2004年1731所普通高校中分布在东部、中部和西部地区的高校数分别为770所、552所和409所。与1998年相比，2004年东部地区的普通高校数所占比例提高0.06个百分点，中部地区的普通高校数所占比例提高0.68个百分点，西部地区的普通高校数虽然增加了160所，但所占比例降低了0.74个百分点（见表3）。

---

① 数据来源于国家统计局《第一次全国经济普查主要数据公报（第一号）》。

表3 1998—2004年全国普通高校区域分布情况

年份	总数	东部			中部			西部		
		省份（个）	高校数（所）	百分比	省份（个）	高校数（所）	百分比	省份（个）	高校数（所）	百分比
1998	1022	11	454	44.42	8	319	31.21	12	249	24.37
2002	1396	11	633	45.34	8	432	30.95	12	331	23.71
2003	1552	11	689	44.39	8	485	31.25	12	378	24.36
2004	1731	11	770	44.48	8	552	31.89	12	409	23.63

资料来源：根据国家统计局编1999年、2003年、2004年、2005年《中国统计年鉴》有关数据整理而成。

高等教育形式结构更加多样。全日制高等教育持续发展，成人高等教育发展放慢。1998—2005年，全日制普通高校新增770所，成人高校数减少了一半。2005年全日制普通高校在校生数、招生数和毕业生数分别比1998年增加1220.9万人、396.1万人和223.82万人，而成人高校在校生数、招生数和毕业生数分别比1998年增加153.11万人、92.65万人和83.92万人。2005年我国学历高等教育在校生总计2410.62万人，非学历高等教育注册生总计239.94万人，分别比2002年增加836.85万人和139.69万人。

高等教育科类、专业结构不断优化。首先，1998—2004年我国普通高校中的综合大学、理工院校和高等职业院校所占比例明显提高，其中综合大学从7.05%提高到20.28%，基本改变了新中国成立以来我国单科性院校过多、综合性大学偏少的状况，单科性农业院校、医药院校及师范院校所占比例有所降低。其次，1998—2005年我国法学、教育学、文学、管理学在校学生数所占比例都有提高，而经济学、工学、医学在校生的比例却有所下降。其中文学在校生比例提高1.54个百分点，法学提高0.45个百分点，教育学提高2.48个百分点，2003—2005年管理学在校生比例提高2.5个百分点。与此同时，哲学从0.14%下降到0.04%，历史学从1.48%下降到0.32%。同时，经济学下降了9.43个百分点，工学下降了4.67个百分点。

三、高等教育规模扩张政策解析

高等教育规模扩张取得巨大成就的同时，也引发了一些高等教育体制、机制上的深层次矛盾，这就需以科学发展观为指导，通过深化改革来解决。

(一) 适度控制发展速度

从理论上说,确定高等教育规模发展速度要根据经济社会发展的速度、就业容量和高等教育适龄人口的基数三个因素,坚持"三因素原则"。如果因为前几年我国高等教育规模扩张速度偏快而采取紧急刹车措施,这一方面将有可能使部分高校因生源不足造成运转困难、还贷能力丧失,从而导致本已十分紧缺的高等教育资源闲置浪费;另一方面又会导致新的入学机会不平等。同时,高等教育规模扩展具有起步缓慢而后续效应周期较长的特点,因此,高等教育规模的发展要适当超前于经济发展速度,避免大起大落。据此,必须根据我国经济社会发展的近远期规划目标,综合考虑经济发展、就业容量、人口总规模、高等教育适龄人口、高中阶段教育状况及高等教育规律等多种因素,合理确定高等教育规模扩张的速度,把握好高等教育发展的节奏。

(二) 完善高等教育质量保障的长效机制

第一,应当用多样化的人才观、质量观来分析判断扩招以来高等教育质量问题。一方面精英型大学的质量在进步、职业型高校的教育质量有待提高是不争的事实,必须区别对待不同类型高校的质量问题。另一方面,社会习惯于以单一的标准和"二分法"的视野对高等教育质量进行价值判断,用精英大学的人才观、质量观来衡量大众化阶段众多高校质量。例如,用精英大学的人才观来判断各类高校的人才培养质量,用单一的精英阶段的大学质量观来衡量大众化阶段众多高校特别是高职院校的质量,用理想的教育公平观来分析现实中的高等教育公平,用结果公平来判断入学机会公平,用数量差异观来分析质量差异,用精英阶段的经费投入观来看待大众化阶段的经费投入、筹资渠道和学费上涨现象等。

第二,要采取有力措施提高高等教育教学质量。教育行政部门要加强对本科生、研究生教育质量的评价,建立起分类评价的质量保障体系,并将质量评价结果与教育资源配置挂钩,充分发挥质量评价的政策引导功能。高校要健全内部质量监控体系,形成质量立校的长效机制。

(三) 加快高等教育结构调整

应创新我国高等教育及高校分类与定位的政策体系,调整定位政策特别是资源配置政策的依据及其导向,真正实现高等教育资源配置的依据从过去的以地位和层次为主向以质量和水平为主、从单一的纵向层次分类为主向多元的横向分类与纵向分层有机结合的转变,将高校追求发展和进步的愿望引导到合理分工、相互合作、不断提高质量和水平的正确道路上来,创新高校分类及定位的规制体系,通过建立和完善高校分类及相应的定位政策体系,引导各种不同类型和层次的高校分类办学、特色发展,提高质量、争创一流。

(四) 采取措施,保障公平

国家财政性教育经费支出不足是导致我国高校学费上涨过快的最主要的原因,而高校长期的经费短缺又必然导致高校累积一系列自身无法解决并进而影响到大学生个人、家庭乃至国家长远发展的严重问题。事实上,高校单靠提高学费标准根本解决不了问题,因而几乎所有高校都是通过多渠道筹集经费的办法来艰难应对的,其中许多高校甚至靠向银行举债来征地、建房、买设备、增加师资。应当看到,高等教育作为一种日益昂贵的最高层次的教育,仅仅靠国家的财力是难以支撑起日益庞大的高等教育支出的,必须按照科学发展观的要求,真正落实以学生为本的原则,在切实增加政府财政性教育支出的基础上,通过在法律、政策和制度上的大胆创新,依靠全社会的力量多渠道筹措办学经费,大力发展民办高等教育,同时促进大学生助学贷款、贫困生资助和救济规定的制度化、规范化、法制化。

(五) 深化人事制度改革

在当前我国劳动力"供给过剩"既成事实的情况下,提高就业率的主要途径是加快经济发展,积极发展教育和培训,而降低高等教育门槛、扩大高等教育规模是重要手段。据统计,目前,我国城镇每年需要就业的劳动力达到2400万人,按经济增长速度保持在8%～9%计算,在现有经济增长就业弹性的约束下,每年全国新增的岗位最多也只有900万个左右,此外还有约1.5亿农村富余劳动力需要继续向非农产业转移[1]。因此,在我们这样一个拥有13亿多人口的大国,在高等教育大众化阶段出现一定数量的大学毕业生失业,是一种不可避免的现象。

根据教育周期长的特点,我国高等教育必须适度超前于经济发展的速度,提前为经济社会发展储备高级专门人才,且保持适当数量的大于就业容量的大学毕业生能够有效激活人才市场竞争,这是一种富有远见之举,而且我国广大农村也急需大量的具有相应专业知识和技能的大学毕业生。解决大学毕业生失业问题的关键在于加快经济社会发展和用人制度改革步伐,鼓励大学毕业生通过创业来创造更多的工作岗位。

---

[1] 中国社会科学院课题组. 努力构建社会主义和谐社会 [J]. 中国社会科学,2005 (3):4-16;205.

同时，还应看到，当前我国高校毕业生失业现象，首先表现为显性的结构性失业，其中学术型大学毕业生就业率只有72%，而高职院校毕业生的就业率超过98%[①]。其次，更多地表现为因行业用人垄断导致的隐性的壁垒性失业。对于前者，政府教育行政部门要加快高等教育结构调整步伐，适当减少学术型高校的招生数，增加职业型高校的招生数；各类高校要加快教学改革特别是专业和课程改革步伐，建立起与经济结构、产业结构、人才需求结构相适应的人才培养模式及教学体系，大力发展高等职业教育并大力提高职业技术学院的教育教学质量，增强大学生的专业适应能力。对于后者，政府要加快我国人事制度改革步伐，特别是通过打破党政机关、垄断性国有企业和事业单位用人的壁垒，让符合条件的大学毕业生"进得去、用得上"，为大学生就业提供公平竞争的良好环境。

（本文系与刘承波合作撰写，本人为第一作者，原载《教育研究》2007年第2期，《新华文摘》2007年第10期索引目录，《中国教育报》2007年4月23日第5版摘要）

---

① 大学生"滞销"，职校生"紧俏"[J]. 世界中学生文摘，2006（5）：4.

论多元投入政策视域下的高等教育公平

《国家中长期教育改革和发展规划纲要（2010—2020年）》（以下简称《规划纲要》）指出："教育公平的关键是机会公平，基本要求是保障公民依法享有受教育的权利"，为了促进高等教育公平，应"实行以举办者投入为主、受教育者合理分担培养成本、学校设立基金接受社会捐赠等筹措经费的机制"。《规划纲要》的这一规定不仅符合中国国情，也有其他国家的经验作参照。本文试从教育经费多元投入政策改革的角度，就扩充优质高等教育资源、促进高等教育公平问题进行探讨。

一、保证各级政府对教育投入的同时，鼓励社会资本投入

高等教育作为教育的最高层次，相对于义务教育而言，其培养周期长、成本昂贵。因此，进入高等教育大众化阶段后，多国政府纷纷实行高等教育培养成本分担机制。应当看到，财政性教育经费投入不足，是当前世界各国政府面临的共同难题。对于中国这样一个发展中的高等教育大国来说，面临的形势更为严峻。因此，要解决我国高等教育经费投入不足问题，并有效促进高等教育公平，必须从加大政府教育经费投入和鼓励社会资本投入两方面着手。有必要将教育投入法列入立法计划，从法律上保证各级政府对教育投入的义务，同时通过政策重构和制度创新，鼓励社会资本的投入。从高等教育角度说，就是在教育投入法的基础上制定并实施高等教育投入条例，从而为高等教育的投入提供法律保障。

与发达国家相比，目前我国中央和省（自治区、直辖市）两级政府对处于国内一流水平的大学和高水平大学的经费投入严重不足。另一方面，在高等教育经费总量既定的情况下，投给国内顶尖水平大学的经费所占的比例又偏高，实际上挤占了政府财政对第二、三层次"985工程"大学、一般本科院校和高职高专院校的经费投入。因此，政府既要继续增加对高等教育的财政性拨款，又要鼓励社会资本投入，支持高校拓展融资渠道。实际上，由于

国内顶尖大学和一流大学的学术影响力大、教育质量高、科研能力强、社会声誉好，因而在争取科研拨款、吸引社会资本投入和民间教育捐赠的能力方面比其他高校要强，且能获得丰厚的财政配比资金。据中民慈善捐助信息中心的统计，今年4月上旬全国共接收社会捐赠11.91亿元，其中捐给教育领域的资金超过8.2亿元，约占捐赠总额的69%，而著名大学校庆吸引的大笔捐赠尤为引人注目。例如，厦门大学90周年校庆举行的捐资兴学大会上，共收到来自海内外校友和社会各界捐资近7亿元；清华大学百年校庆的费用也主要由校友捐赠，其中新清华学堂建设费全部由校友捐赠。

由此可见，国内一流大学不仅能够依靠强大的科研创新能力，从政府、企事业单位那里获得较多的纵向和横向科研经费，而且有能力从社会上筹措到可观的办学经费；而一般本科院校，特别是高职高专院校不仅从政府那里获得的财政拨款较少，而且也无力从社会上筹措到足够的办学经费。其结果是"富者越富、穷者越穷"，学术型大学与职业类院校之间的"马太效应"凸显，这种高等教育经费投入的不平等，已直接导致高等教育机会不公平。据此，可以创新办学体制，鼓励一些国内顶尖大学和一流大学进行试点，更大力度地提升自筹经费的能力，从而使政府今后有可能将高等教育投入的增量部分更多地转向职业类高校和一般本科院校。我们认为，面对我国公共教育经费有限、优质高校资源依然紧张的现实，关键在于健全的法规体系、配套的政策及有效的行政监管。可以进一步解放思想，突破原有的思维桎梏，在坚持高等教育公益性前提下，妥善处理好政府宏观调控与高校依法自主办学的关系，在一定范围内积极稳健地推进高校产权制度改革的探索。

二、建立和完善对高校分类分层投入的规则及比例

为了调整好政府对不同类型高校及学科、专业投入的比例，应当改变目前学科（学术）类、专业应用类高校投入比例过大，职业类高校投入比例过低，以及不同层次教育学费标准"倒挂"的问题，建议从以下方面加以改进：

第一，对专业应用类高校（包括行业特色类院校、单科类高校和一般本科院校，下同）加大建设力度。譬如，已列入"985工程"建设的39所大学不再投入"211工程"建设经费，将节余下来的经费用于重点建设优质的专业应用类高校，对于培养成本远远高于一般本科和高职院校的"985工程"大学的学生，可探索学费政策改革；对其中少数出身于农村家庭、城市低收入家庭的学生，可以通过全额奖学金、学费全额减免等办法，资助其完成

学业。

第二，积极推进高等教育经费多渠道投入。可以从"985工程""211工程"重点建设大学中各选择10所高校作为试点对象，通过逐步减少国家财政经费投入、引进社会资本、吸引民间捐资等方式，探索多渠道投入建设试点院校的机制。在取得成功经验的基础上，将试点范围逐步扩大到50所高校，最后将比例扩大到"985工程"和"211工程"重点建设大学的50%左右。

第三，集中国家财力投资建设职业类高校。鉴于在职业类高校就读的学生绝大多数来自农村和城市低收入家庭，而且技能型高级专门人才的培养，对于当前及今后一段时期中国经济发展方式的成功转变和产业的优化升级起着至关重要的作用，可以通过教育成本免费政策吸引学生就读职业类高校。重点建设优质的职业类高校，加大中央和地方财政投入，对职业类高校学生实行部分、大部分直至全额教育成本免费，以增进高等教育机会公平。

第四，调整高等教育类型和层次的学费标准。以生均培养成本为依据，按照教育层次从高到低（依次为博士研究生、硕士研究生、本科生、专科生），确定全日制高校的学费标准；按照专业类型（依次为工科类、理科类、社会科学类、人文科学类，医学类、艺术类、语言类除外），确定全日制高校的学费标准。同时，调整成人教育（从高到低依次为学历教育、职业培训）的学费标准。为了增进高等教育机会公平，对于农村和城市低收入家庭的子女，其学费可通过全额奖学金、学费全额减免、助学贷款等方式来资助；对于国家需要的国防、师范及将来从事"艰苦"专业的大学生，可采取特殊政策实行全额免费教育。同时，要善于运用经济杠杆激励高校毕业生到基层建功立业，例如实行增加职称指标、提供住房和高薪等配套政策，引导国防、师范及"艰苦"专业毕业生自愿到农村、边疆地区工作。

三、拓展并改进高等教育经费投入的途径与方式

就我国高校而言，高等教育经费的投入途径主要有政府财政投入、社会资本投入、社会捐赠投入、受教育者个人投入等多种途径。

政府财政投入又分为日常运行经费投入、科研经费投入、重点建设项目经费拨款三类。其中，日常经费投入中的学生数拨款建议采用教育凭证制度；固定资产投入按项目申请立项，专款专用；科研经费投入采用竞争性拨款方式，根据科研项目拨款；重点建设项目经费拨款可采用专项建设分期拨款，并采用绩效拨款方式，实行末位淘汰制。

社会资本的投入,可采用投资方式,具体可分为公转民、股份制等方式。在市场经济条件下,我们应该善于运用市场机制来解决高等教育经费投入不足问题。事实上,由于没有较好地将我国民间大量的富余资本引导到教育领域和高新技术领域,这些资本已开始流向房地产、金融、奢侈品等行业。高等教育领域可以引入竞争机制,尝试制定优惠政策来吸引民间富余资本,满足扩充优质高校资源的需要。

针对社会捐赠投入,必须加快制定和完善相关法律法规和政策,以解决捐资减免税和捐赠优惠的额度问题。从政府角度说,首先是解决捐赠教育减免税的法律保证问题,即捐赠经费给高校的企业和私人,可以享受一定额度的税费减免。其次是制定相关法规,规范捐赠者在高校校名、建筑物、道路、基金会和研究机构等方面的冠名问题。

四、建立健全重点大学的分类建设机制

重点大学建设为我国当前的世界一流大学建设奠定了良好的基础。在今后一段时间,"重点建设带动整体发展"依然是我们应该坚持的道路。建议将重点高校分为学科(学术)类高校、专业应用类高校和职业类高校三大类别,以引导不同类型的高校根据其特长和优势各安其位、争创一流。

可尝试将"985工程"作为"学科(学术)类高校重点建设专项",其建设目标定位为"世界一流大学"和"世界知名的高水平研究型大学",到2020年数量控制在50所以内;将"211工程"作为"专业应用类高校重点建设专项",其建设对象包括原行业性院校、单科性院校、地方一般本科院校,建设目标定位为"世界一流专业应用类大学"和"中国一流专业应用类大学",到2020年数量控制在100所左右;将教育部规划建设100所左右的示范性高职院校作为"职业类高校重点建设专项",其建设目标定位为"中国一流高职院校"和"中国高水平职业类院校",到2020年数量扩充到200所左右。

(本文系与邢云文合作撰写,本人为第一作者,原载《中国高等教育》2011年第9期)

近十年我国高等工程教育的发展轨迹、困境与路径抉择

  高等工程教育是高等教育的重要组成部分，在我国经济发展、科技进步以及现代化建设进程中发挥着不可替代的作用。工程教育致力于受教育者的科学素养、工程意识以及应用技能的培养，高水平的工程师是高等工程教育的目标追求[①]。当前，新一轮科技革命和产业革命在全球范围内深入发展，国际形势波谲云诡，不稳定性、不确定性日益增加。与此同时，我国发展的不平衡不充分问题突出，创新能力不能适应高质量发展的要求。2019年，我国研究与试验发展（R&D）经费投入强度（与国内生产总值之比）为2.23%[②]，与美国（2.83%）、日本（3.26%）等科技强国相比尚有差距[③]。我国的5G技术领先全球却在芯片和半导体等关键核心技术领域被发达国家卡住了脖子，此外，尽管近年来我国在精密制造、仪表仪器以及信息安全等行业取得了突出成就，但对外依存度依然较高。党的十九届五中全会指出，目前我国发展仍然处于重要战略机遇期，但机遇和挑战都有新的发展变化。面对机遇与挑战，以习近平同志为核心的党中央深刻阐释了我国发展所处的历史方位，做出我国进入新发展阶段的重大判断。进入新发展阶段，必须坚持系统观念，贯彻新发展理念，全面深化高等工程教育改革，推动高等工程教育发展融入国家战略与整体布局。因此，回顾近十年我国高等工程教育发展的轨迹，分析制约高等工程教育高质量发展的现实困境，探索新发展阶段高等工程教育改革发展的路径十分必要。

---

  ① 李忠，王筱宁. 高等工程教育中的"人"的问题［J］. 教育研究，2014（9）：47-50；76.
  ② 国家统计局，科学技术部，财政部. 2019年全国科技经费投入统计公报［EB/OL］.（2020-08-27）［2021-01-03］. http://www.stats.gov.cn/tjsj/zxfb/202008/t20200827_1786198.html.
  ③ 国家统计局. 国家统计局社科文司首席统计师邓永旭解读《2019年全国科技经费投入统计公报》［EB/OL］.（2020-08-27）［2021-01-03］. http://www.stats.gov.cn/tjsj/sjjd/202008/t20200827_1786200.html.

一、近十年我国高等工程教育发展的历史轨迹

近十年来,我国高等工程教育在供给规模、人才培养层次结构、专业设置、教师队伍建设、专业认证建设等方面取得长足的发展。

(一) 供给规模持续扩大,与经济建设的协同性显著增强

2014年,我国已经建成世界最大规模的工程教育体系,高等工程教育在整个高等教育中的比例也处于世界第一位[①]。2010—2019年,我国高等工程教育供给规模持续扩大,高等工程教育在整个高等教育中的比例始终保持在1/3以上(详见表1)。以2010年为基期,我国高等工程教育供给规模的定基增长速度前期呈现稳步增长趋势,后期呈现高速增长的态势。这表明在新经济蓬勃发展的背景下,我国工科在校生总数实现了规模性增长,工科大学生越来越成为推动产业结构转型升级的主力军。十年间,我国高等工程教育供给规模的环比增长速度波动起伏较大,其主要原因在于统计口径的变化、国家政策的调整和新计划的实施。2011年,工科专科生与工科研究生的统计内涵发生变化,工科在校生数较2010年增加75.27万人,环比增长8.85%。2013年,由于"卓越工程师教育培养计划"的实施,本科工科布点数量大幅增加,使得工科在校生总规模的环比增长率在2012—2019年间出现首次峰值(5.19%)。随后几年,我国高等工程教育供给规模的环比增长速度出现不同程度的小幅下降,为推动内涵式发展留出空间。2017年研究生在校生的统计口径发生变化,使得工科在校生总规模的环比增长率在十年间出现第二次峰值(5.24%)。2019年,中国特色高水平高职学校和专业建设计划(简称"双高计划")正式启动,同年高职院校扩招100万人,普通高校工科专科在校生急剧增长,工科在校生总规模的环比增长率再次超过8%(达到8.24%)。2020年《政府工作报告》提出,2020年、2021年高职院校扩招200万人,工科专科生数量将进一步增加。由此可见,政府调控仍是现阶段高等工程教育规模调整的主要驱动力量,也表明我国正加大高素质技能人才的培养力度,增强人才供给与经济建设的协同性。

[①] 诸葛亚寒. 教育部:我国工程教育规模世界第一[N]. 中国青年报,2016-04-08(05).

表 1 普通高校工科在校生规模

年份	普通高等学校各层次工科在校生数（人）★			普通高等学校工科在校生总数（人）	工科在校生占比（%）	环比变化速度（%）	定基变化速度（%）
	专科生	本科生	研究生				
2010	4035418	3995779	469692	8500889	35.72		
2011	4412918	4275808	564892	9253618	37.50	8.85	8.85
2012	4440037	4522917	600147	9563101	37.37	3.34	12.50
2013	4474952	4953334	630803	10059089	38.06	5.19	18.33
2014	4621018	5119977	660448	10401443	38.10	3.40	22.36
2015	4788063	5247875	680293	10716231	38.08	3.03	26.06
2016	4662849	5375655	703194	10741698	37.15	0.24	26.36
2017	4745750	5511445	1047357	11304552	37.50	5.24	32.98
2018	4906776	5692317	1042110	11641203	37.54	2.98	36.94
2019	5644090	5879763	1076273	12600126	38.01	8.24	48.22

数据来源：根据中华人民共和国教育部政府门户网站 2010—2019 年教育统计数据整理。

★注：①2011 年起，教育部改变对专科生的统计口径，不再按学科门类，而是按专业大类统计。2011—2015 年，工科专科在校生数由交通运输，生化与药品，资源开发与测绘，材料与能源，土建，水利，制造，电子信息，环保、气象与安全，轻纺食品 10 个专业大类的在校生数据相加所得。2016—2019 年，工科专科在校生数由资源环境与安全、能源动力与材料、土木建筑、水利、装备制造、生物与化工、轻工纺织、食品药品与粮食、交通运输、电子信息 10 个专业大类的在校生数据相加所得。

②2010 年研究生数不含专业学位硕士研究生，2011—2019 年研究生数包含专业学位硕士研究生。

③2017 年起，研究生在校生的指标内涵发生变化，研究生在校生数包含全日制、非全日制研究生和在职人员攻读硕士学位学生。

（二）层次结构持续优化，人才培养重心上移

随着产业发展层次的不断提升，人才供求关系也势必调整，这就需要人才结构优化来推动产业的发展①。2010—2019 年，我国高等工程教育层次结

---

① 阳荣威，玉欢爽. 高等教育人才结构与产业需求相适性：基于湖南省 2008—2017 年结构偏离度实证分析［J］. 大学教育科学，2019（6）：74-80.

构持续优化，人才培养重心上移，专科层次所占比例小幅降低，本科层次与研究生层次所占比例有所提高。2012年之前，研究生层次所占比例最低，处于我国高等工程教育层次结构的"塔尖"；本科层次占比仅次于专科层次，位于高等工程教育层次结构的"塔身"；专科层次成为我国高等工程教育的主体，处于高等工程教育层次结构的"塔基"。近年来，许多从事工程教育的高校以服务地方经济和市场需求为导向，创新本科专业内涵，转向培养适应性较强的应用型本科人才。应用型本科教育的发展为本科层次的工程教育提供了新的动力源。从表2可以看出，2012年工科本科比例超过了工科专科，2018年工科本科比例高出工科专科近7个百分点，本科层次已成为我国高等工程教育的主体；与2010年相比，2019年研究生层次所占比例提高了3个百分点，其中硕士研究生尤其是工程硕士的比例明显提高，而研究生层次比例的提高主要得益于高成长性制造业和高技术产业的发展。根据相关报告，截至2019年底，全国高新技术企业超过22.5万家，科技型中小企业超过15.1万家，分别比上一年增长约24%和15%[1]，行业发展对高级研发人员和工程管理人才的需求量也随之增加。十年间，我国高等工程教育积极适应经济发展，不断优化层次结构，提高培养重心，为先进制造业与现代服务业发展提供有力的人才支撑，有利于推动我国经济实现高质量发展。但是，当前我国高等工程教育层次结构尚不稳定，呈现出顶部尖、中间略鼓、底部次之的纺锤形结构。

表2　2010—2019年工科专科、本科及研究生在校生比例关系

年份	工科专科（%）	工科本科（%）	工科研究生（%）
2010	47.47	47.00	5.53
2011	47.69	46.21	6.10
2012	46.43	47.30	6.28
2013	44.49	49.24	6.27
2014	44.43	49.22	6.35
2015	44.68	48.97	6.35
2016	43.41	50.04	6.55
2017	41.98	48.75	9.26

[1] 国家发展和改革委员会. 关于2019年国民经济和社会发展计划执行情况与2020年国民经济和社会发展计划草案的报告［EB/OL］.（2020-05-30）［2021-01-11］. http://www.gov.cn/xinwen/2020-05/30/content_5516227.htm.

续表

年份	工科专科（%）	工科本科（%）	工科研究生（%）
2018	42.15	48.90	8.95
2019	44.79	46.66	8.54

数据来源：根据中华人民共和国教育部政府门户网站2010—2019年教育统计数据整理。

（三）专业设置更趋合理，新工科建设势头强劲

内涵式发展是我国高等教育进入后大众化阶段的重要特征，也是高等工程教育专业结构优化的内在要求。十年间，教育部对本、专科的专业设置进行调整，调整后的工科专业设置更加科学，并与产业发展需求有机结合。如表3所示，在《普通高等学校本科专业目录（2012年版）》中，工科专业类由调整前的21个增至31个，工科专业类别的覆盖范围缩小，如将之前的轻工纺织食品类1个专业类，调整为轻工类、纺织类、食品科学与工程类3个专业类。其目的是突出不同专业类别的特色与优势，便于高校按类招生以及按类培养，提升工程教育专业化程度。同时，2012年版本科专业目录依照"以宽为主、宽窄兼顾"的原则对本科专业进行调整，调整之后工科专业数由179个减至169个，如将航空航天工程、工程力学与航天航空工程、航天运输与控制3个专业调整为航空航天工程1个专业。这一调整拓宽了工科专业口径，既有利于缓解我国工科专业领域过于狭窄的局面，也有利于培养复合型工程技术人才，提高工程教育人才培养质量。

表3 普通高等学校本科工科专业设置变化情况

年份	学科门类	专业类数	工科专业类	专业总数	工科专业数
2009	11	73	21	543	179
2012	12	92	31	506	169
2020	12	92	31	703	232

数据来源：根据教育部高等教育司《中国普通高等学校本科专业设置大全（2009年版）》《普通高等学校本科专业目录（2012年）》《普通高等学校本科专业目录（2020年版）》相关数据整理。

随着我国经济发展进入新常态，新工科建设势头强劲，与新兴产业相关专业的在校生规模扩张显著。从表3可以看出，在《普通高等学校本科专业目录（2020年版）》中，工科专业从2012年版的169个增至232个，增设了智能制造工程、虚拟现实技术以及海洋信息工程等63个专业。这些专业都是结合各校的办学条件以及办学特色，满足行业和企业的特殊需求而设置的新

工科专业。发展新工科既是立足突破"卡脖子"技术和顺应未来战略需求的正确选择,也是提高工程技术人才适应性的重要路径。从表4可以看出,与2014年相比,2019年航空航天类专业的在校生人数增加了53.01%,生物医学工程类专业的在校生人数增加了27.06%,生物工程类专业的在校生人数增加了13.10%,海洋工程类专业的在校生人数增加了11.30%。但是,当前传统工科专业和战略性新兴产业的相关专业在校生规模所占比例差距较为悬殊。2019年普通高校本科工科在校生总人数为588万人,其中航空航天类、生物医学工程类、生物工程类以及海洋工程类的在校生总数为16万人,四大专业类合计占比2.78%。可见,尽管近年来我国高等工程教育规模增量主要向新兴产业的相关专业倾斜,但与新兴产业相关专业的在校生规模所占比例依然较小,预计未来战略性新兴产业发展将面临人才缺乏的"窘状"。

表4 普通高等教育工科分大类本科在校生数(部分)

单位:人

专业类	2014年	2019年	2019年较2014年相比(%)
机械类	788931	834101	+5.73
仪器类	78797	67737	−14.04
电气类	331428	364740	+10.05
自动化类	189117	235708	+24.64
计算机类	828965	1326169	+59.98
土木类	530804	489310	−7.82
化工与制药类	205719	213227	+3.65
地质类	53470	41079	−23.17
矿业类	67212	47570	−29.22
纺织类	47428	37290	−21.38
轻工类	35667	29590	−17.04
海洋工程类	12743	14183	+11.30
航空航天类	25860	39569	+53.01
环境科学与工程类	133136	161885	+21.59
生物医学工程类	21347	27123	+27.06
食品科学与工程类	137982	171281	+24.13
建筑类	153956	171487	+11.39
生物工程类	73176	82760	+13.10

数据来源:根据教育部发展规划司《中国教育统计年鉴2014》和《中国教育统计年鉴2019》相关数据整理。

（四）专任教师总量不断增加，职称结构持续优化

强化教师队伍建设是推动高校学科专业发展、提高教育教学质量的重要一环。工程学科的发展需要建设一支数量充足、结构合理、工程经历丰富且素质过硬的教师队伍。近十年来，我国工科专任教师规模不断扩大，职称结构日趋合理，有力地撑起了世界最大规模的工程教育体系。从表5可以看出，2010年我国普通高校工科专任教师数为36.5万人，占普通高校专任教师总数的27.15%。2019年，普通高校工科专任教师总数增至48.5万人，所占比例提高至27.84%。工科专任教师总量的增加有利于填补师资配备缺口，从而有效地保障工程类高校的教育教学质量。2010—2019年，工科专任教师队伍中副高级职称和正高级职称教师所占比例总体呈上升趋势，表明工程教育专任教师中成熟型教师有所增加。成熟型教师阅历丰富，胜任教学工作的能力较强，其所占比例增加有利于提高教师队伍的专业化水平。与此同时，工科专任教师队伍中未定职称教师所占比例也有所增加，说明越来越多的新任教师加入工程教育领域，不断为高等工程教育发展注入新鲜血液。然而，总体上看，我国工科专任教师总数仍然不足，2019年工科在校生总数占全国普通高校在校生总数的比例接近40%，但普通高校工科专任教师所占比例尚不足30%，这表明工科专业生师比偏高，不利于高水平工程科技人才的培养及工程学科的长远建设。

表5 普通高校工科专任教师总数及职称结构占比

年份	工学专任教师总数（人）	正高级（%）	副高级（%）	中级（%）	初级（%）	未定职称（%）
2010	364646	11.97	29.29	38.60	15.50	4.64
2011	377044	12.27	29.60	39.69	13.95	4.50
2012	387410	12.65	30.13	39.98	12.79	4.44
2013	402946	13.09	30.59	39.64	11.69	4.98
2014	417211	13.35	30.93	39.49	11.02	5.21
2015	429019	13.57	31.32	39.15	10.55	5.41
2016	437642	13.79	31.53	38.86	10.06	5.76
2017	449963	13.96	32.06	38.52	9.44	6.02
2018	464333	14.36	32.39	38.26	8.92	6.07
2019	484534	14.66	32.60	37.76	8.43	6.55

数据来源：根据教育部发展规划司2010—2019年《中国教育统计年鉴》相关数据整理。

(五)工程教育专业认证有序开展,国际竞争力有所增强

高等教育竞争力是一国教育所具有的在世界范围内赢得优势的能力[1],是决定国家综合实力的关键要素。工程教育专业认证作为国际通行的工程教育质量保障制度,是提升高等工程教育国际化水平、增强我国高等工程教育竞争力的重要抓手。近年来,我国高校通过工程教育专业认证的本科专业点数逐年增多,截至2019年底,全国共有241所高校的1353个本科专业点通过了工程教育专业认证,与2017年相比,通过认证的专业点数增加了507个(详见表6),这表明我国高等工程教育人才培养质量有所提高,培养职业工程师的能力显著增强。但是,当前工程教育专业认证还主要集中在传统工科领域。在《普通高校本科专业目录(2020年版)》中,工学门类下设31个专业类、232种专业,而当前我国工程教育专业认证只涉及21个工科专业类,涵盖54种工科专业,仍有10个工科专业类、178种工科专业尚未涉及专业认证。可见,我国工程教育国际化还存在诸多薄弱环节,高等工程教育国际化之路任重而道远。

表6 历年通过工程教育认证的本科专业

年份	高校数(所)	本科专业点数(个)	涉及工科专业类(个)	涉及工科专业种数(种)
2017	198	846	21	50
2018	227	1170	21	54
2019	241	1353	21	54

数据来源:根据中国工程教育专业认证协会网站(https://www.ceeaa.org.cn/)相关数据整理。

二、制约我国高等工程教育高质量发展的现实困境

(一)结构性矛盾突出,供需明显失衡

从外部环境看,随着大数据、云计算、人工智能等新一代信息技术的发展,以技术创新、应用创新以及模式创新为内核的新型经济形态已经成为产业变革和学科变革的催化剂。在经济新常态的宏观背景下,新产业、新业态、

---

[1] 康凯,高晓杰. 提升高等教育竞争力是我国高教强国建设的核心[J]. 国家教育行政学院学报,2019(7):8-13.

新模式层出不穷,市场对人才需求的变化速度不断加快,传统工程学科建设面临前所未有的巨大挑战,倘若工程教育人才供给侧不能面向行业未来发展需要及时调整学科建设方向,将会加剧工程教育人才供给侧与行业需求侧长期存在的结构性压力与矛盾。从内部结构看,我国高等工程教育在专业结构以及人才培养层次等方面还存在明显不足,致使结构性供需失衡。在专业结构上,传统工科专业与新工科专业的规模差异较为悬殊,战略性新兴产业的相关专业人才存量较小,不符合我国未来产业升级的趋势。另外,当前我国制造业重点领域人才短缺问题严重,预计2025年十大重点领域的人才缺口将占人才需求总量的48%[①],工程类人才短缺将成为制约我国制造业转型升级的瓶颈。在层次结构上,专科层次的工程教育存量明显不足,研究生层次的工程教育所占比重较小,高水平拔尖创新的工程科技人才和高素质技能型、应用型人才的供给均不足。当前,我国技能型劳动者占就业人员的比例远远低于德国、日本等发达国家,"目前,我国技能劳动者总量1.65亿人,仅占就业人群的20%,其中高技能人才4971万人,不足就业人群的6%,而在日本占比为40%,德国更是高达50%"[②],导致我国出现高技能型人才供不应求甚至严重短缺的现象。同时,我国研究生层次的工程教育所占比例较低,尚不足10%,尽管一些发达国家的工科学生绝对规模小于我国,但其硕士、博士等高层次人才规模占比远远高于我国[③],高层次研发类人才已然成为市场的稀缺资源,致使我国企业创新能力、发展后劲不足。

(二)人才培养与实际需求不匹配,质量受到较大影响

从工程教育培养过程看,当前我国工程类高校在人才培养方面存在的突出问题是:工程型人才培养和工程实际结合不够紧密,工程教育科学化倾向较为严重,对学生工程意识及工程素质的培养不足,对解决复杂工程问题能力及创新创造等能力的培养力度不够。2016年的《中国工程教育质量报告》指出:用人单位对毕业生掌握前沿科技发展知识的评价相对较低;对工科毕

---

① 中华人民共和国教育部,人力资源社会保障部,工业和信息化部.关于印发《制造业人才发展规划指南》的通知[EB/OL].(2017-01-11)[2021-01-17]. http://www.moe.gov.cn/srcsite/A07/moe_953/201702/t20170214_296162.html.

② 刘博智,柴葳.职业教育如何找准发展新定位:全国人大代表、政协委员聚焦职业教育发展[EB/OL].(2018-03-19)[2021-01-15]. http://www.moe.gov.cn/jyb_xwfb/s5147/201803/t20180319_330473.html.

③ 教育部高等教育教学评估中心.中国工程教育质量报告:2025,中国工程教育准备好了吗(2016年度)[M].北京:教育科学出版社,2017:104.

业生开发或设计解决方案、综合考虑非技术性因素、分析复杂工程问题、创新创造等能力评价相对较低；对于工科毕业生掌握行业法律法规知识和遵守意识的评价不高①。另有研究表明，用人单位对大学毕业生了解产业环境与发展、团队合作能力、实践操作能力等就业能力的表现评价不高，认为大学毕业生对于当前产业环境与发展的了解度不深，对于产业界的实际情况了解得也不够，从而相对地影响到其将理论转化为实践的能力，这暴露出学校所学和职场所需之间的落差②。《2018年中国本科生就业报告》指出，从近五年本科毕业生的数据来看，工科毕业生的工作与专业相关度呈现下降趋势，从2013届的73%下降到2017届的71%，而非工科毕业生的工作与专业相关度连续五年持续上升，从2013届的65%上升到了2017届的70%，工科毕业生的优势逐渐减小，这在一定程度上反映出工科专业人才培养与产业发展要求相比存在着不匹配的地方③。从工程教育培养体系看，我国尚未建立起定型的工程师培养方案和清晰的工程师资格认证制度。例如，20世纪50年代我国学习苏联专业学院培养模式，工科类本科专业学制一般为五年，其中一年在基层实习，目标是培养"现成的工程师"。改革开放以后，我国工程类高校开始学习美国本科阶段的通才教育模式，将专业教育后移到研究生阶段，工科类本科专业学制缩短为四年，以致工科类学生工程实习、实训普遍不足。而且，目前大多数工程类高校的实训中心指导教师属实验人员，被归于教学辅助人员系列，事业发展空间有限，导致实训老师的数量和质量都难以满足工程教育的需要。另外，工程类高校人才培养的淘汰率低，课程与教学内容的挑战度不够，导致许多工科生缺乏专业学习压力，在学习过程中主动性、自觉性不强，参与度不高，学习性投入明显不足。

（三）工程类高校难安其位，办学特色及优势不突出

新中国成立后，为了加快推进工业化，建立独立自主的国民经济体系，1952年我国学习苏联大学模式进行院系调整，将全国高校调整为以文理为主的综合性大学和专门学院，工程类高校多由中央相关部委和省级厅局主管，

---

① 教育部高等教育教学评估中心. 中国工程教育质量报告：面向工业界 面向世界 面向未来（2014年度）[M]. 北京：教育科学出版社，2016：6-11.
② 阳荣威，朱婉莹，赵利. 用人单位究竟需要什么样的毕业生？[J]. 大学教育科学，2015（5）：109-115.
③ 麦可思研究院. 2018年中国本科生就业报告[M]. 北京：社会科学文献出版社，2018：211-212.

这类高校主要聚焦于水利、矿业、交通、纺织等特定行业，与行业联系紧密，办学优势显著。随着时间的推移，这种"条条办学"模式也带来条块分割的弊端。改革开放后，为了加快四个现代化建设，我国开始学习美国大学的通识教育模式。世纪之交，全国高等教育布局结构调整和随后实施的高校持续扩招，在满足人民群众接受高等教育需要的同时，也导致原有的以文理为基础的综合性大学开始增设工科专业，原有的专业学院增设文科专业，于是专业学院的"综合化"、综合性大学的"大而全"和争办"研究型大学"趋势愈演愈烈。客观地说，这些做法一定程度上顺应了当时我国经济社会发展的需要，有利于打破我国高等教育的条块分割格局。然而值得注意的是，工程类高校追求"综合化""研究型"的目的本应是加强科学、人文以及工程学科的交叉、渗透与融合，培养高质量的工程型、复合型、应用型人才，但由于我国缺乏统一的、规范的高等学校类型和层次划分标准，加之受单一的、以学术性和投入水平为导向的教育评价体系影响，许多从事工程教育的高校难安其位，角色错位，办学目标趋于单一化与同质化，相对模糊了工程型专家、工程师、高级工程师及高级管理专家的培养目标，加剧了工程类高校之间的无序竞争，削弱了我国高等工程教育原有的特色和优势，影响了高等工程教育资源的合理配置和有效利用。

（四）工程教育体制机制尚不健全，法律保障有待完善

客观地看，当前我国工程教育体制机制还不完善，存在制约其高质量发展的诸多问题。一是政出多门，顶层设计不够。改革开放以来，我国陆续出台了一系列鼓励高等工程教育发展的宏观政策，但统筹协调不够，尚未形成全面、系统的总体架构。由于有关高等工程教育发展的宏观政策往往涉及教育部、工业和信息化部、人力资源和社会保障部、财政部等多个部门，相互之间缺乏统筹协调机制，未能形成政策合力。二是政策性文件多、保障水平偏低。相对于法律法规而言，政策性文件的法律位阶较低，缺乏强制约束力，政策执行力较低。加之政策性文件往往在表达上较为宏观，边界模糊，针对性和可操作性不够强，政策实施的效果难以保障。三是工程教育投入机制不完善、运行机制不畅，致使许多工程类高校教学资源持续紧张，工程实践所需的仪器、设备紧缺，工程训练设施和场地不足。四是产学合作存在诸多不足，政策支持不够。当前产学合作存在参与企业数量偏少、行业分布不均等问题，高校与企业的合作停留在自发、低级阶段，不可持续，尚未形成产学合作长效机制。此外，目前我国还缺少鼓励企业参与产学研合作配套政策。

当前，我国高校产学合作教育就存在政府保障制度设计不足的问题。例如，缺乏统一的合作教育行动框架、缺乏政府的财政政策支持、考评奖惩机制缺失等①，致使企业参与产学合作育人的积极性不高，高校与企业之间无法建立广泛、深入、稳定的合作育人机制。五是我国对于实习生劳动权益保障的相关法律法规尚不健全，政府及其教育行政主管部门理应在高校大学生实习教育管理中行使协调监督职能，但当前大学生实习机制中政府职能缺位明显②，学生在实习中的权益得不到应有保障。进入新发展阶段，我国工程教育所面临的环境和条件发生着深刻变化，从法律层面对高等工程教育问题进行规制，明确政府、高校、企业、学生各方的权责利迫在眉睫。

三、新发展阶段我国高等工程教育改革的路径抉择

（一）聚焦工程教育结构"再调整"

深化供给侧结构性改革不仅仅是引领我国经济发展新常态的必由之路，也是应对我国高等工程教育供求结构性失衡的有效良策。第一，专业结构上，加快调整和优化，扎实推进新工科建设，深挖释放传统工科潜力。一方面高校要做好"增量"，积极增设新兴工科专业，着力培养适应和引领新一代信息技术、高端装备、新材料、节能环保、数字创意等战略性新兴产业的高素质创新人才。另一方面，高校要盘活"存量"，结合新发展阶段的新要求持续挖掘传统工科专业的新优势，将互联网、大数据以及人工智能等新一代信息技术融入传统工科专业建设中，开发新理论、新算法，研发新设备，推动传统工科专业实现信息化、智能化。与此同时，提高空天海洋、信息网络、生物技术以及核技术等关键领域的人才供给能力，扩大海洋工程类、航空航天类、生物医学工程类以及生物工程类等工科专业类的招生规模，加快补齐人才缺口。第二，层次结构上，既要根据党中央、国务院的决策部署，大力发展高职教育，扩大专科层次工程教育招生规模，培养更多在生产、管理和服务一线发挥作用的高级技能型人才，又要适度提高工科研究生所占比例，优化工科研究生培养结构，重点扩大工科专业学位研究生的招生规模，培养大批高

---

① 王路炯. 加拿大产学合作教育的实践及其启示［J］. 大学教育科学，2021（2）：109-117.

② 李世辉，李香花. "产教融合"背景下大学生实习平台构建及其运行机制研究［J］. 大学教育科学，2020（4）：70-78.

层次应用型专门人才。第三,区域结构上,推进高等工程教育区域协调发展,优化工程类高校空间布局,努力将优质工程教育资源向中西部地区倾斜,形成东中西联动发展高等工程教育的新格局。

(二)致力人才培养模式"再突破"

经济发展方式的转变、新旧动能的转换以及创新驱动发展等国家战略的实施,对工程科技人才的专业能力与综合素质提出了更高要求,培养德学兼修、德才兼备的高质量工程科技人才成为我国高等工程教育改革与发展的重要任务。要坚持以职业能力为导向,按照"掌握知识—发展技能—提升素养"的思路调整和优化工程科技人才培养模式,着力提高工科生的核心竞争力,提升工科生的法律法规意识、工程伦理意识等人文素养。首先,以职业能力为导向改革高等工程教育课程体系与教学内容。随着高等教育学科与学科之间的界限愈渐模糊,既没有任何两个学科之间必然不构成相关性,也没有任何两个学科之间的相关性能保持绝对稳定[①]。因此,要打破学科专业壁垒,将经济、法律、管理等学科的知识、原理与方法融入工程学科的课程体系中,拓宽课程内容的广度。重组教学内容,及时将学科专业最新发现、科研成果以及前沿科技新知识充实到教学内容中,增加高等工程教育课程的挑战度。其次,积极探索新的教学模式与教学方法,大力推广以解决问题为导向,以提升能力为目标的项目教学法,学生以团队合作的形式研究项目问题,收集信息并设计解决方案。项目教学法有利于锻炼逻辑思维,提升工科大学生解决工程实际问题的能力。再次,强化工科教师工程背景,鼓励高校青年教师深入企业承担工程建设的项目咨询、项目规划、技术设计以及产品研发等工作,吸收行业企业专家进入工程类高校担任兼职教师,实现工科专任教师与企业兼职教师的优势互补。最后,充分发挥"第二课堂"育人功效,引导工科学生参加"互联网+"大学生创新创业大赛等科技竞赛活动,激发工科学生的创新精神和创业意识,鼓励工科学生积极参加科技类、职业类等社团活动,提升工科学生的沟通能力与组织协调能力。

(三)着眼高校角色定位"再认识"

引导工程类高校安于其位。要通过建立高等学校类型和层次划分标准,构建层次分明的高等教育系统,引导从事工程教育的高校精准定位、安于其

---

① 余小波,张欢欢. 人工智能时代的高等教育人才培养观探析[J]. 大学教育科学,2019(1):75-81.

位。一般来说，可以根据高校人才培养的类型、目标及专业课程设置的面向，从输入端将我国高校划分为学术类高校、专业类高校和职业类高校。具体来说，学术类高校主要面向学科领域，以培养学术研究型专门人才为目标；专业类高校主要面向行业领域，以培养各行业应用型、复合性、工程型、管理型人才为目标；职业类高校则面向岗位和岗位群，以培养岗位实用型、技术技能型人才为目标[①]。可见，从事工程教育的高等学校基本属于专业类高校和职业类高校。其中，专业类高校应充分发挥自身的专业优势与科研实力，加强交叉学科、新兴学科领域专业人才培养，为前沿技术研究和科技创新积蓄战略人才。职业类高校则应致力于培养具有高超技艺以及"工匠精神"的专业技术人才、经营管理人才和高技能型人才，满足一线企业需求，满足地方经济发展的需要。同时，引导工程类高校办出特色。通过引入竞争机制，引导同一类型、同一层次的工程类高校围绕教师、学生和经费等方面展开公平、合理的竞争，从而促进我国高等工程教育规模、质量、结构、效益协调发展。

（四）促进工程教育体制机制"再完善"

首先，加快高等工程教育立法进程，合理界定政府、高校以及企业各方的权利与义务、权力与责任。以《中华人民共和国宪法》为根本，以《中华人民共和国教育法》《中华人民共和国高等教育法》《中华人民共和国职业教育法》和《中华人民共和国民办教育促进法》等法规为依托，将近年来国家和地方在高等工程教育发展中取得的成熟经验和制度创新上升为法律，通过修改完善现有法规或者起草制定专门法规等方式，对我国高等工程教育的性质定位、体制与机制、各参与方的权责利、实习实训经费来源及权益保障、工程教育认证以及评估和监督等问题做出明确规定，发挥好法律对我国高等工程教育的引领和保障作用。

其次，优化顶层设计。建立高等工程教育部际联席会议制度，统筹规划工程教育宏观政策体系，注重整合各部门的资源，形成高等工程教育政策合力。

再次，完善高等工程教育配套政策。国家和省级教育、科技、文化、人力资源等部门应及时调整教学和科技奖励、研究项目、人才引进和培养计划、毕业生质量评价等方面的政策，营造有利于高等工程教育发展的政策环境与

---

① 陈厚丰. 高等教育分类的理论逻辑与制度框架研究［M］. 广州：广东高等教育出版社，2011：299-301.

制度环境。例如，建立工科类专业教师工程训练制度，出台重点支持新工科建设的政策，设立大学生实习实训专项经费，对接收工科类学生实习实训的企业实行税收减免，将注册工程师制度与工程教育专业认证进行有效衔接，等等。

（五）推动工程教育国际化"再提速"

推进工程教育国际化，按照国际公认的标准培养工程科技人才既是提升我国高等工程教育国际竞争力的必然选择，也是建设高等教育强国的必由之路。在传统工科领域，目前国际标准多由美国、德国等发达国家提出并掌控，但在新兴战略性产业的相关领域，我国已经形成了较为完整的标准体系，"总体来看，我国在新一代移动通信、核电、光伏、高铁、互联网应用、基因测序等领域，已经具备世界领先的研发水平和应用能力"[①]，而这些跨越式发展成果的取得离不开我国集中力量办大事的制度优势。因此，在推进高等工程教育国际化进程中，一方面要鼓励工程类高校继续扩大对外开放力度，以国际人力资源市场需要为导向，修订完善工程教育人才培养标准，提升工科学生的国际视野以及跨文化环境下的交流、竞争与合作能力；另一方面要坚定高等工程教育发展自信，面向"一带一路"沿线国家的需要，加强与沿线国家高校的工程教育合作，培养一批既掌握相关专业的知识和技能，又熟悉沿线国家历史传统、风俗习惯、语言文字、宗教信仰的国际化工程科技人才。此外应推进学科专业建设范式变革，推动新工科、新农科、新医科、新文科融合发展，继续完善中国特色、国际实质等效的工程教育专业认证制度，使我国高等工程教育在世界上拥有更大的话语权，让更多的中国模式为其他国家所借鉴，使更多的中国标准得到国际同行的认同。

（本文系与张凡稷合作撰写，本人为第一作者，原载《大学教育科学》2021年第5期）

[①] 陆娅楠. 战略性新兴产业支撑高质量发展：2008年至2017年，平均每年带动GDP增长超过1个百分点，增长贡献度接近20%[N]. 人民日报，2018-11-28（13）.

三、大学治理篇

论大学创造性人才培养模式的构建与实施

一、构建大学创造性人才培养模式的必要性

（一）这是对高等教育思想变革的必然性选择

众所周知，新中国成立后，我国高等教育引进、学习苏联在人才培养上的"专才教育"思想，强调按国民经济计划对口设置专业，对口培养专门人才，形成单一的专业教育模式。由于"专才教育"思想过分强调"学以致用"，致使专业划分越来越细，专业口径越来越窄，毕业生的基础理论知识不宽、文化素质不高、社会适应性差、创新能力不强等缺陷日益显露。改革开放以来，以美、日、英、德等为代表的西方发达资本主义国家盛行的"通才教育"思想逐渐在我国受到重视。"通才教育"强调培养学生"适应社会环境"的能力，主张对大学生进行"百科全书式"的教育，注重各种能力的培养。随着信息时代的到来，知识增量与大学学习时间常量的矛盾日益尖锐，"通才教育"思想及其"通识教育"模式的局限性显而易见。通过审视世界高教改革的经验和我国大学教育的现状，一些有识之士纷纷提出了加强素质教育的观点，其目的就是纠正目前我国大学人才培养存在的过强的功利主义、过窄的专业设置、过弱的文化底蕴等偏向。大学人才培养目标从重知识到重能力到重素质的发展轨迹，反映了高等教育理念不断接近其本质的观念性变革过程。因此，在"素质教育"思想指导下，坚持知识、智能、素质并重的教育价值取向，构建大学创造性人才培养模式，是对高等教育思想演进的必然性选择。

（二）这是我国发展知识经济的前瞻性选择

知识经济既是以创新能力决定成败的经济，也是学习型经济。在知识经济时代，国家经济的整体活力和发展潜力主要取决于知识资源的多少，而教育将成为知识经济的核心，大学将被视为"知识工厂"，以获取知识、创造知识、应用知识为目的的终身学习活动，将成为个人或组织发展的有效手段。

事实上，在一些发达国家中，大学早已成为现代经济增长的一个重要源头而被誉为现代经济发展的"发动机"（generator）。正是从这种意义上说，我国人才群体的创新能力将直接关系着中华民族的前途和命运。正如江泽民同志所指出的那样："一个没有创新能力的民族，难以屹立于世界先进民族之林。"然而，我国是一个拥有12亿人口的大国，国民的整体文化素质较低，国家的整体创新能力与国际先进水平相比差距很大。面对知识经济的挑战，我们的选择应当具有前瞻性。1998年7月启动的国家"知识创新工程"是我国继"技术创新工程""211工程"之后采取的又一重要举措。这一工程明确将"培养和造就大批具有创新意识和创新能力的高素质科技人才"作为其总目标和内容的重要组成部分。教育部不久前出台的《面向21世纪教育振兴行动计划》明确指出："党的十一届三中全会以来，我国的教育事业取得了显著成就"，"但是，我国教育发展水平仍然偏低，教育结构和体制、教育观念和方法以及人才培养模式尚不能适应现代化建设的需要。在当前及今后一个时期，缺少具有国际领先水平的创造性人才，已经成为制约我国创新能力和竞争能力的主要因素之一"。这对大学人才培养模式的改革提出了新的更加紧迫的要求。只有在继续大力抓好基础教育的同时，集中精力抓好高等教育改革，构建起有利于培养创新意识和创新能力的创造性人才培养模式，依靠高级专门人才迅速抢占知识创新、传播、应用的"制高点"，才能满足国家经济建设和社会发展的迫切需要，使我国真正变人口大国为人力资源强国。

（三）这是高等教育适应科技进步的现实性选择

当今世界各国围绕高科技的发展展开了空前激烈的竞争。竞争的焦点是人才，归根到底是人才智能特别是创新能力的竞争。在高科技产业发展的过程中，人才已成为最重要的资源。在国内，当前用人单位对大学毕业生的反映，大多认为基础比较扎实，但分析问题和解决问题的能力、创造能力及社会适应能力较差。因此，摒弃过时的、僵化的、保守的人才培养观念和模式，构建创造性人才培养模式，培养大批具有创新意识和创新能力的高素质人才，既是社会主义现代化建设的迫切需要，也是高等教育适应科技进步的现实性选择。

二、大学创造性人才培养模式的构建

（一）构建创造性人才培养模式的理论依据和指导思想

所谓大学人才培养模式，是指在现代大学人才培养理念或理论指导下建立起来的、比较稳定的大学人才培养活动的结构框架和活动程序。其中,建立结构框架的目的在于指导大学的管理者和教育者从宏观上把握人才培养活动整体及各要素之间内部关系的功能,而活动程序,意在突出人才培养模式的有序性、可控性和可行性。创造性人才培养模式的理论依据有三:一是邓小平同志关于"科学技术是第一生产力"的理论,二是"人力资本"理论,三是素质教育思想。与此相应,这一模式的指导思想就是以邓小平同志"三个面向"为指导,全面贯彻党的教育方针,着力提高受教育者的综合素质,培养、造就具有创新精神的高级专门人才。具体表现在如下四个方面:①坚持人才培养面向现代化,面向世界,面向未来,力求学生德智体等方面全面发展和个性充分发展的辩证统一;②坚持专业教育、通识教育有机结合,贯彻素质教育思想,力求"通才"和"专才"、智力与非智力的辩证统一;③坚持知识、智能和素质协调发展,整体优化大学专业、课程和教学方法体系;④坚持发挥教师主导下的学生主体作用,突出学生创意思维和创新能力的培养。

(二) 创造性人才培养模式的含义及内容

创造性人才培养模式是以获取知识为基础,以开发智能为手段,以发展创新能力为核心,以提高综合素质为目标的大学人才培养"范型"。它体现的大学人才培养活动结构框架和活动程序为:学生通过专业教学活动和其他各种教育活动获取、积累和整合知识,构建合理的知识结构和能力结构,在此基础上,最大限度地发挥自身智力潜能,特别是思维力,发展自学能力、表达能力、实际操作能力、科研能力、组织管理能力和社交能力等,再通过知识和能力的升华,内化为自身素质,培养创意思维能力和创新能力。其中,上述诸能力又集中体现为创新能力。在创造性人才培养模式中,素质是人才培养的灵魂和根本。素质的培养要着重造就学生的创新品质和创新精神。这一模式可用图1表示。

从图中可以看出:创造性人才培养模式是按照知识、智能、素质协调发展的要求构建起来的,知识、智力、能力、素质是这一模式的四个基本要素。知识是开发智力、形成能力和素质的基础,但智力是内在的,它必须借助能力才能外显出来,因而智力和能力是两位一体的关系,一般合称为"智能"。知识和能力通过升华,内化为人才的素质;素质的形成和提高,促进知识的更快获取和拓展,促进智能的更好发挥和发展。各种能力经过优化组合,集中体现为创造力。换言之,智能活动的最高层次是创造力;素质为增强思维

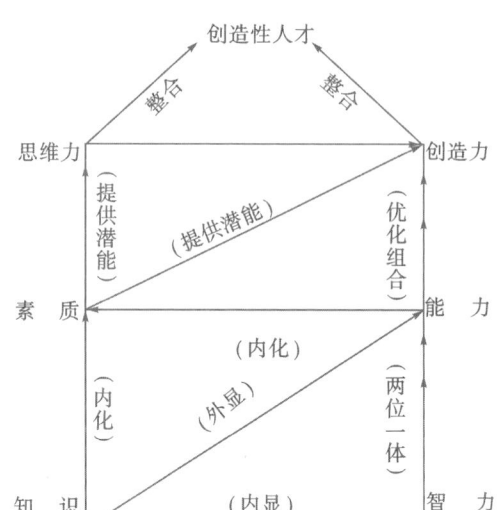

图 1 创造性人才培养模式图

力和创造力提供源源不断的潜能。最后,思维力和创造力经过整合,造就出创造性人才。这一模式告诉我们:第一,它是大学人才培养现实的再现或抽象概括,来源于大学人才培养实践,又指导大学人才培养活动;第二,它是当今大学人才培养理论的简化形式,而非大学人才培养的具体方案、计划或方法。

三、实施创造性人才培养模式的若干思路

(一)转变教育质量观,坚持知识、能力、素质协调发展

长期以来,在教育质量观上,人们往往只把受教育者获得书本知识的多少作为衡量教育质量的标准,这无疑是片面的。正如杨振宁教授所指出的那样,它虽有利于学生积累知识,打下扎实根基,但是相对说来在进行科学创新的时候缺少创新意识。20 世纪 80 年代以来,我国大学对学生的能力培养给予了重视,这是一大进步。然而随着科学技术的发展而出现的种种负面效应和人们对教育功能认识的深化,大学生身心的全面发展和综合素质的提高越来越受到关注,这是教育思想的又一重大变革。我们认为,转变教育思想,特别是教育质量观和教育价值观,坚持知识、能力、素质协调发展,是大学培养创造性人才的基本前提。因为科学技术发展到今天,那种只依靠单一知识、能力和某种素质解决重大理论和实际问题的时代已经一去不复返了。

（二）改革教学内容和教学方法，注重知识和能力的综合性

21世纪将是以高新技术为核心的知识经济占主导地位的世纪，知识的重要性是不言而喻的。但是，随着科学技术的迅猛发展，知识的总量在不断增加，而大学生在校学习的时间是有限的，为了解决这一矛盾，必须改革教学内容和教学方法。我们只能把那些最基础的、在今后工作中仍然有用的知识教给学生。早在1964年毛泽东就提出"课程可以砍掉一半"，这是不无道理的。虽然每个专业具体砍多少还应科学论证，但不砍是不行的。我们理解，砍课程就是要改革教学内容，压缩教学内容的总量。我们一方面要去掉那些陈旧的、重复的、次要的教学内容，另一方面要及时增加学科前沿知识、相关学科知识和专业以外的人文社会科学或自然科学以及文化艺术等有关基础知识，特别是哲学、美学知识。同时，要留出一定时间，让大学生广泛涉猎，使其不局限于学校所开课程的学习，并"用自己的眼睛去读世间这一部活书"。我们必须树立"教是为了不教"的思想，着重培养学生获取知识、综合运用所学知识分析和解决实际问题的能力。如果教学内容太多，在教学方法上又是"满堂灌"，则失去了大学教育的选择功能和创造功能，大学生则只能被动应付，对其创新能力的培养也就无从谈起。当前，科学发展的总的趋势是学科既高度分化又高度综合而以高度综合为主。为适应这一趋势，我们要在注意学科综合化、拓宽专业口径的同时，加强课程的综合化，构建新的课程体系和课程设置方案，以便学生构建合理的知识结构和能力结构，并全面提高自身的素质。

（三）重视非智力因素的作用，促进学生的个性发展

人的创造能力是智力因素和非智力因素综合作用的结果。从某种意义上说，创造能力受兴趣、爱好、情感、意志、动机等的影响比受智力的约束还要大一些。因此，我们一定要高度重视非智力因素对培养创造性人才的影响。在开发学生的智力因素的同时，要更加注重开发学生的非智力因素，培养学生的认识能力、生活能力、发展能力和创造能力。实践证明，个性特征越突出，创造能力就越强。高尔顿在《遗传的天才》一书中就注意到了个性因素在成才中的作用；特尔曼在研究800名天才后发现成就最大的20%的人和成就最小的20%的人的最大区别，就在于个性品质，他甚至把一个人成就的75%归咎于人格因素；马克思也把个性发展作为推动社会发展和科学进步的积极力量而加以赞美和维护，他不仅指出了社会发展状况对人的个性发展的影响，而且强调改善社会条件以促进个性发展的必要性。为了促进学生的个

性发展，我们要正确处理三个方面的关系：一是在共性与个性的关系上，既要讲共性又要讲个性。人才培养固然需要反映社会的共同要求，但不能因此而抹杀个性，否则，学校将千校一格，学生将千人一面。这也是我国有特色的高校、有创见的学术流派和有个性特征的科技人才为数不多的一个重要原因。二是在服从与自主的关系上，既要讲服从又要讲自主。物之成器只需对材料进行加工，而人之成才需外塑与内生相结合。三是在信仰与探索的关系上，既要讲信仰又要讲探索。人的信仰来自对科学真理的追求与探索及其对追求、探索结果的认定。如果把已有的理论看成是绝对真理，神化经典学说，则将禁锢学生的思想，抑制学生的科学创造精神。

（四）重视实践能力培养，加强实践训练

实践不仅能出真知，而且是创造的源泉。任何真正富有挑战意义的课题往往来自实践。只有提高实践能力，才能不断地解决来自实践的课题，才能有所发现、有所发明、有所创造、有所前进。同时，只有通过实践，才能加深对理论的理解和对实践对象的认识，并在实践中增强情感，磨炼意志，提高承受挫折的能力，培养百折不挠的进取精神。加强实践训练，首先要加强各个实践环节的教学。其次要鼓励和支持学生参加社会实践活动和课外学术科技创新活动，让他们了解社会、了解国情，以激发情感和求知欲、探索欲、成功欲。最后要鼓励和支持高年级学生参加教师的课题研究，承担部分力所能及的研究任务，使他们受到初步的科研能力的训练。

（本文系与谢再根合作撰写，本人为第一作者，原载《江苏高教》1999年第4期，中国人民大学书报资料中心《高等教育》1999年第9期全文复印）

参考文献：

[1] 面向新世纪的理性思索 [J]. 新华文摘, 1998（5）：160-163.

[2] 柳卸林. 国家创新体系的引入及对中国的意义 [J]. 新华文摘, 1998（6）：175-176.

[3] 潘懋元. 新编高等教育学 [M]. 北京：北京师范大学出版社, 1996.

对高校实行岗位津贴制度的思考和建议

在深入开展新一轮人事分配制度改革的大形势下，许多高校于2000年前后实行了竞聘上岗、校内岗位津贴制度。

高校实行岗位津贴制度对于打破平均主义的分配模式，建立公平竞争、相互激励和相互约束的机制，突出岗位、职责和业绩在分配中的作用，以及在体现"效率优先、兼顾公平""多劳多得、优劳优酬"的原则等方面的效果是比较明显的。

一、促进了教职工思想认识和思想观念的转变

在平均主义的分配方式下，由于工作任务与个人收入之间的关系不大，教职工的积极性、主动性和创造性没有充分发挥出来，人们对质量意识淡薄、工作效率低下、服务意识不强和得过且过、不求上进等现象习以为常、见怪不怪。岗位津贴制度在重业绩、重贡献和拉开收入差距方面的改革力度可以说是前所未有的。目前大部分高校的岗位津贴级差一般都在3000～5000元/年，最高档与最低档之间相差十几倍，甚至二十几倍。收入差距拉大和注重业绩考核，使人们深切感受到了压力的存在，也增强了人们的竞争意识、质量意识、效率意识和服务意识。随着教育事业的发展和教职工收入水平的提高，广大教职工进一步认识到，实行竞聘上岗、按岗取酬，不是为了造成新的贫富不均，而是为了合理配置教育人才资源，优化高等学校人员结构，全面提高教育质量和办学效益，建立重实绩、重贡献、向高层次人才和重点岗位倾斜的分配激励机制，从而更好地促进教育事业的发展。

二、教师队伍趋于稳定，结构更加优化

受教师待遇偏低和其他社会环境负面因素的影响，高校教师特别是骨干教师流失严重，曾一度成为高校师资队伍建设的棘手问题。但现在的情况有了根本性的变化：

（1）愿意到高校任教的高层次人才日渐增多。教育部于1998年启动实施"长江学者奖励计划"，截至2002年6月底已有428个学科聘任了413位特聘教授、33名讲座教授。2002年4月，有28位海外学者应聘清华大学讲席（特聘）教授。其他一些高校也采取了各种延揽国内外高水平学者担任兼职教授或讲席教授等措施，并且取得了较好的成效。这在高校实施岗位津贴制度前是很难做到的。

（2）教师队伍的结构进一步优化。统计资料显示，到2001年底，我国高校中45岁和35岁以下年轻教师分别占高校教师总数的78.89%和46.44%。具有博士学位的教师占总数的6.55%，具有硕士研究生毕业学历的占31.35%。

三、教学质量和科研水平稳步提高

高校扩招后，人们最担心的是教育质量会因此而下降。应该说，人们有这种担心是可以理解的。一方面，高校扩招后，考生的录取分数线下降了；另一方面，高校扩招后，教育资源一度非常紧张，高校师资力量短缺的矛盾也更为突出。但事实证明，高校扩招后，教育质量并没有明显下滑。这固然与最近几年政府加大了对高等教育的投入，缓解了高校办学资源紧张的矛盾有关。例如，从1998年开始，中央本级财政支出中，教育经费所占比例已连续5年每年提高一个百分点，仅此一项，中央财政5年累计即可增加教育投资489亿元。同样不可忽视的是，实行岗位津贴制度后，教师的工作积极性明显提高，工作责任感大大增强。大多数高校的岗位聘任实施细则均对学科责任教授和主讲教授的年教学工作量作了明确规定，许多知名教授和院士主讲本科生的骨干基础课。高水平教师主讲本科生课程，在很大程度上保证了教学的高质量。目前，不少高校开始使用原版英语专业教材和运用双语或英语进行教学，进一步促进了学生英语水平和教学质量的提高。与此同时，高校的科研实力明显增强，科研水平逐步提高。2001年，高校获得的国家自然科学奖、国家技术发明奖、国家科技进步奖分别占总数的50%、66.7%和48%。而"九五"初期的1996年，高校在上述三大奖项中所占比例依次只占总数的49.6%、36%、25.4%。事实证明，高校越来越多地承担了我国科技创新特别是基础研究的任务，而且水平在不断提高，正日益成长为我国知识创新和科技创新的主力军。

总观目前高等学校实行的岗位津贴制度，大致可以分为两种模式：其一是"基础津贴＋业绩津贴"的模式,其二是直接与业绩挂钩的岗位津贴模式。

"基础津贴＋业绩津贴"模式,即将岗位津贴分为基础津贴和业绩津贴两部分的模式。其中基础津贴约占岗位津贴的50%～60%,主要体现教职工的工龄、职称、历史贡献等。这种模式带有比较浓厚的过渡性色彩,在改革初期容易为人们所接受,实施的阻力较小,也符合所谓的"帕累托改革理论"的基本设想:任何改革过程都必然会牵涉到利益格局的调整,或者说,是一个一部分或大部人受益的同时,必然有一部分人的利益受损的过程。要使改革平稳进行,则应使尽可能少的人受到尽可能小的损失。但同时也应该看到,这种模式与实行岗位津贴制度"淡化身份、优劳优酬"的初衷并不一致。基础津贴加岗位津贴的模式隐含了这样一个假设,即人的创造能力、做出的贡献随年龄、职称的增高而增长,同时与其过去的贡献成正比。但人才学和科学学的研究表明,人的创造高峰期是不相同的,其中大部分集中在青年期,也有的在中年期,还有的在晚年期,且随着年龄的增加创造能力逐渐降低。可见,过分重视资历的做法在理论上是站不住脚的,在实践上是不利于充分调动广大教职员工特别是中青年教师的积极性、主动性和创造性的。

直接与业绩挂钩的岗位津贴模式改革力度大,改革之初的阻力也较大。但它充分体现了"淡化身份评审、强化岗位聘任""要将教职工的工资收入与岗位职责、工作业绩、实际贡献以及知识、技术、成果转化中产生的社会效益和经济效益等直接挂钩,充分发挥工资的激励功能"的指导思想,有利于充分调动不同层次人员的工作积极性。按业绩发放津贴,意味着不管资历、身份如何,只要为学校的发展做出了贡献,履行了相应的岗位职责或者取得了相应的社会效益和经济效益,就可以得到应有的报酬。按照管理学理论,在一个组织中,重点岗位只能占少数,大部分都是一般岗位。但只有充分调动所有人员的积极性,系统才能实现最佳的功能匹配。重实绩、重贡献、向高层次人才和重点岗位倾斜以及能者上、庸者下的岗位津贴制度,使大家都有了不断前进的目标和动力,从而达到既充分发挥现有重点岗位人员的聪明才智,为学校的建设和发展贡献力量,又能最大限度地调动其他人员的积极性的目的。

我们认为,岗位津贴制度只能作为分配制度改革的一种过渡性措施,最好的办法是全面打破现有工资、编制体制,废除档案工资制,推行岗薪制、年薪制、协议工资制,充分体现效率优先的原则,最大限度地实现激励功能。

事实证明,高校实施岗位津贴制度后在促进教职工的思想观念转化、提高教学质量和办学效益、优化教师队伍结构等方面的效果是十分明显的。但同时也应该看到，高校岗位津贴制度也还存在一些缺陷和不足。具体而言，主要有以下几个问题：

（1）考核指标还不够科学合理。高校的岗位任职条件及其考核对象涉及面广，加上教师工作的特殊性（主要是脑力劳动，工作不易量化，产生的社会效益具有滞后性、间接性等），考核指标难以定得科学合理。

（2）考核工作难度大。一是考核方式难以确定。目前各高校大致采取两种不同的考核方式，一种是学校考核院（系），院（系）考核学术小组，学术小组考核个人。这种考核方式的缺点在于，由于受各种主客观条件的限制，特别是受某些人为因素的影响，难以充分保证考核的客观公正性。另一种方式是学校直接考核个人。这种考核方式的难点在于要针对不同的岗位制定不同的岗位职责和考核指标体系，实际操作的难度较大，且不利于团队精神的培养和建立。二是考核周期难以确定。科学研究工作有一定的周期性，需要有一定的积累，有的甚至还有较大的风险性。按年度进行考核，不能充分体现科学研究的规律性。

（3）如何最大限度地发挥优秀杰出人才的潜能需要进一步探索。对极少数超额完成岗位任务的杰出人才，如何在岗位津贴中充分体现其超额工作绩效，目前还缺少可行的办法，需要进行积极的探索，如改岗位津贴封顶为不封顶，发放超额工作津贴等。

针对上述问题，我们认为解决的办法如下：

第一，坚持定量考核与定性考核相结合的原则，科学制定考核指标体系。为此，需要综合处理好以下关系：教学与科研的关系，教学、科研成果的数量与质量的关系，调动优秀拔尖人才的积极性与充分调动全体教职工积极性的关系，管理队伍与教师队伍的关系，老年教师与青年教师的关系，等等。具体而言，考核指标对理科类、工科类、文科类和行政管理类人员应有所侧重和区别。同时，既要有针对以科研为主的教师的考核指标体系，又要有针对以教学为主的教师（如基础课教师）的考核指标体系（但也要有体现其进行教学改革研究所取得的业绩的指标），还要有针对教学科研并重的教师的考核指标体系。此外，在达到基本条件的前提下，各类考核指标之间应该可以进行互换，以充分发挥教师的个性和特长。

第二，改进考核办法。进一步完善院（系、所、直属单位等）工资总额动态包干制。学校只对各单位按目标管理责任期进行考核，在目标管理期内各单位向学校提交年度工作进展报告，学校建立目标管理跟踪档案。对教职工个人的考核，学校制定考核的宏观政策和指导性意见，并对各单位执行学校宏观政策和指导性意见进行监督，将岗位设置及其考核指标具体化的权责下放给各承包单位。各单位亦可仿照学校的做法，将岗位设置及考核指标具体化的权力下放给各学术团体（学术小组），由学术团体（学术小组）具体组织对小组成员的考核。

第三，变原来的岗位津贴三年一定、一年一考核为滚动式年度考核，即以前三年的工作业绩确定下个自然年度的岗位津贴。这样做，既能较好地体现科研工作的特点，又能与国家一年一考核的要求相一致。

第四，岗位津贴应该上不封顶。只有这样，才能充分调动所有人员的工作积极性，真正形成一种所有人都围绕科学研究和教育事业"聚精会神搞建设，一心一意谋发展"的良好局面。

（本文系与杨春如、欧阳玉合作撰写，本人为第二作者，原载《中国高等教育》2003年第5期）

我国合并高校发展战略初探

所谓战略，从广义上说是指政党、国家、社会组织和集团对一定历史时期进行的全局性谋划。其具有宏观性、前瞻性和相对稳定性等特征。合并高校的发展战略是指通过合并组建的高校关于合并初期事关发展全局的目标、方针、任务、思路的宏观性、前瞻性的构想或谋划。显而易见，这种构想或谋划对合并高校主动适应内外环境的变化，整合办学资源，实现合并的功能预期，尽快发挥合并的整体效益，推进知识创新、制度创新和理论创新，都具有至关重要的意义。

一、目前合并高校的发展态势

党的十五大以来，我国高等教育管理体制改革取得了突破性进展。按照"共建、调整、合作、合并"的八字方针，经过五年多的持续努力，我国高等教育管理体制改革，特别是高校合并工作取得了一系列重大进展。截止到2002年7月，全国已有597所高校合并为267所新的高校，原来国务院有关部门直接管理的367所普通高校，除划归教育部直属的高校外，国务院其他部门管理的高校留下不到40所，其余250所高校实行了省级政府管理、地方与中央共建的体制，初步解决了长期困扰我国高等教育事业发展的条块分割、重复办学、资源浪费等弊端。随后，全国各省、自治区、直辖市也相继或正在对所属高等院校进行结构布局的调整，一大批地方合并高校相继成立。这一改革，为提高我国高校的教育质量、科研水平和办学效益，促进高校更好地分级分类办学，创建若干所世界一流大学和一批高水平大学奠定了体制基础。以2000年合并组建的高校为例，目前合并高校呈现如下主要发展态势：

（一）基本完成了实质性合并任务，正在进行深层次融合

按照教育部"五统一"（统一学校主体、统一机构和领导、统一管理制度、统一发展规划、统一学科建设）的要求，合并高校先后完成了机构合并、人员配备、制度统一、学科重组及相关院系调整等实质性合并任务，顺利实

现了组织和领导的统一。目前，合并高校的工作重点已经由形式上的合并转向办学思想、办学思路、校园文化的深层次融合，促进了办学观念的转变，树立了新的办学理念和大学精神。

（二）着手办学目标、办学思路的统一，正在编制或实施新的发展规划

共同的奋斗目标和办学思路，是巩固和扩大合并高校实质性合并成果的关键。目前，合并高校都在致力于办学目标、办学思路的统一，制定或实施新的发展规划。制定出科学、合理、可行并为合并高校全体师生员工赞同的规划，不仅有助于树立合并高校的愿景，统一师生员工的认识和行动，将师生的办学热情和聪明才智及时引导到学校发展上来，增强内部凝聚力，而且有利于合并高校清醒认识面临的形势，准确定位，增强建设和发展的前瞻性、科学性和可行性。以教育部直属高校为例，在基本完成"十五"发展规划编制任务的基础上，目前正在按教育部要求，研究编制创建世界一流或世界高水平大学的规划、一流学科建设规划和人才队伍建设规划、校园建设规划。

（三）深化内部管理体制改革，构建新的管理模式及其运行机制

通过实质性合并，合并高校拥有的教育资源迅速扩张，大大拓宽了教育资源开发和利用的空间，为实现资源优化配置提供了现实可能性。根据合并后出现的多校区、多层次管理情况，合并高校已经将深化内部管理体制改革、构建新的管理模式及其运行机制作为改革重点，先后进行了机构合并和机关改革。在此基础上，积极推行了内部管理体制及其运行机制的创新，构建了新的校内资源优化配置模式。例如，扩大院（系）办学自主权，推进管理重心下移，实现经费总额动态包干和目标管理。同时，加强学校一级的战略思考、政策引导和宏观调控等。

（四）积极拓展优质办学资源，高校之间的竞争日趋激烈

随着我国高等教育投资体制的改革和全国高校布局结构调整任务的基本完成，特别是我国加入WTO后，国内高校之间、国内高校与国外高校之间、公立高校与民办高校之间为争夺优质教育资源展开了日趋激烈的竞争。由于办学资源总是有限的，因而国内外高校之间的"生源战""人才争夺战"更加激烈，同一层次、同一类别的合并高校在人才培养、科学研究、学科建设和管理水平等方面也展开了全方位的竞争。这种竞争从表象上看是为了寻求办学资源和开发现有资源，实质上是体制、机制等软环境的竞争。

二、合并高校发展过程中面临的主要矛盾

应当看到,通过高等教育管理体制改革和高校布局结构调整,合并高校办学规模迅速扩大,学科综合交叉和科研群体优势明显增强,综合实力和办学水平进一步提升,为在新世纪实现快速、持续发展奠定了基础。但是,由于合并前各校历史渊源、办学传统、服务面向、专业设置、学科建设、科研组织、队伍建设和内部管理体制改革进程等方面的差别,合并后多校区、多层次管理等新情况的出现和社会需求更深层次的介入,使合并高校在发展过程中必然会面临着一系列矛盾,这些矛盾集中表现为:

(一) 分级分类管理与加强宏观调控的矛盾

合并后普遍出现的管理幅度增大、管理层次增加的新情况,必然要求合并高校采取分权管理模式,实行分级分类管理,相应地将管理重心下移到院(系)一级,分解责、权、利,使外在压力逐级传递到个人,从而激发院(系)一级自主办学的内在动力,最大限度地调动广大教职员工的办学积极性、主动性和创造性。同时,为了充分发挥合并高校的整体优势,协调行政权力与学术权力的关系,确保合并高校"面向社会,依法自主办学",迫切要求学校一级加强政策引导和宏观调控职能,防止分权后出现分散主义。因此,如何协调好分级分类管理与加强宏观调控的关系,处理好多校区管理与统一管理、分级分类管理与宏观管理、目标管理与过程管理的矛盾,转变学校机关部门的管理职能,强化宏观调控和监督职能,使院(系)在享有人、财、物等资源配置权的同时,承担起相应的责任和义务,这是摆在合并高校面前必须解决好的问题。

(二) 扩大规模与提高质量和水平的矛盾

通过合并的方式,合并高校办学规模迅速扩大,校区面积急剧增加,加之高校连续三年扩招,出现了一批"航空母舰式"的大学。与此同时,生师比也迅速提高,合并高校的规模效益已经初步显现。但是,合并的终极目标是提高办学质量和办学效益,创建若干所世界一流大学和一批高水平大学,为社会主义现代化建设提供人才和科技的支撑。因此,如何处理好扩大规模与提高质量和水平的关系,在提高办学规模效益的同时,尽快提升合并高校的教育质量、科研水平和学科水平;如何协调好数量与质量、规模与效益的关系,妥善处理学生规模扩大与师资力量短缺、学科门类增加与学科水平提

高、科研经费增长与科研水平提升、大众教育与精英教育的矛盾，充分发挥出合并高校的整体优势和带头示范作用，促进我国高等教育的跨越式发展，这是合并高校面临的又一主要矛盾。

（三）适应社会各方面需求与独立自主办学的矛盾

合并高校的组建，调动了地方政府和社会各方面发展高等教育的积极性，调动了高校为当地经济建设、科技进步和社会发展服务的积极性，促进了合并高校与经济建设的紧密结合。同时，随着《高等教育法》的实施，高校"面向社会，依法自主办学"的格局初步形成。据统计，全国高校办学经费来源开始呈现多样化趋势。其中，政府拨款占52％，学校通过各种形式自筹办学经费的比例达到了48％，有的合并高校自筹经费的比例高达80％。经费来源的多样化，必然要求合并高校服务面向走向多样化，即由原来主要服务于某一行业、某一地方调整为现在的服务行业、服务区域、服务全国，这就使得合并高校与所在地区经济社会发展的联系更加紧密。但是，高校要真正承担起培养高级专门人才、发展科学和为社会服务的职能，就必须坚持自身的独立性和自主性，决不能被眼前的利益所驱动，更不能急功近利。正如美国明尼苏达大学校长所说："大学必须坚持自身的基本信念和长远的价值观，我们不能让提供经费资助的公司来指挥大学的研究方向与进程。"因此，如何既主动回应社会对高校的诉求又保持高校的相对独立性和自主性，如何在"以服务求支持、以贡献求发展"的同时肩负起高校自身的崇高使命，如何在高校的办学目标、服务能力与社会需求之间寻求平衡点，这是合并高校目前面临的最主要矛盾。

三、合并高校发展战略模式的选择

当前，合并高校面临着难得的发展机遇，也面临着新的挑战。合并高校的领导者能否进一步解放思想，拓宽视野，用可持续发展的高等教育发展观来深入思考并妥善处理好生存与发展面临的种种矛盾和问题，能否加强战略研究，做好战略规划，采取正确的发展战略模式，将直接关系到合并高校在全国高校新格局中的位置，关系到合并高校在新世纪头二十年这一重要战略机遇期的建设和发展成效。

美国卡内基·梅隆大学前校长辛厄特指出："战略规划的目的就是要使学校处于一个与众不同的位置。"也就是说，合并高校要通过发展战略模式的选

择和战略规划的编制,形成自己的相对优势,并凭借这些优势参与竞争。我们认为,合并高校可以选择以下发展战略模式:

(一) 实施特色战略,张扬办学个性

特色战略是指着眼于社会需求,立足学科发展,充分发挥学校的特长,挖掘办学潜力,努力把学校办出个性,并凭借这种个性(独特性、独到性)对内组织和动员全校师生员工,最大限度地激发他们的积极性、主动性和创造性;对外以此为社会提供良好的、有特色的服务,从而获取更多更好的办学资源。实施这一战略,要注意几点:一是高校领导集体必须敏锐地把握科学技术发展的动态和社会需求,并且果断决策,迅速行动,在较短的时间内抢占战略优势位置,做到"人无我有"。二是坚持有所为、有所不为,特别是要善于放弃,扬长避短,弘扬个性,凸显差异,把发展的重点放在自身可以为而且可以大有作为的事业上,集中力量发展自己的强项。例如,举全校之力把少数基础好、发展后劲足的优势学科和新兴学科在较短的时间里办成一流水平学科,做到"人有我优,人优我特"。法国巴黎高等师范学校校长加伯利埃尔·于杰的观点富有启发性。他指出:从原则上说,别的大学能做的,我们就不做。法国其他大学也有很多很好的专业,可供我们的学生选择,因为我们规模小,所以交叉学科发展很快。三是要有"敢为天下先"的胆识,特别重视创新。只有不断创新,才能发展、创造新的特色,使自己的学校形成独特的风格,并在某些方面胜人一等,才能使自己培养的学生具有优良的素质和鲜明的个性,才能形成比较优势,赢得竞争优势。

(二) 实施品牌战略,提升办学声誉

高校的品牌是指一所高校在创立和建设过程中逐步积淀起来的凝结在高校名称、学科专业、科学研究和人才培养或办学思想上的跨越时间和空间的社会认可程度。合并高校面临着保持原有品牌,同时创立新品牌的艰巨任务。品牌战略是指合并高校根据原有学校的传统、基础和优势,集中精力优选、凝炼优势,努力将其做强、做高、做精,使其成为能够代表新学校办学水平的品牌,从而提升办学声誉。实施品牌战略首先要精心设计和规划,在每个方面精选一种主要品牌,或者综合凝炼成一种新品牌。例如,在人才培养质量上,应当有"名生";在教师队伍建设上,要有"名师";在学科建设上,要有"名牌学科";在科学研究上,要有源自前沿的课题,做出原创性的科研成果,并获得高级别奖励。其次要通过单个品牌,打造高校整体品牌,提升办学声誉。最后要特别注重人才培养品牌的塑造,坚持"以学生为本",促进

学生的全面发展和个性的充分发展，关注和致力于学生的终身发展，努力培养和造就具有世界眼光和创新精神的、适应国际竞争需要的"四有"高级专门人才。

（三）实施重点突破、集成发展战略，实现新跨越

重点突破、集成发展战略是指合并高校在建设和发展过程中，既要突出重点，抓住影响学校发展全局的重点问题进行局部突破，形成"一马当先"的局面，同时，又要坚持以点带面，发挥群体优势，形成"万马奔腾"的局面，从而提升整体办学水平。实施这一战略，要注意抓好三个问题：一是要选准重点和突破口，集中力量进行攻坚，在教学、科研和学科建设上，要突出学科建设的龙头地位，把调整学科结构、优化学科资源配置、凝炼学科方向、构建扶强扶优扶新机制、提升学科水平作为重中之重来抓。特别要把有望成为一流水平学科的优势学科作为突破口。在体制改革上，要将人事管理体制改革作为突破口，把改革的重点放在用人制度和分配制度的改革上，努力营造人尽其才、才尽其用、优秀人才脱颖而出的良好机制。二是要加强学科综合和交叉，大力发展新兴学科和交叉学科，突出由重点建设学科带头的优势学科群和学术创新团队的建设，通过大型科研项目推动学术梯队建设，促进跨学科、跨院（系）、跨高校研究，密切与国内外高校和科研机构的合作，强化学科综合、交叉和融合，提升学科综合实力和科研水平，发挥学科综合集成和科研群体优势。三是要使学校各项计划、各个方面相互衔接，相互配套，相互促进，集成优势。例如，全国重点大学要将"211工程""985工程"建设和学校发展规划的实施有机结合起来，使之相互配套，相互促进。其他高等学校也要将国家和地方发展规划与学校发展规划衔接起来，将学校自身教育教学、科研、学科建设、队伍建设相互协调起来，从而形成"发展链"。

（四）实施人才开发战略，提升队伍整体水平

人才是最宝贵的资源。综观世界一流大学和高水平大学，一般都具有学术大师汇聚、教师素质很高、管理科学规范等特征。显而易见，合并高校要实现跨越式发展，最关键的因素是要有一流的骨干教师和高水平的管理骨干。实施人才开发战略，是指在研究高校人才队伍的现状、人才需求状况的基础上，探讨人才资源第二次开发的途径、方式和方法，从而为合并高校的发展提供人才支撑。在当前，合并高校要特别注意下列三个方面的问题：一是要坚持引进与培养并重的原则，把培养和造就一流的教师队伍作为队伍建设的重点。二是要以人才资源的第二次开发为立足点来加强队伍建设，改变"重

使用、轻培养"等不良倾向,把人才资源开发的重点放到加强培养人才、构建良好的用人机制上。要彻底消除各种制约队伍建设的体制性障碍,尤其是人事制度、分配制度和专业技术职称晋升制度,打破"人员能进不能出、职称(务)能上不能下、待遇能高不能低"的僵局。三是要在继续抓好教师队伍建设的同时,特别注意加强管理骨干队伍建设。要通过加强培养培训、强化考核和引入竞争机制等办法,改善管理队伍结构,提高管理队伍的整体素质,推进管理创新,激发管理人员的积极性。

(五)实施开放办学战略,积极参与国内外高等教育服务竞争

开放办学战略是指面向国内外全方位开放办学。随着社会主义市场经济和高等教育国际化趋势的发展,高校与社会的联系日趋紧密。它不仅是培养和造就高素质创造性人才的摇篮,促进社会发展与进步的思想库,哺育知识型企业的孵化器,也是认识未知世界、探求客观真理、为人类解决面临的重大课题提供科学依据的前沿,是知识创新、推动科学技术成果向现实生产力转化的重要力量和民族优秀文化与世界先进文明成果交流借鉴的桥梁。因此,合并高校应当积极实施开放办学战略。在发挥社会职能方面,要努力促进高校与社会更加紧密的结合,更好地为国家经济建设、科技进步和社会发展提供人才支持、科技贡献和精神动力。在服务面向上,要特别注重为地方和区域经济建设、科技进步和社会发展服务,形成区域服务特色,使高校的办学植根于所在地方和区域的发展之中。从应对WTO挑战的角度看,要主动适应经济全球化和高等教育国际化趋势,改革人才培养模式,学习借鉴先进的高校管理方法,积极引进国外优质教育资源,促进对外合作办学和走出国门办学,努力扩大留学生招生规模,审慎地选择、吸收各民族先进文化成果,不断创造先进文化,引领社会思潮向着健康向上的方向前进。

(本文系与杨春如合作撰写,本人为第二作者,原载《大学教育科学》2003年第2期)

参考文献:

[1] 陈孝彬. 教育管理学 [M]. 北京:北京师范大学出版社,1999.

[2] 潘懋元. 潘懋元论高等教育 [M]. 福州:福建教育出版社,2000.

[3] 王名. 非营利组织管理概论 [M]. 北京:中国人民大学出版社,2002.

高校深化学分制改革的微观约束条件及策略

自 20 世纪 80 年代以来，我国大部分普通高等学校先后实施了学年学分制。随着高等教育国际化进程的加快和高校教学改革的深入，学年学分制的弊端逐步显现出来。"在高等教育中推行学分制和弹性学制"是《中国教育发展情况分析》报告中提出的重要对策①。因此，加快由学年学分制向全面学分制和弹性学制的转变，既是一种必然趋势，也是当前我国高校教学改革面临的紧迫任务。从高等学校这一微观层面探讨深化学分制改革的约束条件及其对策，为我国高校全面实施学分制提供理论支持及实践指导，无疑是十分重要的。

一、深化学分制改革的微观约束条件

所谓学分制，是指学分制及与之配套的导师制、选课制、弹性学制、学分互换制、自主选择专业等为构架的一系列教学管理制度的总称。显而易见，学分制是以"以学生为本"理念为指导、以学分制为基础的教学制度体系，全面实施学分制则是一项复杂的系统工程。因此，高校深化学分制改革，首先必须从整体上考察有关约束条件，使改革措施相互配套，以达到教学改革的预期目的。笔者认为，高校深化学分制改革能否取得成功，主要取决于如下约束条件：

（一）课程的数量、质量及结构

灵活适度的选课制是深化学分制改革的关键，而选课制的建立必须以构建具有一定数量和质量的课程体系为基础。可见，增加课程的数量，提高课程的质量，并不断优化课程结构，是当前高校教学管理中一个十分重要的任务。从课程角度说，全面实施学分制必须具备四个条件：一是要有课程可选，即有足够数量的必修、选修课程，有一定数量的跨学科综合课

---

① 中国教育与人力资源问题报告课题组. 中国教育发展情况分析 [R]. 教育科研参考, 2003 (6)：24.

程和微型课程;二是要有受到学生欢迎的课程,即课程内容要新、水平和质量要高;三是要提供由普通课程(通识课程)和专业课程构成的课程平台;四是要有灵活适度的选课制度。如美国整个加州大学课程总数达到10000门之多①;麻省理工学院的人文、艺术和社会科学类选修课程总共开设近100门,自然科学类必修课程也开设100余门,有选择性课程学分占学分的83.3%②。日本京都大学理科学分制方案中有选择性的课程学分占总学分的57%,其中指定选修课为30%、任选课为27%③。目前,我国高校在课程方面存在的主要问题是:课程资源紧张,课程总量不足,课程内容陈旧,课程结构不合理,课程门类和必修课程过多且选择余地少,选修课程太少且所占学分比例低,适应学生全面发展和个性化发展需要的跨学科综合课程和微型课程很少。因此,增加课程数量,提高课程质量,深化课程改革,加强课程体系建设,不断优化课程结构,既是当务之急,又是教学建设的经常性任务。

(二) 专任教师的数量和质量

众所周知,教学过程是教与学双边互动的过程,是发挥教师主导作用与学生主体作用的辩证统一。学分制主要是从学的角度进行管理的教学制度,以调动学生学的积极性;导师制则是从教的方面进行管理的教学制度,以调动和发挥教师在教学过程中的主导作用④。可见,实施学分制,就必须建立导师制;没有导师制,不仅难以发挥学分制的优势,反而会造成高校教育教学质量的下降。学分制的诞生地——美国,曾经一度就有一些大学实行没有任何限制的自由选修制,结果造成教学质量明显下降,受到美国教育界的批评。为吸取教训,美国逐步实行了导师制。例如,哈佛大学1869年实行自由选修制,1916年实行导师制,1951年开始规定每一位导师指导学生不超过6人。在美国的研究型大学中,每个教授每学年要上3~4门不同名称和不同内容的课(个别情况除外)。因此,深化学分制改革不仅需要足够数量的专任教师,并能开出足够数量的课程,而且教师队伍的整体教育教学水平要高。但是,由于我国高校连续数年扩招,目前高校普遍存在生师比偏高、专任教师紧缺的状况。据统计,1999—2001年,与我国普通高校学生规模增长近1倍

---

① 金耀基. 大学之理念 [M]. 北京:生活·读书·新知三联书店,2001:8.
② 娄延常. 学分制探源、模式与展望 [J]. 高等教育研究,1986 (1):43-50;42.
③ 娄延常. 学分制探源、模式与展望 [J]. 高等教育研究,1986 (1):43-50;42.
④ 娄延常. 学分制探源、模式与展望 [J]. 高等教育研究,1986 (1):43-50;42.

的发展速度相比，教师总量仅增长了31%[①]。2000年我国普通高等学校的生师比平均达到16.3∶1[②]，2001年平均达到18.2∶1，其中部分高校甚至超过35∶1[③]。同时，教师配置也存在着严重的专业结构性短缺问题，一些基础课及高新技术相关专业任课教师严重缺乏，基础课甚至由缺乏教学经验的应届本科毕业生和在读研究生担任主讲教师。按国家教育发展"十五"计划，全国普通高校生师比15∶1计算，教师队伍的缺口达11万[④]。此外，大部分教师专业口径较窄，开课门数少。可见，我国高校要全面实行学分制，就必须想方设法降低过高的生师比，改善教师队伍结构特别是专业结构，努力提高专任教师的数量和质量。

（三）学制的弹性和专业选择的灵活度

深化学分制改革的目的是适应我国高等教育大众化进程中学生多层次、个性化学习的需要，因而必须要有弹性学制与之配套，并允许学生自主选择专业。换言之，在学分制下，学生学业的完成是以取得最低必要学分为标准的，而不再是以往意义上的以修业年限为标准，既允许"冒尖"又允许暂时落后，在规定的时间内既可提前毕业也可推迟毕业，学有余力者还可以辅修第二专业、攻读第二学位。学生按照以课程为单位的教学计划，可以自主选择修习的课程、教师和学习进度，并允许其分阶段完成学业。同时，学生可以根据自己的知识基础、兴趣爱好和社会需要在家长和老师的指导下自主选择专业，或者按照规定程序中途改换专业。目前，我国大多数高校虽然实行了弹性学制，但是仍以学期、班级为单位开设课程，以修业年限作为学生完成学业的标准，且大部分高校在专业上实行的是"录取定终身"，还不允许学生自主选择专业和中途转系转专业，这不仅对学生本人不公平，易造成学生学习积极性不高的后果，致使"以学生为主体"的教育理念不能真正贯彻，也是导致高校人才培养与产业结构和劳动力市场需求相背离，毕业生"就业难"的重要原因。

---

① 中国教育与人力资源问题报告课题组. 从人口大国迈向人力资源强国 [M]. 北京：高等教育出版社，2003：318.

② 中华人民共和国教育部. 2000年国教育事业发展统计公报 [EB/OL]. （2001-06-01）[2003-05-20]. http://www. moe. gov. cn/jyb_sjzl/sjzl_fztjgb/tnull_843. html.

③ 中国教育与人力资源问题报告课题组. 从人口大国迈向人力资源强国 [M]. 北京：高等教育出版社，2003：318.

④ 中国教育与人力资源问题报告课题组. 中国教育发展情况分析 [R]. 教育科研参考，2003（6）：20-22.

(四) 管理模式的兼容性

以学分为衡量学生学习质量和认定毕业标准的学分制能否顺利实施还取决于管理模式的兼容性，即只有建立以学分为核心概念的管理模式及其运行机制，才能充分发挥学分制的效能。在学分制模式下，学分作为核心概念，具体体现在如下方面：其一，判断学生能否毕业的标准是学分总量，而不是修业年限（也有的国家，如日本同时规定了修业年限，但只是辅助条件）。其二，学分是计算学生学费的标准，当学生计划修读多少学分课程后，就必须按单位学分收费标准缴纳学费。其三，学分是区分学生学习进程与身份的尺度。在学分制下，既无年级、班级、升级、留级的概念①，也淡化了系科、专业的概念，甚至每个学生所执行的教学计划都可能是不同的，只能以修过的学分量来区分学习进程，以宿舍为单位组织活动。其四，学分是计算教师和院系教学工作量的单位。目前，我国高校的管理模式还是建立在学年制的基础上，例如，以学年为能否毕业的标准，以院系、年级、班级为单位的学生管理工作模式，以课时为计算教师和院系教学工作量的考核模式，以学年（或学期）为单位的学费收取模式，等等。所有这些，都必须进行脱胎换骨式的改革。同时，以院系为单位、以手工为主的教学管理方式和手段，也难以适应学分制下教学管理快捷化、开放化、简约化的需要，必须代之以方便、快捷的教学信息化管理手段，并努力提高教学管理人员的素质。

(五) 教学设施及服务的保障度

由于学分制是建立在学生选课制的基础上，因此学生在导师指导下自由选择专业、课程的必然结果，就是跨院系、跨年级乃至跨学校（如果是建立了学分互认制的话）听课现象的普遍化。这样，教学设施及其辅助服务的保障度就成为全面实施学分制的又一约束条件。首先是教学设施的保障度，如教学楼及教室的配套、图书馆及其资料的配套、实验室及其设备的配套、现代教育技术设备的配套等。其次是教学辅助服务的保障度，如教学楼、实验室、图书馆资源的合理配置及其全天候开放，教学设施的维护和管理，教材的选购和服务等。目前，我国高校教学硬件资源短缺的现象比较普遍。1999年全国高校连续扩招以来，我国高校教学资源紧缺的状况更为严重。据统计，

---

① 郇良勋，陈建中，杨伟文. 浅议学分制改革的突破口 [J]. 江苏高教，2003 (3)：68-70.

2001年有一半以上的地方高校的生均教学仪器值低于全国标准，最高的与最低的相差 3.5 倍以上，生均教学行政用房面积低于地方高校平均水平的有新疆、甘肃、内蒙古、四川、安徽、宁夏、山西 7 个地区①。同时，在教学辅助服务方式上，目前高校还是以封闭式的统一管理和固定时间制为主，学生自由选择的范围和机会都很少，且服务质量和效率都有待提高。

（六）"以生为本、自主成才"理念的普及性

实施学分制，树立"以生为本、自主成才"的理念是先导和前提。从教的方面看，关键是围绕培养高素质创新人才树立"以生为本"的理念，以促进学生全面发展和个性充分、自由的发展。具体来说，学生及其家长是教育服务的"顾客"，高校的教职员工要将其视为"上帝"，真正形成以学生需求为导向的机制，实现教师观、学生观、教学观、服务观、管理观的转变。从学的角度看，关键是围绕成为"四有"新人这一目标，引导学生树立"自主成才"的理念，实现学习观、成才观的转变，帮助学生克服在"应试教育"模式下形成的被动而非能动、"填鸭"式而非探索性和创新性学习的心理定势。目前，我国高校无论在育人还是成才观念方面都还存在着不足，这不仅体现在以往我们只注重教育观念的转变，忽视了学生学习观念的转变方面，而且我们往往就观念的"转变"论"转变"，尤其是在巩固观念"转变"成果的机制上研究得很不够，缺乏实现教育教学观念转变的制度性保障，以至于出现了"三多三少"（号召得多、行动得少，宣传得多、落实得少，提倡得多、兑现得少）的现象。

二、深化学分制改革的若干对策

如前所述，全面实施学分制是一项系统工程，也是一项"牵一发而动全身"的改革，涉及教学、管理、服务等多个环节，关系到高校学生、教师、职工的利益。从当前的内外形势看，进行学分制改革的时机已逐步成熟，高校应该按照整体设计、统一部署、重点突破、相互配合的原则，下决心在整体上取得突破，力争在较短的时间内完成这项事关高校发展乃至我国高等教育改革成败的重大任务。

---

① 中国教育与人力资源问题报告课题组. 中国教育发展情况分析 [R]. 教育科研参考，2003（6）：20-22.

（一）精心进行政策设计和制度安排，形成落实"以生为本、自主成才"理念的有效机制

实践证明，深化高校教学改革，转变观念是前提和先导。而要真正树立一种新的教育理念并落实到教育教学过程中，关键又在于政策架构和制度安排。因此，深化学分制改革，除了要在宣传上加大力度外，更为重要的是要形成一种落实"以生为本、自主成才"的机制。笔者认为，主要就是竞争机制的引入。一是建立师生互评制度，并将评价结果纳入学生学业成绩和教职工工作业绩考评体系中。对于教师，应将学生评教结果纳入教师职称评审、上岗和岗位津贴考核中；对于管理和教学辅助人员，应将服务对象的评价（含师生）纳入竞聘和年终考核中；对于学生，应将任课教师、导师和同学评价纳入学业成绩和德育考评中。这种方式，特别适用于对教职员工职业道德、敬业精神的考核以及对学生思想道德的评价。二是在教学活动中引入双向选择机制。学分制模式下选课制和导师制的推行，为引入师生双向选择机制提供了制度性保障。师生双向选择，必然会形成来自对方的必要张力，从而激发师生双方的积极性，激活教学过程中的活力，使"以生为本、自主成才"真正成为引导师生行动的理念。

（二）建立并完善导师制，推行"挂牌上课"

全面实施学分制，必须建立导师制。目前，专任教师整体上处于缺编状况是我国高校中普遍存在的现象，导师数量不足、指导力量薄弱是深化学分制改革的瓶颈性因素之一。因此，高校应从以下几个方面发力：第一，努力增加专任教师的数量，可以采取补充青年教师、返聘退休教师、聘请兼职教师等办法，改变专任教师缺编的状况。在此基础上，不断改善教师队伍的专业结构、学历结构、能力结构，鼓励教师开设多门课程，提高教师队伍的总体质量。第二，尽快推行评聘分离制度，按照"按需设岗、竞聘上岗、择优聘任"的原则聘用教师，实行真正意义上的聘用制。第三，推行"挂牌上课"制，将教师的职称、岗位级别、开课名称、主要业绩等情况公开，为学生自主选择任课教师提供方便。第四，倡导教师分工协作，即鼓励名牌教师多开课、上好课，鼓励青年教师或其他教学工作量不够的教师协助名牌教师辅导、批阅作业等等。第五，建立和完善学分制模式下导师的任职条件、岗位职责、工作量计算等制度，为导师制的规范操作提供制度保障。

（三）优化课程体系，建立课程资源共享机制

选课制是实施学分制的关键，而构建科学、合理的课程体系和课程资源

共享机制是其中的难点。一是要重构课程体系，将课程区分为普通课程和专业课程，并分类构建课程平台，其中普通课程主要是为进行通识教育提供一个宽广的课程平台，以拓宽学生的基础。同时，要注意课程的系统性、科学性以及课程之间的相互衔接，防止因课程划分过细而导致知识割裂，并增强课程的适切性，提高课程的吸引力。二是应当努力增加跨学科综合课程、微型课程和特殊课程的数量，为学生多样化、个性化发展需求提供可供选择的条件。三是构建课程资源共享机制。在学分制下，任何一所高校或者高校内的院系，要做到开设供学生选择的所有课程是非常困难的，因此必须建立校与校之间、院系之间课程资源共享的机制。通过网上课程、跨院系选课、高校之间课程资源共享、引进国外优质课程资源等办法，建立丰富的课程资源库。四是增加实践课程的数量，培养学生的创新能力和探索能力，如开设校园创新活动课程、校园创业活动课程、校园科研活动课程等等。

（四）实施弹性学制，推行有限自主选择专业

实施学分制，就要求学制弹性化，即将学习年限由累计年限制（如本科四年、专科三年）调整为年限区间制。例如，可以调整为大学本科4～8年，专科3～6年，硕士研究生3～6年，博士研究生3～8年，允许部分优秀学生提前完成学业，也允许一部分学生因自身原因（如基础不好或需打工赚钱来缴纳学费）推迟完成学业，以适应学生多样化的学习需要。同时，应当适时取消转学、转专业的限制，推行有限自主选择专业。所谓"有限自主选择"，是指允许学生在遵循高校有关规定（如学生选课必须与导师商量并经导师同意，学生转专业必须经有关院系批准）的条件下，自主选择转系、转专业，其目的是加强引导，维护正常的教学秩序，防止学生草率决策、盲目选课、避重就轻、趋易避难。

（五）推进管理制度创新，不断优化管理模式

深化学分制改革，管理制度改革的配套相当重要，必须对现行的、建立在学年制基础上的管理模式进行比较彻底的改革，使管理模式建立在学分制的基础上。这里的"管理"不仅是指教学管理，也包括高校其他各个方面的管理，具体来说：一是按照学科大类或者一级学科组建学院的原则，对现有院系进行较大幅度的调整；二是按学院或学科大类招生，淡化专业概念，改变现行的"一招定终身"的招生模式；三是建立以学分为基础的学费收取制度和工作量计算制度，改变现行的以学年（学期）为标准的学费收取制度和以课时为标准的教学工作量计算制度；四是建立基于校园网的教学信息管理

制度，开通网上查询系统，为学生进行网上选课、选专业、提交作业、查询成绩提供方便；五是推行考教分离制度，建立考试中心，并加强试题库建设，建立集体评卷制度等；六是改革现行学生工作管理模式，将现在的以班级为基础、以院系为单位、全校统一的管理模式改为学校宏观协调、以院系管理为主、以宿舍为基础的管理模式，将现行的班主任制改为导师制，并推行辅导员进学生公寓的方式以加强学生思想政治工作，同时高校学生工作部的主要职责由原来的管理工作转变为学生服务工作，如心理咨询、学习方法咨询等等。

（六）加强条件建设，提供优质高效教学服务

为解决深化学分制改革过程中教学硬件资源紧张的问题，高校一方面应当加大教学基础设施的投入和建设力度，想方设法改善教学条件，另一方面应当科学配置教学楼、实验室、图书馆等教学资源，努力提高使用效率，提高教学辅助服务的质量和水平。例如，调整授课时间，利用晚上、双休日开设一些微型课程和特殊课程，并可将目前的一年两期制改为一年三期制，即把原来的暑假期间变为一个小学期。同时，引入市场竞争机制，全天候开放图书馆、实验室和文体设施，例如图书馆可以实行开架借书、网上借阅、有偿提供文献信息检索和复印服务等。此外，应该不断改善教学辅助人员的结构，加强服务技能培训，进一步提高教学服务质量和水平。

综上所述，"实行学分制的根本目的是使学生在教学过程中有较大的自由度，教学计划有一定的弹性，增加较多的选修课，尽量满足学生个性发展的要求"[①]，培养高素质创新人才。因此，在深化学分制改革的过程中，必须围绕这个根本目的，坚持把学分制的基本理论与我国高校实际相结合，注重制度创新，既要防止"食洋不化"又要防止"旧瓶装新酒"。只有这样，我们才能达到学分制改革的预期目的。

（本文系与蔡香宜合作撰写，本人为第一作者，原载《西南交通大学学报（社会科学版）》2004 年第 3 期）

---

① 王伟廉，邬大光. 高等学校教学改革的理论研究 [M]. 昆明：云南教育出版社，1993：126.

高校中层领导干部绩效考核及指标设计探讨

随着我国高等教育大众化进程的加快，高校之间的竞争日益激烈，加强科学管理、提高管理水平和效率是应对竞争的必然选择。特别是在高校普遍实行岗位津贴制度、逐步推行教师聘任制后，如何加强管理人员绩效考核成为一个受到各方关注的热点和难点问题，而中层领导干部是高校管理工作的中坚力量，起着承上启下的重要作用。因此，笔者试就创新高校中层领导干部（处级干部）绩效考核制度的必要性、指标体系的设计及实施中应注意的问题进行探讨。

一、创新高校中层领导干部绩效考核制度的必要性

（一）深化高校内部管理体制改革的需要

我国高等教育布局结构调整工作基本完成后，高校内部管理体制改革成为各高校关注的重点。自 2000 年以来，全国大部分高校相继实施了岗位津贴制度，进行教师聘任制改革。同时，教育部也选取了若干所高校进行教育职员制改革的试点工作。但是，由于高校人事体制改革涉及个人的切身利益，且至今没有从根本上取得突破，因而期望高校内部体制改革一步到位是不现实的。高校如何在制度创新和制度转型过程中科学考核教师和管理人员的工作绩效，进一步优化用人机制，是现有条件下必须解决而且能够有所作为的紧迫问题。就现行的考核体系而言，主要存在教师考核指标硬、管理人员考核指标软等问题。具体来说，在教师考核问题上，刚性有余而柔性不足，并且明确定量的科研考核指标与难以定量而以定性为主的教学考核不平衡引发教师的强烈争议，其"重科研轻教学、重数量轻质量、重个人轻团队"的负面效应暴露出目前教师考核体系的非科学性，也引起社会各界的持续关注。在管理人员考核上，由于部门性质各异、岗位类别繁多，考核指标柔性有余而刚性不足，对管理人员的考核实际上仍停留在定性考核层面，尽管拉大了不同级别岗位津贴的差距，但同一级别人员的津贴并无差别，与其工作绩效

相关度不高，管理人员的岗位津贴似乎成了新一轮的"大锅饭"。这不仅导致因教师和管理人员考核体系不平衡而引发教师的意见纷纷，也挫伤了初级管理人员的积极性、主动性、创造性。

我们认为，在高校资源有限的情况下，绩效考核不是要不要实行的问题而是如何科学设计并有效实施的问题。具体来说，对教师工作的绩效考核应当遵循育人和学术规律，引入同行评价，推进考核的柔性化；对管理人员的考核应当创新思路，大胆借鉴企业管理人员绩效考核的成功经验。因为，尽管高校的管理并不等同于企业管理，但是它与企业管理一样，都是对人、财、物等各种资源的有效配置和使用。如果高校能够结合实际，借鉴企业管理人员绩效考核的成功经验，同时更多地遵循高校管理工作中的教育和学术规律，并在管理人员特别是中层领导干部的绩效考核上率先突破，就有可能带动和深化管理队伍、教师队伍、教学科研辅助服务队伍考核制度的创新，进而大幅度地提高人力资源使用效益，创新高校的用人机制。

（二）提高高校管理效率和水平的需要

20 世纪 90 年代中期以来，高等教育的投入力度明显加大。随着近年来高校的持续扩招和"教育振兴行动计划"的实施，高校的办学经费已经有了较大幅度的增加。毋庸讳言，一方面与国外高校相比，我国高校办学经费的缺口仍然很大；另一方面我国高校也普遍存在着机构臃肿、冗员过多、"大锅饭"普遍存在、浪费现象严重、基础管理薄弱、效益不高等问题。这既与我国高等教育处于"买方市场"、高校之间竞争不够有关，也与高校内部治理结构包括人事体制特别是考核机制创新不够有关。其中，管理人员的考核流于形式、分配上的平均主义是症结所在。由于管理人员绩效考核没有取得实质性进展，致使"干与不干一个样、干多干少一个样、干好干坏一个样"的现象难以杜绝，以致形成了我们不愿意看到的"奖懒罚勤"的局面。如果不在高校管理人员特别是校级和中层领导干部绩效考核上取得突破，即使实行岗位聘任制、教育职员制，也无法解决目前高校存在的管理效率和水平不高、资源浪费、人浮于事等"老大难"问题。

（三）推进高校管理队伍专业化建设的需要

目前，在我国高校管理队伍建设上出现了两种值得重视的倾向：一是许多优秀教师热衷于担任院长、系主任、处长等中层管理职务，似乎不担任一定的职务就不能体现其自身的价值，优秀的学科带头人为此而提出调离申请已经不是个别现象，这不仅与国家的政策导向和社会风尚及文化传统有关，也与高校内部"行政权力学术化、学术权力行政化"有关，其症结是高校的"双肩挑"制度。二是专职管理队伍中青年管理人员不稳定，他们利用"宽松"的工作环境和考核制度，热衷于"考硕""考博"，通过提升学历学位实现"双肩挑"。因为"双肩挑"既可以让其尽享教师之"名望"又可得领导之"资源"。对个人来说，"双肩挑"制度有一定的积极作用，但是对学校来说，由于一个人的精力和知识面毕竟有限，并且"一心"毕竟难以"二用"，致使学校和个人在教学科研和管理水平两方面都受到损失。国内外的实践表明，推进管理队伍专业化是提高高校管理水平、解决上述问题的治本之策。一方面，我国高校必须进一步强化学术权力，形成学术权力和行政权力相互分工、相互制约的格局，使教师的学术权力落到实处；另一方面，要在初中级管理人员中积极推进专业化进程，强化管理人员特别是领导干部的绩效考核，通过发挥高校领导岗位绩效考核的示范作用，尽快建立起能力本位、凭实绩用人的良好机制。

二、高校中层领导干部绩效考核指标体系的设计

（一）指导思想、基本原则和设计思路

创新高校中层领导干部绩效考核制度的指导思想：以"三个代表"重要思想和科学发展观为指导，根据高校领导干部管理的权限，充分发挥高校中层领导干部的示范作用，坚持人才为本、学生为本、服务为本的管理理念，坚持自我评价与他人评价、内部评价与外部评价、上级评价与同级评价及下级评价、同事评价和服务对象评价相结合，建立分类、分级考核的体制，以能力为本位、以绩效为导向的考核机制和以竞争、流动、选择为特征的用人机制。我们认为，创新高校中层领导干部绩效考核制度，必须坚持如下基本原则：一是定性考核与定量考核相结合，以定量考核为主，能够量化的工作尽可能量化；二是全面考核和绩效考核相结合，以绩效考核为主，注重对工作质量和效率、协调和配合及工作难度和创新度的考核；三是过程考核与结果考核相结合，以结果考核为主，既注重管理过程的控制，更侧重于工作的实际效果和目标实现度。

根据以上指导思想、基本原则，笔者在进行高校中层领导干部绩效考核指标体系的设计时贯彻了如下思路：第一，考核指标尽可能简洁明了，并分级设计，允许各部门结合实际将考核指标细化到四级指标；考核内容尽可能

具有可考核度，即能够测量；根据高校管理岗位性质不同、类别较多的实际情况，考核指标体系给定计分权重，但不提出具体的计分标准。第二，考核的目的在于改进中层领导干部的管理工作，提高决策和管理水平，提供个人发展的机会，激发高校领导干部和管理人员的积极性、创造性，因此考核过程应当坚持以个人自评为基础，以公众（同行考核和服务对象）评价为参照，以考核组评价为主体，以自评报告和佐证材料为依据，以学校或部门审核和确定考核等级并经本人认可为结果。第三，为避免考核过程中的一刀切的现象，本考核指标设计时只给定了考核要点和权重，不规定具体的计分标准，以便于实际操作。各部门可以自行决定是否制订具体的计分标准；如果部门没有制订计分标准，考核者也可以根据被考核对象的自评报告、佐证材料及平时工作情况自行掌握计分标准。

（二）高校中层领导干部绩效考核指标体系及权重

目前通行的考核内容，一般包括德、能、勤、绩、廉五个方面。由于绩效考核主要评价被考核者的工作实绩，为简化考核指标并便于实际操作，我们认为，德、能、勤、廉四个方面，是每一位应聘高校中层管理岗位领导职务者必须具备的起始条件，也是基本素质要求，应该作为高校中层领导干部岗位聘任时考评的内容，因而本考核指标体系未将德、能、勤、廉这四个方面作为具体的考核指标，而将考核的重点放在被考核者的绩效上。一级指标包括思想建设、制度建设、履行职责、协调配合、质量和效率、工作目标和奖励项目 7 方面，其中前 6 个一级指标为基础考核指标，满分为 100 分，后一个指标为奖励项目，是考核达优的必备条件。每个一级指标下又设计了若干个并列的二级指标，共计 16 个。每个二级指标下包括若干三级指标，共计 32 个。

三、实施高校中层领导干部绩效考核制度应注意的几个问题

（一）实施条件

实施高校中层领导干部绩效考核制度，首先必须具备两个条件：一是制定岗位说明书。岗位说明书的内容包括岗位名称、职责、权限、任职条件和工作条件等，且应尽可能明确、具体。二是个人根据学校和单位年度工作要点制定岗位可测量且具有显示度的年度工作目标。

(二) 考核步骤和方法

第一步：个人自评。个人对照绩效考核指标体系，根据岗位职责、工作目标和实际工作成效撰写自评报告，汇总相应的书面佐证材料，进行自我评价。第二步：公众评价。公众评价的主体主要是教职员工和学生。考核者根据个人提供的自评报告和书面佐证材料，对照考核指标体系及权重进行评价。此外，对被考核组考核为优秀或不合格者进行复评。第三步：考核组评价。由高校考核领导小组授权民主推选的考核组，按照绩效考核指标体系及权重，根据个人自评报告及佐证材料、公众评价，采取实地考察、查阅材料、民意测评等多种形式进行考核，并给出考核总分。为确保考核的公正、公平，可以在制度设计中引入流动和监督机制。第四步：确定考核等级。部门将个人自评报告和佐证材料，分别报组织和人事部门。考核组根据考核得分确定考核等级，并报组织人事部门。第五步：审批和认可。由组织人事部门将考核结果汇总后，呈报学校考核领导小组审批。审批结束后，由组织人事部门以部门为单位，将个人考核材料及结果交本人签字同意。第六步：考核优秀个人的公示。由组织人事部门将在绩效考核中获得优秀的考核者的名单、个人自评报告和佐证材料，通过校园网、橱窗等形式，向全校师生员工公布并接受其监督。

(三) 考核结果的使用

高校中层领导干部绩效考核的结果，只有与分配制度直接挂钩，才能发挥其政策导向作用。因此，对于实行了岗位津贴制度的高校而言，必须根据领导干部绩效考核的结果兑现其岗位津贴。此外，考核结果也应进入个人档案，并作为晋升职务、职称的重要依据。

（本文系与杨春如合作撰写，本人为第二作者，原载《中国高教研究》2006年第6期）

参考文献：

[1] 约翰·雷,沃尔特·哈克,卡尔·坎道里. 学校经营管理：一种规划的趋向 [M]. 张新平,主译. 重庆：重庆大学出版社,2003.

[2] 田文慧. 如何考核高等教育的绩效责任 [J]. 世界教育信息,2005 (2)：48-53.

公办民助二级学院办学机制探讨
——以四川师范大学公办民助二级学院为例

本文以四川师范大学东校区所辖的文理学院、外事学院、视觉艺术学院、现代艺术学院、信息技术学院5个公办民助二级学院为案例，就公办民助二级学院的办学机制进行粗浅探讨。

一、四川师范大学东校区所辖五所学院的基本情况

四川省既是我国西部多民族大省，也是我国教育大省，人民群众接受高等教育的愿望强烈。为适应国家扩大高等教育规模的需要，满足全省人民的高等教育需求，2000年四川师范大学决定在距离学校本部约3公里的龙泉驿区洪河镇兴建东校区。东校区是四川师范大学采取多渠道筹资方式创办并按照新机制运行的新校区，占地面积1100余亩，建筑面积30多万平方米，总投资约7亿元人民币，2003年9月5日正式投入使用。经过6年的建设和发展，目前四川师范大学东校区在校学生人数达到22700余人，设有基础部、文理学院、外事学院、视觉艺术学院、现代艺术学院、信息技术学院6个教学单位。其中后5个为国有民办性质、具有独立办学功能的非内设二级学院。东校区功能分区合理，教学设施基本完善，环境优美，绿化面积达到65%。

（一）文理学院

文理学院是四川师范大学按照新机制举办的本科层次的独立学院，由原四川师范大学文化传播学院和国际商学院合并组建而成。2004年经教育部审核批准成为独立学院，是一所集文学、传播学、管理学、经济学、艺术学等学科为一体的综合性本科学院。学院以培养既具有文化底蕴、文理修养，又具有开放意识和创新能力，能适应本地区经济、文化、科技发展需要的实用性人才为目标，采用"1+2+1"的人才培养模式，现已培养5000余名毕业生。

（二）外事学院

外事学院是四川师范大学按照新机制组建的公办民助二级学院，采用

"英语＋专业＋技能"的培养模式，课程设置力求与人才市场的需求紧密联系，教学与社会精巧对接。该学院还设有中澳联合办学项目和马来西亚科技大学委托办学项目。

（三）视觉艺术学院

视觉艺术学院是四川师范大学按照高起点高标准原则创办的一所公办民助二级艺术学院。学院高度重视师资队伍的建设与培养，并以"2＋2"方式与国外大学建立院校合作关系，每年组织部分学生出国学习，有大量的学生作品参加省级、国家级展览、比赛并获奖，有的学生已经具有了申请中国美术家协会会员的资格。

（四）现代艺术学院

现代艺术学院是在四川师范大学音乐剧专业基础上创办的公办民助二级艺术学院。该院坚持现代思维、现代管理、现代教学的办学理念，以培养与市场接轨、社会接轨、国际接轨的高级艺术人才为目标。现有音乐剧、声乐、器乐、电脑音乐作曲、音乐舞蹈以及人物造型设计和景物造型设计7个专业及专业方向。

（五）信息技术学院

信息技术学院是四川师范大学按新机制创办的公办民助二级学院。该院坚持"求是、创新"和"以学生为本"的办学理念，强化"因材施教、基础宽厚、复合多能"的教学思想，重视国际交流与合作，承担了四川师范大学与澳大利亚弗林德斯大学联合举办的互认学分的中澳"1.5＋2"大学本科培养项目。从2006年起又举办了"3＋1"中外合作项目。目前已与英国威尔士大学、伯恩茅斯大学、利兹大学，新加坡亚太学院、马来西亚科技大学以及澳大利亚昆士兰大学进行合作。

二、四川师范大学东校区的管理体制和运行机制

（一）投资体制和管理体制

在投资体制上，四川师范大学校本部为公办高校，由四川省政府投资；而东校区所辖的5个非内设的二级学院都是四川师范大学创办，由民间资本投资建立并按民办机制运作，因此从性质上说，东校区的文理学院为民办独立学院，其余的4个非内设二级学院为公办民助的二级学院，校本部并不投入资金给东校区各非内设的二级学院，但是东校区非内设的二级学院资产仍

归国家所有，二级学院自主使用。其中，图书馆、文体设施等公共设施的投资由东校区的 6 个二级建制的学院（部）共同分摊，而对于各二级学院独自使用的其他教学设施（如教学楼、实验室、会议室等）由投资方负责建设。

在管理体制上，四川师范大学对东校区实行统一管理、二级学院相对自主办学的体制。四川师范大学在东校区设有中共四川师范大学东校区工作委员会（以下简称党工委）、四川师范大学东校区管理委员会（以下简称管委会），下设东校区综合管理办公室。可见，东校区党工委、管委会是四川师范大学党委和行政设在东校区的派出机构。东校区综合管理办公室既是四川师范大学党政设在东校区的日常管理机构，也是东校区党工委、管委会的日常办事机构。其主要职责是：严格按照学校"延伸管理"与"属地管理"相结合的管理方针，结合东校区的实际，统筹行政、教务、学生、财务、保卫等方面工作，协调校区各二级学院和基础部的关系。营造校区良好的内外部环境，拓展校区发展空间，推进校区协调运转。

（二）运行机制

从办学类型看，除文理学院属于高等普通教育类型外，其他 4 个学院均以培养应用型、技能型专门人才为目标，属于高等职业教育类型。从运行机制上看，四川师范大学东校区 5 个非内设二级学院采用的是面向区域、紧贴市场、服务当地并以市场为导向的民办机制运作模式。具体表现在：

1. 人才培养实行校本部与东校区统一管理、学院自主培养的模式

为保证办学质量，加强培养过程管理，四川师范大学对东校区内部非内设的 5 个二级学院的人才培养工作实行统一招生、统一教学管理、统一学籍管理的模式，即校本部具体负责专业申报、招生计划安排、学籍审查和注册、教学计划的制订与实施检查、发放毕业证书和学位证书等。也就是说，四川师范大学利用其品牌和教学管理经验丰富的优势，通过专业设置、招生计划、教学计划、学籍管理和证书发放等环节，来确保这 5 个非内设的二级学院的教育教学质量。学生毕业时由四川师范大学对符合条件的毕业生颁发毕业证书和学位证书。各二级学院投资方负责经费筹措，管理方负责组织日常教学活动、学生教育活动乃至学院综合管理等各项具体的组织工作。

2. 办学资源由校本部与东校区、东校区内部各二级学院之间共享

东校区可以共享四川师范大学校本部重要的教育资源，如图书馆、实验室、体育馆、校园网等。同时，在东校区内部，除根据各二级学院学科专业特点必须拥有的专用教学科研设施（专用教学楼、专业实验室、专业图书室）

外，首先是在硬件资源上实行共享，凡能够共享的公用图书馆、大型会议室、文体设施、基础实验室、大型阶梯教室等办学资源都统筹安排，实行充分的共享；其次是在教师资源上实行共享，凡是公共课、基础课甚至部分专业课的教师实行共享；再次是管理资源的共享，如东校区的综合管理资源、教育教学管理人员、教学科研辅助人员也实行共享。通过这种资源共享方式，有效地提高了东校区非内设二级学院办学资源的利用率，降低了这些二级学院的学费标准，提高了其在高等教育市场中的竞争力，实现了校本部与东校区、东校区各学院之间的互利共赢。

3. 物业管理实行校本部与东校区统筹、市场化集团化服务模式

四川师范大学东校区设有物业管理分公司，该公司隶属于四川师范大学后勤集团下的置业发展有限公司。分公司除为东校区提供所有的物业管理服务外，其经营范围还包括装饰装修、建筑施工、园林绿化、家政服务、建材销售等。

三、四川师范大学东校区公办民助二级学院办学机制的启示

对于这种公办民助性质的非内设二级学院的办学模式，政府教育行政部门应当允许其继续进行探索、不断总结，而不宜过早去规范。

第一，四川师范大学东校区5个非内设二级学院之所以能够在较短时间内取得成功，首先是因为其充分利用了四川师范大学的品牌和办学经验优势，使其在办学起步时能够做到高起点、高标准，并被学生及其家长，乃至全社会所接受。其次是因为其充分发挥了民办运作机制的优势，充分吸纳民间资本，多渠道筹措办学经费，采取开放、竞争、流动的用人机制，等等。这种民办或公办民助的办学体制，既充分发挥了公办高校的品牌、经验和民间投资及民办运作机制的优势，又避免了公办高校历史包袱重、用人机制不活和民办高校知名度低、经验不足的劣势。然而，这种公办民助二级学院毕竟是在我国加速推进高等教育大众化且高校扩招准备不足的特殊背景下创造出的一种临时的应急性办学模式，具有过渡性的特点，因此随着这些公办民助二级学院的发展和壮大，目前已经开始出现诸如校本部与二级学院的关系问题，投资者的积极性不足问题，举办者、投资者、经营者之间的利益分配问题，二级学院的办学自主权问题，等等。这些问题表面上看是权力与责任的关系问题，实质上是产权的明晰问题。如何明晰公办民助二级学院的产权问题，

准确界定这些二级学院举办者、投资者、管理者的权力与责任,是关系到公办民助二级学院能否健康、持续发展的关键。由于思想观念、现行法规和社会舆论等多方面的原因,目前我国各级政府教育行政部门自觉不自觉地采取了模糊策略。但是公办民助二级学院的产权问题特别是投资者的回报问题是必须解决的。只有继续鼓励其探索产权明晰的有效路径,适时通过法律法规的形式予以明确界定,并给予举办者、投资者、经营者以合理的回报(利润),才能促进这些公办民助非内设二级学院逐步向独立学院和完全独立的民办高校转型,也才能持续发挥其在我国高等教育大众化进程中的作用。

第二,公办民助二级学院的管理体制应当是举办者、投资者与经营者权力与责任的有机结合。但是,随着二级学院办学经验和办学实力的增长,校本部与二级学院的利益分配问题、二级学院办学自主权问题日益凸显,如何建立校本部宏观调控与二级学院自主办学的规范化、制度化机制,充分发挥公办高校品牌与民办运作机制优势的最佳结合,则是有待进一步探索解决的问题。例如,对于二级学院的招生名额,校本部可以只进行总额控制,而对于二级学院各专业招生数可允许其根据市场需求进行灵活调整后报校本部备案即可。同样,对于二级学院内部而言,也必须妥善处理好投资者与经营者(院长、副院长)之间的关系,即投资者的责任是按时足额提供办学经费,权力是按照合同获得合理回报;经营者的责任是规范办学、确保投入与产出科学合理,权力是自主办学与经营,并获得相应的报酬。

第三,公办民助二级学院降低学费标准、提高办学效益的有效途径是实行资源共享。公办民助二级学院的投资体制决定了其必须将经营理论贯穿于办学全过程之中。经营的实质是降低办学成本、提高办学效益。对于从事高等教育的公办民助二级学院,从经营的角度而言与企业经营的理念既有相同之处又有不同之处。相同之处是都要通过降低成本、提高效益来实现,不同之处是企业主要追求利润的最大化,而二级学院主要追求的是培养高质量的毕业生。因此,公办民助二级学院一方面要通过一系列制度安排确保"以学生为本"落到实处,既要增强学生的专业技能,又要提升学生的综合素质,以提高办学的社会效益;另一方面,地处同一校区的二级学院之间要通过基础设施资源、教师资源、管理资源、服务资源的充分共享,提高办学资源利用率来降低学费标准乃至办学成本,以提高办学的经济效益,增强在同类学院中的竞争力。

第四,公办民助二级学院必须建立与市场对接的人才培养机制,形成以市场为导向的办学运行机制。首先,这种机制是由学院的投资体制和办学定位决定的;其次,这种机制的建立必须依靠相应的教学机制、管理机制、服务机制来落实;再次,这些学院的人才培养过程必须与企事业单位紧密结合,通过在学院进行专业学习、在实验室开展实验、在企事业单位实习的"三明治"式的培养模式,力求专业设置与岗位和岗位群直接对接,承接"订单式"培养任务,有效地缩短学生能力与实际岗位之间的距离,真正实现应用型、技能型人才的培养与用人岗位"零距离"。

(本文系与余斌合作撰写,本人为第二作者,原载《辽宁教育研究》2007年第5期)

立体引导　疏堵并举　把握网络舆情主动权

近年来，湖南大学新闻宣传工作坚持以科学发展观为统领，以新闻网为平台，以学生论坛引导为重点，以网络应急舆情处置为保障，坚持正面宣传、疏导为主、疏堵并举，抓引导、抓制度、抓队伍、抓文化，抢占网络宣传主阵地，加强网络文化建设，取得了可喜成绩。

一、抓住机遇，整合资源，高起点建设学校新闻网

世纪之交，我国互联网产业发展迅猛。充分运用网络传媒是高校宣传思想工作面临的崭新课题，发挥网络强大的传播力和影响力是高校宣传思想工作不可错过的新机遇，加快网络宣传媒体建设更是高校宣传部门面临的新任务。2002年，我们开始着手新闻网的构思和建设。经过近一年的筹备，第一版"湖南大学新闻网"于2003年7月正式推出。由于编制有限、人手紧张，第一版新闻网主要依托校报运行，依靠宣传部集体力量维护。新闻网于2006年在首届"全国高校百佳网站"评选活动中，荣获"十佳高校新闻网"称号。

2007年，学校新闻网着手全面改版。经过近半年时间的调研和组织各方面专家、师生听证，最终确定了新闻网改版方案，并于2008年1月1日正式推出新版。改版后的"湖南大学新闻网"，改变了过去主要依托校报电子版的状况，整合了校内现有的宣传资源，在新闻网二级网页上加载了湖大校报、湖大电视、网络广播等校内传统的新闻媒体网页，使之成为学校新闻媒体的综合平台。在栏目设置上，新闻网全力打造原创栏目，首页从原版的7个栏目增加到14个，容量扩充了近一倍。在页面设计上，新闻网以湖南大学岳麓书院历史上著名的"朱张会讲"彩绘图为刊头，特色鲜明，湖湘文化气息浓郁。在版式设计上，新闻网采用适合网络阅读的模块化结构，主题突出，层次分明，图文并茂，操作灵活，具有更强的视觉冲击力。在机构与人员配备上，学校在宣传部增设了网络媒体管理科，改变了初期无机构、无专人管理的状况。改版一年多来，新闻网的最高日浏览量达4000余次，日均投稿量60余条次，日均浏览量1800余次，总浏览量200万次以上。在第三届"全

国高校百佳网站"评选中,"湖南大学新闻网"再次荣膺全国"十佳高校新闻网"称号。

二、加强监管,立体引导,牢牢把握网络舆情主动权

(一)完善应急机制,增强快速反应能力

2006年,学校党委在宣传部专门增设了两名网络舆情监督员,由两名副处级干部担任,其主要职责是对全校各二级网站及校园BBS和部分社会网站论坛进行实时监测,每周编辑《网上舆情信息》和《信息参考》两种内刊供学校领导和相关部门参考。截止到今年3月,已编辑《网上舆情信息》110期,共收集有关网络舆情信息500余条,内容涵盖教学科研、安全稳定、后勤服务等方面;编辑《信息参考》75期,收集有关高校发展、管理、教学、科研等各类信息500余条,为学校科学决策、加强管理提供了重要参考。

为了加强对校园网及自办网站论坛的舆论引导和应急舆情监管,2007年9月,学校建立了由党委统一领导、党政分工负责、机关有关部门参加的网络管理体制,以及宣传部归口管理、各职能部门和二级单位各负其责、协同配合的网络舆情引导和监管工作机制,学校党委宣传部网络舆情监督员负责对网络舆情进行跟进、分析、梳理,相关职能部门分工负责管理和引导。同时,学校组建了一支由近100人组成、覆盖全校的兼职网络舆情管理员队伍,明确了工作职责、措施和要求。在网络应急舆情处置程序上,网络舆情监督员和管理员监控发现网络应急舆情后,及时向宣传部和事件相关部门负责人通报。宣传部会同有关部门立即启动应急处置程序,相关部门就应急舆情进行调查核实并即时处理,同时在24小时内上报网络舆情调查及监管情况报告。网络舆情应急预案和机制的建立和完善,大大增强了全校各部门、各单位应对网络舆情突发事件的快速反应能力。

(二)发挥学生论坛版主作用,突破网络监管瓶颈

由于网络具有传播快、发帖者自主性强且数量庞大等特点,学生自办网站论坛的引导与监管一直是高校网络管理的难点。实践证明,"堵"不如"疏",强行关闭学生自办网站、BBS虽可暂时减轻学校网络管理的压力,但并不能收到最佳效果,有时可能适得其反。因此,我们认为,对学生自办网站特别是论坛的管理,必须贯彻"以疏导为主、疏堵结合"原则。

基于这一认识,我们一手抓教育引导,一手抓严密监管,并采取了"网

上难题网下解、学生网站学生管"等办法，网络监管逐步从以往的被动应对变成了主动引导。学校现有"爱晚红枫""望麓自卑"和"湖大印象"三家学生自办网站，在师生中具有较大的影响力。为了加强引导和管理，我们一方面加强了即时监管，发现舆情或不良帖子及时告知学生自办网站负责人和版主处理。另一方面，宣传部网络媒体管理科长、网络舆情监督员经常与学生网站负责人和版主谈心交心、及时沟通，并参加学生网站组织的活动，潜移默化地引导学生自办网站的工作。在社会网站上出现重大舆情时，我们迅速召集各学生网站负责人座谈，分析国内外形势，传达上级要求，提醒并指导他们加强网站监管，督促他们维护自办网站的声誉，正确引导网站论坛的舆论。

（三）积极争取有关方面支持，主动掌控网络舆情

社会网站量多面广、发帖者十分多元，引导难度大。在社会网站上发现了涉及学校的应急舆情，学校在监管与引导上往往鞭长莫及，力不从心。针对这一情况，我们一方面积极与上级主管部门加强联系，争取指导和帮助，同时加强与校内学生工作部、团委和保卫处等部门的联系，形成上级指导帮助、校内各部门齐抓共管的合力；另一方面积极与社会网站负责人和网络记者加强联系，及时回复有关网络应急舆情的函件，争取他们的理解和支持。

三、坚持"四抓"，以疏代堵，形成网络引导监管长效机制

抓引导，坚持"以疏导为主、疏堵结合"的原则。网络快速发展是信息化社会发展的必然结果，网络媒体是把"双刃剑"，高校如果运用得好，就是一个宣传党的创新理论、教育师生、快速提升学校影响力的新平台；运用得不好，就可能成为扩散不良信息、损害学校声誉、影响学校乃至社会稳定的有害信息源。我们认为，网络舆情监管与古人治水的道理是相同的。如果用堵塞的办法应对网络舆情，就会导致本来在校内网站发帖的人跑到社会论坛上去，结果有害信息对学校的损害程度更大，为应对舆情所耗费的时间、精力更多；如果用疏导的办法应对，校内师生就会以主人翁的身份在学校自办网站表达意见，这样我们就可以掌控网络引导与监控进程，牢牢把握应对网络应急舆情的主动权。因此，我们一方面加大网络建设投入，加强引导力度，丰富学校新闻网等校内网站的内容，拓展其交互功能，提升网络媒体的吸引力、影响力，抢占网络宣传制高点。另一方面，根据"以疏导为主、疏堵结

合"的原则,对那些正常发表意见和建议的帖子,坚持以引导为主,而不是简单地"一删了之";对那些攻击社会主义制度、进行人身攻击、危害社会和学校稳定的帖子,坚决、果断、迅速地进行删除。

抓制度,建设网络引导与监管的长效机制。网络媒体是新鲜事物,国家在有关引导和监管的法律、法规和制度方面还不够完善,存在一些不足。一是在网络舆情引导与监管体制上,存在多头管理、责任不清等问题,例如网络引导与监管由宣传部门负责,网络维护由技术部门负责,网站申办由信息产业部门负责,而这些部门之间还缺乏沟通和配合,因此建议自上而下尽快明确归口管理部门和有关部门的职责。二是政府有关部门对社会网站、民间论坛、学生BBS论坛等网络论坛的约束机制还不够完善,高校在网络舆情的监管和引导上工作难度大。比如,对社会网站的管理缺乏法律法规依据,而高校对社会网站、民间论坛没有约束力,有关职能部门监控力度也不够,建议尽快完善有关网络管理特别是网络舆情引导和管理的法律、法规。三是面对复杂的社会网络环境,高校要立足校情,加强网络规范和制度建设,使高校网络舆情引导和监管有据可依。比如,为了规范网络舆情监管,我们于2008年出台了《湖南大学关于加强网络舆情引导与监控的暂行规定》,规定了网络舆情监管的领导体制、网络舆情监督员和管理员的职责、引导与控制程序、自办网站的注册备案及网络保密规定等,为全校各单位做好网络舆情引导和管理工作提供了制度保障。

抓队伍,建立一支网络骨干队伍。在网络建设和引导上,高校目前还普遍存在重硬件、重技术,轻软件、轻意识形态的现象。例如,高校一般都在网络硬件及技术方面成立了专门机构,建立了专职队伍,有固定的经费预算,但在网络思想政治教育和网络舆情监管上则多由相关部门人员兼职,缺乏专职机构、专门队伍和专项经费,高校网络思想政治教育、网络舆情监测软件的开发和运用滞后。建议上级部门在高校网络舆情引导和监管上出台专门文件,规范网络管理的机构、编制、经费投入。同时,高校也要加快建立起专兼结合、师生共同参与的网络引导与监管队伍,通过发现和培养,建立一支包括学生自办网站负责人、版主在内的大学生网络引导与监管骨干队伍,从中发展学生党员,为网络引导和监管提供组织保证。

抓文化,树立"绿色网络"理念。开展网络文化活动,提升网络媒体品位,加强网络文化建设,增强学生文明上网的自觉性,是高校网络宣传阵地建设的重要任务。因此,要做好以下三个方面的工作:一是要主动出击,通过开展"高品位建网、打造绿色网络、抵制低俗之风"等主题网络文化系列活动，引导大学生文明上网、理性发帖，营造良好的校园网络文化氛围，为大学生健康成才提供良好的网络文化环境。二是要妥善处理好网络进思想政治工作与思想政治工作进网络、正面宣传与网络服务、疏导与堵删、网上与网下四个方面的关系，充分调动广大青年大学生参与网络文化建设的积极性。三是加强对学生自办网站的研究，总结引导与监管的技巧与方法，大力建设学校官方 BBS 和校园主流网站，为广大青年大学生提供表现自我、展现才华的多维大舞台。

（本文系与栾永玉、胡琼合作撰写，本人为第二作者，原载《中国高等教育》2009 年第 19 期）

疫情防控常态化背景下高校纪检工作的思考

习近平总书记在 2020 年 2 月主持中央全面深化改革委员会第十二次会议时强调:"这次抗击新冠肺炎疫情,是对国家治理体系和治理能力的一次大考。"面对正在全球蔓延的新冠肺炎疫情,高校党委必须从建设教育强国的战略高度,深刻认识新冠肺炎疫情对高等教育产生的深远影响;高校纪委应当从完善学校内部治理体系、推进治理能力现代化的宏观视野,深刻思考高校纪检工作面临的新形势、新任务,努力把中国特色高等教育的制度优势转化为治理效能。

一、疫情防控常态化背景下对高等教育的新认识

新冠肺炎疫情的暴发及全球蔓延,对教育包括高等教育产生了重大而深远的革命性影响,这些影响已经深刻改变了教育理念、教育方式、师生心理和高校内部治理方式,由此也引发了高等教育的一些新认识,主要表现在:

(一)线上教育蓬勃发展,但线下教育仍是主要方式

突如其来的新冠肺炎疫情,导致原有的线下教育无法进行,但教育不可能长时间停摆,线上教育需求因此呈现指数级增长,各类线上教育平台如雨后春笋般涌现,基本满足了新冠肺炎疫情防控这一特殊时期的教育需求,初步实现了教育部提出的"停课不停学、停课不停教"的目标。线上教育不仅对高校教师的教育教学是一种空前的"变革",也对大学生的学习方式是一次全新的"革命"。但我们必须看到,线上教育教学方式可能更适合人文科学类专业和课程,而不太适合理学、工学和社会科学类专业和课程。毕竟,线上教育是新冠肺炎疫情防控期间高校教育教学的"非常之举",并且有一个不断改进和提升的过程,因此只能作为高校线下教育教学方式——课堂教学的补充,而代替不了高校的现场课堂教学、第二课堂以及师生之间面对面的情感

交流。

(二) 规则意识普遍增强，但遵守规则的门槛仍然较高

在新冠肺炎疫情突然暴发的紧急时刻，我国各级政府、社区和单位都按照党和政府的要求，紧急启动了突发公共事件最高等级的响应，实行了严格的管控措施，对违反防控规定的单位和个人处罚坚决、果断、及时。违反防控规定的高成本，让人们对疫情防控规则无条件服从，有效地促使我国的疫情防控措施落地生根、成效明显。在人命关天的危急时刻，普通百姓遵守防控规则的自觉性、主动性明显增强，防控规则的落实雷厉风行。所有这些，不仅对青年大学生是一次生动而形象的法制教育和规则教育，也是对我国公民文明素养特别是行为文明的一次大洗礼，有利于增强全民的法制观念和规则意识，提升我国社会文明的整体水平。但是，我们必须看到，这种自觉性、主动性很可能只是在威胁生命的新冠肺炎疫情面前才被紧急唤醒，一旦疫情缓解就有可能淡化和弱化。简而言之，普通百姓遵守防控规则的门槛仍然较高，只要疫情有所好转，人们自我防护的意识就会减弱，遵守疫情防控规则的意识就会淡化，甚至个别人会因怀有侥幸心理而有突破疫情防控底线的可能。

(三) 青年大学生值得信赖，但疫后综合症不可忽视

新冠肺炎疫情防控期间，90后、00后青年勇担重任，共有1.2万人驰援武汉，占全国驰援武汉总人数的三分之一，成为名副其实的抗疫主力军；还有许多大学生主动到医院、社区、村委会报到，积极参与抗疫志愿服务，展现了当代大学生奋勇向前、主动担当的精神风貌，值得党和人民信赖。经过21世纪以来的快速发展，我国高等教育毛入学率在2019年已达51.6%，迈入普及化阶段。在高等教育普及化时代，大学生的学业、就业及职业发展压力陡增。就在校本专科生和研究生而言，其对学业的焦虑感明显增强，特别是近半年"宅"在家中，人际交往圈变小，可能产生疫后综合症。就高校毕业生而言，一些理工类专业毕业生因疫情导致毕业设计（实验）仓促完成，对能否顺利就业感到焦虑；一些毕业生原本已经签好就业协议，但因就业单位经营困难而暂时未能报到；一些毕业生对自己的职业前途感到迷茫，由此产生疫后焦虑感和挫败感，极易导致非正常伤亡事件。

（四）疫情防控凸显了我国制度优势，但也暴露出大学内部治理存在的短板和差距

习近平总书记说，这次疫情是对我国治理体系和能力的一次大考，我们一定要总结经验、吸取教训。宏观上，疫情防控涉及从国家到地方的多领域、多层次；微观上，疫情防控涉及学校内部治理的各方面、各环节。因此，疫情防控对国家和高校两个层面治理体系和治理能力的系统性、整体性、协同性都提出了很高的要求。新冠肺炎疫情发生以来，党中央始终把人民群众生命安全和身体健康放在第一位，习近平总书记亲自指挥、亲自部署，成立了中央应对疫情工作领导小组，派出中央指导组赶赴湖北开展疫情防控指导工作，凸显了我们党的领导和中国特色社会主义制度的显著优势。华中师范大学严格按照一级响应的规定和教育部党组、湖北省委及武汉市委要求，成立了疫情防控指挥部及办公室。华中师范大学坚决服从党中央统一指挥，坚持全校一盘棋，对疫情防控实行统一指挥、统一协调、统一调度、统一监督，全校留校学生和教职工做到有令必行、令行禁止，确保了校园疫情防控工作和居民生活平稳有序。但是，这次疫情也暴露出学校内部治理方面的差距和短板，例如校园围墙存在多个缺口，校内外人员杂居，校区封控难度极大；社区管理力量薄弱，人员配备严重不足，只能靠党员干部志愿者下沉社区来填补。此外，在武汉市启动突发公共卫生事件一级响应机制初期，校内少数二级单位和干部被动等待，工作主动性不足，执行力不够强，工作节奏和效率明显跟不上疫情防控要求；个别教职工法纪观念淡薄，规则意识不强，率性而为，违反防控规定；等等。

二、疫情防控常态化背景下高校纪检工作的新要求

新冠肺炎疫情发生以来，中央纪委国家监委印发了《关于贯彻党中央部署要求、做好新型冠状病毒感染肺炎疫情防控监督工作的通知》，突出强调"把握职能定位，注意方式方法，既全力支持配合各部门开展疫情防控工作，又加强对公职人员履职尽责、秉公用权等情况的监督"。中央纪委国家监委驻教育部纪检监察组和湖北省纪委、监委也就做好新冠肺炎疫情防控的监督工作作出专门部署，提出了明确要求。这些文件和部署为高校纪委做好常态化疫情防控监督工作提供了重要遵循。笔者以为，在新冠肺炎疫情防控常态化

背景下，高校纪检工作面临着一系列新任务、新要求。

一是把"协助"作为角色定位，全力协助党委落实疫情防控主体责任。"党的纪律检查机关在履行全面从严治党监督责任同时，应当通过重大事项请示报告、提出意见建议、监督推动党委（党组）决策落实等方式，协助党委（党组）落实全面从严治党主体责任。"这是《党委（党组）落实全面从严治党主体责任规定》第九条规定的内容。"协助"这个角色定位要求教育部直属高校纪委在认真接受驻部纪检监察组、湖北省纪委监委领导的同时，自觉接受学校党委领导，当好参谋助手，为党委落实疫情防控主体责任保驾护航。在疫情防控过程中，高校纪检部门要将检查监督过程中发现的问题及时反馈给党委，协助学校党委压实基层党组织疫情防控的主体责任，推动党员干部和师生员工克服麻痹思想、厌战情绪、侥幸心理、松劲心态，为打赢疫情防控阻击战提供坚强有力的纪律保障。

例如，《武汉市新型冠状病毒感染的肺炎疫情防控指挥部（第1号）通告》发出后，华中师范大学党委就组建了由学校纪委牵头，纪委办（巡察办）、学校办、组织部、人事部等部门组成的督导督查组，采用明察暗访等方式，不定期对应急值守、校门管控、留校生管理等重点工作及学生食堂、宿舍、校医院和桂苑宾馆留观点等要害部位进行突击检查，及时查处了4起违反防控规定的事件。再如，为确保复学复研复工顺利推进，2020年6月学校纪委认真落实校党委决定，调集校纪委委员、部分二级单位纪检委员和全体纪检巡察干部，组建了10个督查小组，6月初对全校各二级单位、重点部位和关键岗位进行了全覆盖督查，督导各单位查漏补缺、自查自纠、立行立改；在6月中下旬毕业生返校期间，各督查小组又随机进行明察暗访，深入检查毕业生返校和实验室安全管理情况，专程前往武汉天河机场和武昌火车站现场察看接站工作，突击检查校门管控、食堂服务、宿舍管理和毕业生行李打包情况。应当说，督导督查促进了上级和学校有关疫情防控及毕业生返校工作要求的落实，防止了"三复"工作中的形式主义。全体校领导深入一线、党员干部深入宿舍、老师帮学生打包、导师用私家车帮学生运行李等充满人文关怀的动人场景，让许多毕业生感动落泪，受到家长和社会普遍好评。

二是把"监督"作为第一职责，全力统筹学校疫情防控和事业发展。赵乐际同志在十九届中央纪委四次全会明确指出，纪检监察机关要牢牢抓住监督这个基本职责、第一职责，精准监督、创新监督，在坚持和完善中国特色社会主义制度、推进国家治理体系和治理能力现代化中，充分发挥监督保障执行、促进完善发展作用①。纪检监察机关要发挥好"监督保障执行、促进完善发展"作用，就必须围绕"责任"二字做文章。疫情防控进入常态化阶段后，高校纪委要把疫情防控监督作为重大政治任务和当前最重要的工作，做到将纪检工作与疫情防控工作和学校事业发展同步部署、统筹推进，以战时机制来强化对复学复研复工的全程监督，以全程督导来促进学校事业健康持续发展，确保上级有关疫情防控的决策部署落地落实，为统筹学校疫情防控和事业发展提供坚强的纪律和作风保证。

三是把"执纪问责"作为底线手段，全力确保师生员工生命安全。严格执纪问责，是倒逼责任落实的有效手段。在疫情防控的特殊时期，坚持失责必问、问责必严，倒逼主体责任落实，监督才能真正"长牙带电"，从而推动党员干部把疫情防控责任扛起来。疫情防控进入常态化阶段后，高校纪委要紧盯疫情防控重点和社会舆情热点，对贯彻党中央和部省重大决策部署不力、落实疫情防控责任不到位、不守纪律、不敢担当、作风漂浮、推诿扯皮等突出问题，尤其是对"表格抗疫""纸面抗疫"等形式主义、官僚主义问题要严肃处理。例如，今年上半年华中师范大学纪委针对把握疫情防控政策不到位、疫情防控中不担当的两起事件，启动了问责调查程序。同时，要精准运用"四种形态"，落实好"三个区分开来"，防止疫情问责走极端，把问责数量当政绩指标，一有错就问责、一问责就动纪，搞"机械式""运动式"问责。因此，对疫情防控的执纪问责，高校纪委要始终以确保师生员工生命安全为目标，既坚持依规依纪依法，又防止执纪问责简单化，彰显组织的关怀和集体的温暖，激励奋斗在疫情防控一线的高校干部和教职员工敢于担当、积极作为、做出贡献。

四是把疫情防控"督导"作为阶段性重点工作，全力维护制度权威性。当前，新冠肺炎疫情正在全球蔓延，疫情防控形势依然严峻，距离抗疫斗争取得完全胜利还有一段路要走，因此高校纪委要坚持围绕中心、服务大局的工作思路，坚持将疫情防控督导作为阶段性重点工作，坚决维护制度权威，

---

① 赵乐际. 坚持和完善党和国家监督体系 为全面建成小康社会提供坚强保障：在中国共产党第十九届中央纪律检查委员会第四次全体会议上的工作报告［EB/OL］. (2020-02-24)［2020-04-20］. http://www.gov.cn/xinwen/2020-02/24/content_5482701.htm.

努力提高治理效能。一是要加强对线上教学情况的督导，既要准确评估教师线上教学质量，又要及时掌握大学生线上学习的效果。二是要加强对线上思政工作和心理咨询服务等方面情况的督导，用好全民团结抗疫这本"活教材"，有效防治疫后综合症。三是要全力维护制度权威，加强对疫情防控规定和教育教学制度执行情况的督导。高校党委要抓住这次疫情防控中规则意识普遍增强的难得机遇，撷取这次抗疫斗争中的先进事例进行先进典型教育；高校纪委也要加大警示教育力度，不断完善监督体系，进一步巩固和增强师生员工的规则意识，提高制度执行力，为高校推进内部治理体系和治理能力现代化提供制度保障。

（原载华中师范大学校园网"华大在线"2020年7月1日）

四、国际比较篇

国外高等学校分类法及其评析
——以美国卡内基和联合国教科文组织的分类法为例

高等学校分类与定位问题是一个世界性难题,也是目前中国高等教育亟待解决的紧迫问题,而如何分类是其中的关键。综观世界高等教育,各国高等学校之间都不同程度地存在着相互攀比、追求"升格"的现象。中国也不例外。目前,我国高等学校中出现了分工不清、定位不明、目标雷同、特色迷失等问题,导致高等学校竞争秩序混乱,相互之间无序争夺生源,盲目追求办学规模的扩张和办学层次的升格,造成了高等教育资源浪费,制约着我国高等教育的可持续发展。本文试以美国卡内基和联合国教科文组织的分类法为例进行介绍和评析,旨在为构建适合中国国情的高等学校分类法提供有益的借鉴和启示。

一、卡内基教学促进基金会的高等院校分类法及其评析

目前,世界上关于高等学校分类中最著名的是美国卡内基教学促进基金会的高等院校分类。1970年克拉克·克尔在担任卡内基高等教育委员会主席职务后,根据不同的高等教育机构承担的不同任务,将美国各类大学和学院予以分类,并制定了明确的划分标准,供卡内基教学促进委员会内部使用。该分类法于1973年首次公开发表,经多次修订后渐趋完善,先后出版了1973年、1976年、1987年、1994年、2000年等版本。下面以2000年版为例进行介绍:

(一)分类步骤

2000年版《卡内基高等院校分类》使用了最近三个学年(1995—1996学年、1996—1997学年、1997—1998学年)的数据对高等院校进行分类。每所院校都要经过两次分类:第一次是用这三个学年的平均数进行分类,第二次是用最近一个学年,即1997—1998学年的数据进行分类。如果两种分类法得出的结果不一致,则直接求助于院校的领导,以便得出正确的分类。

(二)分类依据

2000年版《卡内基高等院校分类》主要是依据高等院校的学术任务进行

分类的，其具体根据有二：一是根据所授学位的层次，从纵向上将高等学校分为6大类，即博士/研究型大学、硕士学位授予院校、学士学位授予院校、副学士学位授予院校、专门院校和部落院校，其中专门院校和部落院校为特殊类型。二是根据所授学位的数量及其他因素，将高等院校分为7小类，即博士/研究型大学－E类和I类，硕士学位授予院校I类和II类，学士学位授予院校文科类、普通学科类，学士/副学士院校类。

（三）分类标准及分布数比较

1. 分类标准比较

2000年版美国《卡内基高等院校分类》基本保持了1994年版的分类结构，但在三个方面作了重大修改：一是将有权授予博士学位的高等学校从四种类型减为两种类型；二是新增了学士/副学士学位授予院校；三是对某些高等学校类型的定义及划分标准作了较大修改。例如，在博士/研究型大学中，不再将获取的联邦政府资助作为划分标准，而代之以过去曾经使用过的授予博士学位的数量，并增加了授予博士学位的学科领域覆盖面的标准。下面以1994年版与2000年版研究型大学I类和II类分类标准为例进行比较（见表1）：

表1 1994年版与2000年版研究型大学分类标准比较

版本	研究型大学I类	研究型大学II类
1994年	这些院校提供全程学士学位课程，并承担能颁发博士学位的研究生教育，高度重视科研工作。这些院校每年颁发50个或更多的博士学位。此外，它们每年至少获得4000万美元或更多的联邦资助。	这些院校提供全程学士学位课程，并承担能颁发博士学位的研究生教育，高度重视科研工作。这些院校每年颁发50个或更多的博士学位。此外，它们每年至少获得1550万～4000万美元的联邦资助。
2000年	提供大量的学士学位课程，并承担能颁发博士学位的研究生教育；在调研的三个学年中，每年至少在15个学科领域授予至少50个或更多博士学位。	提供大量的学士学位课程，并承担能颁发博士学位的研究生教育；在调研的三个学年中，每年至少在3个或更多的学科领域授予20个博士学位。

资料来源：根据戴荣光的文章《美国〈卡内基高等院校分类〉：2000年版简介》和沈红的著作《美国研究型大学形成与发展》有关资料改编而成。

2. 分布情况比较

按照卡内基五个版本的高等院校分类法，1973年版至2000年版美国高等院校分布情况发生了引人注目的变化:有权授予学位的高等院校总数从1973年版的2837所增加到2000年版的3941所,增加1104所。其中博士/研究型大学从173所增加到261所,所占比例基本保持稳定;两年制学院、艺术副学士与副学士学位授予院校从1063所增加到1669所,所占比例增加4.8个百分点;规模较少的专门院校从424所增加到766所,所占比例增加4.5个百分点。但硕士学位授予院校虽从456所增加到611所,所占比例却下降了0.6个百分点;学士学位授予院校数有所减少,从721所减少到606所,所占比例下降10个百分点。

(四) 评析

《卡内基高等院校分类》自1973年公开发表以来,不仅促进了美国高等院校的多样化,对美国高等院校的评估做出了很大贡献,而且在世界高等教育史上首次提出了根据高等院校的任务来划分高等院校类型的方法,为各国政府(包括我国)进行高等教育政策分析和决策提供了有价值的参考。"从世界范围来看,美国卡内基高等教育机构分类是最细致、最清楚而又符合高等教育发展规律、符合美国国情的一种分类,可引为借鉴。"[①]

第一,提供了用于政策分析和高等教育研究的工具。克拉克·克尔在1973年公开出版的《卡内基高等院校分类》目录的"前言"中指出:"在该分类的早期阶段,卡内基高等院校委员会认为,急需一本对高等院校进行分类的工具书;该工具书的政策分析用途比单纯的分类更重要。我们的想法是,相对于各院校的职能及相对于各院校的师生特点而言,应找出性质大体相同的各院校之间的区别,即对它们进行分类。""因为我们认为,这对从事高等教育研究工作的许多个人和组织都非常有用。"[②] 因此,作为一种研究工具书,该分类法对美国乃至世界高等教育政策分析和高等教育研究产生了重大而深远的影响。但应当看到,它的初衷既不是对高等院校进行排名,也不是促使高等院校进行改革。

第二,在促进美国高等院校合理分工和高等教育的多样性方面发挥了政策引导作用。格雷厄姆和南希·戴蒙德在《美国研究型大学的崛起》(1977年)一书中写道:"卡内基的那套做法是要把政策制定者的注意力从全国的研

---

① 沈红.美国研究型大学形成与发展[M].武汉:华中理工大学出版社,2000:262.
② 戴荣光.美国《卡内基高等院校分类》:2000年版简介[J].世界教育信息,2002(10):16-23.

究型大学引向他方,旨在强调那些不以研究为导向的绝大多数高等院校的多样性和其重要的社会价值。"① 事实确实如此,在开始阶段的几个报告中,卡内基委员会建议:"在院校类型和教学计划方面都应保留,甚至增加高等院校的多样性;反对或抵制趋同性",并"要巩固大学现有的数量"②。因而实际上发挥了引导美国高等教育政策制定者坚持分类发展原则和高等院校合理分工的作用,为满足美国不同阶层人们的多样化、多层次的高等教育需求做出了贡献。

第三,首次提出了根据任务来区分高等院校的分类方法,为美国高等教育评估提供了比较科学的依据。卡内基委员会认为,高等院校的行动决定其任务,必须最大限度地用任务来区分高等院校,因而《卡内基高等院校分类》特别强调高等院校的职能,并被广泛解释为就任务而将学院和大学分开。从这个意义上说,卡内基高等教育委员会的主要精力就是收集高等院校的表现(行为)方面的客观数据,并以此作为评价高等院校的依据,为美国政府和各州政府进行教育拨款、引导社会资金投向高等院校提供了参考。

但是,必须看到,《卡内基高等院校分类》也有其不完善或者说不足之处。

第一,该分类法的目的应该说没有完全达到。30 年前卡内基教学促进基金会建立分类标准时,其基本设想是根据学术任务对美国高等教育机构进行分类,而不是根据学院的财力、素质、声望或其他标准设立一个排行榜。正如美国佛罗里达大学历史教授约翰·隆巴底所指出的:"它的分类系统越来越多地被用来为学校排名。"

第二,该分类法将"天平"倾向到了研究一边。卡内基教学促进基金会发布的前几版高等院校分类,都是根据学术任务对高等教育机构进行分类的,而不是根据高等院校的社会职能,因而在这种以学术为导向的分类和评价标准引导下,美国高等院校中形成了一种以研究挂帅的风气,高等学校的办学也趋向研究型,教师热衷于追求成为卓越的研究者而非教学者,研究型大学优质的教学品质常成为流于口惠而不实的口号,甚至只是为吸引学生入学的宣传手段③。2000 年版的新分类取消了高等学校每年获得的

---

① 戴荣光. 美国《卡内基高等院校分类》:2000 年版简介 [J]. 世界教育信息,2002(10):16-23.

② 戴荣光. 美国《卡内基高等院校分类》:2000 年版简介 [J]. 世界教育信息,2002(10):16-23.

③ 梁德杰,陈家鹏. 对教学型高校评估的政策导向研究 [J]. 中国高教研究,2003(6):24-26.

联邦研究经费，代之以某些特定的学科中颁发的学位数量来划分高等教育机构。其目的就是希望这种方法能够防止其沦为排名工具，避免过分强调高等院校的学术研究而忽视人才培养和为社会服务的职能。但是由于该分类法企望能广泛适用于美国所有高等教育机构，涵盖的类别过于宽广，反而影响了其原有的价值，即提供一个公正、系统的明确的高等教育机构分类和次序，以致它们几乎没有什么意义——除了对那些包含在界限以内的学校[①]。

第三，该分类法中的某些测量指标并不是完全适当的。比如教职员工的人均绩效是很令人怀疑的。因为在不同的学校，院系有着不同的功能。判断人员绩效还需要更广泛的资料信息，这牵涉到学校的关注重心和工作分配[②]。并且，其分类的依据仍然主要是建立在学科学位数量基础上，对于教学的情况和社会服务的情况考虑得不多，结果容易导致高等学校在其履行三大社会职能上出现偏差，尤其是人才培养工作的偏差。

二、联合国教科文组织第5～6级教育（高等教育）分类标准及其评析

20世纪70年代，联合国教科文组织制定了第一个《国际教育标准分类》（ISCED），并于1975年在日内瓦召开的第35届国际教育会议上获得批准，作为各国教育分类的指导和进行教育统计的依据。1978年，在巴黎召开的联合国教科文组织第20届大会上通过了《关于教育统计国际标准化的修订建议案》。从1992年开始，联合国教科文组织专家对原分类法进行更新和修订。经过反复论证并征求意见，于1997年1月25日正式发布了《国际教育标准分类（第二次修订稿）》。同年8月8日，该标准分类法在巴黎召开的联合国教科文组织第29届大会上被正式批准实施。其中，第5～6级教育即高等教育阶段。

（一）目的、用途和适用范围

1. 目的

在1997年《国际教育标准分类》的"引言"中，联合国教科文组织指

---

① 约翰·隆巴底. 大学需要什么样的分类系统［J］. 新华文摘，2003（3）：174-220.

② 约翰·隆巴底. 大学需要什么样的分类系统［J］. 新华文摘，2003（3）：174-220.

出:"制定《国际教育标准分类》的目的,是使其成为一份供各国国内和国际上收集、汇编和提出可比较的教育指标与统计数据的文件","涵盖了为儿童、青年和成年人,包括为有特殊教育需求的人提供的所有有组织的和持续的学习机会,而不管是何种教育机构以何种方式提供的这些教育"①。这说明其主要目的是提供一套便于各国国内和国际上通行的教育数据和教育指标统计标准。

2. 用途

《国际教育标准分类》是一种多用途的分类法,主要有如下用途:

(1)用于多方面的教育统计。诸如关于在校生人数,投入教育的人力、财力以及关于居民受教育水平等方面的统计,因而具有普遍有效性,是一种国际上通用的分类法。

(2)用于教育政策分析和教育决策。由于《国际教育标准分类》是按照教育级别和学科这两个主要方面对教学计划进行分类的,因而在收集在校生人数的资料方面具有标准明确、容易理解和使用方便等优点。但是,该分类法并不涉及教育系统内学生的流动情况,在用于收集居民受教育水平的资料时应对其进行适当的修改。

3. 适用范围

(1)从统计的角度为政策制定者在进行国际教育比较时提供全面描述本国教育与学习制度的统计框架。

(2)为教育工作者将本国教学计划转换成可进行国际比较的类别提供了方法,其中本国教学计划分为教育级别和学科分类。

(3)帮助各国把关于本国教育的教职员及学生数、教育提供者和主办者的详细教育统计数据转换成为在国际上可作比较并能被正确理解和统一划分的各种类别。

(二)分类标准及与我国教育层次的对应关系

1. 分类标准

以教学计划为基础进行分类,即按照教育级别与学科对教学计划进行分类,从而将教育划分为不同级别,具体见表2。

---

① 教育部教育信息管理中心. 国际教育标准分类法[J]. 教育参考资料,1998(18):3-6.

表2 《国际教育标准分类》第5～6级教育（高等教育）分类

阶段	主要特点	分类标准	补充标准
第一阶段（5级）	1. 此级由第三级教学计划（高等教育计划）组成，进入这些计划一般需要完成《国际教育标准分类》的3A或3B学业（高中），或达到与4A（升学预备班）相当的水平。 2. 所有学位和资格都按教学计划的类型、国家学位资格或文凭结构和第三级教育的累计时间进行交叉分类。	1. 起码入学要求是完成《国际教育标准分类》的3A或3B或4A的学业。 2. 5级的教学计划不可直接获得高级研究资格（6级，相当于我国的博士研究生学位）。 3. 必须从5级开始时算起至少有2年的理论持续时间。	1. 教学计划的类型可分成两类：一是理论型，为研究作准备的或可从事高技术要求的专业类计划；二是实用的、技术的，适应具体职业的计划。 2. 相当于全日制的理论累计时间。 3. 国家学位或文凭结构（第一学位、第二学位或更高学位）。
第二阶段（6级）	1. 此级专指可获得高级研究文凭的第三级教学计划。 2. 以旨在进行高级研究和有创新意义的研究为主，而不以上课为主。	1. 主要标准：一般要求提交一篇达到发表水平的论文或学位论文，它必须是有独到见解的研究成果并对知识的丰富有重要贡献。 2. 次要标准：培养的毕业生可在提供5A教学计划的学校中担任教师以及在政府、工业等部门中担任研究职务。	在一些国家中，学生刚开始接受第三级教育时就直接注册于可获得高级研究文凭的教学计划学习，其中集中于高级研究的那部分计划应划归此级。

资料来源：教育部教育信息管理中心. 国际教育标准分类法[J]. 教育参考资料，1998（18）：3-6.

此表系根据有关资料改编而成。

2. 第5～6级教育（高等教育）与我国高等教育的对应关系

《国际教育标准分类》第5～6级教育（高等教育）与我国高等教育层次结构的对应关系见表3（系根据有关资料改编而成）：

表 3 《国际教育标准分类》与我国教育的对应关系

《国际教育标准分类》教育级别	中国教育层次结构		
级别名称	代号		层次名称
学前教育	0		幼儿园
初等教育（基础教育第一阶段）	1		小学
初级中学教育（基础教育第二阶段）	2		初中
高级中学教育（高中）	3		高中
非高等的中学后教育（升学预备班）	4		
高等教育第一阶段（不可直接获得高级研究文凭）	5	5A（4年以上） 5A1	硕士研究生阶段（侧重于基础理论学科的本科）
		5A（4年以上） 5A2	本科和硕士研究生阶段（侧重于应用的工、农、医、师）
		5B（2~3年）	专科、高职教育阶段
高等教育第二阶段（可获得高级研究资格）	6		博士研究生教育阶段

资料来源：①教育部教育信息管理中心. 国际教育标准分类法 [J]. 教育参考资料，1998（18）：3-6.

②潘懋元，吴玫. 高等学校分类与定位问题 [J]. 复旦教育论坛，2003（3）：5-9.

（三）经验及启示

联合国教科文组织的《国际教育标准分类》，是适用于世界各国国内和国际教育统计的分类法，经过较长时间的使用，被证明是行之有效的教育统计工具，在国际分类法中占有重要的地位，产生了重要影响，为构建中国高等学校分类法提供了有益的经验和启示。

1. 该分类法具有普适性

由于联合国教科文组织在制定《国际教育标准分类》时充分考虑到了世界各国（包括发达国家和发展中国家）教育发展不平衡的情况，而不只局限于某一个国家或地区的教育（包括高等教育）状况，因而基本涵盖了世界各国所有教育的类型，具有普适性。从这个意义上说，它可以更好地作为我国高等教育类型划分的参照①。这就启示我们，研究我国高等学校分类标准时，

---

① 潘懋元，吴玫. 高等学校分类与定位问题 [J]. 复旦教育论坛，2003（3）：5-9.

应当学习并吸取该分类法的经验,在设计中国高等学校分类法时,应该充分考虑到分类法的普适性问题。如果一种分类法只能涵盖一个国家、地区或者某一层次、某一类型的部分高等学校,那么它就不具有普适性,因而这样的分类也就没有普遍推广意义。

2. 该分类法具有标准明确、具体,容易理解等优点

《国际教育标准分类》是以教学计划为主要标准的分类法,特别是其"所依据的主要标准是专门人才的类型而不只是层次的高低与科研规模的大小"[①],因而既与教育理论界以"人才培养职能作为划分教育类型的主要依据"的共识相一致,也符合教育(包括高等教育)最本质、最根本的特征。这就启示我们,判断一种教育分类法的好坏,首先应看其分类的依据是否以人才培养职能为主;如果分类的依据主要不是人才培养职能而是办学层次、科研规模、学科门类或科学研究,那么毫无疑问该分类法就是不科学、不完善的。因此,在研究中国高等学校分类问题时,我们必须将高等学校人才培养职能放在优先和重要的位置来考虑,在分类时必须以高等学校履行三大社会职能特别是人才培养职能的状况为主要标尺。

3. 该分类法比较成熟,并得到世界各国认可

《国际教育标准分类》被联合国教科文组织批准实施以来,经过20多年来的使用,已为世界各国教育管理和研究人员所熟悉和掌握。同时,通过1978年的部分修订和1997年的重新修订,该分类法将教学计划划归某一教育级别的规则已日趋完善,其划分标准也更加明确和具体,特别是其中对适用范围的界定,对"教育""教学计划""交叉分类可变因素"等概念的规定,对教育的大类与学科划分的修改和完善等,有效防止了该分类法被无限制地滥用或误用。从这个角度看,该分类法具有科学性、规范性、可操作性等优点。它启示我们,提出高等学校分类法时必须明确界定有关定义,对分类标准的设计应尽可能明确和具体,并具有可操作性,决不能随意改变甚至留有"空白",以致引发歧义。

当然,《国际教育标准分类》作为国际上通用的教育分类法,在具体到一个国家或地区的高等学校分类时,就应注意其适用"边界"问题,以防止其被无限制地误用或滥用。

首先,由于该分类法的设计者要充分考虑到世界各国的各种类型和层次

---

① 戴荣光. 美国《卡内基高等院校分类》:2000年版简介[J]. 世界教育信息,2002(10):16-23.

教育的不同情况，且必须涵盖儿童、青年和成人教育，普适性是其必须优先考虑的问题。因而该分类法在分类名称上用于世界性的教育分类是可行的，也是必要的，既容易为各国教育统计部门的技术人员所掌握，也容易为政府官员以及对教育统计数据感兴趣的人所理解。但如果将其简单套用于某一国家、地区的高等学校分类，对普通公众而言，就可能因分类习惯和文化传统的不同而难于被认可并推广。

其次，由于该分类法主要是一份供各国国内和国际上收集、汇编和提出可比较的教育指标与统计数据的文件，虽然其在适用于教育数据统计的同时，也可用于教育政策分析和教育决策，但它毕竟只是从教育统计角度为决策者及其用户提供参考，而不能从高等学校合理分工方面提供适当的政策分析工具和准确的情报。因此，不能无限制地将该分类法推广到高等学校的分类。这是因为，尽管该分类法在某种情况下（用于教育统计）可推广到教育阶段分类，但高等教育是建立在基础教育基础之上的专业教育，高等院校在职能上比中、小学更加宽广和复杂，所以建立旨在提供政策分析和高等教育研究工具的高等学校分类法不仅要考虑纵向分层，也要考虑横向分类。只有将不同类型和层次的高等学校划归到相应的类型和层次，才能比较准确地把握某一所高校的类型，也才能真正发挥分类法在引导高等学校分类办学方面的作用。

（原载《当代教育论坛》2004 年第 3 期）

高等教育国际化≠西方化≠美国化

经济全球化有力地促进了高等教育国际化进程，不管人们愿不愿意、承不承认，这一进程伴随着世界贸易组织《服务贸易总协定》的签署正在进一步加速。应当肯定，高等教育国际化既是经济全球化的必然结果，又是高等教育自身发展的内在逻辑，因而大学国际认证、各国大学之间的学历和学分互认等现象的出现就具有客观必然性。但是，目前世界范围内越来越多的高等学校正在积极寻求美国大学认证的现实、美国比较教育学家菲力普·G.阿特巴赫教授"学术殖民主义在行动"的善意提醒，却不能不引起我们的深思，也不能不令我们进一步追问：高等教育国际化难道就是"美国化"抑或是"西方化"？美国模式难道就是世界高等教育的范式？西方国家大学的标准难道就是世界各国大学的标准？毋庸置疑，答案是否定的。

首先，从教育的外部关系规律看，一定社会、国家的高等教育总是与一定社会、国家的经济、政治、文化存在着内在的必然的联系。历史上从来就没有脱离经济、政治、文化而孤立存在的高等教育，也不存在与高等教育毫不相关的经济、政治和文化，高等教育总是要受到一定社会、国家的经济、政治、文化的制约并为其服务。也就是说，作为培养高级专门人才的社会活动，高等教育是与一定社会、国家的根本利益息息相关的，每个国家都必然要求高等教育培养代表和维护国家及民族利益、文化传统乃至价值观的专门人才，并为巩固和发展本国的经济、政治和文化服务，而决不会允许高等教育摆脱国家经济、政治、文化的制约，并坐视国家教育主权的旁落甚至丧失而不顾。因此，当一国以国际认证的方式来认证另一个国家的大学时，必然涉及民族精神、国家意识、文化传统和高等教育价值观等问题，这就决定了被认证国家的大学不可避免地会或迟或早、或多或少地受到认证国家经济、政治、文化的影响甚至制约，并最终导致学术话语权被剥夺、国家教育主权丧失、民族意识淡薄、民族凝聚力消解等严重后果。对此，被认证的大学及其国家必须高度警觉，否则就可能成为美国或西方文化的"殖民地"或"自治领"，这决不是危言耸听。

其次，从高等教育发展史看，世界上从来就不存在一种单一的、放之四海而皆准的高等教育范式，照抄照搬他国高等教育模式注定会以失败而告终。例如，二战后一些脱离帝国主义殖民统治获得独立的新兴民族国家，因急于摆脱高等教育的落后局面而不顾国情和民族特性全面模仿西方发达国家的大学模式，照抄照搬其高等教育制度，最后都陷入了困境。又如，殖民地时期的美国移植英国大学模式创办了哈佛学院，19世纪中期又移植德国柏林大学模式创办了霍普金斯大学，这种简单的模仿并没有使美国高等教育跨入世界先进行列。随后，霍普金斯大学率先创建了美国最早的研究院。1862年美国国会通过《莫雷尔法案》，富有创造性地在世界上首次将大学作为社会服务的一种机构，美国大学模式才初见雏形。随着大学选科制的创立和一大批社区学院的创办，美国高等教育终于冲破了英、德大学框架的束缚，形成了具有自己特色的模式，从而为美国高等教育走向强盛奠定了坚实基础。再如，我国高等教育近代化的结果是建立了西方模式的高等教育制度，但仍不可避免地打上了中华民族的烙印，此后无论是民国初年模仿法国大学区模式、德国大学模式和随后模仿美国大学模式，还是新中国成立初期全盘学习苏联高等教育模式，最终都并未建立起从属于他国的高等教育制度。由此可见，由于各国国情有别，历史、文化传统特别是价值观的差异，世界各国包括那些曾经长期是殖民地的新兴民族国家的高等教育都形成了各自的特色，正是这些特色构成了具有广泛多样性和丰富个性色彩的世界高等教育体系。尽管不同国家和社会的高等教育在教育本质、规律、功能等方面呈现出共性，特别是在自然科学和工程技术等学科领域具有明显的共同特征，并且也正是因为这些共同特征使世界高等教育形成了一种国际化趋势，但这并不意味着各国高等教育会完全趋同，甚至建立一种以某一国家高等教育制度为范式的所谓世界高等教育模式。

再次，从高等教育国际化本身看，民族化既是其前提又是其归宿，高等教育国际化必然伴随着民族化。必须看到，高等教育国际化促进了各民族文化的相互交融与碰撞，使得各国高等教育在适应国际化趋势的同时更加强调民族性格、民族精神和民族特色，并呈现出一种民族化的趋势。为了便于世界各国在世界贸易组织框架下的教育服务贸易往来，才有大学国际认证的必要，才有学历和学分互认的需求。但是，这种大学学历和学分的互认，决不是以排斥民族化为前提的，恰恰相反，其必须以民族化为前提。因此，任何国家想通过大学国际认证的方式来进行学术殖民并建立一种单边主义的世界高等教育体系的企图，只会引起世界各国的强烈反对和坚决抵制；任何假借大学国际认证之"名"行侵犯他国教育主权之"实"的行径，只能是其文化

四、国际比较篇

殖民主义梦想者的"单相思";任何企望照抄照搬西方国家高等教育模式从而加速本国高等教育现代化和国际化进程的善良愿望,只不过是一种近乎天真和幼稚的幻想!不言而喻,其最终结果必然是世界范围内学术殖民主义、文化霸权主义的盛行,发展中国家被"西化"而成为"边缘化"国家。

复次,从文化学的视角考察,高等教育国际化必将促进世界高等教育的多样化,而非单一化。作为文化的有机组成部分,高等教育既是一种特定的文化活动又是一种文化形式。在经济全球化和高等教育国际化的形势下,高等教育的文化功能愈显重要。通过发挥高等教育在文化选择、文化传承、文化保存、文化批判、文化创造等方面的功能,可以促进世界各民族文化的相互开放,加速各国文化的交流与融合,使得各国高等教育在文化的开放中相互学习、取长补短,既合作又竞争,在学术文化的交流中既多样发展又相互认同和理解,并进一步创造各具特色的高等教育新模式。因此,高等教育国际化决不会是"西方化"或"美国化",而是在相互学习和借鉴基础上的多样化。

最后,从大学国际认证的过程看,既存在着合作又存在着竞争甚至冲突。就被认证国的大学而言,为了加强国际交流与合作,尽快提升其办学质量和在国际高等教育界的影响力,必须学习包括美国在内的世界各国先进的高等教育经验,并借助国际认证的形式来赢得国际信誉,同时,为了开拓国际高等教育服务贸易市场,实现"走出国门办学"的目标,各国高等学校也亟需获得国际同行的承认和认可。从认证国的角度来说,其目的是通过认证这一手段来宣传其大学的理念、制度和标准,并使这种制度和标准成为国际高等教育的范式,从而在国际高等教育服务贸易竞争中获取绝对优势,以控制、占领他国高等教育市场;同时,通过认证将本国高等教育价值观确立为全球通行的高等教育价值观,从而利用其在高等教育上的雄厚实力从意识形态、文化理念和价值观念等方面全方位影响、控制发展中国家,达到推销其价值观念、进行文化渗透和文化殖民的目的。显而易见,问题的实质不在于要不要大学的国际认证,而在于由谁来进行大学国际认证,认证的标准是某一个国家说了算还是由所有加入了《服务贸易总协定》的成员方平等协商来确定。笔者以为,对世界各国来说,应当是在世界贸易组织的框架下,由各成员方共同协商制定并实施国际大学认证体系;而对国家之间的大学认证而言,则应该按照对等的原则,进行双向的大学认证而不是单边认证。

综上所述,高等教育国际化既不等于"西方化"更不等于"美国化",而是为世界各国所认同并普遍接受的国际教育惯例的一体化进程,是建立在平等竞争、互利共赢、保持高等教育多样化和民族化的基础上，逐步形成国际高等教育质量标准框架和竞争规则的过程。应当看到，高等教育国际化既有国际合作又有国际竞争。仅就国际竞争而言，一方面高等教育竞争不像经济领域的竞争那样外显和激烈，另一方面高等教育竞争又往往与意识形态、价值观念、政治理念和人类文明形态之间的冲突纠缠在一起，这就使得高等教育国际化进程中的文化殖民主义、霸权主义的渗透更具隐蔽性、复杂性和欺骗性，从而使得发展中国家在诸如大学国际认证之类的问题上往往认识不足，缺乏应有的警觉和洞察力。并且，由于发展中国家的经济，特别是高等教育水平整体上落后于西方，从而使得发展中国家缺乏与之平等对话的自信和勇气，在不知不觉中陷入被动应对的局面。如果发展中国家的人们以这样一种心态去应对高等教育国际化的挑战，以西方高等教育的价值、标准、制度、理念为依归，那将不仅是发展中国家高等教育的悲剧，也将是世界文明的灾难！因此，在推进我国高等教育国际化的过程中，我们必须结合中国国情，坚持"以我为主、为我所用"的方针，既要防止脱离国情和民族文化、鹦鹉学舌式的照抄照搬，又要防止出于维护国家教育主权的良好动机而盲目排外、固步自封，更要抵制那种以西方高等教育理论为理论、以西方国家高等教育模式为范式的"从属理论"的负面影响，并抓紧建立起中国高等学校的认证体系，使我国高等教育在植根中华民族优秀文化传统的肥沃土壤中从容、稳健地走向世界，真正走出一条具有自己特色、国际化与民族化相结合的中国高等教育跨越发展之路。

（原载《复旦教育论坛》2004年第2期）

参考文献：

［1］潘懋元. 潘懋元论高等教育［M］. 福州：福建教育出版社，2000.

［2］菲力普·G. 阿特巴赫. 学术殖民主义在行动：美国认证他国大学［J］. 陈运超，译. 复旦教育论坛，2003（6）：1-2.

［3］史贵全. 国际化与民族化相结合：高等教育现代化的必由之路［J］. 高等教育研究，1996（6）：27-31.

［4］赵祥麟. 西方高等教育简史［J］. 上海高教研究，1981（1）：116-125.

［5］别敦荣. 传统文化塑造了中国高等教育的民族性［J］. 教育研究，1996（11）：29-30.

［6］刘海峰. 传统文化与中国高等教育［J］. 教育研究，1996（11）：27-29.

［7］邬志辉. 教育全球化现象的多维审视［J］. 高等学校文科学术文摘，2003（5）：72-75.

［8］陈学飞. 中国高等教育50年：1949～1999［M］. 北京：教育科学出版社，1999.

近代以来法国高等教育分化与重组的历史考察

高等教育分类研究必须建立在历史方法的基础之上,而分化与重组是高等教育及其机构自产生以来相伴而生的现象和必然趋势。从历史学的视角梳理高等教育产生以来分化与重组的脉络,有利于我们清晰地把握高等教育与社会经济、政治、文化、人口等方面互动的关系,从中归纳高等教育分化与重组的历史经验和基本规律。由于法国的政治和文化背景与我国在某种程度上具有一定的相似之处,因此本文对近代以来法国高等教育分化与重组的进程与政策进行历史考察,以期为我国高等教育分类发展的政策架构提供历史借鉴与经验启示。

一、近代以来法国高等教育分化与重组的历史脉络

(一)法国近代高等教育及机构的分化

法国近代高等教育的分化与重组受到国家政权的干预和控制。与英国、德国由中世纪大学衍续发展的分化路径明显不同,近代法国高等教育分化体现出强烈的国家主义和功利主义色彩。其中,法国大革命和拿破仑时代基本奠定了法国高等教育以中央集权为特征的部门管理体制和以国家政策为导向的分化与重组机制的基础。高等教育机构的类型有:

1. 法国大革命时期的类型

1793年法国资产阶级国民议会通过《关于公共教育组织法》("达鲁法案"),关闭传统大学和建立专门学院,初步建立了国家管理高等教育,并实行教学机构与研究机构分立的体制。高等学校主要有两种类型:

(1)高等专科学校。这是按照"传授一门科学、一门技术或一门专业"的方针设置的专门性高等教育机构,如1794年创立的卫生学校、军官学校、高等师范学校、工艺学院,1795年创办的东洋语学校、纬度学会(设有天文学讲座)、音乐学院等。它主要开设近代新兴实用性学科,培养特定领域的专门人才。当时,共设立10多所高等专科学校,分属政府不同部门管辖,后来

被统称为"大学校"（les grandes écoles）①。

（2）综合理工学院。1794 年成立，初名为"中央公共土木事业学校"，次年改名为"综合理工学院"，直接隶属于法国政府，培养科学人才。其前身为工兵学院和土木学院，重视科学理论学习与教学实践结合，学制三年，入学考试严格，课程设置规范，并首次在课程中引入近代科学内容，成为近代科学和技术学院的样板②。同时，法国建立了专门的科研机构，标志着法国教学机构与科研机构分立模式的出现。这些科研机构主要有：法兰西学院、自然历史博物馆、科学研究院、医学研究院、国立文理研究所等。

2. 拿破仑时期的类型

拿破仑政权于 1802 年、1806 年和 1808 年颁布了一系列法令，建立了"帝国大学制"。实际上，"帝国大学"是指整个法兰西帝国内所有公共高等教育机构的总称。这一时期法国高等教育机构主要有：

（1）学部。学部（faculty）是高等教育机构，各学部实际上是独立学院或单科大学，主要包括神学、法学、医学、理学、文学五大类，传授"高深学问"，培养各学科专家。1870 年以后，理学部中的工科和技术学院与专门学院和综合理工学院共同构成了 19 世纪法国高等教育机构的重要组成部分。1896 年，法国政府将分散各地的文学部、理学部、医学部、法学部、神学部合并，改名为大学。

（2）工科学院。19 世纪末法国创办了新型高等教育机构——工科学院。这种新型机构具有以下特点：一是以培养和造就"工程师阶层"为目标；二是由企业家和地方当局联合创办、维持和管理；三是课程设置大致相同，并且主要通过生产过程特别是实验和实习培养学生的实际操作技能；四是学生主要来自中下阶层，并主要在工厂和企业就业。

（二）现代法国高等教育的分化与重组

1. 两次世界大战期间（1914—1945）

总体来看，二战前夕法国高等教育已经形成了大学与大学校（指各类高等专业学院）并行的"双轨制"体系，即"一个国家、两种大学"的高等教育格局③。

---

① 贺国庆，王保星，朱文富，等. 外国高等教育史［M］. 北京：人民教育出版社，2003：123.

② 黄福涛. 外国高等教育史［M］. 上海：上海教育出版社，2003：127.

③ 黄福涛. 外国高等教育史［M］. 上海：上海教育出版社，2003：207.

(1) 大学，主要从事理论教学和科学研究，以培养教师和学者为目标，可视为普通型高等教育。

(2) 大学校，侧重于实用性教学，与企业界联系紧密，一般不从事基础研究，以培养工程师等各种实用型人才为目标，可视为专门性高等教育，并逐渐演变为法国精英高等教育体系①。1939年法国国家科学研究中心成立，是从事基础科学、应用科学和社会科学研究的机构。两次世界大战期间，法国高等教育体系分化情况可用图1表示：

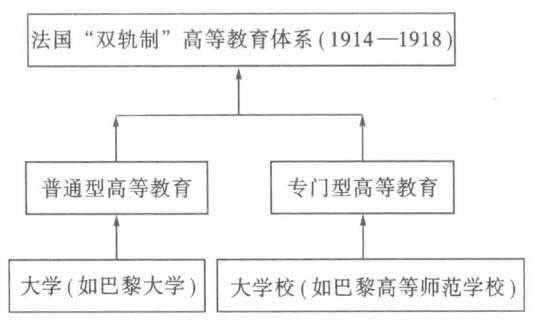

图1　两次世界大战期间法国高等教育分化示意图

2. 二战后高等教育的分化与重组（1945—1980）

在类型结构上，1950年法国开办了高级技术员班；1966年又正式创办了两年制的大学技术学院，短期高等教育子系统（非大学子系统）开始形成。如此一来，在横向结构上，法国高等教育分化为大学系统（大学校、大学）、非大学系统（大学技术学院、高级技术员班）；在层次结构上，法国于1966年将大学本科教育学制由四年一贯制改为"2-2"分段制，前两年进行普通教育，后两年进行专业教育，新设置硕士学位。至此，法国高等教育由原有的学士—博士两级变为学士—硕士—博士三级学位；大学、大学校纵向上形成了三个层次。其分化情况如下：

(1) 大学分为三个层次，可视为学科型高等教育系统。

第一阶段，普通教育阶段。学生按某一类学科学习，学制两年，修满规定学分可授予大学普通学业（理科和文科）文凭，学生凭这一文凭既可直接升入大学第二阶段学习，也可进入劳动力市场就业。

第二阶段，专业教育阶段。学生在考试委员会指导下选择专业方向学习，学制两年，修完第一年课程可获得学士学位，修完第二年课程可获得硕士学

---

① 黄福涛. 外国高等教育史［M］. 上海：上海教育出版社，2003：207-210.

位（法国硕士学位系本科文凭，而不属于研究生教育层次）。获得第二阶段的不同学位后可以升入第三阶段学习，或者进入劳动力市场就业。20 世纪 70 年代初，大学增设了管理应用信息硕士、管理科学硕士和科技硕士等应用性强的硕士学位。

第三阶段，博士生教育阶段。学制 3～4 年，分为两段。第一年为第一段，设置两个平行的国家文凭，供学生自主选择：一是研究型的深入学习文凭，为今后攻读博士学位的必备条件，或视为博士预备阶段；二是职业型的高级专业学业文凭，一般不能申请攻读博士学位，而是一种高级就业资格。第二段博士文凭学习年限为两至三年，学生在导师指导下参加一个研究小组，完成博士学位论文。

1973 年，法国设置了工程师博士文凭和国家博士文凭两种新的博士文凭。

工程师博士文凭学制三年，第一年攻读深入学习文凭，后两年进入实验室学习和研究，与大学博士文凭属于同一水平层次。这一文凭是为满足已取得理科硕士学位或大学校毕业的工程师进一步深造愿望而设置的一种应用型博士学位文凭。一般认为，它与美国哲学博士文凭水平相当。

国家博士文凭为法国最高一级学位，是申请大学教授和国家科研中心高级研究员职位的必备条件，其学术地位高于大学第三阶段博士文凭。在取得大学第三阶段博士学位并工作若干年后才能申请，时间一般需要 5～10 年。

法国医学高等教育（含医学、牙科学和药学）是大学系统中一个特殊的子系统，一般分为三个阶段。培养一名专科医生至少需要 10 年，获得博士学位一般需要 8～11 年。

（2）大学校分为三个层次，可视为专门高等教育系统。大学校系统属于精英高等教育范畴，是法国高等教育最具特色的重要部分，包括工程、商业、管理、农业、高等师范等院校 470 多所，以培养高质量的工程师著称，这一系统主要分为三个层次：

第一，大学校预备班。一般设在重点高中，学制两年，招收高中毕业的优等生，主要学习基础课程，实行淘汰制。与大学第一阶段教育水平（相当于我国大学专科层次）相当，属于高等教育（中学后教育）范畴。结业时学生参加大学校入学的竞争性考试合格后可升入大学校就读。

第二，大学校第二级。招收大学校预备班结业的学生，学制三年，颁发工程师文凭。其水平相当于大学系统中第二阶段的硕士文凭，但工程师证书实际上在就业时高于大学系统的硕士文凭。获得工程师证书的毕业生既可以直接以工程师资格就业,也可以进入大学第三阶段攻读工程博士或其他相关学科的博士学位。

第三,大学校第三级。颁发工程博士文凭①。

(3) 短期高等教育虽分两种类型,但属同一层次,可视为职业高等教育系统。法国短期高等教育主要包括高级技术员班和大学技术学院,学制两年,实施职业高等教育,以培养生产、服务、研究、开发等行业的高级技术员和高级技工为目标,与大学系统第一阶段同属于一个水平层次(相当于专科教育层次)。

高级技术员班创办于 20 世纪 50 年代中期,以培养各行各业需要的高级技工为目标,颁发高级技术员证书。一般设在重点技术高中内。毕业后既可直接就业,也可进入大学第二阶段或大学校一年级学习,现有在校生 20 多万人。

大学技术学院是 1966 年法国高等教育改革的产物之一,设在大学内,是大学所属的一个特殊的培训与研究单位,招收取得高中毕业会考文凭的高中生,学制两年,以培养企业技术骨干为目标,颁发大学技术文凭。获得大学技术文凭者既可继续升入大学第二阶段学习,也可以三级技术资格就业。

由上可见,二战后法国高等教育系统趋向多样化:一是教育层次上分化为三级,二是教育类别上分化为三种类型,三是不同类型和层次高等教育之间相互衔接和沟通。其分化情况可用图 2 表示:

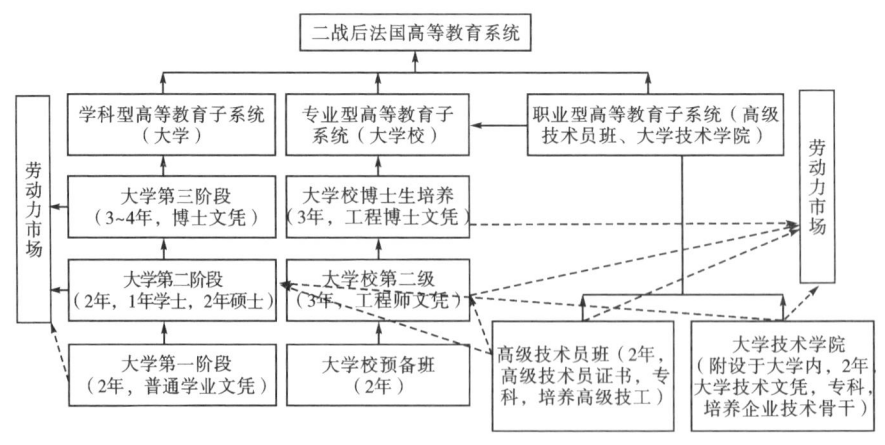

图 2　第二次世界大战后法国高等教育分化情况及学制

---

① 黄福涛. 外国高等教育史 [M]. 上海:上海教育出版社,2003:259-260.

二、近代以来法国高等教育分类政策的简要分析

(一) 拿破仑时期法国高等教育分类政策

1. 纵向结构：中央集权下的部门管理

法国高等教育实行中央集权下的部门管理体制，其基础奠定于拿破仑时代的"帝国大学制"。拿破仑时期，中央设置管理全国各类教育事务的"帝国大学"，全国被划分为不同的学区，学区设立一所高等教育机构。"帝国大学"的最高首长称为总长，学区设学区长，部长、学区长和教学人员均由国家任命。入学标准、课程设置、考试制度由国家规定，高等院校由中央各部门直接管辖，主要为国家培养军事、管理人才和技术官僚。同时设督学制，对高等教育机构的教学、考试和财政进行监督，将高等教育完全置于中央政府的严格控制之下[①]。通过政府严密的行政手段，高等院校之间分工明确（见表1）。

表1 18世纪末至19世纪初法国部分高等教育机构培养目标比较

创办时间	高等教育机构	培养目标
1794年	综合理工学院	国家工程师
1802年	炮兵和工兵学院	炮兵军官和军事工程师
1747年	桥梁道路学院	民用工程师
1783年	矿业学院	矿业工程师
1856年	中央工艺与制造学院	工程师、技术员

资料来源：黄福涛主编，《外国高等教育史》，上海：上海教育出版社2003年版，第137页。

2. 横向结构：高等教育机构与研究机构分立

法国高等教育机构主要负责培养专门人才，而研究机构则专门从事科学研究，各研究机构同样隶属于不同的中央部门[②]。高等教育机构与科研机构之间分工明确，各自独立。由于横向上相互分割，高等教育机构和研究机构之间几乎没有学术交流。这种横向上的分割体制，一定程度上违背了大学自

---

① 黄福涛. 外国高等教育史[M]. 上海：上海教育出版社，2003：135-136.
② 黄福涛. 外国高等教育史[M]. 上海：上海教育出版社，2003：137-138.

身的发展逻辑和学术逻辑，不利于学术争鸣和交流。这种以功利主义和中央集权为主要特征的高等教育体制和结构模式，不仅深刻地影响了欧洲大陆主要国家，还影响到苏联（俄罗斯）、中国、日本等国。

（二）1968 年将巴黎大学分解为各具特色的 13 所综合性大学

1968 年法国爆发"五月风暴"后，国民议会和参议院通过《高等教育方向法》（又名《富尔法》），在高等教育机构改革上，将巴黎大学所属各部学院（学部）相继改组为 13 所新的巴黎大学，各大学成为独立的办学实体，不存在隶属关系。13 所巴黎大学都是综合性大学，但逐步形成了各自的学科专业特色。

（三）1980 年以来创办长期性职业高等教育机构——大学职业学院

1980 年以来，法国政局开始了左、右翼政党轮流执政的局面，因而其高等教育政策也随着政党轮替而调整。左翼执政时期，法国政府强化了高等教育的职业性质，促进高等教育职业化。主要措施包括：一是将大学校的经验引入大学，对大学第一阶段进行教学改革，增设了一种新的大学第一阶段国家文凭——大学科技学业文凭，作为对学生获得的职业专长、科学方法和基本语言（包括计算机和外语）能力的认可，以便为大学第一阶段毕业生提供一种就业资格。二是在大学系统创办了一种长期的高等职业教育机构——大学职业学院。大学职业学院设在大学内，学制三年，设立大学职业学业文凭、大学职业学院学士文凭和大学职业学院硕士文凭。此外，在三年级还设立工程师—技师资格证书，这是一种相当于法国大学工程师文凭的资格证书。1990 年以来，法国大学职业学院发展较快，数量从 1991 年的 23 所增加到 1995 年的 130 所①。

1997 年 4 月，法国颁布大学教学改革法令。该法令在促进高等教育分化方面的措施主要有：一是将大学第一阶段原有的 9 类学科改为 8 个学科群，取消了神学，增加了科学技术和工程师科学技术两个新学科群，同时改变课程结构，强化技术科学教育。二是在大学第二阶段增加职业实习学分和欧洲大学学期，前者主要是为了增强学生的就业竞争力，后者是安排一个学期让学生到欧盟其他成员国家高校学习或实习，增强学生在欧盟国家就业的能力，推进高等教育国际化。

---

① 黄福涛. 外国高等教育史 [M]. 上海：上海教育出版社，2003：376.

三、基本结论

（一）近代以来法国高等教育分化与重组的线索比较明晰，高等教育机构分工明确

近代以来法国高等教育系统逐渐分化为学科型高等教育系统、专门型高等教育系统和职业型高等教育系统，各系统分别承担学术型人才、专业型人才和技能型人才的培养任务，高等教育机构之间分工比较明确。同时，各种类型的高等教育机构之间分层也比较清楚，并且建立起了各种层次和类型高等院校相互对应和衔接且比较完善的转学、文凭和资格证书体系，特别是通过一定条件下的文凭相互承认等措施，在高等普通教育和高等职业教育之间架设起相互沟通的桥梁，使学生在一定范围内可以在高等普通教育与高等职业教育之间流动。并且，法国也十分重视加强对学生实践能力的培养，因而各种类型的高等教育培养质量较高（见表2）。其中，学科型高等教育系统（大学）是介于精英高等教育与大众高等教育之间的类型，可将其视为普通型；职业型高等教育系统（高级技术员班、大学技术学院、大学职业学院）属于大众型，但同时又设立于大学内部，使得大学与技术学院和职业学院在任务和培养目标上容易产生冲突；专门型高等教育系统（大学校）属于精英型，这是与其他国家明显不同的地方，也是法国高等教育最具特色的部分，至今为人们所称道。

（二）法国传统的高等教育价值观，一定程度上阻滞了高等教育大众化进程

众所周知，法国传统的精英教育和功利主义价值观影响巨大。首先，由于受精英高等教育价值观的影响，法国专门型高等教育的学制普遍较长、入学选择性强、竞争激烈，这对于保证法国专门高等教育系统（大学校）的教育质量起到了重要作用。但是，在这种传统精英高等教育价值观影响下，法国社会对职业高等教育仍然存在一定程度的歧视，如学生来源较差、学制过短、毕业的出路限于就业，从而制约了职业高等教育的发展，影响了法国高等教育规模的扩充，在一定程度上阻滞了法国高等教育大众化进程。随着经济全球化的发展，法国于1980年创办了一种长期职业高等教育机构——大学职业学院；1990年以来，进一步强化了高等教育职业化力度，促进高等职业教育和高等技术教育的发展，并建立了严格的筛选入学制度和升学与就业双

表2 二战后法国高等教育系统分化情况

系统	类型	高等教育机构及阶段	培养目标或毕业去向	文凭		学制(年)	教育层次
学科高等教育子系统	普通型	大学	第一阶段（普通教育）	直接升入专业教育阶段或进入劳动力市场就业	普通学业文凭	大学理科学业文凭	1	本科
						大学文科学业文凭	1	
						大学科技学业文凭	1	
			第二阶段（专业教育）	就业	学业学位		1	4(2-2分段制)
				升入研究生教育阶段或就业	硕士学位（20世纪70年代增设管理应用信息、管理科学硕士和科技硕士）		1	
			第三阶段（研究生教育）	博士预备阶段，可继续攻读博士学位	深入学习文凭		1	研究生
				获得高级就业资格，不能申请博士学位	高级专业学业文凭		1	
					博士文凭		2~3	3~4
专门高等教育子系统	精英型	大学校	预备班	结业时参加大学校入学的竞争性考试合格后升入大学校			2	
			第二级	可以工程师资格就业或进入大学等三阶段攻读工程博士或其他学科博士学位	工程师文凭		3	本科研究生
			博士生教育	工程博士预备阶段，可继续攻读工程博士学位	深入学习文凭		1	
				进入实验室学习和研究	工程博士文凭(应用型博士学位)		2~3	3~4

四、国际比较篇

续表

系统	类型	高等教育机构及阶段	培养目标或毕业去向	文凭	学制（年）	教育层次
高等职业教育子系统	大众型	高级技术员班（20世纪50年代）	以培养高级技工为目标，可直接就业，或进入大学第二阶段或大学校一年级学习	高级技术员证书	2	专科
		大学技术学院（1966年，附设于大学内）	以培养企业技术骨干为目标，可升入大学第二阶段学习，也可以三级技术资格就业	大学技术文凭	2	专科
		大学职业学院（20世纪80年代，附设于大学内）	招收大学一年级的学生或取得短期高等教育学业文凭者	大学职业学业文凭 大学职业学院博士文凭 大学职业学院硕士文凭 工程师—技师资格证书（三年级）	3	本科

注：本表系根据黄福涛主编的《外国高等教育史》有关资料整理而成，详见黄福涛主编：《外国高等教育史》，上海教育出版社2003年版，第137页。

重保险的机制。其次,在传统的功利主义教育价值观的影响下,大学校不仅成为法国精英高等教育的典范,也是法国高等教育最具特色的部分。但是,这种价值观同时也影响了法国大学系统学术水平的提升。值得特别强调的是,法国实行专门人才培养与科学研究机构分立的模式,由高等教育机构培养专门人才,由科研机构承担基础研究和应用研究任务。这种专门人才培养与科学研究分立的体制,使得高等教育机构在履行人才培养、科学研究和直接为社会服务三大职能方面相互分离,高等院校与科研机构相互分割,两类机构之间缺少横向上的学术交流。这既制约了大学人才培养质量和学术声誉的提升,也影响了基础研究的进展乃至国家整体的科技竞争力,以至于法国的大学尽管在教育层次上与大学校系统相同,但在人才培养的质量和学术声誉上远不及大学校。

(三)缺乏统一、连贯的高等职业教育政策框架,影响了高等教育规模扩充和结构优化

尽管法国大学系统(包括大学和大学校)的分类分层比较完善,但却长期没有对其非大学系统(如高级技术员班、大学技术学院和大学职业学院)进行有意识的分类分层引导,其教育层次和学制长期限于大学专科层次和短期高等教育机构(高级技术员班和大学技术学院),因而导致法国高等职业教育发展比较缓慢,高等教育规模扩充受到限制。直到20世纪80年代,法国才开始创办长期职业高等教育机构——大学职业学院,并相应设置了三种不同层次的职业型高等教育文凭,后来又增设了一种称为"工程师—技师"的高级职业资格证书(相当于大学校的工程师文凭)。同时,法国将属于大众教育的短期高等教育机构长期附设于主要从事精英高等教育的大学内部,这种集精英高等教育与大众高等教育于一身的模式,虽然有利于改变大学长期重理论教育轻技术教育的局面,增强人才培养的社会适应性,但是往往因两种不同类型的高等教育在价值观、培养目标、培养方式、教育教学方法上存在差异而导致冲突,大学中的精英教育部分因此而易于产生急功近利的偏向。而附设于大学里的高等职业教育部分又处于边缘状态而难以健康发展,这既明显地影响了高等职业教育的发展,又阻滞了法国高等教育大众化的进程,并在一定程度上影响了法国高等教育结构的进一步优化。

(四)中央集权下的部门管理体制导致法国高等教育系统内部缺少应有的活力

法国对高等教育实行中央集权下的部门管理体制,国立高等院校占优势,

而私立院校力量较弱。这种以中央集权为主要特征的高等教育体制和结构模式，不仅深刻地影响了欧洲大陆主要国家，还影响到苏联（俄罗斯）、中国、日本等国。尽管这种管理体制和结构模式有利于强化国家政权对高等教育的控制权，促进高等教育适应国家和社会发展的需要，但由于国立院校力量强大，私立院校力量较弱，难以形成国立和私立院校相互竞争的局面。这不仅使得法国高等教育系统内部缺少应有的活力，难于实现高等教育与地方经济建设的紧密结合，也不符合高等教育自身发展逻辑和学术成长规律，因而在一定程度上影响了法国高等教育功能的充分发挥和对于知识创新的应有贡献，并进而影响了法国高等教育在世界高等教育体系中的地位。

（本文系与王耀中合作撰写，本人为第二作者，原载《黑龙江高教研究》2006年第7期）

英国高等教育"双重制"分层政策案例分析

英国高等教育"双重制"是一个政府通过行政手段自上而下干预高校分层定位的经典案例,其分层定位的权利导向使其在实施二十多年后终结。分析"双重制"分类框架和定位政策的实质,探究其终结的原因,并从中得到有关高等教育机构分类框架及定位政策的若干启示,对于我们今天构建中国高校分类框架和定位政策具有重要的借鉴意义。

一、"双重制"政策的主要内容及实质

二战后英国中等教育迅速发展,而高等教育的发展却明显落后于美、苏和其他英联邦国家,同时世界各国掀起了一场高等教育改革浪潮,这给英国高等教育造成了巨大的压力,因此1963年《罗宾斯报告》主张将教育作为"经济资源和经济投资",加速发展高等教育,并提出将接受高等教育的人数占相关年龄组的比例从8%增长到17%,规模扩展任务主要应由大学完成。两年后,即1965年英国教育和科学部大臣克罗斯兰德(Anthony Crosland)分别在伍尔维奇(Woolwich)多科技术学院和兰开斯特大学发表演说,主张大学与非大学应该平起平坐,共同竞争,统一的高等教育制度应按照阶梯原则实行分层,并正式宣布"两种高等教育"的原则。1966年,英国教育与科学部颁布了《关于多科技术学院与其他学院的计划》白皮书,将巴思等8所高级技术学院升格为大学,并将原有的90多所独立学院合并为30所与大学平起平坐的多科技术学院,成为"公共部门"[①],标志着英国在高等教育领域实行"双重制"(binary system,又译"双元制")的开始。其主要内容是:将高等教育分为自治部门和公共部门两部分,其中,以大学为代表的自治部门(共计45所,其中包括8所由高级技术学院升格而来的技术大学),可以获得大学拨款委员会的资助,具有学位授予权;以多科技术学院和教育学院为代表的

---

① 张建新,陈学飞. 从二元制到一元制:英国高等教育体制变迁的动因研究[J]. 北京大学教育评论,2005(3):80-88.

公共部门（共计400多所，其中包括30多所技术学院、14所苏格兰中央学院、64所高等教育学院和300多所继续教育学院①）归属地方管理，经费由地方资助，自身没有学位授予权②。从形式上看，"双重制"只是英国政府将高校分为两种高等教育的分层分类方案，但实质上是将英国高校划分为两个等级并辅之以相应政策的分类与定位的综合方案，大学处于高等教育系统的上层，由国家提供经费，具有自治权和学位自主授予权，而非大学的多科技术学院、教育学院等处于下层，由地方提供经费，没有自治权和自主学位授予权。这是一个政府通过行政手段自上而下直接干预高校分层定位的经典案例（见图1）。

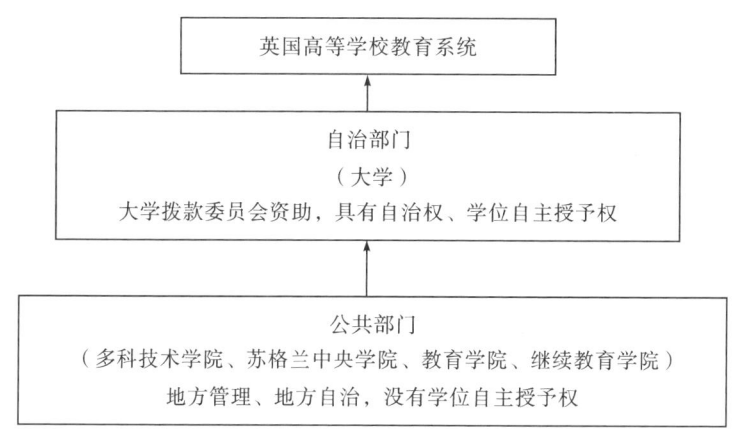

图1 英国高等教育"双重制"分层与定位政策示意图

二、"双重制"政策终结的原因探讨

1991年5月，英国议会和下议院颁布《高等教育：一个新的框架》，建议废除"双重制"，建立单一的高等教育框架。1992年英国政府相继颁布了《1992年继续教育和高等教育法》和《1992年苏格兰继续教育和高等教育法》两个法案，标志着"双重制"定位政策的终结。其原因主要是：

第一，"双重制"政策的框架虽然基本符合英国高等教育结构的现状，但其分层依据却是不合理的。该政策实施前，英国高等教育实际上已经存在"二元"体制，正如克罗斯兰德讲演时所说的："我并不是虚构了它，从上一

---

① 彼得·斯科特. 英国高等教育的二元政策[M]//迈克尔·夏托克. 高等教育的结构和管理. 王义端，译. 上海：华东师范大学出版社，1987：189.
② 黄福涛. 外国高等教育史[M]. 上海：上海教育出版社，2003：279-288.

世纪与世纪交替的时候或更早的时候起,这种体制就已经逐步发展了……明显的事实是,我们不是从虚无的幻境出发,而是从既定的历史情况出发。一个多元体制的基础已经存在。"[1] 可见,"双重制"分类框架的设计本身符合英国高等教育结构的现状,关键不在于应不应该划定两种高等教育的界线,而在于这条界线应该定在哪里。"双重制"之所以将这条界线划在大学部门与多科技术学院和其他学院之间,主要是为了防止把界线划在一切种类的高等教育与"非高级"的继续教育和成人教育之间,以致在更大程度上造成高校规范上的混乱。换言之,不在于是否应该实行"双重制"的分类框架,而在于实行什么样的定位政策导向。但是,"双重制"划分的依据是"自治"权,并凭借这种"自治"权来确定两种高等教育的地位,实际上这是一种由政府人为地依据权利将英国的大学与学院从纵向上分为界线分明的两个等级,并实施相应的定位政策的方式。正如英国学者所解释的,"二元体制的真谛乃是一种模模糊糊的质量划分,而不是在同一水平上的教育功能的划分"[2]。从理论上说,如果政府要实行有效的分类管理,高等教育分类就应当首先是根据其承担的任务(如人才培养类型)来划分,而不是根据其权利和地位来划分,否则就不可避免地将高校引导到追求权利和地位而不是追求质量和水平的歧路上去。由于"双重制"依据的是"自治"权,并且对"非大学"部分划分过粗,因而将本属于专业型的高级技术学院划归到传统的学科型大学系统中,而又将属于职业型的多科技术学院、属于专业型的高等教育学院和提供某些高级课程的继续教育统统划归到非大学部门中,这样非大学部门就像一个无所不包的"大箩筐",承担各种不同任务、具有不同性质和职能的高校相互分工不清,职责混淆。

第二,"双重制"定位政策的权利导向必然刺激多科技术学院产生趋同和攀升的冲动。从高校的角度看,"双重制"定位政策的导向是权利及由此决定的社会地位,其缺失是显而易见的:首先,它只是一种自治权限的分等,大学享有自治权,学院没有自治权。尽管有利于明确高校的管理关系,但同时损害了学院的办学自主权,因为无论高校属于学科型、专业型还是职业型,保障高校自治和学术自由都是促进其健康发展的基本前提,也是高等教育发展的内在逻辑。作为职业型学院,如果没有基本的自治权而过多地受到地方

---

[1] 彼得·斯科特. 英国高等教育的二元政策[M]//迈克尔·夏托克. 高等教育的结构和管理. 王义端,译. 上海:华东师范大学出版社,1987:185-186.
[2] 彼得·斯科特. 英国高等教育的二元政策[M]//迈克尔·夏托克. 高等教育的结构和管理. 王义端,译. 上海:华东师范大学出版社,1987:214-215.

政府行政力量的直接干预，就会严重损害基本的教育原则和学术规律。其次，它只是一种学位授予权的分等，即大学享有自主授予学位权而学院没有，尽管有确保英国高等教育学位授予质量的正面价值，但学位授予权（含文凭）对任何一种类型和层次的高等教育机构来说都是其存在和发展的重要理由。在"双重制"下，由于政府对非大学部门的课程审批和学位授予是学术型大学的标准，因而学院为了其生存和发展，必须想方设法去"曲线"获得这种学位授予的自主权，或者在课程上向大学看齐，趋向学术型，或者与大学联合培养，或者干脆一劳永逸地争取升格为大学从而获得永久性的学位授予权。可见，争取学位授予权是导致英国学院竞相升格的关键因素。最后，它只是一种办学层次的分等，而不是办学类型的区分。尽管克罗斯兰德声称实行"两种高等教育原则"，英国政府建立多科技术学院和其他地方学院的主要目的也不是培养学术型人才而是技能型、实用型人才，但是"双重制"产生的政策效应却是人为地将大学和学院进行办学层次和地位的分等。

事实上，从高等教育类型上看，传统大学属于学科型，技术大学属于专业型，多科技术学院属于职业型；从培养目标上看，大学培养学术研究型、专业型人才，而多科技术学院培养技能型、实用型人才；从培养层次上看，由于大学出现时间较长，逐步形成了学士一硕士一博士三级学位体系，而多科技术学院因出现时间短且受到传统高等教育价值观的影响，目前只存在专科教育和本科教育层次，在证书颁发上只有学历文凭、资格证书、学士学位证书，尚未相应建立起两种高等教育相互衔接与沟通的开放性学位体系。即使已经开始出现的应用型专业硕士学位（EM.d）和专业博士学位（ED.d），也同样属于专业型高等教育。因此，问题的关键是解决学术型高等教育与职业型高等教育的分类，并建立起相互对应的证书衔接体系，只有这样才能从根本上解决职业型高校对学术型高校的趋同和攀升问题。但是，一个随处可见的现象是，至今在世界各国人们往往习惯于运用社会等级观念对高校优先进行层次划分，而对于作为层次划分之前提的类型划分却没有予以足够的重视。正如迈克尔·夏托克（Michael Shattock，1983）所说的，"历史上一直有一种强烈的倾向，要给高等学校分等级，并且在尚未明确高等学校是否应凭学术素质、经费状况或社会声誉来获得地位的情况下，就给各类高等学校规定了地位。学校的作用与其地位相比往往成了次要的东西"[1]，"克罗斯兰

---

[1] 彼得·斯科特. 英国高等教育的二元政策[M]//迈克尔·夏托克. 高等教育的结构和管理. 王义端, 译. 上海：华东师范大学出版社, 1987：220.

德先生把在拨款机制和控制机制方面与大学迥异的新的高等教育部分固定化，从而使有关高等教育结构和管理的讨论总是被高等教育系统内部各种不同的和互相竞争的地位观念所淹没。两部分高等教育之间为了获得经费和分得学生名额而进行的竞争，使人们更加关心学校的地位"①。

第三，"双重制"自上而下的定位政策制定路径和通过行政力量实施的途径导致其缺乏必要的民意基础和法理基础。客观地看，"双重制"定位政策是教育和科学部在面临外部巨大的高等教育需求压力的情况下相对匆忙做出的一种行政决策。由于教育和科学部官员们倾向于对外部压力作出反应，而不是在考虑政策方面采取主动，政府各部门对高等教育方面和高等教育同经济、社会事务的关系方面的政策制定所起到的作用甚为有限，导致英国高等教育政策常常缺乏主动性。从决策过程看，教育和科学部既没有在决策前对两种高等教育定位政策的原则进行充分的调研和论证，也没有与有关大学和学院进行协商；从实施途径看，"双重制"定位政策主要是通过政府行政力量而不是法律途径予以实施，这种自上而下的定位政策使其实施时的阻力较大甚至在执行过程中出现变形与走样。例如，"双重制"定位政策的重要目标之一是通过多科技术学院和其他学院培植一种更适合英国社会需要的高等教育形式，但这一重要目标只是作为"提法"存在却几乎没有被论证过，甚至也没有将其解释得更清晰；"双重制"也没有要求把高级课程集中在少数被称为多科技术学院的综合性院校，但是在执行过程中却变成了将高级课程集中于少数多科技术学院。显然，它与美国加州高等教育定位政策的制定和实施路径是完全不同的，加州制定高等教育总体规划的路径是自下而上的，该规划经过各种类型的高等院校代表协商和谈判，最后还通过了加州议会表决并经州长签署成为法律。

第四，英国重人文轻科技的传统是导致"双重制"政策终结的潜在因素。英国作为一个先进的工业国家，尽管最早进行工业革命，但精英阶层却最鄙视科学技术，"工业革命运动是从大学门外穿过的，对大学的触动很小"②。这种看似十分矛盾的现象，正是英国文化中"重学轻术"的传统导致的。英国大学深受人文主义传统的影响，对科学技术持强烈的排斥态度。因此，尽

---

① 彼得·斯科特. 英国高等教育的二元政策 [M] //迈克尔·夏托克. 高等教育的结构和管理. 王义端, 译. 上海：华东师范大学出版社，1987：220.
② 张建新，陈学飞. 从二元制到一元制：英国高等教育体制变迁的动因研究 [J]. 北京大学教育评论，2005（3）：80-88.

管自 20 世纪 60 年代以来"技术主义"价值观终于挤开了英国大学的"大门",但是文化的力量是潜移默化、无所不在的,"重学轻术"的传统教育价值观是根深蒂固的,且不时地出现"复归"。尽管英国政府认识到经济社会需要培养更多的技术人才,但是无论是政府官员、高校教师还是大学生都有一种对学术声誉和地位始终不渝的追求情结。因此,尽管大学部门与非大学之间出现了相互"漂移"的趋同现象,但是在重人文轻科技的文化传统影响下,英国非大学向学术"漂移"的幅度远远大于大学部门向技术和职业的"漂移"幅度,结果导致以多科技术学院为代表的非大学部门整体上的趋同和攀升。

三、"双重制"政策终结的若干启示

第一,分类框架是否科学可行,关键在于分类依据及其定位政策的导向。事实上,世界大多数国家的高等教育都在不同程度上存在着二元或多元体制。我们在判断"二元"或"多元"分类模式是否有必要时,必须将分类框架与定位政策区分开来。但是,一种分类框架能否科学和可行,关键在于分类依据及其定位政策的导向,分类框架必须主要依据高校的任务(特别是人才培养类型和学科专业设置面向)分类,依据高校履行社会职能的能级分层,因为分类框架解决的是高等教育及机构的任务、职责、能级划分问题,而不是解决高校的权利和社会地位分级问题。

第二,分类框架既要符合高等教育结构的现状,更要引导高等教育结构分化与重组的未来方向。在现实中政府重视高等教育及其机构分类,往往是迫于解决高等教育系统面临的现实问题的压力,即很难同等兼顾高等教育未来的持续发展。因此,当设计高校分类方案和定位政策的天平倾向于解决现实问题时,既要密切关注高等教育外部环境的变化又要密切关注高等教育自身结构的演进,既要应对高等教育面临的现实难题更要着眼于其未来发展的方向,期望分类框架与定位政策一劳永逸是不现实的,必须及时调适分类方案和定位政策。

第三,分类框架及定位政策的目的,是促进整个高等教育系统的多样化而不是趋同化。英国"双重制"政策的实践表明,基于精英高等教育总框架下的分类模式及其定位政策,即使是多元主义的也难以达到促进整个高等教育系统多样化发展的预期目的。从这个意义上说,可以预见 1992 年以来英国"双重制"政策终结后实行的基于传统大学框架下的分类及定位政策必然会延缓其高等教育发展进程,它注定将会被新的且有利于促进高等教育多样化发展的分类框架及定位政策所取代。同时,高等教育及机构分类框架必须给各种类型和层次的高校以相对明确的任务和职责区分,并在设计定位政策时构建起防止趋同和攀升的"屏障",这就决定了分类方案必须是在统一的高等教育系统下构建精英与大众框架下的多元分类分层模式。值得注意的是,分类框架及定位政策只能有限度地为高等教育多样化创造前提条件,而"不能有计划地去创造多样性本身"①。

第四,定位政策必须遵循自下而上的设计路径和法律实施途径。英国"双重制"分类方案和定位政策出台前高等教育面临的挑战,与今天中国高等教育面临的挑战存在相似之处,即高等教育需求与供给不足的矛盾突出,高等职业技术人才缺乏。同样,中国现行的高校分层定位又与英国"双重制"定位政策极为相似,即都是通过行政力量自上而下依据高校的权利和地位分层并定位。例如,我国政府根据地位、管理关系、行政级别将普通高校从高到低分为"985工程"建设大学、"211工程"建设大学、全国重点大学、地方重点大学、地方一般本科院校、高职高专等不同层次,或者分为教育部直属高校、省(区、市)属高校、地(市)属高校,或者分为省部级高校、正厅级高校、副厅级高校,并配套实施相应的定位政策,如在重点大学中又分别赋予博士学位授权点自主审批权、硕士学位授权点自主审批权、专业自主设置权、招生自主权,而一般高校则被定位为不能享有这些权利。这种依据不同地位、规模、身份赋予不同办学权利的分层定位,其结果必然是所有高校纷纷趋向学术型,"升格热"和"合并热"愈演愈烈。

第五,分类框架的设计必须遵循高等教育演进的逻辑。高等教育及其机构分类的外延不只是人们以往理解的纵向分层而是既包括纵向分层也包括横向分类,并且横向分类是纵向分层的前提。换言之,分类的顺序是:高等教育类型分类→高等教育层次分类→高校类型分类→高校层次分类②。因此,高校分类必须以高等教育分类为前提,而纵向层次分类又必须以横向类型分类为前提。

(原载《比较教育研究》2006年第7期,新华社《中外教育分析报告》总第37期全文转载)

---

① 彼得·斯科特. 英国高等教育的二元政策[M]//迈克尔·夏托克. 高等教育的结构和管理. 王义端, 译. 上海: 华东师范大学出版社, 1987: 216.
② 潘懋元, 陈厚丰. 高等教育分类的方法论问题[J]. 高等教育研究, 2006 (3): 8-13.

国外高等教育分类研究述评

高等教育分类研究可理解为关于高等教育系统（高等教育及高校）类型和层次划分的理论探讨及应用的研究。国际上有关高等教育及机构分类的研究始于20世纪70年代，其标志是1970年美国卡内基高等教育委员会在克拉克·克尔（Clark Kerr）主持下首次提出的高等教育机构分类框架。概括地说，国外高等教育分类研究的成果主要体现在两个方面：在分类理论方面，主要有伯顿·克拉克（Burton R. Clark）的院校分工理论、马丁·特罗（Martin Trow）的高等教育分层理论和克拉克·克尔的高等院校任务分类理论；在分类法及政策方面，出现了1973年首次公布的美国卡内基教学促进基金会的高等教育机构分类、1960年美国加州高等教育总体规划的分工案例、英国高等教育拨款委员会的研究成绩评估分层实践、联合国教科文组织的国际教育标准分类法。本文试就国外高等教育分类的理论与实践进行简要回溯和评述，从中得出若干结论与启示。

一、国外高等教育分类理论

（一）伯顿·克拉克的院校分工理论

美国高等教育研究专家伯顿·克拉克在其1983年出版的专著《高等教育系统：学术组织的跨国研究》第二章第三、第四节中，专门探讨了院校分工问题，分析了高等教育机构内部及相互之间的两种分工形式。

第一种分工形式：高等教育机构内部的分工。一是将高校内部横向上相互结合的单位称为"部类"（sections），一般称之为"学部（faculty）""专业学院（school）"和"普通学院（college）"；二是将纵向上的相互联系称为"层次"（tiers），按照教育训练活动的难度划分为本科教育和研究生教育两个层次①。历史上绝大多数国家只有一个主要层次，少数国家有两个甚至更多的层次。例如，在欧洲和拉丁美洲国家的大学组织模式中，单一层次一直占主要地位，而在美国大学的组织模式中占统治地位的有两个层次②。

第二种分工形式：高等教育机构之间的分工。主要表现在部门分类方面：首先，横向上将高等教育机构进行分类。伯顿·克拉克将其称为"部门"③，主要形式包括四种，一是单一公立系统，但只有一种单一部门——国立大学；二是单一公立系统，但具有多种部门，通常有大学部门与非大学部门之分；三是多重公立系统、多重部门，主要出现在实行联邦制的国家，在管理上高等教育系统分为许多州级或省级系统，同时又包括多重部门；四是私立和公立系统、多重部门，即高等教育系统分为公立院校系统与私立院校系统，且私立和公立高等院校中存在多重机构类型④。其次，纵向上将高等教育机构（高等学校）进行分等。伯顿·克拉克称之为"等级"⑤，主要形式有两种，第一，以任务层次为基础对高等院校进行的分等，例如美国各州高等院校系统从低到高依次分为社区学院、州立学院、州立大学；第二，以声望为基础对高等院校进行分等，一般又可以分为三种类型，一是金字塔型，日本的帝国大学（如东京大学和京都大学等）高居日本高等教育系统的塔顶，而私立大学和学院则居于塔基；二是大梯度型，如英国的牛津大学、剑桥大学，法国的大学校、美国的常青藤大学、加拿大的大学等的毕业生，就几乎分别垄断了各国的政府或企事业单位的高级职务；三是无分等式，如意大利高等教

---

① 伯顿·克拉克的专著《高等教育系统：学术组织的跨国研究》一书译本中的"部类"指高等学校内部组织模式中横向上的分类；"层次"指高等学校内部纵向上的教育层次分类；"部门"是指高等教育机构（高等学校）横向上的类别，如公立院校与私立院校、大学部门与非大学部门；"等级"是指以承担的任务层次或以声望为基础对高等教育机构（高等学校）进行纵向划分而形成的等级，我国学界习惯称之为"层次"。参见伯顿·克拉克. 高等教育系统：学术组织的跨国研究［M］. 王承绪，等译. 杭州：杭州大学出版社，1993：41-52.

② 伯顿·克拉克. 高等教育系统：学术组织的跨国研究［M］. 王承绪，等译. 杭州：杭州大学出版社，1993：58-65.

③ 伯顿·克拉克. 高等教育系统：学术组织的跨国研究［M］. 王承绪，等译. 杭州：杭州大学出版社，1993：41-52.

④ 伯顿·克拉克. 高等教育系统：学术组织的跨国研究［M］. 王承绪，等译. 杭州：杭州大学出版社，1993：58-65.

⑤ 伯顿·克拉克. 高等教育系统：学术组织的跨国研究［M］. 王承绪，等译. 杭州：杭州大学出版社，1993：65-67.

育系统虽然存在次一级的非大学部门，但所有大学都能为政府和专业技术的高级职位输送毕业生，西德的大学之间几乎没有地位上的差别①。

（二）马丁·特罗的高等教育分层理论

美国教育社会学家马丁·特罗在伯顿·克拉克主编的《高等教育新论：多学科的研究》第五章②中，专门以"地位的分析"为题，运用社会学理论，重点研究了作为一个分层的高等院校系统，如何正式或非正式地按照地位、名望、财富、权力及影响进行分等。

马丁·特罗认为，高等院校地位的形成受到主客观两方面的影响：客观上，主要是国家的法律、法规和政策，规定某些类型的高等院校在一些方面"优于"其他高校；主观上，主要是由高等院校的声誉和名望的差别所致③。据此，马丁·特罗将高等教育系统分为三个等级：一是第二次世界大战前的老大学，二是第二次世界大战后的新大学，三是新的非大学高等教育形式。一方面高等教育竞争使高等院校取得了向上发展的一致性（向上趋同），另一方面政府的干预趋向于使高等教育系统产生向下发展的一致性，即除了办好数量和规模小、选择性强的尖子大学外，高等教育系统主要应向大型的、综合性的且以大众高等教育为特征的统一系统发展（促使高等教育向下延伸到职业教育，并将高等职业技术学院纳入高等教育体系）。政府不喜欢一般高等学校和新办高等学校模仿老牌尖子大学的风格和做法，不喜欢新学院和技术学院像大学那样创办过多的文科，不愿意让这些新学院和技术学院拥有大学的权利和特权，不赞成其实行自治和自我管理并开展研究生教育和研究工作。政府迫切需要的是整个高等教育系统更多样化，高等院校具有更适合职业需要的学科、更有效的教学模式、更民主的管理方式和新的入学渠道④。

马丁·特罗进一步指出，第二次世界大战以来，世界各国对高等教育分层问题的态度大致形成了多元论与统一论、英才论与平等论四种代表性观点。

一是英才统一论。这种观点认为，大学以外的任何其他形式的高等教育

---

① 伯顿·克拉克. 高等教育系统：学术组织的跨国研究［M］. 王承绪，等译. 杭州：杭州大学出版社，1993：65-67.
② 伯顿·克拉克. 高等教育新论：多学科的研究［M］. 王承绪，徐辉，郑继伟，等译. 杭州：浙江教育出版社，2001：130-170.
③ 伯顿·克拉克. 高等教育新论：多学科的研究［M］. 王承绪，徐辉，郑继伟，等译. 杭州：浙江教育出版社，2001：132-136.
④ 伯顿·克拉克. 高等教育新论：多学科的研究［M］. 王承绪，徐辉，郑继伟，等译. 杭州：浙江教育出版社，2001：136-146.

都不能授予学位，不能同大学对等或竞争，但他们并不一定反对不授予学位的成人教育形式。这些观点一般在大学和一些政府部门中存在。例如，在西德，一些高级教师甚至大胆地提出了关闭综合大学的建议，英国也在20世纪70年代关闭了大量师范学院。由于世界发达国家和新兴工业化国家都建立了非大学部门，因而这一观点明显违背了高等教育发展的潮流。

二是英才多元论。这一观点在美国公立高等教育系统中占统治地位，认为高等教育各部门应当共存，在高等教育分层中，大学应该在最上层，各部门之间应该在诸如教师工资、招生标准、学位授予方面有一定程度的差别和不平等，各部门之间的教师和学生应该有一定程度且基于才能和竞争的流动性，这种观点又有二元论、三元论之别。

三是平等统一论。持这种观点的人往往是激进的平等主义者。他们反对高等教育系统中的尖子大学及其自治特权，主张各种类型的院校应该完全平等，都应该为民众服务，为此，必须取消高等教育的各个部门而用综合大学来代替，充分实行高等教育的综合化，并把大学和非大学的工作在同一机构中结合起来。这一观点从理论上说似乎非常正确，但过于理想化且在实际中不具备可操作性。

四是平等多元论。持这种观点的人认为，应该允许不同类型的高等教育部门和院校存在，并且这些部门和院校必须在声望和地位上绝对平等。他们对事实上存在的多种多样的高等教育部门表示赞成，承认非大学部门至今还不具备进行研究生教育的资源，但应该采取措施缩小大学部门与非大学部门之间在诸如招生标准、教师工资和其他资源等方面的差距，逐渐使不同部门的高等院校地位平等。其中，有些人希望将高等教育系统变为统一的综合性系统，这个系统只有一个管理委员会和一份预算，并认为这样做可以实现现实主义（尖子大学应该继续存在）同理想主义（平等原则）的协调和统一。另一些人主张在保持院校独特性的同时，高等教育的所有方面都应该平等，并支持非大学部门的存在[①]。

以上四种观点中笔者基本赞同英才多元论的观点，因为从美国和欧洲高等教育大众化的经验和教训来看，英才多元论既能使精英型大学与大众型院校合作共存、相互区别，较好地明确相互之间的分工，又使这两个子系统相互衔接和沟通，既能使精英高等教育系统得到必要的保护并继续发展，为社

---

① 伯顿·克拉克. 高等教育新论：多学科的研究[M]. 王承绪，徐辉，郑继伟，等译. 杭州：浙江教育出版社，2001：162-168.

会培养精英，又能使大众高等教育系统得以健康、持续、快速发展，扩大民众接受高等教育的机会，还能使这两个系统的教师和学生实现建立在才能和竞争基础上的合理流动，有利于高等教育大众化、普及化的实现。

马丁·特罗运用比较高等教育的方法分析了高等教育分层现象之后，得出的结论是：西方工业社会高等院校的分层，实际上反映了两种不同的分层原则，一是等级以各高等院校相互竞争为基础，如美国私立大学；二是等级是由政府分配给各高等院校或高等教育部门的职能、权利、特权和资源决定的，如法国。事实上，美国公立大学和其他发达国家公立大学的分层，是由市场竞争和国家政策两个方面共同决定的，其区别在于两个方面所起的作用主次不同而已[①]。

二、国外高等教育分类法及分类政策

随着高等教育大众化的发展，各国高等院校的类型和层次日趋多样，高等教育结构越来越复杂。为便于认识和了解高等院校，一些学者和研究机构（如克拉克·克尔及卡内基教学促进基金会）开始关注高等教育机构分类问题，一些国际组织（如联合国教科文组织）开始尝试通过建立教育分类法以获得能够在国际上通用的教育统计数据，一些国家的地方立法机构或政府（美国加州和英国高等教育拨款委员会）开始运用分类法案和科研绩效评估来促进高等院校合理分工。其中，具有代表性的分类法主要有以下四种：

（一）国际教育标准分类法

联合国教科文组织制定并颁布了两个版本的《国际教育标准分类》（ISCED）。第一个版本在1975年第35届国际教育会议上获得批准，第二个版本在1997年联合国教科文组织第29届大会上正式批准实施，其中的第三级教育就是高等教育阶段。以1997年版为例，第三级教育（高等教育）分为两个阶段：第一阶段（序号为5），相当于中国高等教育的专科、本科和硕士研究生教育阶段。这一阶段又分为5A和5B两个类别。5A类是理论型的，按学科分设专业，相当于中国的普通高等教育；5B类是实用型、技术型的，相当于中国的高等职业教育。5A又分为5A1和5A2。其中，5A1按学科分设专业，主要是为研究做准备的，一般学习年限为4年以上，并可获得第一

---

① 伯顿·克拉克. 高等教育新论：多学科的研究 [M]. 王承绪，徐辉，郑继伟，等译. 杭州：浙江教育出版社，2001：169-170.

级学位（学士学位）、第二级学位（硕士学位）证书，相当于中国高等教育的学术型学士或学术型硕士，以培养学术型专门人才为目标；5A2 按行业分设专业，主要为满足高科技要求的专业教育，学习年限一般为 2~3 年，也可延长至 4 年或更长，相当于中国高等教育中的专业型学士或专业硕士，以培养工程型、应用型专门人才为目标。第二阶段（序号为 6），相当于中国高等教育的博士研究生教育阶段[①]。

显而易见，联合国教科文组织的《国际教育标准分类》是根据教学计划将第三级教育（高等教育）作了两个维度的划分：纵向上将高等教育从低到高分为序号 5（专科、本科和硕士研究生教育阶段）和序号 6（博士研究生教育阶段）两个等级（层次）；横向上先是将高等教育第一阶段（序号 5）分为理论型（5A），实用型、技术型（5B）两个一级类别，然后再将理论型（5A）分为学术型（5A1）和专业型（5A2）两个二级类别。

（二）高等教育机构分类

美国卡内基教学促进基金会（CFAT）的高等教育机构分类，是目前世界上有关高等院校分类方案中最早也是最为著名的分类法。1970 年，在克拉克·克尔的高等院校任务分类理论指导下，卡内基教学促进基金会根据高等教育机构的不同任务，将美国各类大学和学院予以分类，并建立起明确的划分标准，迄今已推出了 1973 年、1976 年、1987 年、1994 年、2000 年、2005 年六个版本。其中，2005 年版共有六种分类模式，即基本分类和新增的五种独立（平行）分类。基本分类与卡内基以前五个版本的分类类似，按照所授学位的层次及数量，将高等院校分为副学士学位授予学院（Associate's Colleges）、学士学位授予学院（Baccalaureate Colleges）、硕士学位授予学院/大学（Master's Colleges and Universities）、博士学位授予大学（Doctorate-granting Universities）及专业主导机构（Special Focus Institutions）、部落学院（Tribal Colleges）六种基本类型。后五种独立（平行）分类为新增的模式，分别是从本科生培养计划、研究生培养计划、学生类型、学制、规模五个角度进行分类[②]。

---

① 陈厚丰. 中国高等学校分类与定位问题研究［M］. 长沙：湖南大学出版社，2004：142-147.

② 刘宝存，李慧清. 2005 年卡内基高等学校分类法述评［J］. 比较教育研究，2006（12）：45-50.

(三) 1960 年《加利福尼亚高等教育总体规划》

1960 年《加利福尼亚高等教育总体规划》是由时任美国多校区加利福尼亚大学总校校长的克拉克·克尔牵头制定的，于 1960 年 4 月经加州议会通过并由布朗州长签署正式成为该州法律。该规划根据任务对加州高等院校进行了明确的分工：横向上形成了公立院校与私立院校两个系统，其中公立院校系统在纵向上又分为加州大学、州立学院、社区学院和初级学院三个层次①。

加州公立院校分工系统从高到低依次为：最高层，加州大学（University of California，UC），有 9 个专注于教学和研究的校区，授予学士、硕士、博士（包括牙科医师 D. D. S，医师 M. D. 或其他特殊领域的专家 Ph. D.）学位，培养工程师、化学家、建筑师、教师、医师、律师、牙医师、社会工作人员等，招收所有加州高中毕业生的 12.5%。中间层，州立大学（California State University，CSU），是全美国最大的大学系统，目前有 22 个校区，授予学士学位、硕士学位和教学证书，提供广泛的课程，强调博雅教育（Liberal Arts）和科学教育（Science），培养了 1/2 的企业雇员、2/3 的在加州接受高等教育的加州公立学校教师和比加州其他所有大学和学院总和还多的计算机科学家和工程师，每年接受所有加州高中毕业生的前 1/3 入学。最底层为加州社区学院（California Community Colleges，CCC），有 107 所社区学院校区，主要提供学士学位以下课程。

可见，加州公立高等教育系统之所以杰出，主要是通过 1960 年《加利福尼亚高等教育总体规划》有计划地实行了公立高等院校的相互分工，即加州大学系统专注于涵盖学士学位、硕士学位和博士学位层次的高等教育；州立大学系统注重学士学位、硕士学位阶段的高等教育；社区学院则负责提供学士学位及以下的课程。至于私立学院和大学（Association of Independent Colleges and University，AICU），则另成系统②，其分层主要是通过私立院校相互之间在学术市场上的竞争来实现的。

(四) 研究评估分类法

1992 年英国多科技术学院融入大学系统后，英国政府通过高等教育拨款委员会（Higher Education Funding Councils，HEFC）对所有高等教育机构

---

① 陈厚丰. 中国高等学校分类与定位问题研究［M］. 长沙：湖南大学出版社，2004：185-190.
② 杨国赐，王如哲. 对国际间高等教育分类意见之调查研究［C］//大学院校品质指针建立之理论与实际学术研讨会. 论文发表Ⅲ. 台北：高等教育出版社，2002：89-93.

一视同仁地提供教学经费。但在研究经费方面的拨款则是选择性的，具体办法是通过研究评估作业（Research Assessment Exercise，RAE），根据研究绩效来确定高等院校的研究经费数额。英国的 RAE 一般 4～5 年为一周期，经过 1986 年、1989 年、1992 年、1996 年、2001 年五次研究评估活动，英国高等院校逐渐出现了纵向上的分层化现象。凡是有资格接受高等教育拨款委员会经费补助的高等院校，都可以申请接受研究成绩评估，评估对象并不是整个高校而是学科领域。以 2001 年为例，科研成绩评估共分为 69 个学科领域，评估结果从高至低共分为 5*、5、4、3a、3b、2、1 七个等级。但是，英国高等教育拨款委员会对 2008 年进行的研究评估作业的评估体系进行了一些改革，主要是对 2001 年评估指标体系中部分描述不太具体的项目进行了重新规定，并将评估等级由七个等级减少为四个等级（4、3、2、1)[①]。根据研究评估作业的结果确定大学的科研拨款，有效地提高了大学的科研品质。因此，英国可视为通过研究经费的竞争性拨款来促进高等院校分层的典型案例。其主要特征有三：一是以学科领域而不是以高等院校为评估单位。二是由接受评估的高等院校提供研究的成果资料，各学科领域评估委员分别根据七个等级的标准确定受评对象的等级，而不仅仅是高等院校的相对排名，这就有利于鼓励各受评单位更加努力追求研究工作的进步和卓越，而不是局限于高等院校之间的相互竞争。三是评估结果是分配受评高等学校未来研究经费补助的依据。由于英国政府采取评估的方式来衡量各大学的研究绩效，并根据各大学受评学科单位的评估成绩来决定研究补助经费的多少，因此研究成绩评估起到了引导大学通过投入更多的精力提高研究绩效以争取政府有限资源的积极作用[②]。

三、国外高等教育分类的发展趋势及启示

（一）高等教育分类法必须是一个与时俱进的开放体系

卡内基高等院校分类自诞生至今，之所以能够得到学术界和实践界的认同，原因之一在于它能够及时根据高等院校的变化和实际需要进行不断

[①] 汪利兵，徐洁. 英国 RAE 大学科研评估制度及其对大学科研拨款的影响 [J]. 高等教育研究，2005（12）：93-97.

[②] 杨国赐，王如哲. 对国际间高等教育分类意见之调查研究 [C] //大学院校品质指针建立之理论与实际学术研讨会. 论文发表Ⅲ. 台北：高等教育出版社，2002：89-93.

修改和完善。尽管它在一定时期内保持了相对稳定，但为了及时反映高等院校的变化，适应科技发展和美国社会的需要，卡内基教学促进基金会每隔一定时间就对其高等院校分类法进行修订，先后推出了六个版本。同样，联合国教科文组织的《国际教育标准分类》，也已经推出了两个版本[①]。这说明，高等教育分类法作为一种分类模式，一方面必须保持相对的稳定，否则就没有实际应用价值；另一方面，它又必须与时俱进，开放包容，根据高等教育系统分化与重组的情况及高等教育实践的需要适时进行修改和完善，并建立起多元视角的分类模式，主动适应人们对高等教育分类的多样化（认识、理解、管理、研究高等教育及机构）需要，以引导高等教育及机构趋向多样化。

（二）高校分类与高校排名既相联系又相区别但并不等同

国外高等教育分类的实践表明，人们往往容易混淆高校分类与高校排名的界限，将高校分类法人为地附加上区分高校办学质量和水平优劣的功能，并应用于大学排名。例如，尽管"卡内基基金会一再强调，其分类并不是一个由高到低的等级划分，至少在分类指标上并没有意图去衡量学校质量的高低，并不想设置一个最佳的院校类别来反映一个最佳的办学模式"[②]，但是，由于卡内基高等院校分类被广泛认同，其应用范围由原有的高等教育政策研究领域拓展到大学排名领域，并被《美新周刊》在稍加修改和简化后作为大学排名的工具。事实上，高校分类与高校排名既相联系又相区别。从二者的联系上看，高校分类和高校排名都是对不同类型和层次的高等教育及机构进行的比较，都要建立在数据的统计和分析基础之上。但是，二者的区别也是显而易见的。首先，高校分类强调不同类别高校的特质，其类别之间只有教育宗旨、教育任务、培养目标、产权性质之分；而高校排名则强调高校之间办学质量、水平、声誉和地位高低的比较，具有优劣和高低之别。其次，高校分类是从宏观上构建高校之间比较的基点，以提供一个框架来把握高校系统及高等教育结构的多元化，而高校排名则是从微观上（教师、学生、产出、学科声誉等）对高校进行比较，以确定不同高校办学的优劣。再次，高校分类是一个描述机制，而高校排名是一个竞争机制。最后，高校分类本身无评

---

① 潘懋元，陈厚丰. 高等教育分类的方法论问题［J］. 高等教育研究，2006（3）：8-13.
② 引自《美国卡内基大学分类简介》，此为卡内基资料，未公开出版，由卡内基教学促进基金会的赵春梅博士邮件提供。

鉴色彩，而高校排名则昭然地把各个学校按一些既定的标准分个高低上下①。因此，如何设计一个综合性与专业性相结合的高等教育分类体系（含高校）并防止其演变为大学排名的工具，是一个亟待解决并需要不断探索的现实问题。

（三）高等教育分类呈现出多样化发展趋势

高等教育分类呈现出从定性向定量、从单一框架向多元框架、从单功能向多功能、从个体需要向群体需要、从写实性向引导性、从高校分类向高等教育分类发展的趋势。

从原初意义上说，高校分类法是一个描述性、写实性并侧重于定性的分类，而非评估性、预测性、引导性的分类②。尽管阿什比认为"高等教育应实行双轨制还是单轨制，只不过是个后勤问题"③，但他主要依据的是20世纪60年代欧洲各国特别是英国高等教育的情况，而当时欧洲各国包括英国高等教育尚处于精英阶段，只有美国高等教育进入了大众化阶段。并且他也同时主张："取消天才教育的办法，不是降低标准，而是建立多种不同的标准（整个高等教育体系都要建立多种不同标准，不只限于大学），并且要防止扩大因受不同教育而造成的彼此在社会地位上的差距"④。质言之，高校分类法最初仅仅是人们认识、理解高等教育及机构的方法论，是一种认知理论，而非一种应用于管理、比较、统计的政策或技术工具。但是，随着高等教育大众化、普及化，高等教育分类功能的拓展，高等教育分类的性质已经从描述性、写实性延伸为兼有预测性、引导性等，其功能已经从个体的认识工具逐步扩展为群体的认识、统计、分析和管理工具；分类的模式已经从单一框架拓展为多元框架；分类的方法已经从最初的定性描述发展为定性与定量分析相结合并以定量分析为基础；分类的应用已经由从事高等教育研究的学者、专家扩大为政策制定者、学术研究者、高校管理者、政府管理者等等；分类的适用时限已经从临时性演变为阶段性；分类的对象从高校系统层面拓展为

---

① 引自《美国卡内基大学分类简介》，此为卡内基资料，未公开出版，由卡内基教学促进基金会的赵春梅博士邮件提供。

② 引自《美国卡内基大学分类简介》，此为卡内基资料，未公开出版，由卡内基教学促进基金会的赵春梅博士邮件提供。

③ 阿什比. 科技发达时代的大学教育 [M]. 滕大春，滕大生，译. 北京：人民教育出版社，1983：141.

④ 阿什比. 科技发达时代的大学教育 [M]. 滕大春，滕大生，译. 北京：人民教育出版社，1983：143.

高等教育系统层面。高等教育分类的这些发展趋势，既符合高等教育系统复杂化和高校多类型、多层次化的发展趋势，也充分展现了它保持并促进高等教育多样化、特色发展的独特功能。这就要求高等教育分类法及相关政策研究者必须主动适应这些趋势。

（四）高等教育分类研究需要从理论与实践两方面深入展开

高等教育分类研究的深入不仅需要创新分类理论，也需要在实践上建立起可行的政策体系与技术支撑体系。从高等教育分类的历程来看，最初是为便于管理，大学将其内部相近的学科或专业进行横向归类（如学部、学院、学系、讲座），然后根据教育层次进行纵向分层（本科教育和研究生教育，或者学士、硕士和博士教育），分类成为大学内部的管理工具。同时，学者根据其学术研究的需要，暂时建立起适用于特定研究对象及领域的高校分类框架，研究工作一结束，分类的作用也就告一段落。可见，最初的高等教育分类主要是针对高校的，且分类是大学管理者、学者个体的临时性行为。在经济社会发展需求的推动下，高等教育机构的数量和层次不断增加，高等教育结构复杂多样，人们可以根据需要进行不同标准的分类。例如，根据所授学位的层次将高校划分为博士、硕士、学士、副学士四个层次，或者根据管理关系及所授文凭将高校划分为重点本科、一般本科、高职、高专等类型。私立院校出现后，高校被区分为公立和私立两类（今天已拓展为公立、私立和混合三类），然后将公立高校区分为国立和省立（州立、市立）等小类。在职业教育高移到高等教育阶段后，高等教育被区分为高等普通教育与高等职业教育两类[①]。随着高等教育的大众化、普及化和国际化，高等教育的分类管理、国际比较、分类研究需求日益迫切，高等教育分类从实践上升为理论，高等教育分类研究成为理论界和实践界共同关注的领域。如何设计一个科学、合理并为人们所普遍认同的多元性、综合性高等教育分类体系，是一个必须攻克的难题。因为它不仅能为人们认识、理解高等教育系统提供方法论，也能够为人们比较、统计、管理高等教育提供可操作的技术工具和政策工具。但是，由于现行学制的限定，人们往往将高等普通教育与高等职业教育误解为层次的不同而非类别的差异，即使是高校分类也是注重层次划分、忽视类型划分。高校的层次高低本来是其职能差异的表征，却被人们主观地贴上了质量、水平、地

---

① 潘懋元，陈厚丰. 高等教育分类的方法论问题[J]. 高等教育研究，2006（3）：8-13.

位、声誉的"标签";高校之间的竞争原本是质量和水平的竞争,却异化为综合性、学术性、应用性、职业性等办学层次的竞争。由此可见,只有将分类研究从高校层面提升到高等教育层面,构建起分类与分层相结合的高等教育(含高校)综合分类体系(分类框架和标准)、政策体系(高校分工、分类评价、分类管理、分类拨款)和技术支撑体系(分类指标、支持软件及高校数据库),才能有效地引导不同类型和层次的高校科学定位、特色发展,并力求从源头上解决目前世界各国面临的高校竞相升格、趋同、攀升等难题。因此,高等教育分类研究不能停留于"坐而论道",满足于理论上构建起令人眼花缭乱的分类框架,更重要的是应在实践上建立起可操作的技术支持体系和法规、政策体系。

(五) 高等教育分类发展的有效机制是国家调控与学术市场竞争机制的有机结合

综观世界各国高等教育分类法及分类政策演变史,高等教育分类发展的机制大致可归纳为以英国为代表的大学主导模式、以法国为代表的政府决定模式和以美国为代表的市场主导模式等。这三种模式的形成与各国的政治、经济体制和文化传统密切相关,且各有利弊。随着高等教育的大众化、普及化,高等教育分类发展机制的趋势是政府调控与学术市场竞争相结合,例如,今天美国的公立高校往往以政府调控为主并辅之以学术市场竞争,而私立高校则是以学术市场竞争为主辅之以政府调控。这种政府调控与学术市场调节相结合的高等教育分类发展机制,可称之为"混合制模式"。分析中国高等教育的分层机制,不难看出,20 世纪 90 年代以前,中国高校的地位主要是由国家法规和政府政策决定的(政府决定模式),但随着 20 世纪 90 年代以来高等教育多元化投资体制的形成和学术竞争机制的引入,高校的类型、层次和地位已经逐步演变为由国家法规、政策和学术市场竞争共同决定,只是国家的法规和政策仍然起着决定性作用(政府主导模式),预计今后将继续朝着这一方向发展,且学术市场竞争的结果将对高校的类型、层次和地位起着越来越大的作用。因此,基于中国政治体制、经济体制、文化传统的历史与现实,中国高等教育分类发展的机制,是将国家法规和政策引导原则与学术市场竞争原则有机结合起来,并以高校在学术市场的竞争结果为基础。具体而言,一方面中国应当继续强化和完善高校(特别是公立高校)之间围绕学术市场进行竞争的机制,另一方面应当放弃国家对高校内部事务的直接干预,强化通过政策、法规等间接手段进行宏观上分类引导的职能，特别是要运用法律法规、分类政策、分类评价等手段，促进高等教育系统的分化和高校之间的合理分工。

（原载《高等教育研究》2007年第9期，《新华文摘》2008年第2期全文转载）

英美高等教育分类政策比较
——以英国高等教育"双重制"和美国加州《高等教育总体规划（1960—1975）》为例

1966—1991年英国实施的高等教育"双重制"政策，是英国政府通过行政手段直接干预高校分层的典型案例；同一时期，美国加利福尼亚州实施了《高等教育总体规划（1960—1975）》，这是加州政府通过法令形式，运用司法及行政力量对公立高校进行分层的经典案例。这两个政策开始实施的时间都是20世纪60年代，当时英美两国的高等教育都处于大发展、大转变时代；实施的途径和方式都是政府运用行政或法律手段，并且实施的国家——英美两国具有相同的文化背景及历史渊源。然而，二者实施的结果、成效和最终命运却完全不同：英国高等教育"双重制"实施20多年后于20世纪90年代初被终止，而美国加州《高等教育总体规划（1960—1975）》却经受住了40多年的检验，至今还是加州公立高校分层所遵循的基本制度体系；"双重制"政策的实施并没有带来英国政府所期望的加速高等职业技术教育发展步伐、促进高等教育大众化的目的，而1960年加州总体规划却使美国加州建成了"世界上最杰出的高等教育系统"[①]。因此，以这两个高等教育分类政策作为典型案例进行比较研究[②]，对世界各国高等教育，特别是对中国制定高等教育分类发展政策和高等教育规划具有重要的参考价值和启迪意义。

---

① 陈厚丰.中国高等学校分类与定位问题研究[M].长沙：湖南大学出版社，2004：185.

② 因英国高等教育"双重制"和美国加州《高等教育总体规划（1960—1975）》有专文论述，故本文只对两者进行比较研究。有关英国"双重制"和加州《高等教育总体规划（1960—1975）》的背景、内容及评价可参见拙作《英国高等教育"双重制"分层政策案例分析》《中国高等学校分类与定位问题研究》。

一、英国"双重制"政策终结和美国加州《高等教育总体规划（1960—1975）》成功的原因探讨

英国高等教育"双重制"政策被终结，而美国加州《高等教育总体规划（1960—1975）》的基本原则却至今仍在发生作用，其原因究竟是什么？笔者认为，主要是：

第一，"双重制"政策框架虽然基本符合英国高等教育分化的现状，但其分层依据却不合理；而美国加州《高等教育总体规划（1960—1975）》却有效地解决了公立高等教育系统的协调与分层管理问题。

从理论上说，政府要对高等教育实行有效的分类管理，高校分类框架应当是根据高校的性质、任务（如专门人才类型）和职能来划分，而不是根据其权利和地位来划分，否则就不可避免地会将高校引导到追求权利和地位而不是追求质量和水平的歧路上去。"双重制"政策实施前，英国实际上已经存在学术性高等教育与职业技术性高等教育"二元"体制的基础，正如克罗斯兰德讲演时所说的："我并不是虚构了它，从上一世纪与世纪交替的时候或更早的时候起，这种体制就已经逐步发展了……明显的事实是，我们不是从虚无的幻境出发，而是从既定的历史情况出发。一个多元体制的基础已经存在。"[①] 可见，"双重制"分类框架本身符合英国高等教育结构分化的现状，关键不在于应不应该划定两种高等教育的界线，而在于这条界线应划定在哪里。"双重制"之所以将这条界线划在大学与多科技术学院和其他学院之间，主要是为了防止把界线划在一切种类的高等教育与非高级的继续教育和成人教育之间，以致在更大程度上造成高校规范上的混乱。质言之，不在于是否应该实行"双重制"的分类框架，而在于实行什么样的定位政策导向。然而，"双重制"的划分依据是高校的自治权而不是性质、任务和职能，并凭借这种自治权来确定两种类型高等教育的地位（位置），规定大学处于高等教育系统的上层，由国家提供经费，具有自治权和学位授予权，而非大学的多科技术学院、教育学院等处于下层，由地方提供经费，没有自治权和学位授予权。实际上，这是一种由政府人为地依据办学权利将英国的大学与学院从纵向上分为界线分明的两个等级，并实施相应的定位政策。正如英国学者所解释的，

---

① 彼得·斯科特. 英国高等教育的二元政策[M]//迈克尔·夏托克. 高等教育的结构和管理. 王义端，译. 上海：华东师范大学出版社，1987：185-186.

"二元体制的真谛乃是一种模模糊糊的质量划分,而不是在同一水平上的教育功能的划分"①。由于"双重制"依据的是自治权,并且对非大学部分划分过粗,因而将本属于专业类的高级技术学院划归到传统的学科类大学系统中,而又将属于职业类的多科技术学院、属于专业类的高等教育学院和提供某些高级课程的继续教育统统划归到非大学部门中,这样非大学部门就像一个无所不包的"大箩筐",承担各种不同任务、具有不同性质和职能的高校之间分工不清,职责混淆。

与之相反,1960年美国加州《高等教育总体规划(1960—1975)》明确划分了州政府(含高等教育协调理事会)与高校之间的权责,以法律形式明确了州政府、立法机构与高校及高校之间的权责和任务分工。《高等教育总体规划(1960—1975)》出台前,加州立法机构试图扩大制定高等教育政策的权力,甚至包括建立新校区之类的具体权力。在管理关系上,由于当时州立学院负责培养大多数中小学教师,因此由州教育委员会管辖;加州大学由其董事会管理,特别强调大学自治,但加州立法机构扩大权力的意图,使其担心州立法机构会干涉其内部事务。因此,公立高等教育系统究竟是由州政府来管理和协调,还是由公立高等教育系统自己进行内部协调,是当时美国加州立法机构、政府和三类公立高校都面临的一个重要问题。通过多次协调和反复磋商,州立法机构明智地放弃了其扩大高等教育政策制定权力的意图,确立了高等教育系统自身协调的原则,并为此创设了高等教育协调理事会,作为公立高校主管理事会与州政府顾问机构的"缓冲器",从而使其在公立高校与州政府之间起到了有效的协调与缓冲作用。同时,《高等教育总体规划(1960—1975)》明确规定初级学院由州教育理事会管理,州立学院由新组建的加州州立学院系统托管理事会管理,加州大学系统继续由其董事会管理,并对三个管理机构的权责及人员组成作出了明确的划分及规定,且将其纳入加州法律体系中。这样,加州建立起了确保大学自治权的法律和制度规范,减少了各方在权责分工方面的随意性。

第二,"双重制"定位政策的权利导向必然刺激多科技术学院产生趋同和攀升的冲动,而加州《高等教育总体规划(1960—1975)》从教学、科研和录取政策等方面妥善地解决了加州大学、州立学院和初级学院的职能区分和权责界定问题。

---

① 彼得·斯科特. 英国高等教育的二元政策[M]//迈克尔·夏托克. 高等教育的结构和管理. 王义端. 译. 上海:华东师范大学出版社,1987:214-215.

从高校的角度看,"双重制"定位政策的导向是权利及由此决定的社会地位,其缺失是显而易见的:首先,它只是一种自治权限的分等,大学享有自治权,学院没有自治权。尽管有利于明确高校的管理关系,但同时损害了学院的办学自主权,因为无论高校属于学科类、专业类还是职业类,保障高校自治和学术自由都是促进其健康发展的基本前提,也是高等教育的内在逻辑。作为职业类学院,如果没有基本的自治权而过多地受到地方政府行政力量的直接干预,会严重损害基本的教育原则和学术规律。其次,它只是一种学位授予权的分等,即大学享有自主授予学位权而学院没有,尽管有确保学位授予质量的正面价值,但学位授予权(含文凭)对任何一种类型和层次的高校来说是其存在和发展的重要理由。在"双重制"政策下,由于政府对非大学部门的课程审批和学位授予是学术型大学的标准,因而学院为了其生存和发展,必须想方设法地获得这种学位授予的自主权,要么在课程上向大学看齐趋向学术型,要么与大学联合培养,或者干脆争取升格为大学从而获得永久性的学位授予权。可见,争取学位授予权是导致英国多科技术学院竞相升格为大学的关键性因素。最后,它只是一种办学层次的分等,而不是办学类型的区分。尽管克罗斯兰德声称实行两种高等教育原则,英国政府建立多科技术学院和其他地方学院的主要目的也不是培养学术型人才而是实用型、技能型人才,但是"双重制"产生的政策效应却是人为地将大学和学院进行办学层次和地位的分等。

事实上,从高校类型上看,传统大学属于学科(学术)类,技术大学属于专业类,多科技术学院属于职业类;从培养目标上看,大学培养学术研究型、专业应用型人才,而多科技术学院培养实用型、技能型人才;从培养层次上看,由于大学出现时间较长,逐步形成了学士—硕士—博士三级学位体系,而多科技术学院因出现时间短且受到传统高等教育价值观的影响,当时只存在专科教育层次,只颁发学历文凭和资格证书。迄今为止,世界大多数国家尚未建立起理论型高等教育和职业型高等教育相互衔接与沟通的开放性学位体系,即使已经出现的应用型专业硕士学位和专业博士学位,也同样属于专业类高等教育。因此,问题的关键是做好理论型(含学科类和专业类)高等教育与职业型高等教育的分类,并建立起相互对应的证书衔接体系,只有这样才能从根本上解决职业类高校对学术类高校的趋同和攀升问题。但是,一个随处可见的现象是,至今在世界各国,人们往往习惯于运用社会等级观念对高校优先进行层次划分,而对于作为层次划分之前提的类型划分却没有予以足够的重视。正如迈克尔·夏托克

（Michael Shattock，1983）所说的，"历史上一直有一种强烈的倾向，要给高等学校分等级，并且在尚未明确高等学校是否应凭学术素质、经费状况或社会声誉来获得地位的情况下，就给各类高等学校规定了地位。学校的作用与其地位相比往往成了次要的东西"①，"克劳斯兰德先生把在拨款机制和控制机制方面与大学迥异的新的高等教育部分固定化，从而使有关高等教育结构和管理的讨论总是被高等教育系统内部各种不同的和互相竞争的地位观念所淹没。两部分高等教育之间为了获得经费和分得学生名额而进行的竞争，使人们更加关心学校的地位"②。

与之相反，美国加州《高等教育总体规划（1960—1975）》在充分调研及各方协调的基础上，明确规定了加州公立高等教育系统应由初级学院、州立学院和加州大学组成，并根据三类公立高校的职能特点，从教学、科研和录取政策三个方面明确了相互之间的分工。事实上，在该规划出台前，加州公立高等教育系统存在比较尖锐的矛盾，州立学院和初级学院普遍存在着"升格"的热情。例如，一些州立学院期望升格为研究型大学，以便获得硕士和博士学位授予权；一些初级学院（社区学院）希望升格为州立学院，从而可以面向全加州招生。同时，由于州立学院在综合化过程中每增加一个学科均需经过由大学和学院代表组成的联络委员会投票通过，而州立学院增设学科的投票又经常遭到大学代表的否决，因此州立学院对加州大学甚为不满。此外，当时的私立学院并不是加州高等教育协调机构的成员，没有参与决策的权利，同样也感到来自州政府权力扩张的压力，并担心公立高校在其校园旁边拓展新校区。更进一步说，这些矛盾和问题集中于三类高校职能如何划分、如何确定各类院校录取学生的标准及比例等方面。通过加州《高等教育总体规划（1960—1975）》，各方经过反复协商终于达成了共识，各类高校分工明确，且都能找到自己的位置，即社区学院得以从中等教育提升为高等教育的一部分，能够面向全州所有高中毕业生招生，并且成绩优秀的社区学院学生还可以转到州立学院或加州大学继续深造；州立学院录取学习成绩排名前33%的高中毕业生，不再需要经过加州大学董事会批准就可以普遍设置硕

---

① 彼得·斯科特. 英国高等教育的二元政策 [M] //迈克尔·夏托克. 高等教育的结构和管理. 王义端，译. 上海：华东师范大学出版社，1987：220.
② 彼得·斯科特. 英国高等教育的二元政策 [M] //迈克尔·夏托克. 高等教育的结构和管理. 王义端，译. 上海：华东师范大学出版社，1987：220.

士学位课程，并可以与加州大学建立联合培养博士项目，开展应用领域的研究；加州大学录取学习成绩排在前 12.5% 的高中毕业生，并独自享有哲学博士学位和其他硕士以上的高级学位授予权，同时享有从事基础研究和应用研究的权利；私立学校则获得了参与加州高等教育决策的机会①。显而易见，通过《高等教育总体规划（1960—1975）》，加州公立院校和私立院校都从中获得了自己的权益，并妥善地解决了各类高校的职能区分及其相应的学位授予权、录取权、科研权和参与决策权问题，因而《高等教育总体规划（1960—1975）》得到了已经成为"利益共同体"的各方（公立院校、私立院校、加州政府及高等教育协调理事会）切实的执行和认真实施。

第三，"双重制"自上而下的政策制定路径和通过行政力量实施的途径，导致其缺乏必要的民意基础和法理基础；而加州《高等教育总体规划（1960—1975）》遵循的是自下而上协调制定的路径，以及通过法案形式实施的途径。

客观地看，英国"双重制"政策是英国教育和科学部在面临外部巨大的高等教育需求压力的情况下相对匆忙地作出的一种行政决策。由于英国各政党似乎在台下时偶尔关注一下高等教育，部长们主要是对人口和预算问题作出反应，而教育和科学部官员们倾向于对外部压力作出反应，而不是在考虑政策方面采取主动，政府各部门对高等教育方面和高等教育同经济、社会事务的关系方面的政策制定没有起到什么作用，因此导致英国的高等教育政策常常缺乏主动性。从决策过程看，教育和科学部既没有在决策前对两种高等教育的原则进行充分的调研和论证，也没有与有关大学和学院进行协商和讨论；从实施途径看，"双重制"政策主要是通过政府行政力量而不是法律途径制定，这种自上而下的定位政策制定路径和通过行政力量实施定位政策的途径，必然导致其缺乏必要的民意基础和法理基础，使其实施时的阻力较大甚至在执行过程中出现变形与走样。例如，"双重制"政策的重要目标之一，是通过多科技术学院和其他学院培植一种更适合英国社会需要的高等教育形式，但这一重要目标只是作为"提法"存在却几乎没有被论证过，甚至也没有将其解释得更清晰；"双重制"也没有要求把高级课程集中在少数被称为多科技术学院的综合性院校，但是执行过程中却变成了将高级课程集中于少数多科

---

① 章新胜. 加州高等教育总体规划与美国高等教育治理（中文版序）[C] //教育部国家教育发展研究中心. 美国加利福尼亚州高等教育总体规划（1960~1975）. 北京：人民教育出版社，2005：2.

技术学院。

与此相反，美国加州《高等教育总体规划（1960—1975）》的制定和实施路径却是完全不同的。加州《高等教育总体规划（1960—1975）》是根据1959年度州议会通过的众议院第88号共同决议，由加州教育理事会和加州大学董事会负责，在加州大学校长克拉克·克尔主持下起草的。在总体规划制定过程中，创设于1945年的上述两个主管理事会的联络委员会积极参与，并于1959年成立了专门负责规划分析、预测及研究的技术委员会。同时，规划起草小组加强了与州立法机构、州教育理事会及各类高校之间的内部谈判、讨论和协调，在获得各方认同的基础上，先后经过规划调研小组、联络委员会及加州教育理事会和加州大学董事会联席会议投票通过。显而易见，加州《高等教育总体规划（1960—1975）》制定的路径是自下而上的，经过各种类型的高校代表及规划机构的谈判、协商和投票，最后还通过了加州议会表决和州长签署成为法律。相应地，它的实施是严格按照法律程序而执行的。

第四，英国重人文轻科技的传统是导致"双重制"政策终结的潜在因素，而美国的实用主义哲学有助于加州《高等教育总体规划（1960—1975）》的顺利实施。

英国作为一个老牌资本主义国家，尽管其最早爆发资产阶级革命，但却在政治上保留了君主立宪制；英国作为一个先进的工业化国家，尽管其最早进行工业革命，但精英阶层却最鄙视科学技术，"工业革命运动是从大学门外穿过的，对大学的触动很小"[①]。这种看似十分矛盾的现象，正是英国文化中"重学轻术"的传统所导致的。英国大学深受人文主义传统的影响，对科学技术持强烈的排斥态度。因此，尽管20世纪60年代以来"技术主义"价值观终于挤开了英国大学的大门，但是文化的力量是潜移默化、无所不在的，"重学轻术"的传统教育价值观根深蒂固，且不时地出现复归。尽管英国政府认识到经济社会需要培养更多的技术技能型人才，但是无论是政府官员、高校教师还是大学生都有一种对学术声誉和地位始终不渝的追求情结。具体说，对从事高等职业技术教育的多科技术学院来说，获得学术型大学的权利和地位是一种永恒的目标；对于暂时就读于各种学院又具有潜质的大学生来说，获得学术型学位是其人生的重要理想；对于英国社会来说，只有大学才有资格享有崇高的社会地位。因此，尽管大学部门与非大学部门之间出现了相互

---

① 张建新，陈学飞. 从二元制到一元制：英国高等教育体制变迁的动因研究 [J]. 北京大学教育评论，2005（3）：80-88.

"漂移"的趋同现象，但是在重人文轻科技的文化传统影响下，英国非大学部门向学术"漂移"的幅度远远大于大学部门向技术和职业"漂移"的幅度，结果导致以多科技术学院为代表的非大学部门整体上的趋同和攀升。

与此相反，在美国加州《高等教育总体规划（1960—1975）》起草和制定过程中，参与者以《独立宣言》中的"人生而平等"、富兰克林的"有用的知识"观、"凯恩斯主义"及"大学自治"的理念作为制定总体规划的哲学依据。值得特别指出的是，在规划实施过程中，加州遵循着"实用、有效、解决问题"的实用主义哲学。由于实用主义是在美国土壤上生长起来的哲学流派，及时反映和适应了美国社会利己主义的世界观和发财致富的人生哲学，致使其从一般原则被推广到美国的政治、文化、教育、道德等诸多领域；同时它"把确定信念作为出发点，把采取行动当作主要手段，把获得实际效果当作最高目的"，"只管直接的效用、利益，不管是非对错"，奉行"有用即是真理，无用即为谬误"的准则[①]，因而自它产生到20世纪40年代以前一直在美国哲学体系中占主导地位，甚至被视为美国的半官方哲学。显然，正是美国社会崇尚的这种实用主义哲学，使得《高等教育总体规划（1960—1975）》在执行过程中较为顺利。

二、英国"双重制"政策与美国加州《高等教育总体规划（1960—1975）》的启示

英国高等教育"双重制"政策的终结和美国加州《高等教育总体规划（1960—1975）》的成功，给我们以深刻的启迪和宽广的思考空间，同时也给各国高等教育分类框架的设计及分类定位政策的制定以许多深刻的启示。

（一）分类框架是否科学可行，关键在于分类依据及其定位政策的导向

事实上，世界大多数国家的高等教育都在不同程度上存在着二元或多元体系。我们在判断二元或多元分类模式是否有必要时，必须将分类框架与定位政策区分开来。然而，一种分类框架是否科学和可行，关键在于分类依据及定位政策的导向，分类框架必须主要依据高校的性质、任务，特别是人才培养类型和学科专业设置面向分类，依据高校履行社会职能的能

---

① 全增嘏. 西方哲学史（下册）[M]. 上海：上海人民出版社，1985：544.

级分层。

(二) 分类框架既要符合高等教育系统分化的现状, 更要引导高等教育系统分化与重组的未来方向

在现实中, 政府重视高等教育及其机构分类, 往往是迫于解决高等教育系统面临的现实问题而很难同时兼顾高等教育未来的持续发展, 因此当设计高校分类方案和定位政策的天平倾向于解决现实问题时, 既要密切关注高等教育外部环境的变化, 又要密切关注高等教育自身结构的演进; 既要应对高等教育面临的现实难题, 更要着眼于其未来分化与发展的方向。期望分类框架与定位政策一劳永逸是不现实的, 必须及时根据外部环境和高等教育自身的变化情况调适分类指标和定位政策。

(三) 制定分类框架及定位政策的目的, 是促进整个高等教育系统的多样化而不是趋同化

英国"双重制"政策的实践表明, 基于精英高等教育总框架的分类模式及其定位政策, 即使是多元主义的也难以达到促进整个高等教育系统多样化发展的预期目的。从这个意义上说, 可以预见1992年以来英国"双重制"政策终结后实行的基于传统大学框架的分类及定位政策, 必然会延缓其高等教育发展进程, 注定将会被新的且有利于促进高等教育多样化发展的分类框架及定位政策所取代。事实上, 1986年英国政府开始对高校实施的科研评估就是一种促进高校分类分层化的政策。同时, 1960年美国加州《高等教育总体规划（1960—1975）》的成功告诉我们, 高等教育机构分类的框架必须给各种类型和层次的高校以相对明确的任务和职责区分, 并在设计定位政策时构建起防止趋同和攀升的"屏障", 这就决定了分类体系必须是在统一的高等教育系统中, 构建精英与大众框架下的多元分类分层模式。值得注意的是, 分类框架及定位政策只能有限度地为高等教育多样化创造前提条件, 而"不能有计划地去创造多样性本身"[1]。

(四) 定位政策必须遵循自下而上的设计路径和法律实施途径

英国"双重制"分层方案和定位政策出台前高等教育面临的挑战, 与今天中国高等教育面临的挑战存在相似之处, 即高等教育需求增长与供给不足的矛盾突出, 高等职业技术人才缺乏, 高等教育处于从精英向大众化阶段的

---

[1] 彼得·斯科特. 英国高等教育的二元政策 [M] //迈克尔·夏托克. 高等教育的结构和管理. 王义端, 译. 上海: 华东师范大学出版社, 1987: 216.

转型期。同样，中国现行的高校分层定位又与英国"双重制"分层定位的政策极为相似，即都是通过行政力量自上而下依据高校的权利和地位分层并定位。例如，我国政府根据高校的地位、管理关系、行政级别将普通高校从高到低划分为"985工程"建设大学、"211工程"建设大学、全国重点大学、地方重点大学、地方一般本科院校、高职高专等不同层次，或者分为教育部直属高校、省（区、市）属高校、地（市）属高校，或者分为省部级高校、正厅级高校、副厅级高校，并配套实施相应的定位政策，如在重点大学中又分别赋予博士学位授权点自主审批权、硕士学位授权点自主审批权、专业自主设置权、招生自主权，而一般高校则不能享有这些权利。这种依据地位、规模、身份并赋予不同办学权利的分层定位政策，其结果必然是所有高校纷纷趋向学术型，升格热、合并热、综合化、学术化趋势愈演愈烈。并且，还必须看到，在行政主导性国家，采用自上而下的政策设计和实施路径虽可收一时之效，但往往在实施过程中会出现偏差，导致政策执行过程中出现走样、变形，反而不利于持续发展。相反，采用自下而上的政策设计和法律实施途径虽然政策酝酿、制定过程较长，但由于集思广益，有广泛的民意基础，实施过程会更顺利。

（五）分类框架的设计必须遵循高等教育演进的逻辑

高等教育分类必须遵循高等教育系统分化与重组的脉络与图式，符合高等教育结构演进的现状及趋势。分类框架是建立在对高等教育结构分化描述与归纳的基础上，而不是凭空、随意、感性地设想出一个分类框架。同时，高等教育及其机构分类的外延也不只是人们以往理解的纵向分层，而是既包括纵向分层也包括横向分类，并且横向分类是纵向分层的前提。换言之，分类的顺序是：高等教育类型分类→高等教育层次分类→高校类型分类→高校层次分类[①]。因此，高校分类必须以高等教育分类为前提，而纵向层次分类又必须以横向类型分类为前提。

（六）分类与定位的有效实施必须以观念革新为前提

不言而喻，高等教育分类体系是否科学、高等教育定位政策是否可行，是高等教育能否实现分类发展的基础。然而，决不可小视或者忽视整个社会教育观念转变与革新的重要意义。一般而言，传统文化包括传统的教育

---

① 潘懋元，陈厚丰. 高等教育分类的方法论问题[J]. 高等教育研究，2006（3）：8-13.

价值观（如质量观、人才观、教育观等）对高等教育发展的影响和作用是潜在的、间接的，但却是持久的、无所不在的，它往往成为决定人们行动的指南，并为高等教育分类框架和定位政策的实施提供良好的土壤。因此，我们在设计分类框架和定位政策（如分类名称、分类标准、分类指标、分类发展政策）时，决不能满足于模仿、移植和"拿来主义"，而要结合中国国情，充分考虑到与传统观念、高等教育价值观和社会风尚的匹配问题，寻找与传统文化和社会风尚的结合点，尽最大可能地与之相契合。在新的分类框架和定位政策实施前和实施过程中，要高度重视思想解放、观念先行的重要性，通过公开讨论、民主商讨、政策听政、征求意见等方式，将高等教育观念的转变与革新贯穿于分类体系及定位政策设计和实施的全过程之中，在观念转变不到位、条件不成熟时致力于思想解放；在舆论氛围和社会风尚有利时适时推进。

（原载《高等教育研究》2009 年第 12 期）

美国大学内部治理考察报告

2014年7月20日至8月9日，由23名中层干部组成的湖南大学"高水平大学建设"海外研修班在栾永玉副书记带领下，赴美国旧金山、波士顿、纽约等地的高校和研究机构进行了为期21天的研修和考察，先后深入加州大学戴维斯分校、伯克利分校、州立大学萨克拉门托分校、萨克拉门托地区高校及产业技术发展中心、波士顿东北大学、塔夫茨大学、纽约大学工程学院、哥伦比亚大学教育学院和工程与应用科学学院、纽约城市大学皇后学院学习培训和访谈交流，现场考察了斯坦福大学、哈佛大学、耶鲁大学等校园。现就美国大学内部治理专题研修和现场考察情况报告如下：

一、美国大学内部治理情况

基于实用主义哲学和分权文化的传统，美国大学内部是典型的分权式治理。

（一）从内部治理结构看，美国大学由决策系统、行政系统和学术系统共同治理

1. 决策系统

董事会具有立法权，为美国大学的最高决策机构。以美国加州大学（州立）总校董事会为例，共28名董事，代表加州各方意见和利益。其职责包括：任命加州大学系统各分校校长和高层行政主管，决定校区预算、招生和入学政策、学费标准，制定教职工工资标准及晋升政策（须由分校提议后审批）等。其制定的政策和制度，加州大学系统各分校均应执行。校董事会有政党背景，在加州执政的政党有权任命校董事会成员。董事会会议允许旁听，且议题、纪要均面向师生和社会公开，并可通过网上查阅。

2. 行政系统

行政系统一般由校长、院长、系主任为主要成员，美国大学的校长和院长是校、院两级的具体管理者。在学校一级，主要是校长和教务长。在加州

大学系统，总校校长必须是社会名流，且应有很好的筹措经费能力和管理能力，下设总校长办公室（旧金山东湾）。加州大学系统各分校设校长、常务副校长、副校长和副校长助理，下设各类行政事务办公室。常务副校长兼任教务长，主管教学与研究，且必须全身心投入。学院一级实行首长负责制，主要是院长（Deans）和系主任（Department Chairs），他们分别负责学院和系的管理与运行。在美国大学，很多权限在学院一级，包括学院的年度预算、人员招聘等。院长很多精力用于筹款，例如在伯克利分校的信息技术学院，院长用于筹款的时间占40%～50%；院长任期内应全职从事学院管理，但可保留教授职务，卸任后回到教授岗位工作。系主任最难当，权力有限，为"双肩挑"（有教学任务，但比教授少），且发12个月工资（一般教授只发9个月工资，其余3个月从科研经费中支出），其主要任务是协调、报告、安排行政工作，且负有筹款职责，只有具有筹款能力，才有机会晋升为院长。系里的教授岗位数由院长和系主任共同决定（系主任根据学生注册数和学生选课情况提出方案，并与院长商定）。

3. 学术系统

美国大学的学术委员会为学术事务决策机构，是代表教授治理的组织，其决策由相关行政与服务部门执行。在分校一级称"学术委员会"，在学院一级称"教授委员会"。其成员一般从教授、副教授中选举产生，助理教授不参加。例如，伯克利分校学术委员会共有28名委员，分设8个分会（见表1），通过学术委员会及各分委员会传递教授的声音。学术委员会主席的任免由全体委员投票决定，委员则由教授投票决定；各分会委员会成员不交叉，能广泛代表教授，但相互之间联系较少。分委员会主席与理事会主席组成联席会，汇总各分委员会意见，并与相关管理部门沟通。再如，在戴维斯分校，课程设置及课时均由院教授委员会的决策，院长一般不会否决教授委员会的决策。教授委员会委员应按时参加会议，如不积极参加，就会被撤销委员资格。

表1 学术委员会各分委员会名称及职权

序号	分委员会名称	职权
1	预算与跨院校际关系委员会	财务预算、教授晋升与选拔和聘用
2	学术规划与资源分配委员会	实验室、设备与办公空间分配
3	课程教学委员会	针对每一门课程的管理
4	多样化、平等与校园氛围委员会	保持种族和人员多样化、创造多样化环境
5	教育政策委员会	本科教育政策

续表

序号	分委员会名称	职权
6	研究生理事会	发展评估与持续发展的研究生教育改策，含研究生录取政策
7	教学委员会	教学评价
8	入学录取委员会	本科生录取

（二）从职权划分看，美国大学校、院两级权责明确、清晰

学校一级主要关注发展规划、经费筹措、政策制定，办学重心在学院，教学、研究和服务由学院自行决定。其途径如下：

1. 通过制订工作计划和定期沟通，确保学院工作与学校方向一致

主要方式有：一是学院年度计划（包括工作目标、考核标准和要求）须与学校计划保持一致，经校长签字同意后执行，并公布在网站上，接受师生监督，故学院的年度计划相当于学院与学校签署的年度工作合同。二是院长每月与校长、教务长沟通一次，通过沟通达成目标一致。同时，院长每月与系主任开会两次，主要解决资源分配问题。

2. 学校负责为学院提供基本开支，但会按一定比例从学院所获经费中提取

学校提供给学院的基本开支，包括建筑物、教师工资、管理与服务支持人员工资。在加州大学系统，学院所获经费中学校的提取比例为：联邦政府研究基金由加州大学总校提取54%并返回给学院10%，企业合作研究经费、接受企业的无条件赠款由学校提取10.5%，学院院长所筹经费可直接进入学院，但州政府资助给学院的经费，学校需从中提取30%~40%，用于新聘人员的工资和福利。

（三）从教师聘用制度看，职级和年薪标准公开，晋升程序规范，条件严格

1. 教授职级和年薪标准

美国州立（公立）大学实行全校统一的教授职级和年薪标准。例如，加州大学总校负责制定统一的教授职级和年薪标准，而哪一位教授具体定哪一级，则由系主任与被招聘者谈判协商确定。在加州大学系统的10所分校，教师职务被划分为教授、副教授、助理教授三个等级。设有16个工资级别，每个级别的工资标准公开。

2. 教师晋级的程序与兼职

从助理教授晋升为副教授、从副教授晋升为教授,是美国大学教师晋级的两个关键步骤。在教师晋升的时间和程序上,新聘教师必须在第 6 年(最迟不超过第 7 年)晋升为副教授,否则应离开学校;获得终身教职的教授除违法或犯罪外,不能解聘。以伯克利分校为例,晋升教授的大致程序为:①申请者提供任职情况报告(包括教学、科研和服务等,含发表的论文、获得的成果或专利等)和一份国际同行专家姓名给院长;②院长在院内组织匿名评审,并随机抽取国际同行对申请者水平进行评价;③申请者提供国际学术组织的推荐信;④学院评审委员会评审;⑤分校学术委员会评审。在教师晋级的条件上,戴维斯分校教师晋升条件的重要性依次为科研、教学、服务。学院根据这三个方面的表现对申请晋升者进行评估,并进行同行比较。关于教师兼职,该校规定教授只能有 20% 的时间在外面工作。如果超过这个限度可申请从全职教师转为半职或兼职教师,并经学院同意。教师只能兼任企业技术顾问,不能担任 CEO,不能将技术私自转让给企业或私人公司。

3. 教师工作评价

美国大学对教师工作的考核一般没有数量化要求,但实质上必须达到教师们公认的水准。一个聘期结束时,学院会对教师聘期工作情况进行评审。例如,戴维斯分校对教师工作的评价内容包括科研、教学和服务。在科研评价方面,一是研究基金来源及经费额;二是研究论文,包括论文的数量、刊物影响力、影响因子、被引次数等;三是学术著作,如果是统一出版则学术价值较高,如果是自费出版则学术价值较低。在教学评价方面,一是每门课结束后学院会发放统一制作的调查问卷(问卷题目一致,内容包括专业水平、教学投入情况);二是学院听取学生和其他教师对其教学情况的反馈。在服务评价方面,包括是否担任学术期刊编委、专业学会理事、学术组织成员等。

4. 教师教学工作量

在加州大学伯克利分校(公立),教授每周上 3 节课;在哥伦比亚大学(私立),教授每年应上 4 门课程,每周 3 节课。教师的其余时间(主要是夏季学期)做研究。

5. 院长和终身教授权益保障

院长卸任后,享有为期一年的学术休假待遇,休假期间由学校发放工资,以便卸任的院长有一个回归教授岗位的过渡期。在美国大学,获得终身教职的教授一般不超过教师总数的 49%,他们拥有自己的办公室,并成立终身教职教授协会来维护其权益,学校一般不介入其具体事务。

二、美国大学内部治理的特点

根据本次海外研修班的培训、调研和现场考察情况，美国大学在内部治理上具有以下几个特点：

（一）决策、行政、学术三大系统权责配置分明、内部治理结构清晰、办学重心在学院

美国州立（公立）大学的决策机构为董事会，管理机构为校长、院长、系主任组成的行政系统，学术事务决策机构为校学术委员会、院教授委员会，办学事务管理的重心在学院或学系。

在美国州立（公立）大学，学校一级的主要任务是：解决学校面临的重大问题，维持学校的正常运转。因此，校长的职责有二：一是筹措经费，为此必须与企业、校友建立良好的关系；二是提供良好的教学科研设施。常务副校长兼教务长的职责是安顿好所有院长。

在美国大学，学院具有很大的办学自主权，包括招生权，教师招聘、晋升、评价权，自筹经费和预算内经费使用权等。院长或系主任由全体教授选举产生，并对教授负责，且负有筹款责任。美国大学院长最主要的职责是：在全球范围内找到最好的教师、招到最优秀的学生。例如，在哥伦比亚大学（私立）教育学院，教师的招聘、晋升、评价权在系里，课程设置由教授提出、院系批准和教务长同意即可，教学内容和方法都由教授决定。

（二）教师和学生具有双向选择权，形成了提高质量的内在动力机制

在美国大学，学生通过自主选择课程和问卷评价教师的教学，实现了选择教师和课程的自主；教师通过课程设置、招生标准和修读课程的学术水准，实现了选择学生和开设课程的自主，这就使师生双方形成了双向激励的机制，激发了师生双方教与学的动力和活力。在这种学生乐学、教师愿教的氛围下，教学质量必然会不断提升。

（三）学校科研提成费高，但科研设备免费为师生所用

在美国州立（公立）大学，学校从科研经费中提取的管理服务费一般占到 40%～50%，但同时应为教授科研免费提供良好的研究场地和设备。研究项目完成后的结余经费由学校无条件收回。这就将大学复杂的公房有偿使用和实验室开放共享问题简单化了，即只要你有教学任务、科研项目和经费，

在正常工作时间内使用教室、实验室免费，非正常工作时间使用则收取租金。教师的科研项目经费中 75% 用于支付研究生劳务费，学校每年为教授支付 9 个月工资，其余 3 个月工资从研究经费中开支。

（四）教师必须教学、研究并举，入职和升级条件严格

在哥伦比亚大学（私立）教育学院，教授聘用、晋级的决定因素是其研究水平，教师要晋升为终身教职，在学术上必须有成就、有科研经费、有论文在权威刊物上发表。在水平评价上，晋升者必须拿到 8 位左右世界或全国范围同行的推荐信，才有申请资格。如果一位教授只拿到了教学奖励而拿不到研究经费，就会在聘期结束时拿到校长的解聘通知；教授要招收研究生，其前提条件是能拿到研究项目和经费，没有项目和经费免谈。即使是在美国州立大学（公立，相当于我国的一般本科），以前仅要求教师以教学为主，但最近也开始对教师提出了科研要求。由此可见，在美国大学中，无论是州立（公立）大学还是私立大学，无论是研究型大学还是应用型大学（社区学院例外，其教师的主要任务是教学及教学研究），教学科研都是教师的基本任务。当然，美国大学也同样存在重科研轻教学的问题①。

（五）注重学生团队精神、公民意识、创新观念和能力培养

在美国哥伦比亚大学（私立），教师对学生学习成绩的评定以学习小组为单位，只有小组成绩为 A，小组单个成员的成绩才能是 A，既有利于培养学生的团队精神，也有利于缩小学生个体之间的成绩差距。同时，该校为新生开设了 1 个学分的入学教育课程——"如何适应大学生活"，并且内容很具体，如不大声喧哗、环保意识、安全教育等，其目的是帮助新生顺利完成从中学生向大学生的角色转换。大学还通过家庭教育、学校教育持续培养学生的责任心和公民意识。大学注重指导大学生如何申请岗位、写介绍信。此外，美国大学对学生的学业成绩保密，注重保护学生的隐私，体现了对学生人格的尊重，实际上也从另一个角度培养了学生的自尊心、自信心和责任心。

（六）创业培训的理念及做法值得学习

美国加州在大学生创新创业方面构建了三个层次的平台：一是加州地区科技创新联盟，是非政府组织自愿创立的地区性创新平台，为企业和高校科技合作、创新创业合作提供服务；二是大学设有技术推广办公室，为本校教

---

① 贺国庆，王保星，朱文富，等. 外国高等教育史 [M]. 北京：人民教育出版社，2003：520.

师和学生知识产权转让、与企业合作提供支持服务；三是大学设立的创业训练中心，为师生创业提供培训课程和实践机会。

作为加州的研究型大学，戴维斯分校认为，创业者的数量多少并不重要，关键在于将创业的理念、思路传播到校园和学生中去。实际上，有些教授并不一定要去企业创业，但通过创业培训的方式改变了师生的研究思路和产品设计理念。因此，学校鼓励教师将新技术转化为产品，更希望将新产品推广到企业和公司；鼓励有兴趣的学生自主选择创业，并收获成功的喜悦。由于创办公司风险大，因此很多教师和学生将自己的新产品卖给公司，公司将新产品商业化、产业化。广义上说，这一做法也是一种创业。而在私立的斯坦福大学、麻省理工学院，教师兼职动力更大，创业兴趣更浓。这是因为，在斯坦福大学，教师第一位的任务是创业，其次是科研，再次是教学。

加州戴维斯分校的管理研究中心开设了许多创新创业项目，主要有：第一，创业培训课，涵盖了全校3.3万名学生，其开设不是为了学位，而是为全校各专业、各层次的学生提供一个创业训练和成果转化的平台。第二，短期培训。培训时间为一年，主要面向博士研究生、博士后，如工程学博士研究生可选修管理学课程，管理学博士研究生可选修工程学课程，使管理学与工程学博士研究生知识互补，培养复合型人才（美国产业界认为，大学往往习惯于纸上谈兵，必须让师生了解企业和商业运作，博士研究生、博士后既要有专业知识，又要有管理和综合知识）。第三，竞赛团队培训。培训期限为一年，学生被选择参加竞赛团队后，由专业教师指导学生团队制作参赛作品，包括指导学生准备参赛材料、建立商业网络等。

（七）直接为师生服务的人员众多、行政服务部门注重数据采集与分析

美国州立（公立）大学的行政和服务人员的规模远远大于中国公办大学，并且重心在学院一级，直接面向教师和学生服务的咨询与支持人员众多。以伯克利分校为例，该校2012年度共有学生36204人，教职工10560人，其中专任教师2236人，行政和服务支持人员13073人，生师比（学生与教师之比）为17∶1，行师比（行政服务人员与专任教师之比）为3.9∶1，生职比（学生与教职工之比）为3.4∶1。再如，加州大学戴维斯分校设有两个校区，共有学生34155人，其中本科生2.6万人，生师比17∶1。同时，美国大学行政服务部门十分重视数据的采集与分析，为决策提供可靠的定量依据。例如，伯克利分校的就业办要负责进行就业状况调查；戴维斯分校的学生开发

办设有 1 个业绩评估与研究岗位，由具有博士学位的专家任职，负责设计问卷、组织学生评价并汇总问卷调查结果；该校财务办负责学生公寓收费标准调整，其依据是每年学生的入住情况和工资上涨情况；研究生部负责研究生入学、中期考核和毕业数据、住宿信息的采集与分析；戴维斯分校信息技术办负责学习软件系统、刷卡系统、教学管理系统、网络教学系统等的建设和运行；东北大学的校园规划办先确定建筑物的能源消耗指标后再进行整体规划，并提出了明确的节能减排措施。

三、美国大学内部治理的启示

通过对美国大学内部治理情况的实地调研和现场考察，笔者认为，美国大学在内部治理、运行机制、追求卓越等方面为我国大学改革内部治理结构、提高内部治理水平、建设高水平大学提供了有益参考和深刻启示：

（一）正视我国与美国的文化传统差异，扎根中国大地办好高水平大学

在一定意义上说，学术传承和文化传统决定着一个国家大学的办学理念、管理体制及模式。美国实用主义的哲学和分权式管理的文化传统，决定了美国大学是一种典型的分权管理模式。例如，美国教育部的职能有限，主要是提供联邦资助、收集并传播有关学校和教育研究信息、确保教育机会平等，教育管理则主要由各州和地方政府负责，且仅限于公立学校[①]。在美国大学内部治理方面，校一级只负责规划、政策、经费等宏观方面，教学、研究、招生、教师聘用和晋升权均在学院或学系一级。而中国有着数千年中央集权的历史，并逐步在民族文化中形成了"大一统"传统，并且近现代以来我国大学先后经历了学习日本、德国、苏联大学的过程，这就决定了中国大学的集中管理体制及模式。应当说，这两种大学管理体制和模式并无绝对好坏，而是各有优点、利弊共存。因此，我们借鉴美国大学内部治理经验时不能超越中国的文化传统和高等教育发展史而照抄照搬。在内部治理体制上，中国大学要继续发挥校级统筹管理的优势，明确划分党委、行政系统与学术系统的权责，化解办学事务管理权限过于集中在学校一级、行政权力代替学术权力的弊端；在管理模式上，实行分级管理，明确划分校、院两级权责，降低

---

① 王建勋. 美国的教育部"管"些什么？[N]. 南方都市报，2009-03-16（AA23）.

办学管理的重心，规范有序下放办学权限，使学院在教学计划、课程设置、学科专业建设、招生、教师聘用及晋升等方面享有更多的自主权，以最大限度地释放学院的办学活力，激发教师主动提高质量和水平的内在动力。

（二）将"以学生为中心、以教师为本"的理念固化为大学的治理制度、管理规范和岗位职责

不言而喻，学生和教师是一所大学履行人才培养、科学研究、社会服务、文化传承与创新四大职能的主体，以师生为本是办好一所大学的前提。在美国，无论是州立（公立）大学还是私立大学，其办学理念、治理制度、评价体系和岗位职责中处处渗透着"以学生为中心、以教师为本"的理念。也就是说，美国大学将"以学生为中心、以教师为本"的理念外化到了其治理制度和行为规范中，而不是单靠教职员工的道德品质和自我约束。在中国，我们十分注重在道德层面倡导"师生为本"的理念，但不足之处是没有及时将这一理念外化为对教职工的制度约束和行为规范，以至于"师生为本"的理念有时只是一种口号，尚没有落地生根。因此，我国大学要在重视师德教育的同时，努力将"以学生为中心、以教师为本"的理念固化为制度成果、管理规范和岗位职责，通过大学章程、制度体系、岗位职责、考评体系等形式和路径，充分运用政策杠杆和薪酬机制，促使教职工将"以学生为中心、以教师为根本"的理念转化为行为模式和岗位职责，并真正落实到行动上。

（三）学习借鉴美国大学内部管理科学化、精细化、规范化的经验

在管理科学化上，美国大学行政服务部门的工作建立在调查研究、定量分析的基础上，例如录取率、按期毕业率、住宿制学生与走读生学习绩点的比较、毕业生就业率与就业质量、研究生知识产权转化等都由相应的管理部门进行数据采集、数据分析和数据研究，作为制定规划、政策和改进管理的依据。而我国大学虽然也开始重视数据采集与分析，但总体上还停留于定性分析、大约估算的层面，对决策方案的论证缺乏系统、持续的数据分析。在管理精细化上，美国大学在校园保洁、学生食堂和宿舍管理、基本设施建设等方面，无不体现出节俭办学、节能环保和精确测算的意识，例如，美国大学里许多新建大楼，外立面就是现浇水泥，根本没有做装饰；许多老建筑修旧如旧，完整保留了不同年代的建筑风格，通过这些建筑群展现学校的办学历史。特别是在节能降耗方面，在教学楼建设规划阶段就有明确的节能控制

指标。而我国大学基本设施建设更多的是拆掉重建，个别大学的新校区建设体现出"土豪"的气派。在管理规范化上，美国大学教职工对管理流程、岗位职责、团队精神执行得认真细致，可以说到了"死板"的程度，而我国大学的管理仍显粗放，习惯于柔性管理，灵活性大于原则性，怕得罪人。一句话，美国大学的领导者和管理者很较真、很"死板"，而我国部分大学的领导者和管理者太随意、太粗放。

（四）坚持"追赶"与"超越"战略并举，努力走出一条高水平大学建设的中国道路

众所周知，高等教育有其自身的规律性，这是我们学习、借鉴西方先进国家高水平大学建设经验的理论依据。这次赴美国大学培训学习和现场考察给笔者最深的印象是，无论我国大学还是美国大学，在经费筹措、教育国际化、科技成果转化、学生创新创业、教学科研关系、教师评价、信息数据共享等方面，都面临着同样的问题和挑战，只是美国大学比我国大学步子迈得早一些，进行的尝试比我国大学多一些，这充分说明只有虚心学习和借鉴才能有所超越。另一方面，在不同时代、不同国家、不同政治制度、不同文化背景下的大学，其特点各不相同，这就意味着建设高水平大学不能跟在别国后面亦步亦趋，甚至满足于模仿和移植西方国家大学的模式。事实上，美国独立前后模仿英国牛津大学、剑桥大学创办哈佛学院等9所私立学院和19世纪中叶以前对德国柏林大学模式的效仿（1876年创办的约翰·霍普金斯大学），并没有使美国的大学达到世界先进水平。直到19世纪60年代赠地学院的创办，将直接为社会服务作为高校的新职能，美国才创立了区别于欧洲大陆系统的高等教育新模式。正是这种以研究生院、赠地学院、社区学院为主要标志的新模式，才奠定了美国成为世界高等教育"领头羊"的坚实基础[1]，这充分说明高等教育发展和高水平大学建设遵循着基本规律，但各国的发展道路精彩纷呈，发展模式多样共存。只有相互尊重和相互借鉴才能取长补短，只有敢于超越和创新才能领先。因此，我们既不能妄自菲薄，也不能妄自尊大，而应结合国情校情，充满信心，学习借鉴，敢于创新，努力走出一条高水平大学建设的中国道路。

---

[1] 陈厚丰. 高等教育分类的理论逻辑与制度框架研究 [M]. 广州：广东高等教育出版社，2011：21.

（五）中美大学面临的主要矛盾不同，我国大学应当集中精力提高教育质量

有道是："罗马不是一天建成的。"建设高水平大学是一个持续的过程，我国教育管理部门和大学的领导层要有持之以恒、坚持不懈的思想准备，社会舆论也要宽容一些，决不能急于求成。应当看到，由于各种因素，中美两国高等教育存在着明显区别，主要表现在：一是中美两国高等教育处在不同的发展阶段上。美国早已进入普及化阶段，面临的主要任务是为大学生提供更加个性化、特色化的教育，所以美国的一些大学愿意为一名学生专门开设课程；而中国高等教育处于大众化阶段，面临的主要矛盾是努力增加"好大学"数量、不断提高培养质量。二是中国公办大学办学的时间比美国晚了一个世纪以上。如果从美国1862年颁布《赠地法案》后创立赠地学院（州立）算起，其公立大学已有150多年的历史（如果以1825年杰斐逊创办的弗吉尼亚大学作为美国历史上第一所真正的州立大学[①]，则有190年历史），而我国公立大学如果以1898年创建的京师大学堂算起，则只有117年历史；如果从新中国成立后计算，至今也只有66年历史。"欲速则不达"，创办一流大学不能操之过急，总想着赶超。因此，在建设高水平大学进程中，我国大学战略上一定要有"只争朝夕"的精神，但在战术上却要坚持"慢工出细活"的原则。要根据"学术是一种闲逸的好奇"的特点，以提高教育质量为核心，努力营造"学生为本、自由探索、信任教师、鼓励创新、宽容失败"的氛围，激励师生"为真理而追求真理"[②]，尽快纠正"短平快"的科研项目立项制度、单一数量化的教师考评指标体系，尊重人才成长和学术创新规律。唯有如此，才能真正培养出具有创新自觉和创新能力的高层次人才，产出一批原创性、突破性的学术成果，并使一批大学跻身世界一流大学和高水平大学的行列。

（六）中美两国大学在服务支持人员方面相差甚大，我国大学应适当增加直接为师生服务的支持人员

美国公立（州立）大学行政服务人员规模上与中国公办大学类似，但行政服务人员的结构明显不同，重心在学院一级，直接面向教师和学生服务的咨询与支持人员众多，因而为师生提供的行政服务更多、更周到；而我国公

[①] 黄福涛. 外国高等教育史 [M]. 上海：上海教育出版社，2003：183.
[②] 罗伯特·M. 赫钦斯. 美国高等教育 [M]. 汪利兵，译. 杭州：浙江教育出版社，2001：67.

办大学从事管理的人员数偏多,并且集中于学校一级,直接服务教师特别是学生且面向学院的支持人员数较少,师生对管理和支持服务不满意就具有某种客观必然性。究其原因,这与我国公办大学管理集中于学校一级有直接关系。今后要下移办学管理的重心,有计划地将教学、科研、学科与专业建设、教师聘用等权限下放到学院,根据办学规模合理配备行政服务人员,减少管理人员数量,增加服务人员数量,有序地将管理服务人员转向学院和教学科研第一线。

(原载《大学教育科学》2015 年第 3 期)

五、大学文化篇

对青年毛泽东追求"大同"理想的历史考察

青年毛泽东所生活的时代,正是中国社会主义思潮由潜流变为潮流的大变革时代。这样一个时代,决定了毛泽东早期政治思想的社会主义方向。深入了解青年毛泽东政治思想的演进史就不难发现,实现人类"大同"是他追求的终极目标。可以说,寻求实现"大同"世界的途径、方式和手段,不仅是推动青年毛泽东政治思想不断前进、不断升华的动因之一,而且也是他认同并接受科学社会主义理论、转变为共产主义者的主要思想机制。研究青年毛泽东对"大同"理想的孜孜追求,有助于我们进一步了解其早期政治思想演进的历史轨迹,从而深刻理解马列主义中国化的内在机制。

一、实现人类"大同"是青年毛泽东追求的终极目标

所谓人类"大同",是指没有剥削、没有阶级、人人平等和自由幸福的理想社会,作为一种理想化设计,它既是对人类未来生活的观念构建,也是人生道德追求的最佳境界。自《礼记·礼运》最先系统提出"大同"理想以来,历代追求实现这种理想的人层出不穷,青年毛泽东就深受这一思想的影响。他热烈地向往"大同"世界,还将实现人类"大同"作为自己理想的终极目标,具体表现在:

第一,在杨昌济的影响下,接受康有为的"三世进化观",对"无差别、一切若一"的"大同"世界无不神往。由于杨昌济的极力推崇,青年毛泽东曾认真研读过康有为的《大同书》(当时已出版的甲乙两部),十分向往被称为"圣域"的"大同"境界,"彼时天下皆为圣贤,而无凡愚,可尽毁一切世法,呼太和之气而吸清海之波",认为"孔子知此义,故立太平世为鹄,而不废据乱,升平二世"[①]。在这里,青年毛泽东不仅对康有为的"大同"学说毫不怀疑,肯定了孔子是第一个提出这种理想的人,而且明确提出"大同者,

---

① 毛泽东. 致黎锦熙信[M]//中共中央文献研究室,中共湖南省委《毛泽东早期文稿》编辑组. 毛泽东早期文稿. 长沙:湖南出版社,1990:89.

吾人之鹄也"①。这种将《春秋公羊传》的"三世"说和《礼运》的"大同"说相结合的说法，与康有为的《大同书》是一致的，显然是受到了康有为"大同"学说的影响。

第二，受孙中山三民主义的影响，青年毛泽东把所谓的"民生社会主义"当作救国救民、实现"大同"理想的良方。青年毛泽东一旦立志救民于水火、实现人类"大同"，便开始了寻求实现理想之路的曲折历程。早在1911年底至次年春，毛泽东在长沙当兵时，就通过《民生报》知道了孙中山的"国家社会主义"。受孙中山的影响，毛泽东对社会主义表现出了空前的热心，他接受了孙中山革命已经成功、民生主义建设已经开始的观点，立即退出新军，连续报考了几所实业学校，义无反顾地走上实业救国的道路，为实现被孙中山称为"大同主义"的民生主义而努力。虽然毛泽东当时把社会改良主义当成了社会主义，但却激起了他对社会主义的巨大热情，并由此产生了强烈的探索愿望。

第三，在新文化运动中，青年毛泽东兼收并蓄各种空想社会主义理论，希冀从中找到实现"大同"理想的道路。袁世凯窃取中华民国临时大总统后，实际上宣告了辛亥革命的失败，孙中山的民生主义建设也只能昙花一现。袁世凯复辟帝制、日本提出"二十一条"和帝国主义之间爆发第一次世界大战，激起了青年毛泽东对封建主义的更大愤恨以及对资本主义的极大怀疑，思想中"是确定地反军阀与反帝国主义的"②。从此，青年毛泽东实现"大同"的道路完全转向社会主义。周世钊回忆说，毛泽东思想的大转变"是一九一五年读了《新青年》"（1915年陈独秀在上海创办《青年杂志》，次年改名《新青年》，故引文中实为《青年杂志》）。随着新文化运动的兴起，无政府主义者掀起了一股鼓吹克鲁泡特金的无政府共产主义潮流，毛泽东受杨昌济的影响，又热心于无政府共产主义。实际上他当时的思想是克鲁泡特金的互助论、武者小路实笃的新村主义、托尔斯泰的泛劳动主义和流行于北美的工读主义等思潮的"大杂烩"，是一个小资产阶级空想社会主义的"混合体"。他赞扬克鲁泡特金的互助论"意思更广、更深远"，推崇托尔斯泰的"人人做工"，但他更相信武者小路实笃，把建设新村视为实现社会主义、达到"大同"世界的一条可行途径。因此，他精心设计了新村蓝图，"合若干之新家庭，即可创造一种新社会。新社会之种类不可尽举，举其著者：公共育儿院，公共蒙养院，公共学校，公共图书馆，公共银行，公共农场，公共工作厂，公共消费

---

① 毛泽东. 致黎锦熙信［M］//中共中央文献研究室, 中共湖南省委《毛泽东早期文稿》编辑组. 毛泽东早期文稿. 长沙：湖南出版社, 1990：89.
② 斯诺. 西行漫记［M］. 北京：生活・读书・新知三联书店, 1979：128.

社，公共剧院，公共病院，公园，博物馆，自治会"①。可见，青年毛泽东的新村规划集"新村主义"和康有为"大同"说之大成，并且有了更进一步的发展，无疑是他企望通过建设新村实现"大同"理想的突出体现。不言而喻，此时青年毛泽东的思想并不是单一的、凝固不变的，而是呈现出各种社会主义思想兼收并蓄、中西融合的特点。他兼收并蓄的目的，正如他自己所说的："吾辈必想一最容易之方法，以解经济问题，而后求遂吾人理想之世界主义。"② 很明显，正是由于他始终以实现人类"大同"为自己的终极目标，因此才认同并接受了与"大同"思想有相通之处的小资产阶级社会主义空想。这种探索活动，一方面为他后来转向科学社会主义奠定了思想基础，另一方面其痕迹也在他后期的政治活动中有所显现。

第四，通过一系列实际尝试，青年毛泽东终于找到了实现"大同"理想的有力武器——科学社会主义理论。为探索解决中国社会的出路问题，找到实现人类"大同"的正确道路，他和志同道合的朋友于1918年组织了"新民学会"。同年暑期，又与蔡和森、张昆弟等学会会员搬到岳麓书院的半学斋进行新村试验。1919年在北京加入了旨在"洗污浊之乾坤"的少年中国学会，次年5月，又亲身参加了上海工读互助团的活动，并且还具体承担了洗衣和送报等工作。1920年他参与并领导了湖南自治运动。然而这一系列尝试活动的失败，证明了青年毛泽东曾经热切期望通过小资产阶级社会主义的改良、示范办法实现"大同"在中国行不通。马克思主义对资本主义制度的科学分析、对无产阶级历史地位的充分肯定，特别是十月革命胜利的事实教育了青年毛泽东，促使他转而探索科学社会主义。通过对湖南自治运动失败教训的反省，青年毛泽东的政治思想发生了一次革命性的转变。他深刻认识到："吾人惟有不理一切，另辟道路，另造环境一法。"③ 经过对一系列探索活动和自己思想发展的全面总结，终于得出了"尤其要有一种为大家共同信守的'主义'，……主义譬如一面旗帜，旗子立起了，大家才有所指望，才知所趋赴"④ 的结论。这里的"主义"，毫无疑问是指布尔什维主义，

---

① 毛泽东. 学生之工作 [M] //中共中央文献研究室，中共湖南省委《毛泽东早期文稿》编辑组. 毛泽东早期文稿. 长沙：湖南出版社，1990：454.

② 张昆弟. 张昆弟记毛泽东的两次谈话 [M] //中共中央文献研究室，中共湖南省委《毛泽东早期文稿》编辑组. 毛泽东早期文稿. 长沙：湖南出版社，1990：638.

③ 毛泽东. 致向警予信 [M] //中共中央文献研究室，中共湖南省委《毛泽东早期文稿》编辑组. 毛泽东早期文稿. 长沙：湖南出版社，1990：548.

④ 毛泽东. 致罗璈阶信 [M] //中共中央文献研究室，中共湖南省委《毛泽东早期文稿》编辑组. 毛泽东早期文稿. 长沙：湖南出版社，1990：554.

亦即马列主义。因此，他敏锐地感觉到俄国革命成功的经验对现今中国的重要意义。据此，他指出湘人往南洋是"大业"，是实现世界"大同"的一个步骤，主张"世界大同，必以各地民族自决为基，南洋民族而能自决，即是促进大同的一个条件"①。青年毛泽东已自觉地将实现人类"大同"的长远目标和争取民族自决、国家独立的近期目标紧密联系起来，并将实现国家独立和民族解放，看成是实现"大同"的前提条件，是十分难能可贵的。当然，值得注意的是，这时的"大同"内涵已不是昔日的乌托邦，而是指共产主义理想了。

二、青年毛泽东追求"大同"理想的原因

如前所述，实现人类"大同"是青年毛泽东追求的终极目标。那么，青年毛泽东为什么会追求这一目标呢？换句话，也就是他追求"大同"理想的主客观条件是什么？笔者以为：

首先，青年毛泽东所处的特定历史时代，是他确立"大同"理想的首要条件。20世纪初的中国，帝国主义列强和封建势力的反动统治日益严重，国家四分五裂，人民痛苦不堪；民族压迫和阶级压迫互相交织，强权政治、弱肉强食无处不见。在这样一个苦难时代，一方面灾难深重的中国人民产生了热烈追求平等公正、自由幸福美好社会的强烈愿望，另一方面救亡图存、实现国家的独立和现代化也就成了当时一切有志之士的时代主题。我们知道，毛泽东是一个在湖南韶山冲长大的农民子弟，自幼目睹和经历了贫穷、饥寒、失学、侮辱等种种的不公正。当长沙饥民因抢米而被残酷镇压的消息传到韶山时，他和伙伴们议论这件事，深为饥民被杀头示众而愤愤不平。这件事给少年毛泽东以很大的震动，以至于他后来还回忆说"影响了我一生"。1913—1918年青年毛泽东在湖南省立第一师范求学的五年半时间里，正是第一次世界大战和国内军阀混战的年代，湖南成了南北两种势力拉锯的战场，甚至连课堂内也无法平静。"人现处于不大同时代，而想望大同，亦犹人处于困难之时，而想望平安。"②就是这种特定的时代和痛苦的经历，使他很早就产生了救国救民的忧患意识和改造国家社会的观念，从而追求人人平等、没有剥削

---

① 毛泽东. 致张国基信[M]//中共中央文献研究室，中共湖南省委《毛泽东早期文稿》编辑组. 毛泽东早期文稿. 长沙：湖南出版社，1990：560.

② 毛泽东.《伦理学原理》批注[M]//中共中央文献研究室，中共湖南省委《毛泽东早期文稿》编辑组. 毛泽东早期文稿. 长沙：湖南出版社，1990：184.

的理想社会。

其次,中华民族自古以来的乌托邦思想传统的影响,是青年毛泽东追求"大同"理想的又一原因。纵观中国古代乌托邦思想发展史,曾经形成过春秋战国、汉末魏晋、宋元和明末清初时期四次乌托邦高潮[①],尽管古代乌托邦思想内容各异、形式不同,所代表的阶级或阶层的利益不同,但大体上表达了人们追求自由、平等、幸福的善良愿望,深刻影响了历代解救苦难、追求平等和自由的有志之士。毛泽东自8岁入本地私塾,一直到13岁辍学,所学的都是"四书五经"。虽然少年毛泽东对经书的"微言大义"并不理解,但正如电脑软件的贮存功能一样,以后用起来就是现成的思想资料;何况,当时他还读了大量的所谓"杂书",如《西游记》《水浒传》和《三国演义》等等。由于"这些书是在易受感染的年龄里读的",因而对他的影响也特别大。例如,《水浒传》中"替天行道,劫富济贫"的思想,激起了他反抗现有秩序的精神,"大秤分金银,大碗吃酒肉"的平均主义生活令他十分向往[②]。在湖南省立第一师范时期,无疑是毛泽东早期政治思想形成的重要阶段,他爱好历史、文学,博览先秦儒家、道家哲学,宋明理学和近代哲学,对儒家的"大同"思想、道家的"小国寡民"、陶渊明笔下的"世外桃源"、李自成的"均田免粮",应该是比较了解的(关于这点,后面还将论及)。所有这些,都对强化其反帝反封建意识和追求平等、自由的精神起了重要的推动作用。

再次,近代空想社会主义思想的熏陶,是青年毛泽东向往乃至追求"大同"理想的直接原因。近代中国先后出现过三种空想社会主义思想,即洪秀全的农业社会主义空想、康有为的"大同"乌托邦、孙中山的主观社会主义空想。实现"太平""大同"又成了近代中国改良运动和革命运动的领袖们所共同追求的远大目标。究其原因,主要是由于"大同"或"太平"理想与空想社会主义在未来社会设计的总目标上相通之处甚多,更由于二者本质上与封建制度和资本主义制度的不相容性,决定了接受过"大同"思想和其他乌托邦影响的中国先进分子一旦与空想社会主义思想接触,便会产生心理上的共振和认同。随着列强侵略的加强,中国人民对资本主义制度有了进一步的认识,先进分子经过比较深刻的观察和痛苦反思,认识到资本主义社会并非他们所期望的理想社会,相反还存在着诸多弊端。出于建立一个既根本区别于封建制度又能避免资本主义制度种种弊端社会的现实需要,于是他们转而

[①] 吴雁南. 中国古代乌托邦与近代社会主义空想 [J]. 新华文摘, 1992 (9): 63-67.
[②] 李锐. 毛泽东早年读书生活 [M]. 沈阳:辽宁人民出版社, 1992: 19.

研究各种社会主义流派，希冀从中找到医治中国社会的良方。从此，各种社会主义思潮纷至沓来，成为中国人救世的新学说，并被称为"大同学"或"安民新学"①。受过康有为"大同"学说和孙中山民生主义影响的青年毛泽东，在社会主义思潮成为一种时代潮流的时候，当然会顺理成章地将各种社会主义学说兼收并蓄，以寻求实现人类"大同"的新道路。

最后，青年毛泽东对立志的重视，促使他以实现人类"大同"为终极目标。还是辍学在家时，毛泽东就读过郑观应的《盛世危言》，以后又读过一本《列强瓜分之危险》的小册子，这两本书初步唤起了他的救国救民意识和朴素的政治觉悟。在湖南省立第一师范时，修身课教师杨昌济经常教育学生要有远大的理想，受老师的影响，青年毛泽东的听课笔记《讲堂录》就记下了"高尚其理想"，主张"立一理想，此后一言一动皆期合此理想"②。由于他认识到了人生立志的重要性，所以特别崇尚"为天地立心，为生民立道，为往圣继绝学，为万世开太平"③的思想。从此，他将实现民族的独立解放和国家的现代化，进而实现人类"大同"作为自己人生奋斗的最高目标。为实现这一目标，青年毛泽东认为，人生立志必须以哲学、伦理学为本，只有通过研究哲学和伦理学，才能得到宇宙真理和人生之真谛；只有得到真理，才能使自己的理想建立在科学基础之上。理想树立后，还必须寻求实现理想的途径和方式，"十年未得真理，即十年无志；终身未得，即终身无志"④，因为没有真理依据的理想只能是一种不切实际的幻想。

三、青年毛泽东对"大同"思想的扬弃

青年毛泽东能够在短短的一两年时间内，由唯心史观转到唯物史观、从空想社会主义者转变为共产主义者，固然与他受到马列主义广泛传播的深刻影响有关，但是从内在机制上说，我们认为他对"大同"思想进行的认真清

---

① 引自1899年第121期《万国公报》载英士李提摩太译、华士蔡尔康属文《大同学》一文。
② 毛泽东. 讲堂录[M]//中共中央文献研究室，中共湖南省委《毛泽东早期文稿》编辑组. 毛泽东早期文稿. 长沙：湖南出版社，1990：589.
③ 毛泽东. 讲堂录[M]//中共中央文献研究室，中共湖南省委《毛泽东早期文稿》编辑组. 毛泽东早期文稿. 长沙：湖南出版社，1990：591.
④ 毛泽东. 致黎锦熙信[M]//中共中央文献研究室，中共湖南省委《毛泽东早期文稿》编辑组. 毛泽东早期文稿. 长沙：湖南出版社，1990：87.

理，继承了其中的合理内核，批判并否定了自己思想意识中的乌托邦成分，是不容忽视的关键。

列宁曾经指出："乌托邦之所以有害，不仅由于它是乌托邦，而且由于它腐蚀群众的民主主义意识。相信这种乌托邦的群众，永远也不会争得自由。"① 对乌托邦这种消极作用，青年毛泽东经过反复的思考和探索是有着深刻体会的。他认为，当旧的生活、旧的思想、旧的制度已不能适应新的时代时，只有将它们加以根本否定，另行创立新的生活、新的思想和新的制度。正因为青年毛泽东在追求"大同"理想的同时扬弃了传统的"大同"思想，所以他的政治思想能够迅速演进，成为时代的弄潮儿。

首先，青年毛泽东在《〈伦理学原理〉批注》中对"大同"乌托邦进行了初步清算。他从不平等、不自由、大战争永远存在的大前提出发，提出了"世岂有纯粹之平等自由博爱者乎"的疑问，并由此得出"然则唱大同之说者，岂非谬误之理想乎？"② 紧接着，他毫不客气地批判了自己曾一度十分神往的古代乌托邦思想，"是故老庄绝圣弃智、老死不相往来之社会，徒为理想之社会而已。陶渊明桃花源之境遇，徒为理想之境遇而已。即此又可证明人类理想之实在性少，而谬误性多也"③。最后，他彻底清算了自己思想中的乌托邦成分："吾尝梦想人智平等，人类皆为圣人，则一切法治均可弃去，今亦知其决无此境矣。"④ 此时的毛泽东已经树立起差别普遍存在的观点，认识到乌托邦思想缺乏实际内容，初步具有了对立统一的辩证法思想，这是他转向社会主义的思想基础，为其后来认同科学社会主义提供了必要的哲学前提。虽然青年毛泽东批判乌托邦时所使用的大前提并不完全正确，即错误地认为不平等、不自由、大战争将永远存在，但是应该指出的是，这是他当时所能达到的水平，是不能苛求的。

其次，青年毛泽东在湖南自治运动失败后，自觉地抛弃了小资产阶级社会主义空想，确立了科学社会主义的信念。湖南自治运动的失败，加速了其

---

① 中共中央马克思恩格斯列宁斯大林著作编译局. 列宁选集（第二卷）[M]. 北京：人民出版社，1995：299.

② 毛泽东：《伦理学原理》批注[M]//中共中央文献研究室，中共湖南省委《毛泽东早期文稿》编辑组. 毛泽东早期文稿. 长沙：湖南出版社，1990：184.

③ 毛泽东：《伦理学原理》批注[M]//中共中央文献研究室，中共湖南省委《毛泽东早期文稿》编辑组. 毛泽东早期文稿. 长沙：湖南出版社，1990：185.

④ 毛泽东：《伦理学原理》批注[M]//中共中央文献研究室，中共湖南省委《毛泽东早期文稿》编辑组. 毛泽东早期文稿. 长沙：湖南出版社，1990：186-187.

政治思想的演进。由于认识到了"政治改良一途,可谓绝无希望"①,因此他认为改造中国社会必须进行"长期的预备,精密的计划","湖南须有一批志士从事实际的改造",主张要有"从事于根本改造之计划和组织,确立一个改造的基础,如蔡和森所主张的共产党"②。寻求实现"大同"道路的使命感,推动青年毛泽东的思想终于实现了一次质的飞跃,并朝着马克思主义的方向大踏步前进。

再次,在社会主义论战中,青年毛泽东对"大同"乌托邦进行了彻底的清理。1920年到次年初,毛泽东给蔡和森等人的两封复信中,针对罗素在长沙的演说,尖锐地抨击了其攻击十月革命的观点是"理论上说得通,事实上做不到"③。所谓理论上说得通,显然是讽刺罗素仅仅是理论上说得好听而已。针对罗素鼓吹"和平进化,实现不流血革命,是最理想的法子",他一针见血地指出:"理想固然要紧,现实尤其要紧,用和平方法去达共产目的,要何日才能成功?"④ 这与他在1919年7月《〈湘江评论〉创刊宣言》中所热烈赞同的"呼声革命""无血革命"相比,是一个多么巨大的进步!根据自己探索真理、寻求实现"大同"之路的深刻体会,他明确指出,"我看俄国式的革命,是无可如何的山穷水尽诸路皆走不通了的一种变计"⑤,流血革命不可避免,和平进化只是幻想,"激烈方法的共产主义,即所谓劳农主义,用阶级专政的方法,是可以预计效果的,故最宜采用"⑥。很明显,他已经看穿资产阶级的反动本质,彻底抛弃了小资产阶级社会主义空想,坚定地踏上了共产主义者的道路。应该看到,青年毛泽东批判罗素观点的意义不仅仅在批判本身,更重要的是通过这种批判彻底清算了自己的"大同"乌托邦思想。

---

① 毛泽东. 致向警予信[M]//中共中央文献研究室,中共湖南省委《毛泽东早期文稿》编辑组. 毛泽东早期文稿. 长沙:湖南出版社,1990:548.

② 毛泽东. "驱张"和"自治"不是我们的根本主张[M]//中共中央文献研究室,中共湖南省委《毛泽东早期文稿》编辑组. 毛泽东早期文稿. 长沙:湖南出版社,1990:572.

③ 毛泽东,蔡和森,等. 新民学会会员通信集(第三集)[M]. 长沙:新民学会通信处长沙文化书社,1920:29.

④ 毛泽东,蔡和森,等. 新民学会会员通信集(第三集)[M]. 长沙:新民学会通信处长沙文化书社,1920:31.

⑤ 毛泽东,蔡和森,等. 新民学会会员通信集(第三集)[M]. 长沙:新民学会通信处长沙文化书社,1920:30.

⑥ 毛泽东. 在新民学会长沙会员大会上的发言[M]//中共中央文献研究室. 毛泽东文集(第一卷). 北京:人民出版社,1993:2.

当然，必须强调的是，青年毛泽东对待"大同"思想传统的态度是冷静而客观的。他在毫不留情地彻底抛弃"大同"思想中的乌托邦成分的同时，并没有忘记从中吸收"合理内核"，并进一步加以发扬光大，即其中追求平等和自由的意识、反侵略反封建的革命精神以及重视个性解放和个体价值的思想等等。

四、对青年毛泽东追求"大同"理想的评价

从青年毛泽东政治思想的演进史可以看出：对"大同"理想的孜孜追求，无疑是推动他的政治思想不断前进的重要动因和主要源泉，但是不可否认其消极后果也在他后期的政治活动中明显地体现出来了。

第一，我们必须客观地肯定，追求"大同"理想是青年毛泽东认同并接受科学社会主义理论、转变为共产主义者的内在思想机制。这是因为：首先，"大同"理想是青年毛泽东政治思想不断超越、不断升华的重要动因。"大同"思想传统是作为社会制度的对立面出现的，其反封建反强权的倾向正好适应了当时反帝反封建的现实需要。然而，康有为的《大同书》也好，孙中山的民生主义也好，虽然都将"大同"社会设计得非常完美和精致，并且也试图通过改良或"平均地权"等办法去实现它，但是他们都没能找到实现这一理想社会的理论武器、阶级力量和实施手段，因而也只能在实践中陷于失败。这种结局，更激起青年毛泽东立志寻找一条达到"大同"彼岸之路的决心。为了找到这条通道，他从善如流，不断地吸收和扬弃各种社会政治学说，力求获得宇宙真理，而这正是青年毛泽东的思想在一两年时间内由"大杂烩"迅速转向科学社会主义的主要动因。理解了这一点，我们也就不会再为青年毛泽东成为共产主义者以前的"混合体"思想状况而费解。其次，"大同"思想与空想社会主义、科学社会主义在对未来美好社会总目标的构建上，有惊人的相似或相同之处，并且三者在反对剥削压迫、贫富悬殊、劳资对立，主张人人平等、共同劳动和自由幸福等方面具有契合点，因而当青年毛泽东一接触到空想社会主义理论时，便必然会产生认同感，从而暂时相信它。但是空想社会主义与"大同"说一样，都是建立在空想的基础上，缺乏坚实的理论与现实基础，所以当青年毛泽东经过一系列尝试活动失败以后，自然而然地转向科学社会主义，因为它不但适应当时的现实需要，而且更重要的是它建立在对资本主义进行科学分析的基础上，揭示了人类社会历史发展的必然性，找到了实现共产主义崇高理想的阶级力量、可靠途径和现实手段。从这

个意义上说,"大同"理想是青年毛泽东认同并接受马列主义进而转变为共产主义者的思想基础和内在思想机制。

第二,以实现人类的"大同"为终极目标,决定了青年毛泽东思想具有迎接时代挑战的开放性和现代性气魄。"大同"理想以全人类的自由、平等和幸福为最高价值目标,本质上是一种具有包容人类一切优秀思想能力的开放体系(当然这种能力的发挥主要取决于人的能动性)。诚然,在大变革时代对传统文化的革新、重构不可避免,但青年毛泽东对东西文化的观点并不武断,尽管他同当时所有先进分子一样,也曾尖锐地批判传统文化(包括政治思想),主张引进西方文化对传统文化进行根本的改造,可他并不认为西方文化一切皆好,"吾意即西方思想亦未必尽是,几多之部分,亦应与东方思想同时改造也"①。因此,他一方面大力吸收西方各种先进的社会政治思潮和科学知识"洋为中用",取长补短;另一方面又从传统文化中吸收积极的成分"古为今用",推陈出新。这是青年毛泽东成长为一个共产主义者的正确道路,也是处于世纪之交的大变革时代中国青年成长的正确道路,对我们今天探索有中国特色的社会主义道路也许有所启迪和教益。

第三,应当承认,追求人类"大同"对形成青年毛泽东的理想主义起了决定性作用。"大同"思想实际上是一种脱离现实条件的乌托邦主义,由于青年毛泽东始终将实现人类"大同"作为自己追求的终极目标,在概念上又将儒家乌托邦、近代空想社会主义和共产主义理想一概用"大同"或"人类大同"来概括,虽然这对富有"大同"思想传统的中国人理解并接受马列主义有帮助,但时代的局限、概念上的含糊和潜意识中对"大同"境界的某种留恋,往往容易产生误解,以致出现晚年"大同"乌托邦思想的"回归",这是导致他晚年实践偏差的一个潜在因素。

(本文系与肖孚容合作撰写,本人为第一作者,原载《湖南大学学报(社会科学版)》1993年第2期)

---

① 毛泽东. 致黎锦熙信[M]//中共中央文献研究室,中共湖南省委《毛泽东早期文稿》编辑组. 毛泽东早期文稿. 长沙:湖南出版社,1990:86.

试论提高高校校园文化建设的有效性

高校校园文化具有十分重要的育人功能,因此党的十四届六中全会明确提出了加强校园文化建设的任务。如何通过一定的物质环境(硬件)、行为方式和精神氛围(软件)的陶冶,使生活于其中的每一位大学生在思想观念、心理素质、行为方式、价值取向等方面牢记并践行社会主义核心价值观,从而实现对大学生精神、心灵的塑造,提高校园文化建设的有效性,这是高校必须不断探索和解决的重要课题。

一、狠抓"三个落实",切实加强和改善对校园文化建设工作的领导

众所周知,提高高校校园文化建设的有效性,首先必须充分认识校园文化建设在高校工作中的战略地位和高校校园文化建设的特殊性,在此基础上,才能形成学校党政齐抓共管校园文化建设的合力,提出行之有效的工作思路。笔者认为,当前必须狠抓"三个落实"。

(一)充分认识校园文化的育人功能,狠抓思想落实

高校校园文化活动作为育人的有效载体,是指以大学生为主体,以教职工为主导,以课外活动为主要形式,以校园为空间的有组织、有目的的文化活动。加强校园文化建设意义重大。第一,它是增强学校凝聚力、向心力的重要途径。现代管理心理学的研究表明,在一定组织中的个体,其工作或学习的态度、情绪、意志往往受到组织中人际心理氛围和文化价值观念的影响。因此,良好的校园文化能够将爱国、爱校、爱教、爱专业衔接起来,培育集体意识,促进师生关系的融洽,提高群体内个体之间的心理相容程度,增强学校的凝聚力和感召力;能够将校风、教风、学风(以下简称"三风")有机结合起来,指导和调节师生个体的行为,实现学校育人目标向师生个体目标的内化,增强学校的约束力;能够将第一课堂和第二课堂协调起来,构筑健康活泼的校园氛围,增强学校的内在活力。第二,它是优化育人环境的主

要措施。随着改革开放的不断深入和高等教育管理体制改革的不断推进,高校与经济建设的联系日益紧密,封闭的办学模式已为开放的办学模式所取代。高校在全方位开放的环境里育人,只有立足校园,强化管理,加强校园文化建设,营造好"小环境",才能净化大学生的心灵,培养学生勤奋好学的品质,树立健康向上的校园精神。第三,它是提高学生综合素质的重要渠道。现代科技革命和社会主义市场经济的发展,要求高校培养全面发展的高素质人才。要全面提高大学生的思想品德素质、专业素质、文化素质、身心素质,除了充分发挥第一课堂的主渠道作用外,还要特别注重发挥校园文化的育人功能。因为集思想性、科技性和娱乐性为一体的校园活动,使大学生的主动性、创造性得以发挥,专长、潜能得到充分发展,这对于培养大学生健全的人格、创造的意识和能力,促进大学生的全面发展,加快其社会化进程具有不可替代的作用。由此可见,高校的领导者必须把校园文化的育人功能放在端正办学指导思想、明确办学思路的高度上来审视,努力提高干部和教职工对校园文化建设重要性的认识,并把它列入精神文明建设的基础性工程。只有认识到位、思想落实,才能增强齐抓共管校园文化建设工作的自觉性。

(二) 完善校园文化建设工作的领导体制和工作机制,狠抓组织落实

党的十四届六中全会审议通过的《中共中央关于加强社会主义精神文明建设若干重要问题的决议》(以下简称《决议》)指出:要实现精神文明建设的目标,"必须建立起党委统一领导、党政主要领导亲自抓、各方面分工负责的领导体制和工作机制,克服在实际工作中忽视精神文明建设的现象"。这就是说,提高校园文化建设的有效性,同样要建立和完善领导体制和工作机制。在领导体制上,高校应当成立学校党委领导下的校园文化建设领导小组,统一领导校园文化建设工作,成员除分管学生工作、教学工作的校级领导干部外,还必须包括各相关职能部门的负责人。各院(系)也要成立相应的领导小组,把党委对校园文化建设的领导落实到基层。在工作机制上,应当分工负责,齐抓共管。一般来说,在学校校园文化建设领导小组下可指定宣传部(也可设挂靠宣传部或教务处、学生工作部的校园文化建设工作办公室)具体管理校园文化建设工作。同时,根据学校各类人员的情况合理切块,分工到各职能部门,诸如宣传部、教务处、学生工作部、工会、团委、学生会、离退休处、总务处等部门,从而真正形成党委统一领导、部门分工负责、党政

工团学齐抓共管校园文化建设的工作格局。在领导到位上，校、院（系）两级领导干部应当带头示范，把校园文化建设摆在工作日程上，切实加强对校园文化建设工作的领导，确保校园文化的健康发展。必须明确，校园文化建设要紧紧围绕育人的各个环节来进行，把先进性要求同广泛性要求结合起来，努力克服教学科研"一手硬"、校园文化"一手软"的倾向。如果以牺牲德育来换取智育的发展，就是办学指导思想上的失误；如果忽视对校园文化建设的领导，就是高校领导者的失职。

（三）明确校园文化建设的思路和部署，狠抓工作落实

提高高校校园文化建设的有效性，必须坚持重在建设的方针，明确工作思路，并进行精心部署。为此，高校必须集中精力抓好以下三个方面工作：一是根据十四届六中全会《决议》精神，结合学校实际，提出校园文化建设的指导思想和工作思路，其内容至少应包括校园文化建设的指导方针和工作原则、目标、重点、突破口等。二是将校园文化建设列入高校的近远期规划之中，将长远目标和近期任务结合起来，进行精心部署。制定校园文化建设规划时，必须明确规定建设的目标体系、实施原则和具体措施。特别是要制定易于操作的考核评估指标，使软任务硬化、软指标量化，并以此作为评价育人工作实绩的重要依据。三是想方设法增加校园文化建设的投入，确保经费落实。校园文化建设的投入包括宣传思想工作经费、校园文化活动经费、校园文化基本设施经费等。

二、把握"三个环节"，积极探索校园文化建设的新路子

提高校园文化建设的有效性，必须树立为高校中心工作服务的观念，紧紧围绕学校改革、发展和育人的各个环节来展开，并在渗透、贯穿和结合上下功夫。只有紧紧抓住教育、管理和实践三个环节，变自我循环、自我封闭、自我中心为自我教育、自我管理、自我服务，才能拓展校园文化建设的深度和广度，提高校园文化的品位，充分发挥校园文化的育人功能。

（一）升华教育层次，在渗透上下功夫

高校培养的人才是我国社会主义现代化建设的骨干，这就要求大学生不仅应掌握过硬的专业知识和技能，还要在思想品德、文化素质和身心素质等方面具有较高的修养，学会与人合作，具有社会责任感和历史责任感，而这一切都离不开政治理论教育、道德教育和人文教育。提高校园文化建设的有

效性，首先必须坚持系统灌输、正面引导的原则，升华教育层次，在渗透上下功夫，并抓好三个结合：第一，课内教育与课外活动相结合。充分发挥"两课"在育人中的主渠道优势，坚持不懈地抓好"两课"改革，进行生动的集体主义、爱国主义、社会主义教育，帮助大学生树立正确的世界观、人生观和价值观。在教育内容上，要努力体现国情意识、时间意识和世界意识，培植科学精神，坚持教育性和知识性的统一，解答学生的热点、疑点和难点问题。在教育方法上，将系统灌输与启发学生自觉性结合起来，努力增强"两课"教学的说服力和感染力。另一方面，要以课外活动为阵地，将课内思想教育加以延伸，使课外活动成为思想品德教育的必要补充，通过读书征文活动、知识竞赛、英模报告会、时事讲座、演讲赛、辩论赛等对学生进行教育。第二，专业教育与素质教育相结合。首先，在专业教学中渗透素质教育。明确要求专业教师紧密结合专业课程进行素质教育，并以是否"既教书又育人"作为教学质量评价的首要标准，从根本上克服过去"专业课教知识、政治课教品德"的"两张皮"现象。其次，改革课程体系，拓宽培养口径，扩大选修辅修范围，使人才培养模式实现从专才教育向通才教育的转变。例如，规定文科学生必须选修理工类课程，理工科学生必须选修人文类课程，并具体提出选修、辅修的学分和比例。最后，开展"应读应知应会"活动，开设各类业余讲座。第三，他律教育与自律教育相结合。高校应当坚持不懈地抓好普法教育和"三风"教育，形成团结紧张、严肃活泼的校园文化氛围。在教职工中广泛开展"教书育人、管理育人、服务育人"活动，进行以"爱岗敬业"为主题的师德教育。在学生中要加强校纪、校规教育，成立学生自律委员会，充分发挥学生干部队伍的管理作用和先进学生的示范作用，调动学生自我教育、自我管理的积极性和主动性。

（二）提高管理水平，在贯穿上下功夫

应该看到，教育是一种软约束，管理是一种硬约束，教育离不开管理，两者相辅相成。只有在坚持教育的同时，全方位强化管理，加强制度建设，才能提高校园文化建设的有效性。第一，坚持阶段性管理和全程性管理的统一。根据大学生身心发展的阶段性特点，校园文化建设必须围绕学校的中心工作确定各阶段学生管理工作的重点，集中力量解决几个问题，形成波浪式的阶段性管理新格局；同时，应该始终以"三风"建设贯穿管理的全过程，使阶段性管理的各个环节相互衔接，形成螺旋式的全程管理。第二，坚持制度管理与情感管理的互补。首先，要坚持从严治校的方针，建立健全各项管

理制度，如大学生日常行为规范、校园文化活动制度、教室寝室和食堂管理制度、德育考评制度、社团管理制度、奖学金制度、系院学生工作考核评估制度等。在此基础上，实行目标管理，强化评价职能，确保制度管理的权威性。其次，要发挥情感管理的优势，利用情感的积极因素，给刚性的制度管理注入情感的"润滑剂"，提高管理的效果。在管理过程中，要注重发挥思想政治工作的优势，加强师生之间、干群之间双向的情感交流，力求以情感人。高校领导干部应当经常深入教室、寝室、食堂了解情况，关心师生生活，为师生排忧解难。在制定各项规章制度时，应当坚持"多从正面引导，少从负面限制"的原则，在严肃的制度里体现情感味。在执行制度过程中，要坚持原则性和灵活性相统一，做到具体问题具体分析，不搞一刀切。第三，坚持环境管理与人格管理的配套。一方面，要加强学校治安、卫生、教学、生活等环境的管理，维持正常的教学科研秩序，净化、优化、美化校园环境，为校园文化建设提供良好的条件。另一方面，要坚持民主治校，注重人格管理，鼓励师生民主参与，要求干部和教职工在思想、品德、言行风范方面成为广大学生学习的榜样，使管理目标和要求内化为学生的自觉行动，营造一种宽严相济的管理氛围，开创相互尊重、相互信任、相互监督和全员参与、全员管理的新局面。

（三）加强实践环节，在结合上下功夫

大学生群体存在的一个普遍问题就是从学校到学校，从书本到书本，从课堂到课堂，既缺乏对国情、民情、社情的深入了解，也缺乏健康成才的直接体验。因此，提高校园文化建设的有效性还必须加强实践环节，在理论与实践的结合上下功夫，帮助大学生化爱国之情为报国之行。首先，抓成才实践，引导大学生奋发成才。一是引导和组织大学生开展校园科技发明、科技服务活动，实现课外活动从娱乐性向学术性的提升，如精心组织大学生参加"挑战杯"全国大学生课外学术科技作品竞赛、举办"科技文化节"等。二是开展各种课外实践技能培训，培养学生的动手能力，如等级工培训、汽车驾驶培训、计算机培训等。三是举办各类竞赛，激励学生争先创优。四是组建各种社团，加强对社团的指导和管理，使之成为展示学生特长、促进个性发展的重要舞台。其次，抓社会实践，为学生走上社会作准备。充分利用寒暑假和节假日、双休日，组织学生走出校门，参加社会实践活动，通过社会调查、生产劳动、科技服务和社区援助等方式，加深学生对国情、民情、社情的了解，激发学生奋发成才、报效祖国的积极性。

三、紧扣"两个特殊",逐步形成高校校园文化建设的特色

高校校园文化建设不仅要遵循社会主义文化建设的普遍规律,学习借鉴各行业、社区文化建设的成功经验,更重要的是要根据高等教育的育人规律,紧密结合高校自身的实际,努力探索校园文化建设的新路子,创造出行之有效的新途径、新方法。简单说,既要遵循共性,又要形成个性。因为高校的育人过程是一个动态过程,并且各高校的地理位置、社区环境、学生来源、历史传统等方面均不相同,这就决定了高校校园文化建设必须结合实际,形成特色。

新形势下高校校园文化建设具有两个特殊性:一是从纵向视角审视,与过去计划经济条件下相比,世纪之交的高校校园文化建设具有全方位开放的特殊性。过去的高校虽与社会有着一定的联系,但这种联系并不紧密,校园文化建设是封闭式的循环,大学生的思想受社会,特别是受国外思潮的影响较小。在社会主义市场经济条件下,高校与国内外的联系日益紧密,校园文化建设是在全方位开放的环境中进行的,大学生的价值观念容易受到各种负面社会思潮的冲击,思想品德教育和校园治安、卫生、教学、生活秩序的管理难度增大,给高校校园文化建设带来了严峻的挑战,提出了许多新的课题。二是从横向视角考察,与其他社区文化相比,高校校园文化建设具有重学术品位的特殊性。高校是各种人才集中的地方,也是培养高素质专门人才的摇篮。因此,校园文化活动决不能仅仅停留在自娱自乐上,还必须实现校园文化从娱乐性向学术性、思想性升华,努力提高校园文化的品位。这"两个特殊性"要求高校校园文化建设必须不断创新,并形成自己的特色。

第一,弘扬中华民族优秀传统文化和世界先进文明,提高校园文化的品位。首先,要加大中华民族优秀传统文化教育的力度,开设传统文化"自助餐"。其次,有选择地介绍世界先进文明,让学生了解、接受、借鉴世界文明。最后,精心组织学术活动,广泛开展科技发明、科技服务,营造"勤奋读书、潜心学术"的氛围,使大学生时刻处于优秀文化和现代文明成果的熏陶之中。

第二,制度管理与情感管理相互促进,增强校园文化的凝聚力。全方位开放办学格局的形成,决定了高校必须加强管理。但是,高校管理工作的对象是人,这就要求高校在加强管理的过程中既要制度化,也要"人情化"。一方面要坚持实行严格的制度管理,引导学生做人有规有矩,治学认真严谨;

另一方面要尊重学生的个性特点,坚持情感管理,通过校园文化活动进行情感培育,激发学生参加校园文化活动的热情。

第三,物态、行为、精神文化三位一体,充分发挥校园文化的育人功能。在物态文化建设方面,应不断改善校园环境、图书资料和文化设施,加强对校园文化活动和校内报刊的指导与管理;在行为文化建设方面,要建立健全有关规章制度、组织机构,正确引导大学生的生活行为、消费方式;在精神文化建设方面,要以树立校园精神(校训)为灵魂,坚持不懈地抓好"三风"建设,并使校园精神成为师生共享的价值观和道德规范,从而凝聚师生的价值取向,引导大学生成为社会主义"四有"新人。

(本文系与谢再根合作撰写,本人为第一作者,原载《机械工业高教研究》1998年第4期,《新华文摘》1999年第2期索引)

岳麓书院教育传统与湖南大学办学理念

由岳麓书院延续至今的湖南大学，是一所具有悠久历史的全国重点大学，隶属于教育部，素有"千年学府"之誉。在长期的办学过程中，湖南大学继承和发扬岳麓书院优秀的教育和文化传统，遵循现代大学办学规律，并与时代特征和学校实际相结合，形成了独具特色的办学理念，即"实事求是、敢为人先"的湖大精神、"理工文相融，科学教育与人文教育结合"的办学方略和"博学、睿思、勤勉、致知"的良好学风。

一、弘扬"传道济民、爱国务实"的办学宗旨和"经世致用、兼容并蓄"的治学育人传统，形成了特色鲜明的教育理念

湖南大学的前身岳麓书院，创办于公元976年，自宋代起即被视为"天下四大书院"之一。在长期发展中，岳麓书院逐步形成了"爱国务实、学思并进"的教育特色和"经世致用、实事求是、兼容并蓄"的治学传统。在岳麓书院千余年的学术发展史上，始终贯穿着湖湘学派"通经致用"的学术传统，并发展为"实事求是、兼容并蓄"。

19世纪末20世纪初，伴随中国教育近代化进程，岳麓书院完成了从古代书院到新式学堂的转型，但其优秀的教育思想仍得到了继承和发展。1926年，湖南大学定名后的首任校长李待琛提出了"大学对各派学术思想均有自由研究"的教育思想。1930年，《湖南大学组织大纲》规定"以研究高深学术养成专门人才为宗旨"。特别是曾三任湖南大学校长的胡庶华颇具代表性。在他创作的湖南大学校歌歌词中，鲜明地提出了"承朱张之绪，取欧美之长"的主张，即坚持继承岳麓书院优秀文化传统与学习西方科学技术并重的教育理念。20世纪80年代至90年代中期，成文山校长提出了"人文与理工相通，科学与技术相融，教育与研究并重，知识与智慧同尊，以培养社会经济文化发展所需的各类人才为宗旨"的教育思想。1996年《湖南大学"九五"

规划纲要》提出的办学思想是：坚持党的基本路线，全面贯彻党的教育方针，面向现代化建设培养工、理、文、管等方面人才，继承和发扬岳麓书院优秀文化传统，着力提高学生综合素质。

二、继承"包容各派、开放办学"的优良传统，逐步形成了"理工文相融，科学教育与人文教育结合"的办学方略

进入新世纪以来，为推进"985工程"建设，加快建设综合性、开放式、研究型的高水平大学，学校的基本思路是：理工文相融，科学教育与人文教育相结合，以发展为主题，以改革促发展，以质量树品牌，以特色创优势，以创新争一流。这一方略是学校继承岳麓书院"包容各派、开放办学"优良传统的结果。

为加快学校建设步伐，顺利实现学校"211工程"的建设目标，1996年《湖南大学"九五"规划纲要》提出的办学思路是：以工为主，以较强的理科为支撑，多学科协调发展；重点建设部分学科，使之处于国内同类学科前列，接近或达到国际先进水平，并提出了"突出重点、配套建设、发展优势、强化特色"的总体思路。

三、传承以"忠孝廉节、整齐严肃、实事求是"为主要内容的校园精神，提出了"实事求是、敢为人先"的校训，致力于建设"博学、睿思、勤勉、致知"的良好学风

为了应对新的机遇和挑战，弘扬自岳麓书院延续至今的校园精神，2000年以来，学校先后组织了校训、校风和校园精神大讨论、特色兴校大讨论、教育教学创新大讨论，确定了"实事求是、敢为人先"的校训和"博学、睿思、勤勉、致知"的学风，加强校园文化建设，致力于创建"办学以教师为本、育人以学生为本"的软环境。

四、学校的综合实力明显增强，培养了大批杰出人才

从976年创建到1903年改制前，湖南大学的前身岳麓书院不仅是湖南的

教育中心和学术中心，而且始终是"天下四大书院"之一。1903 年改制后至 1926 年定名湖南大学前，学校是湖南省办学层次最高、培养工业建设高级人才的近代大学。1926 年湖南大学定名时是湖南省唯一的综合性大学，是湖南省培养高级专门人才的高等教育中心和学术中心。1945 年，湖南大学已是一所全国知名的综合性大学。1953 年改名中南土木建筑学院后，学校是中南地区实力最强的土木类高等专门学院，人才培养质量在国内外都具有很高的声誉。

湖南大学继 1978 年进入国家重点大学行列、1998 年成为国家"211 工程"建设高校，并由机械工业部所属高校调整为教育部直属高校后，2000 年 5 月又获得了研究生院试办权，这是学校朝研究型大学方向发展的重要契机。同年，原湖南大学和原湖南财经学院合并组建新的湖南大学，为学校朝研究型大学方向发展奠定了重要的基础。2002 年 2 月，教育部和湖南省人民政府决定共同重点建设湖南大学，标志着学校正式进入国家"985 工程"重点建设大学的行列，为学校加快向综合性大学和研究型大学转轨并向世界高水平大学方向发展，提供了新的契机和平台，成为学校建设和发展史上又一个里程碑。

（本文系与章兢、李莉、欧阳玉、丁三伏合作撰写，本人为第三作者，原载《世界教育信息》2005 年第 8 期）

中国书院精神之探析

所谓书院精神，特指中国古代书院在培养人才、发展学术、传承文化、开启民智过程中体现出来的具有独特性、思想性、持久性等特点的理念及文化意蕴。综观中国书院的发展和演变史，其核心精神主要体现在如下四个方面：

一、有别于官学的自主精神

首先，书院多为民间自主创办。书院的名称最早见于唐代，"书院之名，起唐玄宗时"（袁枚，《随园随笔》），当时在唐都长安已创建丽正书院和集贤书院，但那时的官办书院只是朝廷掌管经籍、校理编纂图书等的职能机构，只有书院之名称，并不具有收徒讲学的学校性质。真正具有学校性质的书院起始于民间，并在民间和官府两种力量体系的推动下开始了影响竟达千载的辉煌之路。在古代书院的发展过程中，虽然官府的扶持起了一定的作用，但民间自主创办始终是书院产生和发展的主要渠道。

"乡党之学，贤士大夫留意斯文者所建也"（马端临，《文献通考·学校考》），当时兴起的书院多为民间自主创办。例如，石鼓书院为学者李士真创办，华林书院由富户胡氏创办，东佳书院由陈氏所办，岳麓书院和白鹿洞书院由乡邑推动而由地方官员领头创办。从创办的经济来源来看，书院多为民间自主筹资，而非"盖州县之学，有司奉诏旨所建也"（马端临，《文献通考·学校考》）。一般而言，创办书院的目的或出于"聚英才教育之，以乐吾志"（刘爚，《龙山书院记》），或出于"将使子孙勤而学于斯，学其可以专。盍使乡里之秀并焉"（叶适，《石洞书院记》），或出于革除中唐以后官学的败坏，消除"士病无所于学"（朱熹，《衡州石鼓书院记》）的弊端等等。

其次，书院的自主性还表现在有自己的经费来源。书院能够延续千年，是作为一个实体运行的。书院建筑的建造与修葺、教育设备的添置、教学活动的花费，还有教师的薪俸、生徒的膏火等，书院经费开支必然不少。"经费志养源也","必经费有余而后事可经久"（史志昌，《彝山书院志·序》）。显然，书院经费充足与否对书院起着举足轻重的作用，是其赖以生存和发展的基础。

书院筹措经费的名目在各个时代有所不同，但据史书记载主要有四大来源——官府赐拨、官家资助、民众捐赠和书院经营。前两种类似官办，具有偶然性、临时性，后两种属民间自愿捐资，具有持久性、稳定性，是最主要的经费来源。其中民众捐赠占有相当大的比重，尤其是唐、宋、元时期。此外，书院经营（学田院产）也是其办学经费的主要支柱。书院作为一种教育机构也有自己的财产，并且积极地参与了租赁业、金融业、出版业等领域的经济活动。书院因地制宜，通过余房出租、余款发商生息、学田出租、手工业和著书刻书出版事业等有效途径筹措大量经费。从书院创办经费整体情况看，据不完全统计，唐、五代书院官办占 6.38%，民办占 82.98%；宋代官办占 15.19%，民办占 70.6%；元代官办占 17.23%，民办占 61.75%。直到明、清时期，才出现官办比例高于民办的情况[①]。由于民办书院的经济对官府没有依赖性，基本上能够做到自足，这就为自主办学提供了可靠的基础。

再次，书院师生自主管理、自我教育，也是书院自主性的重要体现。由于书院的性质和任务是"治心养气"，"进于道德之归"（朱熹，《学校贡举私议》），因而书院虽有"法制之密"的学规管理，实为"治心养气"和"道德之归"服务，即书院的管理是师生自主管理。尽管元代以后，书院也接受官府管理，但归根结底是通过主洞、山长、副讲等人实施的，书院仍具有自治性质，可以自聘教师、自立目标、自设课程、自定学规和自招生徒。

不仅如此，学生参与书院的管理乃至教学，也是书院自主管理上的一大特色。例如堂长、学长在有的书院即由学生充任，管干、司计、掌书、典谒、司录等也多从肄业生徒中择优选拔。其中最有代表性的是斋长。南宋时书院开始依照官学设置斋长，一般从住院生徒中选择品行端正、老成持重、学业优秀者担任。其主要职责是稽查考勤、劝善规过、辩疑释难，还帮助管理财产、图书，协办考试事务，发放膏火奖赏，甚至稽核斋夫、门役等员工。

正是因为书院多为民间自主创办，能够多渠道筹措经费，这就从根本上决定了民办书院的性质。书院作为一种新兴的教育机构，因其在人才培育目标和教育方法等方面与官学相区别，对官学产生了极大的冲击，所以在相当

[①] 陈谷嘉，邓洪波. 中国书院制度研究 [M]. 杭州：浙江教育出版社，1997：354-356.

长的历史时期不为朝廷所重视，相反朝廷对其合法性颇存疑虑，有时发展到禁毁书院的地步。然而书院是古代教育变革的产物，显示了它强大的生命力，为社会特别是为下层民众所倚重，发展迅猛。基于书院难以抑制的发展势头，所以朝廷对书院给予了有条件的支持。如罗韬创建匡山书院，后唐皇帝李嗣源称其"实振国家之治体"①，并赐"匡山书院"匾额，颁布敕书表扬。这是中国历史上第一个由皇帝发布的表彰书院的文告。至宋代（1012 年）周式首任岳麓书院山长，聚众讲学，堪称楷模。于是宋真宗在 1015 年召见周式，拜其为国子监主簿，赐给对衣鞍马、内府秘籍及御书"岳麓书院"匾额。朝廷在不经意间承认或维护着书院在管理和教学、学术等方面的自治权。虽然书院间或受到朝廷某种支持，但书院自主办学的性质并未改变，由此形成的书院的教育特色依然长存。正是这种独立性、自治性成为形成书院育人特色和学术流派发展的肥沃土壤。

二、反对封建特权的平等精神

其一，书院教育对象"有教无类"，打破了贫富贵贱的身份性限制。众所周知，封建专制社会以宗法等级制度为纽带，来维护统治阶级的特权利益。"学在官府"的教育就是统治阶级的一种特权，它专以官家子弟作为教育对象，广大平民子弟被排斥在教育之外，与教育无缘。春秋时期孔子开始创办私学，把下层子弟作为教育对象，打破了"学在官府"的局面，在我国教育史上具有里程碑意义。但私学具有随意性，没有稳定的经济基础，规模不大，分布又不广，因而能够受教育的人数极其有限。唐宋时期产生的教育组织形式——书院，彻底打破了统治阶级对教育的垄断，促成了教育的下移，使处于社会下层的平民子弟获得了受教育的平等权利。并且书院迅速发展，形成与官学、私学三足鼎立之势，真正使古人期盼的"有教无类"得到了实现。

书院作为独特的制度化的教育机构，从创立之始便有浓厚的平民特色，它以培养平民子弟为办学宗旨，走上了平民学校的教育道路。士人创办书院之意在于"以俟四方之士有志于学而不屑于课试之业者居之"（马端临，《文献通考·学校考》），即书院的宗旨在于"有志于为己"和"欲成就人才，以传道而济斯民也"，而决非"使子群居佚谭，但为决科利禄"或"使子习为言语文词之工"（张栻，《潭州重修岳麓书院记》）。

---

① 转引自李才栋. 江西古代书院研究[M]. 南昌：江西教育出版社，1993：31.

书院主要向广大平民子弟敞开大门，向社会下层开放。不仅取消了学生入学的阶级身份和贫富差别的限制，而且打破了官学地域制的性质。官府子弟、乡绅儒生、山林布衣、乡村长者和普通百姓，只要有好德乐善、追求上进之心，都可以进书院听讲。"虞山会讲，来者不拒……凡我百姓，年齿高者与年少而知义理者，无分乡约公正粮里市井农夫，无分僧道游人，无分本境他方，但愿听讲，许先一日或本日早报名会簿"（孙慎行等，《虞山书院志·卷四》）。孔子所主张的"有教无类"的思想，在书院教育中得到了彻底的贯彻和实践。并且，书院从创办开始到清末书院改制，平民学校的办学宗旨一如既往地贯彻着。

更为重要的是，随着世人的欢迎与重视，家族书院、乡党书院、专门书院等各种书院蓬勃发展。"故前规后随，皆务兴起。后来所至，书院尤多，而其田土之赐，教养之规，往往过于州县学，盖皆欲仿四书院云"（马端临，《文献通考·学校考》），以至出现了书院、官学和一般私学并存的局面，因而平民子弟就有了更多的机会接受教育。

其二，"养教相资"，优恤贫寒子弟。中国士人自古多贫寒。士农工商四民，士虽居"四民之首"，但"四民各有常业，而唯士不谋食"（赵宁，《岳麓书院志·卷三》），士人没有固定职业，衣食住行全赖于社会，或托庇私门，或做一寒士。还有一些平民子弟放弃谋生而求学于书院，书院出于对教育的支持，坚持"养士"。"立教者计其可久可继而为之方，则养不可不具也"（张鼐，《虞山书院志·卷六》），于是也形成了古代教育颇具特色的现象——"养教相资"。

膏火费则是养士费最通用的称呼，生徒都有这样的生活费用。宋代范文正对"子弟之能读书者，必加意优恤，嘉矜激劝无不曲至"（范仲淹，《范文正集补编》）。据对清代广东书院经费支付比例统计，书院用于生徒的膏火和奖赏支出在书院全部经费中所占比例最大，其中以广州粤秀书院为最高，占70.53%；比例最低的广东增城鸣皋书院为21.18%，一般书院比例在50%左右[1]。这充分说明，资助贫寒生徒为书院最为关心的事情，体现了书院经费使用上的"教养相资"原则。

其三，尊师爱生，师生关系融洽。封建伦理道德虽然同现代社会的平等民主有一定的距离，但对书院教师和学生而言，并不存在着对立和隔阂。古

---

[1] 陈谷嘉，邓洪波. 中国书院制度研究[M]. 杭州：浙江教育出版社，1997：413.

代书院虽然也严格按照儒家伦理道德提倡尊师重教,并至今流传着"程门立雪"的敬师典范故事,然而在其教学和生活过程中也处处洋溢着平等民主的教育精神。由于书院面向平民子弟开放,而教师要求虽严却不压制,注重身体力行、循循善诱,故摒弃了官学中缺乏"德行道艺之实"及"师生相见,漠然如行路人"等不良风气。"师生的感情甚笃",形成了官学中所不具有的尊师爱生的优良传统。书院教学过程中注重质疑问难,师生之间可在平等交流的基础上相互问难切磋和互相砥砺。由于其不是"名利之场",故书院特别重视学术的传承,逐步形成了为官学所不具有的学术师承关系和优良学术传统。

书院的教师在当时大都是"俊髦硕儒",学问高深,德高望重,但仍坚持以毕生精力钻研学问,加强修养。学问本身是一个请教与切磋的过程,虽然老师起着主导作用,但学生的驳难也是必不可少的。这诚如唐代杰出思想家、哲学家韩愈指出的"是故弟子不必不如师,师不必贤于弟子。闻道有先后,术业有专攻,如是而已"(韩愈,《昌黎先生集》)。有鉴于此,书院教师也欢迎并虚心接受学生提出的正确批评和意见。《论语》云:"当仁,不让于师。"书院教师以其虚怀若谷的胸襟叮嘱学生在"仁"面前不要谦虚,要敢于指出老师的错误,同时教师自己也向学生学习请教,"不耻下问"。"学无止境,道之弥深",书院教师与学生在真理、在"道"面前是平等的。

毋庸置疑,正是书院体现出来的平等精神,才使其能真正做到"有教无类",达到师生之间的亲切融洽,从而显现出前所未有的生机和活力。

三、打破官学自我封闭的兼容并蓄精神

第一,不同学派共同讲学,倡导百家争鸣。追溯书院起源史,其最初为学术机构,后来才发展为教学机构,故教学与学术研究结合成为其一大特色。稽考史实,书院不仅是培养儒生的基地,也是传承和发展学术的基地。例如湖湘学派之于岳麓书院,心学之于象山书院,考亭学派之于考亭书院,等等。正因为书院师生均以复兴儒学为旨归,故书院学术氛围十分浓厚,或著书立说,或诘难答问,或出版讲义,或讲学、会讲。书院不存在门户之见,不同学派的大师各抒己见。例如,1167年,朱熹、张栻会讲于岳麓书院,展开"中和之辩",推动了闽学和湖湘学派的交流和发展。朱熹和陆九渊于淳熙二年(1175年)在鹅湖书院进行学术辩论,使"鹅湖之会"成为流传千古的美谈。淳熙八年(1181年)朱熹又邀请陆九渊在白鹿洞书院讲学。学派自由争

辩，不仅扩大了学派的影响，传播了学术思想，而且推进了不同学派之间的学术交流，促进了学术的繁荣。这种打破自我封闭而持开放态度的学术研究，至今仍然是弥足珍贵的思想资源。

第二，提倡开放教学，反对自我设限。为"匡翼夫学校之不逮"（王守仁，《万松书院记》），书院广泛吸收了官学与私学的经验，实行开放教学，硕学鸿儒在不同书院巡回讲学、书院生徒不远千里慕名求教问学成为普遍现象。书院的教学内容一般取决于书院的学术流派及山长、洞长、讲教师之所长，课程简约、灵活、宽泛，注重个体自学与独立钻研，采用论辩式方法启发生徒，特别是在学风方面常有创新，形成了开放性办学的鲜明特点。

书院有名师讲学，招生不受地域、门户派别的限制，常有学生负笈千里求师问学。学生可以根据自己的兴趣、爱好自由择师，中途仍可易师换校，如著名生徒黄干原来是刘清的学生，后来拜朱熹为师。老师讲学时对人数也没有规定，明朝顾宪成讲学时，前来东林书院听讲的学生很多，"学舍至不能容"。书院教育家具有虚怀若谷的学术胸襟，明代有人问吕楠："今日之讲学多有不同者，如何？"吕答曰："不同乃所以讲学，既同矣，又安用讲耶？"（黄宗羲，《明儒学案·吕泾野先生语录》）

正如毛泽东所指出的："从'研究的形式'一点来说，书院比学校实在优胜得多"，"一来是师生的感情甚笃。二来，没有教授管理，但为精神往来，自由研究。三来，课程简而研讨周，可以优游暇豫，玩索有得"（毛泽东，《湖南自修大学创立宣言》）。

四、切实躬行的践履精神

第一，注重道德践履。重视道德践履是书院道德教育的重要传统之一。书院教育家认为，践履既是道德修养的重要方法，又是德育的根本目的，无论何种德育方法，都要以"行"为其出发点，也要靠"行"来检验，"始吾于人也，听其言而信其行；今吾于人也，听其言而观其行"（《论语·公冶长》）。

朱熹在《白鹿洞书院揭示》中首列的"父子有亲，君臣有义，夫妇有别，长幼有序，朋友有信"这"五教"，既是纲常原则，又是道德主体践行准则。所谓"言忠信，行笃敬，惩忿窒欲，迁善改过"等，更是生徒必行的"修身之要"[①]。清代岳麓书院山长王文清所订的《岳麓书院学规》十八条，其中前

---

① 朱熹. 朱熹集（第七册）[M]. 成都：四川教育出版社，1996：3893.

九条都是强调道德修养、如何做人。道德践履要"勿以善小而不为之",要从小事做起;"道,则人伦日用之间所当行者是也";要持之以恒,"若不用躬行,只是说得便了,则七十子之从孔子,只用两日说便尽,何用许多年随着孔子不去"①。

第二,言传身教。历代书院山长一般具有较高的学识和较好的德行。负有盛名的书院,其山长多为当时全国有名的学者,一般书院的山长也是由"经明行修,堪为多士模范者"出任。由于书院的开设是为了"使之讲明义理以修其身,然后推己及人",因而书院山长特别注重言传身教和环境熏陶。朱熹在《白鹿洞书院揭示》附注中说:"近世于学有规,其待学者为己浅矣。而其为法,又未必古人之意也。故今不复以施于此堂,而特取凡圣贤所以教人为学之大端,条例如右,而揭之楣间。诸君其相与讲明遵守而责之于身焉,则夫思虑云为之际,其所以戒谨而恐惧者,必有严于彼者矣。其有不然,而或出于此言之所弃,则彼所谓规者,必将取之,固不得而略也。诸君其亦念之哉!"②

书院教师也特别善于抓住时机对学生进行教育。利用讲会时机锻炼学生,便是一种重要的教育形式。一些名师有时携带学生一同参加讲会,看到学生渐渐领会自己的讲学精髓时,便鼓励学生登台代讲。如陆九渊常命傅子云代之讲学,朱熹常命学生黄干代为讲学,在名师的言传身教下,黄干、傅子云等成为本学派的重要继承人。

第三,"重践履、务实行"。岳麓书院山长张栻认为:"本之六经以发其蕴,泛观千载以极其变,即事即物,身亲格之,超然会夫大宗,则德进业广,有其地矣。"③王安石对张栻提出的"传道"作了进一步阐释:"所谓教之道也,何也?古者天子诸侯,自国至于乡、党皆有学,博置教导之官而严其选。朝廷礼乐刑政之事,皆在于学,士所观而习者,皆先王之法言德行治天下之意,其无不在于学,此教之道也。"④ 即是说,"学贵利行",一个人要成才,就必须身体力行。只有能够经世致用,才堪称"可以为天下国家之用"的人才。书院教育学生明道博学,也是为了"笃行"于"传道济民"。"纸上得来终觉浅,绝知此事要躬行",因此书院倡导"重践履、务实行"的作风,且书

---

① 黎清德. 朱子语类(第一册)[M]. 北京:中华书局,1986:222.
② 朱熹. 朱熹集(第七册)[M]. 成都:四川教育出版社,1996:3894.
③ 张栻. 张栻全集(下)[M]. 长春:长春出版社,1999:766.
④ 王安石. 临川先生文集(第四册)[M]. 上海:商务印书馆,1929:81.

院笃行、践履的途径是丰富多彩的。

首先是祭祀。祭祀作为书院的三大功能之一，其作用是巨大的。各书院都有自己的祭祀对象。如岳麓书院在 1002 年扩建时，"塑先师十哲之像，画七十二贤"[①]，学生通过祭祀可以达到学礼展礼的目的。同时，这些先贤都是学生学习的榜样、崇拜的对象。因此书院的祭祀活动无疑为学生营造了一个生动感人的环境，使学生不仅能够感受到先贤的谆谆告诫，而且先贤的生动形象给人"入其堂如见其人"的心理作用。这样，祭祀充满了丰富的传统文化教育和思想道德教育的内涵，可以说是一种严肃而又富有成效的践履形式。

其次，走出书院，考察名山大川、风俗人情，也往往是书院践履的重要途径。朱熹经常携带学生游览名胜，寻古探幽，寓教于乐。课外游历也是书院教育的重要组成部分，行万里路的过程也是读万卷书的过程。这种方法不仅扩大了学生的知识面，完善了学生的知识结构，而且磨炼了学生的意志，无疑对学生的身心发展是大有裨益的。

最后，书院还教育学生践履日常生活礼仪，于细微之处见践履精神。书院教育家特别注重在日常生活中实施教化，通过自己的言传身教，教育学生践履日常生活礼仪。没有规矩不成方圆，学生应该熟悉对待师长、朋友、宾客之礼以及上课、饮食等进退之礼，并时常练习，使之成为习惯。

综上所述，在书院教育和环境的熏陶下，书院生徒热衷于"存心养性"和传承文化。书院的自主精神、平等精神、兼收并蓄精神和践履精神，成为古代书院诸多办学理念和文化意蕴精髓之所在。取其精华、去其糟粕，并加以批判地继承，实为当今中国教育特别是高等教育所必需。通过弘扬书院精神，中国高等教育将在培养高级专门人才、发展科学和直接为社会服务诸方面有所创新、有所建树。也唯有如此，才能再创中国高等教育乃至中华文明之辉煌。

（本文系与唐亚阳合作撰写，本人为第二作者，原载《湖南大学学报（社会科学版）》2005 年第 6 期）

[①] 陈谷嘉，邓洪波. 中国书院史资料（上册）[M]. 杭州：浙江教育出版社，1998：50.

六、学术评价篇

试评《中国大学评价》的大学分类

一、《中国大学评价》的大学分类简介

武书连研究员在《中国高等教育评估》2002年第4期上发表题为《再探大学分类》的论文，率先提出了按学科比例和科研规模两部分组成的新的大学分类标准的主张，并首先应用于其课题组发布的《中国大学评价》中。在该分类中，大学的类型由类和型两部分组成。类反映大学的学科特点，按教育部对学科门的划分和大学各学科门的比例，将现有大学分为综合类、文理类、理科类、文科类、理学类、工学类、农学类、医学类、法学类、文学类、管理类、体育类、艺术类13类。型表示大学的科研规模，按科研规模的大小，将现有大学分为研究型、研究教学型、教学研究型、教学型4型。每个大学的类型由上述类和型两部分组成，类在前型在后[①]。例如：原湖南大学是工科大学，原湖南财经学院是财经大学，两校合并后组成新的湖南大学。在新的分类标准中，按各学科比例情况，湖南大学属于综合类，按科研规模，湖南大学属于研究教学型，简称研教型[②]。该分类标准的具体内容如下：

（一）类型定义

1. 按照学科特点，先将我国大学分为13类

综合类：文理科发展均衡，文科和理科各有两个比较强的学科门类。

文理类：文理科发展均衡，文科或理科比较强的学科门类不足两个。

理科类：理科明显强于文科，理科的4个学科门类中，至少有两个比较强。

---

① 武书连. 再探大学分类 [J]. 中国高等教育评估，2002（4）：51-56.
② 武书连. 挑大学 选专业：考研择校指南 [M]. 北京：中国统计出版社，2003：9.

文科类：文科明显强于理科，文科的 7 个学科门类中，至少有两个比较强。

理学类：理科明显强于文科，且在理科的 4 个学科门类中，理学明显强于其他学科。

工学类：理科明显强于文科，且在理科的 4 个学科门类中，工学明显强于其他学科。

农学类：理科明显强于文科，且在理科的 4 个学科门类中，农学明显强于其他学科。

医学类：理科明显强于文科，且在理科的 4 个学科门类中，医学明显强于其他学科。

法学类：文科明显强于理科，且在文科的 7 个学科门类中，法学明显强于其他学科。

文学类：文科明显强于理科，且在文科的 7 个学科门类中，文学明显强于其他学科。

管理类：文科明显强于理科，且在文科的 7 个学科门类中，管理学明显强于其他学科。

体育类：体育类专业明显强于其他各专业。

艺术类：艺术类专业明显强于其他各专业。

2. 按照科研规模，将我国大学分为 4 型

研究型：学术水平最高、科研成果最多、以研究生培养为主的大学。

研究教学型：学术水平和科研成果仅次于研究型大学、研究生和本科生培养并重的大学。

教学研究型：以教学为主、科研为辅，教学科研协调发展的大学。

教学型：本科以教学为主的大学。

(二) 分类标准

按照 2002 年《中国大学评价》，其大学分类标准见附表。

(三) 分类结果

按照以上分类标准，武书连课题组发布的 2003 年度《中国大学评价》将全国近 600 所大学进行了分类。

1. 研究型大学 37 所

研究型大学是中国科研实力最强的大学，2003 年度共有 37 所研究型大

学。这些大学的科研成果占中国近600所普通本科大学科研成果的61.87%；博士生导师数量占全国普通高等学校总数的62.81%，其中理科博导占62.89%，文科博导占62.48%；培养的博士生占全国普通高等学校总数的67.85%，硕士生占46.95%，本科生占13.83%。

2. 研究教学型大学80所

研究教学型大学是中国科研实力仅次于研究型大学的学校，2003年度共有80所研究教学型大学。这些大学的科研成果占中国近600所普通本科大学科研成果的23.59%，博士生导师数量占全国普通高等学校总数的25.73%，其中理科博导占26.32%，文科博导占23.40%；培养的博士生占全国普通高等学校总数的23.80%，硕士生占29.66%，本科生占23.60%。

3. 教学研究型大学133所

教学研究型大学是以教学为主、科研为辅的大学，2003年度共有133所教学研究型大学。这些大学的科研成果占中国近600所普通本科大学科研成果的8.97%，博士生导师数量占全国普通高等学校总数的11.46%，其中理科博导占10.97%，文科博导占14.11%；培养的博士生占全国普通高等学校总数的8.62%，硕士生占17.28%，本科生占23.04%。

4. 教学型大学341所

教学型大学是以教学为主的大学，2003年度共有341所教学型大学。这些大学的科研成果占中国近600所普通本科大学科研成果的5.57%，没有博士学位授予权，培养的硕士生占全国普通高等学校总数的6.74%，本科生占39.53%。

二、《中国大学评价》的大学分类评析

广东管理科学研究院研究员武书连及其课题组的大学分类，对中国高等教育发展和理论及政策研究有着重要的、不可忽视的积极意义。

首先，武书连及其课题组的大学分类是新中国成立以来我国出现的第一个民间组织提出的大学分类法。截止到2002年，我国高等教育毛入学率已提高到15%，达到了马丁·特罗（Martin Trow）提出的高等教育大众化阶段起始年的标准。为了实现全面建设小康社会和社会主义现代化建设第三步战略的宏伟目标，我们必须加快推进高等教育大众化，不断提高中华

民族的整体素质，变人口大国为人力资源强国。但是，我国高等教育系统的结构紊乱问题已经成为制约目前我国高等教育大众化进程的重要因素。由于缺乏统一规范的高等学校类型和层次划分标准，目前我国高等学校出现了分工不清、定位不明、目标雷同、特色迷失等问题，导致高等学校竞争秩序混乱，相互之间无序争夺生源，盲目追求办学规模的扩张和办学层次的升格，造成了高等教育资源浪费，制约着我国高等教育的可持续发展。因此，加强我国高等学校分类问题研究，尽快建立起中国高等学校的类型和层次标准，引导我国不同类型和层次的高等学校准确和合理定位，最大限度地发挥高等教育系统的功能，是我们必须采取的具有决定性意义的战略步骤。从这个意义上说，《中国大学评价》的大学分类标准具有开创性意义。

其次，武书连及其课题组的大学分类虽然是广东管理科学研究院为了满足其大学排名的需要而提出的，但客观上适应了我国高等教育快速发展、高等院校多样化的新情况，适应了考生及其家长择校的需要，在社会上产生了较大的影响，并引起了高等教育理论和实际工作者的极大关注。该分类的创立者武书连研究员创造性地提出了"两步分类法"，即第一步按学科门类的比例将大学分为13类；第二步按科研规模的大小将大学分为研究型、研究教学型、教学研究型和教学型4型。每所大学的类型都由类和型两部分组成。这种新的大学分类法较之教育部长期沿用的分类法以及部分专家、学者论著中提出的分类构想，显得更为系统和具体，针对性更强。

再次，武书连及其课题组的大学分类提出的大学类型划分思路具有重要的参考价值，对进一步研究中国高等学校分类和定位问题，特别是完善中国高等学校分类法和加强对高等学校办学的政策引导提供了新的启示。正如我国著名的高等教育学家潘懋元先生所指出的：如果说卡内基的分类只以学位的高低层次为标准，那么广东管理科学研究院则先按学科门类分类，再以科研规模大小代替学位高低层次。两种分类，都有一定的参考价值[①]。

但是，作为新中国成立以来民间组织提出的第一个大学分类法，武书连

---

① 潘懋元，吴玫. 高等学校分类与定位问题 [J]. 复旦教育论坛，2003（3）：5-9.

及其课题组的大学分类也有其不够成熟和完善的一面,在某些方面还存在着明显的不足甚至缺陷。

(1) 武书连及其课题组的大学分类的分类依据值得进一步商榷。该分类法对大学进行分类的依据有二：一是学科门类的比例，二是科研规模的大小。但是年度学位授予数量只作为其中的一个指标，显然对高等学校人才培养的比例这样一个非常重要和关键的依据重视不够。众所周知，高等学校具有培养专门人才、发展科学和直接为社会服务三大职能。综观高等学校社会职能的形成和演变史，三大社会职能的形成顺序实际上是其重要性的顺序。具体说，培养专门人才是最早形成的社会职能，也是高等学校自产生以来最首要、最根本的任务，如果高等学校没有培养专门人才的职能，就与研究院（所）无异；直接为社会服务是19世纪首先在美国高等学校中形成的重要职能，并且这一职能随着知识经济的发展日趋重要，正因为如此，才会呈现出高等学校逐步从社会边缘走向社会中心的新趋势。如果分类标准舍弃了直接为社会服务的职能，那么这种分类法就是不完整的甚至是不科学的。

(2) 武书连及其课题组的大学分类划分出来的"类"过多、过细，显得烦琐，这就不易在社会上普及。尽管其划分"类"时考虑到了我国教育部现行的分类习惯（主要按学科门类划分），但由于学科门类本身较多，难于为一般公众所接受，更难于记忆。经验表明，类型划分过细、分类标准太多，在实际生活中就难于普及。

(3) 武书连及其课题组的大学分类的普适性不够。该标准关于"型"的划分中，最低的层次是教学型，即以本科教学为主的大学。这就是说，该分类标准只包括本科及以上招生层次的近600所大学。从分类法的名称看，该分类法仅对大学进行了分类，而忽视了占有半壁江山的本科层次以下的其他高等学校，应当说这一分类法普适性不够。截止到2000年，中国共有各种类型的高等学校1041所，其中本科院校599所，占全国高等学校总数的57.54%；专科学校422所，占全国高等学校总数的40.54%。这就意味着武书连及其课题组的大学分类标准只对我国高等学校总数的57.64%进行了分类，而对其余的42.36%的本科以下层次的高等学校没有进行分类。必须指出，近年来我国高等职业技术学院和民办高等学校发展迅速，其中大部分为专科层次。据统计，2001年我国职业技术学院已经达到386所，占全国高等学校总数的 31.51%。2002 年我国民办高等教育机构共计 1202 所，各类注册学生 140.35 万人，比 2001 年增加 27.31 万人；其中具有学历教育资格的民办高校为 131 所，占全国普通高等学校总数的 9.38%。随着我国高等教育大众化进程的加快和高等学校职能的分化，高等职业技术学院和民办高等学校将担负起我国高等教育大众化的重任，并将成为我国高等教育大众化的主力军之一。毋庸置疑，建立中国高等学校分类标准的主要目的，是促进我国高等教育职能的分化，促使各种类型和层次的高等学校在三大社会职能上合理分工，并在人才培养上建立起相互沟通和衔接的"立交桥"。但是，由于武书连及其课题组的大学分类标准未包括高职高专和民办高等学校，因而在"型"的划分上缺少应用型这一层次。这样就必定会造成高等学校类型划分上的残缺，无助于纠正我国高等学校长期存在的"重学轻术"的不良倾向，无助于目前高等学校中普遍存在的"升格热"问题的彻底解决，无助于加快我国高等教育大众化进程，无助于我国高等学校多样化、有特色地发展。

附表　《中国大学评价》的大学分类标准

类型名称	类型标准	类型细分	标准细分
一流大学	拥有一流的师资队伍。	世界一流	1. 每年在英国《自然》、美国《科学》杂志发表的论文数位列世界大学前 30 名。 2. 在同等入学标准下，研究生中外国留学生占 20% 以上。 3. 每年授予博士学位不少于 100 人。
		亚洲一流	1. 每年在英国《自然》、美国《科学》杂志发表的论文数位列亚洲大学前 20 名。 2. 在同等入学标准下，研究生中外国留学生占 5% 以上。 3. 每年授予博士学位不少于 100 人。

续表

类型名称	类型标准	类型细分	标准细分
研究型大学	1. 将全国所有大学的科研成果得分降序排列，并从大到小依次相加，至得分累计超过全国大学科研成果得分的70%为止。各个被加大学就是研究型大学。 2. 将按上述方法确定的研究型大学的科研成果得分按理、工、农、医、文五个学科分别相加，若某一学科的科研成果得分未超过全国所有大学该学科科研成果得分的50%，则在已确定的研究型大学之外依次补充该学科科研得分最高的大学，直到该学科科研成果得分超过50%为止。各个补充大学也是研究型大学。	研究Ⅰ类	1. 科研成果得分列全国大学前10名，或者研究生创新环境高于研究型大学的平均水平。 2. 每年授予博士学位不少于100人。
		研究Ⅱ类	不符合研究Ⅰ类标准的研究型大学。
教学研究型大学	1. 不统计研究型大学，将全国其余大学的科研成果得分降序排列，并从大到小依次相加，至得分累计超过被统计大学科研成果得分的70%为止。各个被加大学就是教学研究型大学。 2. 将按上述方法确定的教学研究型大学的科研成果得分按理、工、农、医、文五个学科分别相加，若某一学科的科研成果得分未超过被统计大学该学科科研成果得分的50%，则在已确定的教学研究型大学之外依次补充该学科科研得分最高的大学，直到该学科科研成果得分超过50%为止。各个补充大学也是教学研究型大学。	教研Ⅰ类	1. 培养的学士质量高于教学研究型大学的平均质量。 2. 每年授予学士学位不少于1000人。
		教研Ⅱ类	不符合教研Ⅰ类标准的教学研究型大学。

续表

类型名称	类型标准	类型细分	标准细分
教学型大学	不符合研究型和教学研究型大学标准的大学。	教学Ⅰ类	培养的学士质量高于教学型大学的平均质量,且每年授予的学士学位人数超过每年毕业的专科生人数。
		教学Ⅱ类	每年授予的学士学位人数超过每年毕业的专科生人数。
		教学Ⅲ类	每年毕业的专科生人数超过每年授予的学士学位人数。
专业型大学	每年授予的学士学位中,有50%或以上同属一个学科门中的不超过三个本科一级学科。	专业Ⅰ类	研究生创新环境高于专业型大学的平均水平,或者培养的学士质量高于专业型大学的平均质量。
		专业Ⅱ类	每年授予的学士学位人数超过每年毕业的专科生人数。
		专业Ⅲ类	每年毕业的专科生人数超过每年授予的学士学位人数。

(原载《现代大学教育》2004年第2期)

大学理念的哲学审视
——韩延明《哲学的观点：大学理念》述评

进入新世纪，世界各国大学正面临着一系列危机——质量危机、经费危机、道德危机、自治危机、大师危机……尽管这些危机表现各异，但真正深层次地关系到大学兴衰存亡的危机是大学理念的危机。为了拯救陷入危机中的大学，匡正其前进的方向，很有必要从多学科的角度来审视。由潘懋元先生主编、十多位中青年学者共同完成的《多学科观点的高等教育研究》，无论是从理论上还是从方法论意义上，都是一部力作，并给人留下了视角独特、耳目一新、有诸多理论创新的深刻印象。尽管它是一部为构建高等教育学科理论体系而进行理论准备和方法论准备的专著，但其实践指导意义不可忽视。其中，由韩延明撰写的《哲学的观点：大学理念——理性认识与理想追求》实为大学理念的哲学审视之佳作，值得关心大学发展的人认真研读。

一、"大学理念"概念的系统梳理和哲学解析

《哲学的观点：大学理念——理性认识与理想追求》沿着理念→教育理念→大学理念的线索，对"大学理念"这一概念进行了系统梳理和哲学解析。首先，作者分别从西方和中国两个维度，梳理了"理念"一词的起源、演变和发展过程。英语中的"理念"（eidos 或 id）一词由西方译述而来，源于古希腊语，其源典含义为形式、通型等。其中，最早提出"理念"并对其进行初步阐发的是苏格拉底，将"理念"作为哲学术语进行探讨的是柏拉图，而在西方古代哲学史上对"理念"进行集中和详尽论述的当推德国哲学家黑格尔。作者认为，当代人使用的"理念"不完全是哲学上的意义，而是泛指人们对事物的理性认识所形成的观念或观点，并且是一种追求的目标或境界，或者说是一种理想追求的概念化、系统化的表述。在中国，尽管古代无"理念"一词，但却有一个与西方"理念"一词意蕴相近或相通的概念——"理"。作者指出，虽然古代中国与西方文化交流甚少，但作为中国古代哲学范畴的"理"与西方古代哲学范畴中的"理念"，在内涵上却有许多相同或相

通之处。通过从字源学、语义学和哲学三个方面对"理念"自古至今的追溯和考察，作者对"理念"一词进行了明确的界定并认为其意蕴包含如下四个方面：一是理性认识，二是理想追求，三是思想观念，四是哲学观点。就此而言，所谓"理念"，是指人们对于某一事物或现象的理性认识、理想追求及所持的思想观念和哲学观点。简言之，"理念"就是理论化、系统化了的，具有相对稳定性和延续性的认识、理想和观念体系。

其次，作者探讨了从哲学领域中将"理念"移植、扩展到教育学科后形成的"教育理念"，并对其进行了界定，分别列举了日本学者天野郁夫以及我国台湾地区学者吴清基、廖春文，大陆地区学者叶澜、杨鑫辉对于教育理念的不同用法和阐释。在此基础上，作者论述了教育理念的特征："教育理念是文化积淀和文化交流中所形成的教育价值取向与教育价值追求。现代的教育理念，既具民族性，又具国际性。它是关于教育发展的一种理想性、精神性、持续性和相对稳定性的范型，具有导向性、前瞻性、规范性的特征。"

再次，作者在梳理"理念""教育理念"概念的基础上，对"大学理念"进行了界定。作者指出："大学理念是指人们对大学的理性认识、理想追求及其所持的大学教育思想观念和哲学观点。"那么，如何理解这两个概念呢？作者分别对理性认识、理想追求和教育观念或哲学观点进行了具体、严谨、科学的解释：理性认识是对大学的基本看法和理性审视，主要是有关"大学是什么""大学能做什么"方面的内容，包括大学的含义、大学的宗旨、大学的使命、大学的职能等；理想追求是对大学发展的构想、追求和展望，主要是有关"大学应该是什么""大学应该做什么"方面的内容，包括大学的理想、大学的信念、大学的精神、大学的目标、大学的责任、大学的变革与走向等；教育观念或哲学观点是大学教育改革与发展的指导思想和基本原则，主要是有关"大学需要坚持什么""大学应该把握什么"方面的内容，包括大学教育发展观、大学教育价值观、大学教育质量观等。显而易见，理性认识是树立正确大学理念的前提和基础，而理想追求是在对大学进行理性认识的基础上对大学未来发展蓝图的科学构想和精心谋划，教育观念或哲学观点是推进大学改革和发展、实现大学理想所必须遵循的指导方针和总体原则。

二、与"大学理念"相关概念的比较和辨析

由于"大学理念"是一个上位性、综合性的哲学概念，与其含义相近的下位概念往往容易与上位概念相混淆。因此作者选取了"大学理想""大学观

念""大学精神""大学使命""大学目标"五个概念与"大学理念"进行比较或辨析,从而凸显了"大学理念"的科学含义。

关于大学理想,作者首先辨析了"大学理想"与"大学理念"。作者指出:"理念"与"理想"是具有各自内涵的不同概念。接着,文章辨析了"大学的理想"与"理想的大学"。作者认为,这两种提法在角度上是不同的,"大学的理想"是以实践为逻辑起点来设想大学的发展,是大学内部对自身发展的认识、向往和构想;而"理想的大学"则是以理论为逻辑起点来设想大学的发展,是大学外部对大学未来发展的理解和希望。最后,作者列举了具有代表性的关于大学理想的分类。

关于大学观念,作者认为,大学观念是大学理念的重要组成部分,实质上是大学的办学指导思想,主要包括大学教育价值观、大学教育质量观、大学教育发展观等。但是,二者也有明显的区别,大学理念是理论化、系统化、综合化了的大学教育观念,或体系化的教育观念整合,是一种比较自觉的、系统的、理性的认识;而大学观念是观察、分析、论述和处理大学教育改革与发展问题时所处的角度或采取的态度,存在于个人的头脑中,是自发的、感性的、不系统的。

关于大学精神,作者认为,它是一所大学整体面貌、水平、特色及凝聚力、感染力和号召力的反映,是大学的理想、信念、情操、行为、价值和道德水平的标志,是一所大学的支柱和灵魂。其含义有广义和狭义之分,广义的"大学精神",指各类大学所普遍存在的优良校风、相对稳定的群体心理优势和精神状态;狭义的"大学精神",是一所大学在长期的教育实践中积淀的特定人格化和个性化的精神,诸如北大之创新、清华之严谨、南开之笃实、浙大之坚韧即是。大学精神是大学理念的支柱和核心,是一所大学办出特色、办出水平、办出活力的源泉和动因,是一所现代大学的凝聚力、创造力和生命力。总之,大学精神是一种追求人文、追求科学、追求创新的精神,是一种追求至真、至善、至美的精神。

关于大学使命,作者认为,大学使命指大学担负的重大职责和任务,是大学理想的具体体现和外在形式,是依据大学理念所进行的大学实践。大学的根本使命在于以新的思想导引和推动社会发展,以新的人才和新的知识成果服务于社会。接着,作者评介了西班牙的加塞特教授的大学使命观,认为其主张大学应走出"象牙之塔"、洞开校门、走向社会、服务大众、推动社会文明发展的观点具有重要的理论意义和实践意义,但他不主张在大学师生中从事科学研究,这当然是一种片面的大学认识。因此,21世纪大学应走在信息革命和知识经济的前沿，肩负起促进国家兴旺发达、社会繁荣昌盛和人类和平与发展的神圣使命。关于大学目标，作者明确将其界定为大学培养人才所特有的种类、层次、规格和要求，是国家总体教育目的在高等教育领域中的具体化，具有鲜明的时代特征。因而大学目标是大学理念的具体体现，是将大学办成什么样子的一种构想和规划。在此基础上，作者指出了以往我国大学教育中人才培养上存在的"五过"现象（过窄的专业教育、过重的功利导向、过弱的人文陶冶、过强的共性制约、过度的校园限制），并有针对性地提出了"五个统一"（通识教育与专才教育统一、授业解惑与启思导创统一、人文教育与科学教育统一、全面发展与个性培养统一、学校教育与社会教育统一）的大学人才培养目标。

三、大学理念的历史演变及其规律

在对"大学理念"一词进行追本溯源和比较、辨析相关概念的同时，作者并未就事论事，而是通过对大学理念历史演变的分析，总结大学理念变迁的规律，并由此深入到高等教育的本质、功能和规律等深层次问题上。

作者简洁明了地追溯古今中外大学理念的发展、变迁过程后认为，第一，大学理念的历史变迁反映了大学发展的逻辑。德国的洪堡在创办柏林大学时提出的"学术自由""大学自治""教授治校""教学与科研统一"的办学思想和教学原则，被视为经典大学的理念，是大学理念由自发走向自觉、从朦胧变为清晰的标志。由此，作者采用条分缕析的手法，根据大学理念的演变和对其进行的哲学解析，指出这种历史变迁的进程充分反映出了大学自身发展的内在逻辑，同时也成为大学合理存在的价值以及延续千载的认识基础。第二，大学理念本质上是一个动态的、不断发展和完善的过程，并受到教育外部关系规律的制约。随着知识经济时代的到来，大学的职能在不断地扩张，因此，经典大学理念已不能全面反映社会与高等教育关系的新进展，必须随着时代的发展进行重构与创新。20世纪以来，尤其是在世纪之交，"科学教育与人文教育相结合""个性化与人本化""高等教育大众化与普及化""高等教育可持续发展"及"国际化"等一系列新理念的提出就是例证。第三，大学面对国家、社会和人们多样化的需求，面对经济全球化、高等教育国际化的挑战和大学职能的不断扩展，面对一系列的困难和问题，必须紧随时代的步伐，冷静分析，沉着应对，及时更新大学观念，重构大学理念，并牢牢把握大学前进的方向。

综上所述，韩延明的《哲学的观点：大学理念——理性认识与理想追求》一文，以"大学理念"为切入点，运用哲学的观点予以审视，并由此深入到高等教育的本质、价值、功能和规律等深层次问题上，探究了高等教育规律如何制约和支持人们对高等教育的认识和行动的机制，可谓立意高远、视野开阔，对人们正确理解和拯救大学面临的理念危机、校正大学前进的方向，有着深刻的启迪意义和实践指导意义。

（本文系与李莉合作撰写，本人为第一作者，原载《中国高教研究》2004年第9期）

理论寓于平实　研究源于问题
——读潘懋元先生1983年版《高等教育学讲座》

潘懋元先生在创立高等教育学初期曾出版了三个版本的《高等教育学讲座》，即1983年版、1985年版和1993年版。研究这三个版本，对于深入了解和研究潘懋元先生创立高等教育学的艰辛历程、开拓性的学术研究以及其学术思想发展的脉络、治学育人的特色和著作的语言风格等具有重要的价值。其中，1983年由人民教育出版社出版的《高等教育学讲座》是潘懋元先生正式出版的第一部高等教育学专著。笔者以为，这本书更具研究价值。因为唯其是通过录音整理而成的著作，只有从这部著作中才能体会到"理论寓于平实"的学术魅力，也唯有由此入手，才能窥其"研究源于问题"的鲜活特色和弥足珍贵的原创性价值。

一

潘先生1983年版的《高等教育学讲座》，篇幅并不大，仅7.6万字，较之于今天随处可见、动辄二三十万字、书价四五十元的"大部头"专著，真可谓有些"小巫见大巫"。无独有偶，约翰·布鲁贝克的《高等教育哲学》和奥尔特加·加塞特的《大学的使命》，居然也是不到10万字的"小本子"！通观潘先生1983年版的《高等教育学讲座》，其语言简洁，通俗易懂。无论是其鲜明的口语化风格还是其简练的概念和范畴，无论是其深入浅出的理论阐述还是其寓于平实之中的逻辑推导，都体现出一种"平民化"的特色和学术研究的"向民情怀"。例如，在论述"个案法"时，作者特意将宣传报道和科学研究区别开来。"报纸上有的报道往往是只举极端的事例，这样作报道宣传可能有作用，但作为科学研究工作就不能这样做。提出一个问题就找极端的典型，这样的苦头我们吃得太多了。你说好，我就找一个好事例来满足你的要求；你说坏，我就找一个坏事例来满足你的要求，都是说真话，都满足了你的要求。"① 再如，作者在论及教育规律是多层次的观点时说："规律有大有小，教育基本规律是管一切教育工作的，这是第一层次的规律。教学方面有教学过程的规律，是管教学工作的……这些是第二层次的规律。第二层次之下还有更窄的规律……这是第三层次的规律。这一层次之下还有规律，如，课堂教学的规律、实验课的规律、实习课的规律，这是第四层次的规律。不过这些低层次的规律常被写成定理、原则、关系、联系……规律是客观存在的，理论、原则是主观对客观的认识。"② 在这里，作者不仅将"规律是多层次的，有外延很宽的，也有外延较窄的"这一命题解释得通俗易懂，而且深入浅出地、非常简洁地表述了"规律""原则""理论"等概念的内在联系和本质区别。又如，在论及德育与大学生情感心理的关系时，作者认为，"爱情是青年人身心发展至一定时期必然要出现的情感生活"，"有人认为应当禁止大学生谈恋爱"，"但事实证明禁止不了。你禁止，他们就搞地下活动，照样谈。为什么禁止不了，因为这是青年身心发展规律必然出现的现象，规律性的东西是禁止不了的"。作者认为，对高校及老师而言，正确的态度和方法应该是"一不提倡，二不禁止，三要指导"③。这个观点在今天看来，似乎没有争议，但在刚刚结束十年"文革"、改革开放才起步的年代，这个问题就曾成为教育界和社会共同关心的热点话题，且莫衷一是。其中，将大学生谈恋爱视为"洪水猛兽"并力主严禁者不乏其人。

那么，为什么1983年版《高等教育学讲座》体现出鲜明的口语化风格，采用的是"下里巴人"式的语言而摒弃了"阳春白雪"式的话语体系呢？究其原因，笔者以为，这主要是由特定的时代和历史条件所决定的。

首先，该书是根据潘懋元先生报告的录音整理而成的，必然体现出讲座的口语化风格。"文革"结束到该书出版前，潘先生曾应邀到全国十多个省市作了近百场有关高等教育理论问题的报告，内容有十个左右的专题。由于其报告深受欢迎，所阐述的理论十分贴近高等教育实际，具有很强的针对性和现实指导意义，于是有些地方，把潘先生的报告录音整理出来，辗转翻印。例如，1980年潘先生应原第一机械工业部之邀，到湖南大学为当时该部所属高校领导干部教育科学研究班开课，正式提出了著名的"教育两条基本规律"。湖南大学于是根据潘先生讲课的录音，整理编印了《高等教育学及其教

---

① 潘懋元. 高等教育学讲座［M］. 北京：人民教育出版社，1983：27.
② 潘懋元. 高等教育学讲座［M］. 北京：人民教育出版社，1983：30-31.
③ 潘懋元. 高等教育学讲座［M］. 北京：人民教育出版社，1983：21.

育规律问题》的小册子。由于这些翻印本大多未经本人审阅,作者担心差错过多,影响不好,故在人民教育出版社的盛情相邀之下出版了该书。正因为该书源自讲课的录音,所以保持了报告的"原汁原味";也正是因为其通俗易懂、鲜明的口语化风格和平实的理论阐述特色,所以一出版就赢得了读者的喜爱。尽管潘先生本人认为"始生之物,其形必丑",但在笔者和广大读者看来,实则是"书虽初版,其形甚美"。

其次,潘懋元先生应邀讲座的目的在于宣传其"提倡研究高等教育理论,在中国建立高等教育学"的主张,这就决定了其必然将高深的理论寓于平实的表达中来引起听众和读者的共鸣。在中国创立高等教育学的设想,应该说在潘懋元先生心中植根已久。自1952年在中国人民大学研究生班(后并入北京师范大学)研修时萌发创立高等教育学的设想起,潘先生便开始了其创建这一新学科的不平凡历程。20世纪50年代,潘先生发表了《高等专业教育问题在教育学上的重要地位》一文,与教研组的同行一道编写了《高等学校教育学讲义》,尝试开设了高等教育学课程。此后,潘先生又利用业余时间写出了十多篇相关论文。由于在1958年后综合大学开设的普通教育学课程和心理学课程都被取消,潘先生此后才不得不暂停了这一努力。但是,"我们不搞了,人家却在大搞"的事实使得潘先生创立中国高等教育学的愿望更加强烈。正是出于这种使命感和紧迫感,潘先生在党的十一届三中全会召开的当年即在《光明日报》上号召"开展高等教育的理论研究",在《厦门大学学报》上发表了《必须开展高等教育的理论研究——建立高等教育学科刍议》,并率先在厦门大学成立了高等教育研究室①。为了宣传其主张,从1978年到1983年,潘先生除了完成繁重的教学和研究任务外,还不辞劳苦应邀到全国许多高校作报告。通过这些报告,潘先生成功地赢得了听众的心,引起了他们强烈的共鸣,吸引了一大批人加入到高等教育研究的行列中,并以此为起点,推动了全国高等教育研究热潮的兴起。

最后,高等教育学作为一门新兴学科,在草创时期必然要借助于普通教育学的一些概念、范畴乃至话语体系。20世纪50年代,厦门大学作为一所综合性大学,承担了为兄弟高校培训师资和干部的任务。潘先生所在的教研室为这些班开设了"教育学"课程。但是,由于采用的课程体系是普通教育学,更没有讲到怎样教大学生,结果听课的学生和干部们都有意见。正如潘

---

① 王伟廉,杨广云. 潘懋元与中国高等教育科学[M]. 北京:中国华侨出版社,2000:2.

先生在该书中所说的:"在这样的情况下,我们感到需要研究高等教育理论,写出以高等学校教育为研究对象的高等教育学来。为此我们厦门大学就曾写过一本《高等教育学讲义》,这是逼出来的。"[①] 由于以往的教育学都是以普通学校教育为研究对象,并且兼而研究一切教育活动,因而在关于教育的本质、作用、党的教育方针、教学过程的基本原理、思想政治教育的基本内容等方面,普通教育学与高等教育学基本上是一致的。也就是说,二者都要研究教育的基本原理,其目的都是要揭示教育这一社会现象的本质,发现教育的基本规律,只是研究的视角、路径不同而已。从这个意义上说,高等教育学与普通教育学具有密切的联系,在关于教育现象方面,高等教育学与普通教育学在概念、范畴乃至话语体系上是一致的。另一方面,脱胎于普通教育学的高等教育学,要想成为一门独立的学科,就必须有其独有的研究对象、概念、范畴乃至话语体系。这就要求将高等教育学与普通教育学、高等教育与普通教育进行比较,并分析、总结其特点。质言之,正是因为二者同属教育,具有同质性,比较才有意义;正是因为二者各有其特殊性,才更应该通过对比,发现其特点和规律。从这个角度看,草创时期的高等教育学不仅必须借用普通教育学的概念、范畴乃至话语体系,而且更为重要的是,应该通过对这些概念、范畴和话语体系的辨析来构建属于高等教育学的概念、范畴和话语体系。这是任何一门新学科在创建过程中不可逾越的阶段,也是草创时期高等教育学的特点所在。

二

1983年版的《高等教育学讲座》的又一特色是其强烈的问题意识和惊人的洞察力。

第一,该书具有强烈的问题意识,这不仅体现为作者经常使用设问句式,也体现为其理论分析及阐释往往从问题入手。例如,在阐述高等院校教育工作者学习普通教育学问题时,作者先后设定了"是否有用?""为什么说有用?""为什么说不够?"三个层次且层层递进的问题,然后分步展开其论据。在论及"课堂提问在高等学校是否适用"的问题时,作者先后提出了"在大学教学中,课堂提问应给予什么样的评价?占有什么位置?要还是不要?什么情况下要?"四个联系紧密但又不同的问题。在论述"提出高等教育理论是

[①] 潘懋元. 高等教育学讲座 [M]. 北京:人民教育出版社,1983:2.

否是标新立异"的问题时,作者指出:"高等学校的体制问题、结构问题、思想政治教育问题、智能培养问题、学校的科学管理问题等等,都需要进行科学的研究,从理论上来弄清楚。当然,有些问题已经有经验,但经验是否对?有些方面已有资料,但资料如何使用?都需要研究。拿学位问题来说:学士、硕士、博士,这些学位的水平有没有客观标准?有没有国际标准?社会主义社会与资本主义社会的学位的标准有没有不同?培养方式有没有不同?苏联采取的是'读书式',美国采取'放羊式',我们应当怎样培养?……这些实际问题都需要从理论上弄清楚。"① 在论及"教育干部也需要专业化"的问题时,作者指出:"搞教育的干部怎样才算专业化?前些时候,有些人认为老干部没有念过大学,才有个专业化的问题;请一位教授来当学校领导,专业化问题是否就解决了呢?他开过课,搞过科学研究,学术水平很高,请他来当校长,是不是就专业化了呢?是不是就是内行呢?事情并不是这样简单。实践表明,这些同志担任领导工作也会产生很多困难,甚至在一定期间困难更大。"②

第二,1983年版的《高等教育学讲座》具有层次清晰、逻辑推理的线条流畅、简洁、严密的特点。例如,在论证"为什么高等教育研究在(20世纪)50年代后期才兴起"的问题时,作者得出了两条结论:一是"经济的发展促进了科学技术的发展,科学技术的发展又促使生产现代化,生产的现代化就要求更多的科技人才和管理人才。这些人才不能仅靠中等职业学校培养,要大力发展高等教育"。二是"经济的发展促使科技的发展,科技的发展促使高等教育的发展,高等教育的发展促使高等教育理论研究的开展。所以,高等教育理论在五十年代后逐渐受到重视,现在在国际上成为研究的热门,归根结底,是经济发展的产物"③。在论述教育规律与教育工作方针、教育目的的关系之后,作者通过线条流畅的逻辑推理得出了如下结论:"一般说,教育工作方针,反映教育外部基本规律;教育目的,反映教育内部基本规律,也是各级各类教育总的目的。""教育基本规律决定了教育工作方针,教育工作方针和教育内部基本规律决定教育目的,教育目的制约着培养目标。"④ 以这两个结论为推理的前提,作者又推论出了"教育的外部规律制约着教育的内

---

① 潘懋元. 高等教育学讲座 [M]. 北京:人民教育出版社,1983:6.
② 潘懋元. 高等教育学讲座 [M]. 北京:人民教育出版社,1983:7.
③ 潘懋元. 高等教育学讲座 [M]. 北京:人民教育出版社,1983:4-6.
④ 潘懋元. 高等教育学讲座 [M]. 北京:人民教育出版社,1983:33.

部规律，教育的外部规律必须通过内部规律来实现"① 的结论。这个结论也就是后来"教育内外部关系规律之间的关系"的最初的也是最经典的表述。

第三，1983年版的《高等教育学讲座》还充分体现了作者作为高等教育学家独具慧眼的睿智以及惊人的洞察力和预见力。

例如，作者运用其首创的教育的内外部规律分析"有的外国人想来中国办学校，这种学校，由他们出钱办，他们领导，按照外国的一套办法，在中国招生"现象时，明确表示"是不行的"。其理由是：办教育和办工厂不同。办教育所造就的是人，人有思想，人要受政治所制约，这是关系到我们的教育方针、教育目的的问题。据此，作者进一步认为，"我们可以吸收外资、侨资来办学校，但他们只能出钱，不能由他们决定教育目的，主持学校行政，不能干涉或改变学校的教育方针、教育目的。理论根据就是，社会主义的教育必须受社会主义的政治所制约"②。在这里，作者不仅明确澄清了人们在现实中的困惑，而且解决了直到今天还在谈论的"我国加入WTO后的教育主权"问题。同时，作者又根据教育受经济所制约的规律，准确地预测到了20世纪80年代以来我国高等专科教育、成人教育和研究生教育的大发展，并指出：从专业结构角度看，我国理、工、农、医等方面的专业人才数量不是太多而是不够，而政法、财经专业人才的确需要，但也不能一下子猛然发展得太快。研究生也不可发展太快，否则，太快太急可能降低研究生质量，还可能降低本科生的培养质量③。这些看法，在时隔20年后，在我国高等学校经过连续扩招后的今天来看，是非常有远见的正确的观点。在论及高等学校培养目标时，作者针对当时出现的高等学校由于培养目标不明确而导致的"大专向本科看齐，一有机会就改成本科。许多课程用本科教材"④ 等现象提出了批评。反观今天，我国高校在人才培养的层次上仍然存在这一问题，以致高等学校追求办学层次的"升格热"和盲目扩张办学规模的"求大求全热"愈演愈烈，并成为制约我国高等教育大众化进程的重大问题。至此，我们不能不为作者的洞察力和预测力所折服。作者还运用教育的内外部规律论证了教育两大功能之间的关系，"就是把社会的发展和人的发展结合起来"，认为

---

① 潘懋元. 高等教育学讲座 [M]. 北京：人民教育出版社，1983：32.
② 潘懋元. 高等教育学讲座 [M]. 北京：人民教育出版社，1983：35.
③ 潘懋元. 高等教育学讲座 [M]. 北京：人民教育出版社，1983：38.
④ 潘懋元. 高等教育学讲座 [M]. 北京：人民教育出版社，1983：79.

"人的全面发展和社会的发展是一致的"①。在论及"全面发展"问题时,作者主张要防止只抓某一方面,而忽视另一个方面,甚至妨碍某一个方面,并明确表示不赞成所谓"学校的政治思想教育有所削弱是因为强调智育的缘故"的片面解释。也就是说,强调重视智育并非思想政治教育被削弱的原因,二者并不存在因果关系。问题的关键在于人们普遍存在的"非此即彼""厚此薄彼"的思维定势,从而导致在实际工作方法上出现偏差。据此,作者认为,"这不是因为强调了智育,而是强调的方法不对"②。在分析教学过程中"满堂灌"的现象时,作者认为,应当具体分析,不能认为一节课从头讲到尾就是"满堂灌",也不能认为提了几个问题就是"启发式"。在探讨"满堂灌"屡禁不止的原因时,作者的结论是:既有认识上的问题,也有实际上的困难。因为对教师来说,"'灌'比较容易,只要写好讲稿照着本本讲就行了;'导'就困难得多。首先教师对所掌握的知识一定要理解深透,如果教师对知识的理解不深不透,当然无法教好学生,'以其昏昏,使人昭昭'是不行的。同时,'导'还有个教学法问题"③。其分析可谓入木三分!

从以上挂一漏万的分析中,我们不难看出,1983年版的《高等教育学讲座》之所以具有强烈的问题意识、惊人的洞察力和预见力,主要有以下原因:一是创立高等教育学学科往往是基于高等教育实践中出现了许多用普通教育学原理无法解释的现象,也无法借助普通教育学的理论范式来解决现存的矛盾和问题。二是由于是讲座,潘先生必须通过一环套一环的问题来激发听众的兴趣,集中听众的注意力。三是作为草创时期的高等教育学著作,其理论体系往往是建立在现实经验和教训的总结与提升的基础之上的,即通过总结经验和教训并将其上升到理论层面进行分析和阐释的,因而作者大量采用了逻辑推理中的归纳法。这不仅符合"理论源于实践又反过来指导实践"的规律,也充分反映了高等教育学综合性、应用性强的学科特点。四是作者对许多现象的解释之所以令人信服,对许多问题的预测之所以准确,主要是因为其理论体系正确地折射了高等教育实践,这既是潘懋元先生的"教育的内外部关系规律学说"一经提出就迅速为教育界所认同并接受的根本原因,也是高等教育学一经创立便茁壮成长并成为热门学科的重要原因。

综上所述,"理论寓于平实,研究源于问题"是1983年版的《高等教育

---

① 潘懋元. 高等教育学讲座 [M]. 北京:人民教育出版社,1983:47.
② 潘懋元. 高等教育学讲座 [M]. 北京:人民教育出版社,1983:49.
③ 潘懋元. 高等教育学讲座 [M]. 北京:人民教育出版社,1983:64.

学讲座》的主要特色。口语化的语言风格、强烈的问题意识、平民化的学术关怀、入木三分的洞察力和惊人的预见力，是其历久弥新、长兴不衰的根基所在。毋庸置疑，评价一部专著、一种理论、一位历史人物，必须将其放在当时的历史背景下去考察、审视和分析，才能得出比较客观、公允并接近历史真相的结论。脱离1983年版的《高等教育学讲座》的时代特点、历史条件去阅读它、评价它，无疑是十分幼稚可笑的。

(原载《大学教育科学》2004年第3期)

中国的书院与大学血脉相连
——评邓洪波《中国书院史》

在中外教育史界,一个普遍的观点是,中国古代高等教育制度随着清末"废科举兴学堂"而灰飞烟灭,近现代中国高等教育制度是从西方移植过来的。这一观点并非无懈可击。湖南大学岳麓书院邓洪波教授的《中国书院史》考证了导师制、分科制、寄宿制、分级制等高等教育的制度形式在中国古代书院普遍存在的事实,得出了"书院改学堂接通了中国古代与近现代教育的血脉"的研究结论。

近现代中国高等教育制度是从西方移植过来的,其中有很多突出的问题。例如,中国古代高等教育与中国近现代高等教育究竟是个什么样的关系,是继承、发展还是完全断裂的关系?如果是继承和发展的关系,那近现代中国高等教育从古代高等教育中继承了什么又发展了什么?如果是完全断裂的关系,那意味着中国高等教育史就只有一个多世纪的历史,今天中国最古老的大学也只有100多年的历史,这就会从中引出中国古代并不存在高等教育的悖论。显然,这与具有五千余年文明史的中华文明极不相称,亦存在诸多矛盾之处。尽管这些令人困惑的问题客观存在,但至今无人作出有说服力的解读。因而一些文化学者、科学家和高等教育的实践者对此首先提出了疑问。例如,中科院院士、曾任湖南大学校长的俞汝勤教授在《走进千年学府》的序言中对此提出过质疑。20世纪90年代末,湖南大学为追溯办学源头曾邀请著名教育史专家余立、刘海峰等进行校史论证,以至于这一事件被北京大学著名学者陈平原教授称之为"令人悲壮的努力"!

我个人以为,之所以会出现以上争论,恐怕主要与史学界有关近代史的分期标准有关。史学界一般以资产阶级革命为近代史的开端,因此世界近代史以1640年英国资产阶级革命作为起点,而中国近代史以1840年鸦片战争作为起点。既然如此,那么西方近代大学当然应该以法国的巴黎大学、英国的牛津大学和剑桥大学为代表,中国近代大学当以近代学堂的创建为起点。然而,同样无法解释的是,西方大学的历史追溯到了11世纪创建于意大利的波伦亚(Bologna)大学,而中国大学的历史却只能追溯到1898年建立的京师大学堂。如果将冠以"大学"之名的教育机构为起点，那么在西方则发端于中世纪的"大学校"，而在中国则只能是19世纪末的京师大学堂；如果以实施高等教育机构的创立作为大学的起点，那么中国高等教育史就必须重写。因为世界上最古老的且迄今还存在的大学分别为创建于公元859年的加鲁因大学和创建于972年的爱资哈尔大学；在欧洲，最早的大学建于12世纪，主要代表有意大利的萨莱诺大学和波伦亚大学、法国的巴黎大学、英国的牛津大学等；在中国，古代则以西周时期的辟雍和泮宫、汉代以后的太学、晋代以后的国子学和宋代盛行全国各地的高层次书院等为代表，而在近代以京师大学堂为代表。由此看来，大部分学者之所以持中国近现代高等教育始于1898年的观点，恐怕主要是因为他们是以"大学"命名的高等教育机构出现时间和近现代高等教育的制度形式（诸如寄宿制、导师制、学科和专业设置等）为标准的。显然，这一观点及所持的判断标准是值得商榷的。

也许我们可以这样假设，在世界上，自古至今存在两个或三个本质属性相同而又具有不同特点和制度形式的高等教育体系，亦即西方高等教育体系、东方高等教育体系和伊斯兰高等教育体系。而要证明这个假设是否成立，至关重要的几个问题是：高等教育究竟如何定义？判断一种教育机构是否属于高等教育究竟应该以什么为基本标准？是以西方近代大学为标准还是以中国古代大学为标准？抑或是以高等教育的本质属性为标准？由此引发出来的问题还有："大学""高等教育""第三级教育""高等学校"等概念的内涵和外延如何界定？如何使现在通用的"高等教育"概念的外延能够涵盖自古至今、东西方不同类型和层次的高等教育及其实施机构？中国古代哪些教育机构属于高等教育？高层次的书院教育与中国现代高等教育到底是个什么关系？清末"改书院为学堂"是中国近现代高等教育制度的起点还是转折点？是接通还是割裂了中国古代与近现代高等教育的关系？只有弄清楚这些问题，才有可能消除学术界对上述问题的争论。

湖南大学岳麓书院邓洪波教授的《中国书院史》是一部系统研究中国书院历史的专题性学术专著，也是邓洪波教授集自己20多年来中国书院研究成果之大成的"阶段性总结"。作者以书院的发展和流变为经，以中国各时代书院的典型介绍为纬，紧扣书院"独立于官学和私学的文化教育组织形式"这一特质，严谨而又生动地给我们展现了一幅中国书院产生、发展、成熟、移植海外、转型学堂的宏大历史画卷。

邓洪波教授在《中国书院史》中，不仅考证了导师制、分科制、寄宿制、分级制等高等教育的制度形式在中国古代高层次书院（如岳麓书院等）普遍存在的事实，而且得出了"书院改学堂接通了中国古代与近现代教育的血脉"，并使"书院在改制中获得了永生"的研究结论。这一结论，从史学的角度证明了中国的书院与学堂、书院与大学存在直接的承续和发展关系。显而易见，无论是从传授与研究当时高深学问的高等教育本质属性来看，还是从导师制、寄宿制、分级分科制等高等教育的制度形式（尽管名称不同但实质无异）来看，我们也许可以这样认定，中国古代高层次书院与近现代高等教育存在着直接的传承和发展的关系，而中国近代"改书院为学堂"不过是中国高等教育从古代迈向近现代的转折点而已。

评价一部学术著作可以有多个角度，例如专业与非专业的角度、理论与应用的角度、宏观与微观的角度等等。但是，评价邓洪波教授的《中国书院史》，我以为，不仅应该站在中国书院研究专门史角度来分析，而且必须站在高等教育史的宏观角度去认识。正是在这个意义上，《中国书院史》是一部既具专业价值也具非专业价值，既具理论意义又具实践意义，既具微观尺度又具宏观尺度的重要著作，值得我们从事高等教育学研究的人去认真研读。

（原载《科学时报》2007 年 3 月 15 日 B02 版）

七、感念师恩篇

"大道"与"大爱"
——记潘懋元先生和厦门大学教育研究院的老师们

2003年以来,我心底时常有过要写点东西的冲动,以追叙自己两度在厦门大学高等教育科学研究所(以下简称高教所)亲身感受到的大道与大爱。然而,由于笔力笨拙,加上工作繁忙,一直未能如愿。今年4月2日,我收到厦门大学教育研究院30周年院庆报道组的邮件,师弟师妹们热情地邀我写点东西。感动之余,欣然命笔。尽管深知自己笔力有限,写不出辞藻华丽的美文,但写些叙事性的亲身经历和些许领悟,也许对学弟学妹们有些帮助。并且,这也是对教育研究院建院30周年的最好纪念。

高高的门槛

也许是风云际会、时来运转吧,18岁就参加工作且已工作了20多年的我,居然在厦门大学教育研究院就有两次求学的经历。

第一次是2003年师从潘懋元先生做了为期一年的访问学者,那年我四十岁,当时厦门大学教育研究院还叫作高等教育科学研究所。2003年春节期间,我原本与李兵博士计划于2月16日(农历正月十六日)乘长沙至福州的列车,第二天再转乘快巴到厦门。车票都已经买好了,但临行前两天李兵突然告诉我,所里要求必须在16日报到。于是,退票、再购票,忙乎了半天,才赶上了2月16日前往厦门的飞机。等我俩赶到厦门大学时,已经是下午近四点了。匆忙放下行李,李兵就带我直奔位于嘉庚三号楼九层的潘先生办公室(门牌编号915)。那是我第一次见到仰慕已久的潘先生。只见先生精神矍铄,早已等候在办公室里。在简短的介绍后,他满脸笑容地问了一些我访学的设想,诸如研究领域、学术兴趣、访学选题之类的。接着,话锋一转:"跟我做访问学者可是要准备坐冷板凳的哟,凡来高教所做一年访问学者的,除了跟着博士生们听课、做报告外,还要做出点研究成果来,至于做论文还是做专著,你自己选择吧。"然后,他面向李兵:"李兵,下午没别的事吧?你带着陈厚丰去厦大校园里到处转转,顺便看看厦大旁边的大海和南普陀寺。"

潘先生声音洪亮，话语精炼，目光慈祥。

当时，潘先生给我的第一感觉是，宽厚慈祥，平易近人，丝毫没有大师的架子，但要求严格，让我感到了一种学术上的无形压力。在随后的日子里，我就是在这样一种既对潘先生充满敬畏之情又深恐辜负潘先生期望的氛围下度过的。尽管那年十分的忙碌，也度过了许多不眠之夜，但访学的生活过得充实而有意义。现在回想起来，仍感慨万千。正是那一年的学习和研究，才使我在专业知识的深度和学术研究的水准上获得了长足的进步；正是因为有了以潘先生为代表的厦门大学高教所一批导师们的示范，才使我自愿舍弃了安逸和潇洒而选择了面壁与孤独；正是由于潘先生第一次见我时就提出的严格要求，才使我圆满完成了访学的任务！

第二次是2005年师从潘懋元先生攻读博士学位。这时，以高教所为基础组建的教育研究院已成立一年半了。2004年1月，在为期一年的访学结束后，我回到了湖南大学工作。对于我这样一个已届不惑之年的人来说，从没敢想再去攻读博士学位。毕竟，我在非常繁忙的政策研究室工作，何况家里上有老下有小，并不具备条件。尽管如此，但潘先生的厚爱、关怀和期望常常令我怀念与感动。这不仅体现于潘先生在我访学鉴定上的殷切期望，以及访学结束临别前的深情叮嘱，也体现在潘先生百忙之中为我审阅专著清样并亲笔作序上。

2004年6月，应湖南大学正式邀请，潘先生、邬大光教授来到我所供职的学校做学术报告，并欣然接受了湖南大学兼职教授的聘书。在校期间，潘先生和邬大光教授十分关心我的深造问题。在他们的鼓励下，我决定向学校提出报考厦大高教所博士研究生的申请。经学校党委常委会研究，我的申请终于获准。要知道，那年全校只批准了两名在管理岗位上工作的同志报考。2005年9月，我正式成为教育研究院的一名在职博士生，一个名副其实的"潘门弟子"。在这里求过学的人都认为，厦门大学高教所（教育研究院）的门槛很高：当你还没有"入门"前，你会觉得录取的"门槛"是那样的高不可攀；当你经过一番拼搏"入门"后，你会感到学术的"标杆"是那样的遥不可及！

学术的殿堂

根据我的亲身感受，在厦门大学教育研究院，导师们治学之严谨、学风要求之严格，正如高教所这块牌子一样，是赫赫有名和得到学界公认的。

先说每个学期的报到注册吧，按照传统，在教育研究院规定的报到注册时间，所有在读的硕士生、博士生必须按时到院报到，并参加会议。如有特殊情况，一般必须先向导师请假，然后再报院总支书记审批。今年2月17日下午三点，是学院规定的2007—2008学年春季报到注册和开会的时间，也许是入学不久还不懂这个规矩吧，有几位2007级硕士生迟到了。结果，潘先生、刘海峰院长和宋毅书记当场宣布，由班长通知未参加会议的同学于第二天上午九点去院里的会议室，参加一对一的"诚勉式"谈话。

记得2003年上期，我跟随2002级博士生旁听了潘先生开设的"中国高等教育问题研究"课程，同时选修了王伟廉教授开设的"高校课程与教学论专题研究"和刘海峰教授开设的"中国高等教育史专题"等课程。当年下期，又跟随2004级博士生旁听了潘先生的"高等教育学专题研究"课程。上期的"中国高等教育问题研究"课程是分三轮上的，第一轮是潘先生按专题集中讲授，时间一周左右。时已83岁高龄的潘先生总是提前5分钟左右到达，作为学生的我们，谁也不好意思迟到，只好提前10分钟就赶到教室。

有一次，我亲耳听到2002级一位博士生讲述他的亲身经历：2002年下期，潘先生为他们开设"高等教育学专题研究"课程，第二轮课是由博士生们分组根据选定的专题作30分钟左右的学术报告，其他同学点评。由于他阅读了大量资料，特别是一些晦涩难懂的国外学术著作，结果被那些新鲜而玄虚的概念弄得迷迷糊糊，直到作报告时还没完全搞明白，加上他方言很重，许多同学也没有听懂他讲的东西。在同学点评后，潘先生以严厉的口吻说：以其昏昏，使人昭昭，做得到吗？做学问、做老师的人，如果自己没弄懂就去作报告，那是作弄人；如果故弄玄虚，那是蒙骗人；如果讲话别人听不懂，那是误导人。世界上真正的学问，是用最浅显、最简洁的语言表达出来的。潘先生当场责令他上第三轮课时重作这个报告。据说，当场许多同学被吓出一身冷汗，当然这位同学更不例外。

另一件事是我自己亲身经历过的。2006年上期，邬大光教授为我们2005级博士生开设"中国高等教育问题研究"课程。邬教授是潘先生最早招收的两位博士生之一（另一位是王伟廉教授），也是我国高等教育学专业培养的第一批博士毕业生。好像是第二轮课，由博士生们根据自己的选题作研究报告。由于种种原因，我中途改换了选题，并征得了邬教授的同意。那天上课时，碰巧又有几位同学改了题目。邬教授在课程最后的总结点评时，语气非常严厉，批评了其中一位事前没有报告的博士生。我觉得自己有责任，尽管我中途改题已征得了邬教授同意，但作为年龄最长的博士生之一，并没有起到应有的带头作用，因此主动站起来作了检讨。随后，其他改换了题目的师弟们也纷纷发言，从随便改题谈到治学态度，并作了深刻的反思。这无异于邬教授给大家上了一堂生动的学风教育课。

其实，只要你进入厦门大学教育研究院求学，无论你是毛头小伙子还是教授，无论你以前是平民百姓还是领导干部，无论你是硕士生、博士生、博士后还是访问学者，一律都是普通学生。学生要靠学问说话。一名学生只有潜心学术，并在学问上做出成绩，才能获得导师的青睐和同学们的尊重。只要是学问方面的事情，不论是哪一位学生，从来都不敢掉以轻心。

每周一上午院里的学术例会，可是最神圣的学术殿堂。因此，要是哪位学生能够在院里的学术例会上作学术报告，那可是最荣耀的事！

值得高兴的是，这个"待遇"，我在 2003 年访学结束前夕就有幸享受过。我的题为《我国高校追求"大而全"和"升格热"的外部原因及应对策略》的论文，被潘先生选定在周一的学术例会上作报告。当时，这是我连做梦都没想到的，因为我毕竟是个旁听生。记得那次作学术报告时，距离我访学结束也就一两天。报告结束后，师生们都走了，先生正在收拾东西。我一方面想趁此机会当面向先生辞行，另一方面想再听听先生对我报告的其他意见。但是，先生并没有谈及报告，而是主动问起我返校的时间，我告诉了他。突然，他提起几天前我跟他提及的书稿。原来，在一周前填写"访问学者考核鉴定表"时，我将一年来发表的论文和即将完稿的专著《中国高等学校分类与定位问题研究》写了进去。此前，我就发表论文的情况已向先生作了汇报，但专著一直不敢说，因为我没把握在访学结束时写完。潘先生语重心长地说："你的专著如果要出版，最好在明年 5 月前，迟于这个时间，建议你就别出版了。"这真是一份意外的惊喜，潘先生居然还记得我这个"编外"学生的书稿！我当即表示力争在明年 5 月前出版，还斗胆表达了请先生作序的"非分"要求。先生说："看了你的书稿后再定吧！"说实话，当时我也没抱什么希望，潘先生是不会随便为人作序的。返校上班后，我利用业余时间，一边加班加点修改书稿，一边联系出版社。为了按潘先生建议的时间进度出书，我放弃了回乡下老家陪父母亲过春节的打算，夜以继日地校改书稿清样，并于 2004 年农历正月初十将书稿清样以特快专递寄给了潘先生。真没想到，一个多月后，高教所办公室的范孝平老师打来电话，说要将潘先生所作的序言传真给我，当时我激动得半天愣在那里，简直就不相信这是真的！

温暖的家园

教育研究院是一个师生共筑共享、充满情谊的温暖的家园。如果说教育研究院是一个由来自五湖四海的师生共同组建的"大家庭",那么每周六潘先生家里的学术沙龙就是一个"小家庭"!

说教育研究院是个"大家庭",的确是名副其实。因为从地域看,师生来自全国各地,北至黑龙江,南至香港、澳门,东至台湾,西至甘肃、青海、宁夏;从学缘结构看,导师队伍中有来自北京师范大学、华东师范大学、厦门大学的,有来自美国、日本、俄罗斯和挪威的,还有海归派;从学生的学科背景看,除教育学外,还有许多是理学、工学、医学、人文和其他社会科学的,真是"学派林立"。

说潘先生家的学术沙龙是个"小家庭",更是名不虚传。因为它不仅是教育研究院另一个温暖的学术殿堂,更是硕士生和博士生们定期聚会的好去处,只有身在其中,才能领略其独特的魅力。学术沙龙的话题海阔天空,气氛活跃轻松,言行无拘无束。在这里,能近距离接触到国内外高等教育研究方面的"大师"和名家,因为凡是应邀来院里作学术报告、学术访问或参加论文答辩的国内外著名专家,如果碰巧遇上周六,必定会去潘先生家的学术沙龙。在这里,学生们还能品尝到各地风味的点心,因为只要先生出差就会特地带回一些风味小吃,即使没有出差,先生也会亲自上街采购,加上一些学生自备的小吃,可谓品种多样,琳琅满目。这里,又是传统节日的庆贺地、联欢点,每逢端午节、中秋节、春节等,留守在院里的弟子们便会被先生邀请到家里做客,真是其乐融融。特别是对于我们这些吸烟的男生来说,每周的学术沙龙,可是一边接受先生"熏陶"一边又"熏陶"别人的好机会!

有一次,我们刚坐下,潘先生就大发感慨:"如今的学生真是一届不如一届啦!"当时,同学们面面相觑,正当大家"丈二和尚摸不着脑袋"时,先生又说,"现在的男生们可不像当年你们的师兄,能抽烟的是越来越少啦,你们说,那不是一届不如一届吗?"他有意地停顿了一下,"不过,抽烟的习惯还是不好的,至少不能影响他人。"大家恍然大悟,忍不住哄堂大笑。

2004 年,潘先生去湖南大学作学术报告时,在长沙附近工作的弟子们不约而同地来看望潘先生和邬教授,大家一致向两位导师提议,开个异地学术沙龙,他们欣然应允。那天晚上,天气不错,赶来参加这场学术沙龙的人数居然有四五十人,除来自湖南大学、中南大学、长沙理工大学的弟子们外,还有湖南大学高教所的硕士生、国防科技大学胡志刚师兄带来的弟子、湖南师范大学的老师、从湘潭赶来的湘潭大学和湖南科技大学教科院的老师，甚至还包括我的硕士导师、年近古稀的博士生导师孙宗禹教授。由于人太多，我们只好临时将地点改在招待所前古树下的草坪里。作为这场露天沙龙的操办者之一，我亲身感受了现场那种深厚的师生情谊和充满乐趣的学术生活。那洋溢着温暖家园氛围的场景，至今仍历历在目。

最令我难忘的，还是在沙龙上讨论自己论文的事。2006年3月初，我看到《高等教育研究》第2期有篇题为《高校定位：自生秩序还是管制》的论文，作者邓耀彩把那些主张将高校分类与高校定位联系起来并依靠分类来指导高校定位的人们，批评为"简单化"。看完后，我很难认同作者的观点，因为自己正是主张通过建立高校分类体系来引导高校定位的，所以我不能保持沉默。不久，我写了一篇与邓耀彩博士商榷的论文。为慎重起见，我于3月底将论文初稿通过电子邮箱发给了潘先生，请他指点。然而发出去后不久，我从胡弼成师兄那里获悉，原论文作者邓耀彩竟然也是潘先生的弟子。这下子我可傻眼了，我居然公开与同为"潘门弟子"的师兄商榷，岂不是"同室操戈"吗？我赶紧给先生打电话，向他申明事前并不知道邓耀彩博士就是自己的师兄，并表示放弃商榷。谁知道，潘先生不仅没有丝毫责备之意，还鼓励我说："学术问题上不存在什么门户之见，也不应论资排辈，现在就是商榷太少了，学术争鸣很正常嘛！"在潘先生的鼓励下，我继续修改论文，后来又在"五一"长假前夕专程到厦门大学请教。没想到，潘先生决定将我的论文初稿拿到学术沙龙上讨论，广泛听取师生们的意见。为此，潘先生提前一星期就叫姚家惠、刘小强两位博士生复印了邓耀彩博士和我的论文初稿并分发给同学们。在那晚的学术沙龙上，我不仅听到了同学们的真知灼见，也得到潘先生言简意赅的点拨。经过反复修改，我的题为《高校定位：自生秩序与分类引导有机结合——兼与邓耀彩博士商榷》的论文在《高等教育研究》同年第6期刊发。由于急于表达观点，匆忙之中我居然忘记了在论文末尾写上"感谢先生和同学们帮助"之类的话。为此，我至今还有些过意不去。更让我没想到的是，拙文发表后还吸引了两位同行在同一刊物与我讨论，使我对高校定位机制的认识更加全面和深刻。

如今，在厦门大学教育研究院，开办学术沙龙的传统正在发扬光大，薪火相传。邬大光教授、刘海峰教授、谢作栩教授、史秋衡教授……他们也先后开办了学术沙龙。从时间上说，有星期五晚上的，有星期天晚上的，也有在其他晚上的。从地点上说，有在办公室的，还有在家里的。不管是谁指导的学生，只要你去参加，必定会受到热烈的欢迎，我自己就多次参加过邬教授、谢教授的沙龙。

大道无形，大爱无边；师恩如海，同门情深。

我们是幸运的，因为有幸遇到了潘先生等一批好老师；我们也是幸福的，因为有缘结识了一批师兄弟、师姐妹！

我常想，人的一生，要学习许多知识，认识许多人，经历许多事。然而，岁月是无情的，时间会抹平人的记忆。毕竟，一些知识会随着知识的累积而逐渐被淡忘，一些朋友会因为不常见面而慢慢生疏，一些事情会随着时光的流逝而变得虚无缥缈。然而，有些知识是永远不会丢失的，那就是经过时间的冲刷剩下的那点真知；有些人是永远不会被忘记的，那就是曾经塑造过你灵魂的父母和情同父母的老师；有些往事并不如烟，那就是曾经承载着你希望与梦想的校园生活！

我深信，自己在厦门大学教育研究院的求学经历，在厦门大学教育研究院认识的老师和同学们，在厦门大学教育研究院亲身经历的往事，不仅是我终身受用的精神财富，也是我刻骨铭心的眷恋。即便历经岁月沧桑，风霜雨雪，必将像一坛陈年老酒，历久弥香……

热烈祝贺您，厦门大学教育研究院 30 岁！

诚挚祝福您，厦门大学教育研究院潘懋元先生！

（本文写于 2008 年 4 月 11 日厦门大学博士生公寓勤业七 802 室）

难忘的记忆

一晃眼,我从厦门大学教育研究院博士毕业已近九年了。九年来,记忆中我只回过母校一次,那次是与余小波师兄一道去参加 2010 年 10 月 9 日在厦门大学举行的"潘懋元高等教育思想研讨会暨从教 80 周年庆祝会",此后就再也没有回过母校。

说起原因,是上不得台面的。客观上是因为自己工作太忙。2009 年 6 月我博士毕业后,年底即被调到学校办公室工作。由于学校办公室由原党委办、校长办合并而成,工作头绪多、任务倍增,平常要保运行,节假日要保平安,确实离不了岗。主观上,其实还是自己没有拿得出手的学术成果,怕潘先生和院里的老师们问起时不好意思。但是,心底里总是想着要找机会专程回母校一次,一来看看潘先生和院里的老师们,二来看看母校和教育研究院的新变化。这些年来,我都是在想回又不好意思回的矛盾心理中度过的。

其实,九年来,我时刻关注着母校,关注着教育研究院,关注着潘先生和院里的老师们。譬如,从网上得知教育研究院已经从厦门大学嘉庚主楼搬到了海外楼,从微信群中知道了院里的学术动态和潘先生每周六学术沙龙的信息,从学术期刊上拜读了老师和学弟学妹们的论文。每次看到这些来自院里和老师们的消息时都特别兴奋,并由此时常回忆起自己当年在高教所访学和在教育研究院读博时的难忘情景。当然,毕业后我也在自己所供职的湖南大学多次见过潘先生、邬教授、刘教授、谢教授、林教授、杨院长等老师们,他们或到校参加学术研讨会,或应邀来校讲座,或参加评审。每次见面都非常的高兴,由此也萌生了重回厦门大学看看的强烈愿望。

应当说,我与厦门大学很有缘分。首先,我所供职的湖南大学与厦门大学都是 1937 年被当时的国民政府在同一文件中批准改为国立大学的。其次,潘先生著名的"教育两条基本规律"是他1980年应原第一机械工业部之邀，为该部所属高校的领导干部研究班开课时在湖南大学最早提出的。再次，我在教育研究院有过两次求学经历，第一次是2003年跟着潘先生做了为期一年的访问学者，第二次是2005年起跟着潘先生读了四年的博士。

现在回想起来，读博期间有三件事给我的印象特别深刻，令人难以忘怀。

第一件事是我读博士花了四年时间。2005年9月我开始读博时已经42岁了，算是2005级博士生中年龄最大的吧。当时我的目标很明确，那就是争取像全日制博士生一样三年内毕业，因此入学后就坚持边听课、边工作、边做学位论文。经过两年多的努力，2008年3月我的博士学位论文初稿只剩下最后两章。同年4月，经学校批准，我请了三个月假到教育研究院专心做学位论文。为了按时做完论文，我每天的活动轨迹就是"三点一线"——图书馆（资料室）、宿舍、食堂，以至于有位同学笑言我居然不知道厦大艺术学院在哪里。三个多月的夜以继日，我终于在当年6月中旬完成了近60万字的博士学位论文初稿。当我如释重负地将论文初稿呈送潘先生审阅时，他当即回答说："你是在职博士生，学制是四年，高教所还没有哪位在职博士生是三年毕业的，好好静下心来修改，论文先放我这儿吧。"过了两周左右，潘先生把我叫到他家里，在对我的学位论文初稿提出具体修改意见后，专门谈了如何由博返约的问题，明确要求我对论文篇幅进行大大压缩。我严格按照潘先生的要求，又经过近一年的时间，历经三次大的修改和增删，到2009年4月定稿时论文的篇幅已压缩到了35万字，但所分类的高校数由66所增加到了105所。所以，2010年4月潘先生在为我的博士论文《高等教育分类的理论逻辑与制度框架研究》作序时说："研究过程十分艰苦，往往要废寝忘食，而由博返约，却要忍痛割爱。前者是作者自己完成的，后者却是我逼出来的。"

第二件事是我向潘先生请教治学时怎样保持身体健康。我常常想，潘先生的高深学问对自己而言"仰之弥高，钻之弥坚"，"虽欲从之，末由也已"，即便如此，我至少也要学会如何在繁重的工作和研究之余保持身体的健康。由于我先后在学校党委办、政研室、规划办工作，与文字工作打交道，经常晚上加班，生活没有规律，还养成了熬夜等不良习惯，所以常常感冒甚至失眠。记得2008年院庆30周年前夕，我陪一位记者到潘先生家里采访，谈治学、谈工作、谈生活，一时兴起，他带着我们到他房子前的大榕树下当场做了40多个俯卧撑。我趁机向潘先生请教怎样在完成繁重的教学和研究任务的同时保持身体健康。他听了后笑着问我："人的身体是由哪个部位指挥的？是头脑。既然是头脑，那就要经常思考问题，再加上适量的运动。说到底，手脚还是由头脑指挥的。"先生言简意赅的回答，让我豁然开朗。仔细想来，确实如此，教学和研究让头脑经常思考，闲暇之余散散步、打打球使身体适当地运动，这是保持身体健康的好方法。道理虽然简单但做到并不容易。事实上，人在中青年时期大多喜欢率性而为，要么熬夜加班，要么胡吃海喝；想起了要锻炼身体就连续暴走几天，遇到了加班后要休息就睡懒觉；双休日加班看电视连续剧……试想一下，头脑中空白一片，作息上没有规律，长此以往，怎么可能保持身心健康呢？

第三件事是我与胡弼成、李兵博士争论师兄弟排序的事。我博士毕业后不久，有一次潘先生到湖南大学讲学，晚上胡弼成、余小波、李兵和我等一批在湖南工作的厦门大学教育研究院毕业生将潘先生送到房间后在宾馆大厅聊天，胡弼成、李兵要我叫他俩为师兄，我争辩说，师兄弟按"入门"先后排序不合理，最合理的做法是在读期间按"入门"先后排序，毕业后按年龄大小排序。因为我"入门"比他俩都迟些，即便从2003年到高教所做访问学者时算起，我也得"委屈"地做他俩的"师弟"，而我的年龄比他俩都大，岂能这样认输，所以情急之中便提出了"按年龄排序"的标准，但是大家似乎都偏向胡弼成和李兵，我"孤立无援"，没办法，只好说明天早晨由潘先生定夺。第二天我们陪潘先生用早餐时将师兄弟排序争论的事告诉了他，潘先生沉吟了一下，笑着对大家说："师兄弟的排序嘛，按惯例是'入门'先后，不过呢，陈厚丰说的也有些道理，岳麓书院的学规中不是还有'行坐必依齿序'吗？"我的观点终于在潘先生那里得到了认可，心里着实高兴了一阵子。其实，我心里也明白，师兄弟按"入门"先后排序属成规，潘先生之所以这样回答，只不过是照顾一下我的面子。而我和胡弼成、李兵博士为此辩论，纯粹也是师兄弟之间表达"同门"感情的一种方式而已。

十年弹指一挥间，但往事并不如烟。

当我今年初收到厦门大学教育研究院40周年院庆的通知时，才突然觉得时间过得太快了！也许是这些年来工作上起起伏伏，也许是学问上一事无成，毕业后我只回过母校一次。然而，母校美丽的校园令我时时向往，先生和院里的老师们令我魂牵梦萦。无论毕业后的学术成就如何，也无论事业发展得怎样，厦门大学教育研究院和以潘先生为代表的老师们都会敞开怀抱欢迎莘莘学子"回家"。既然如此，我为什么不借此机会回院里看看呢？

回院里吧，师兄师弟、师姐师妹们！回院里吧，让我们一起与老师们再一次握手！

（本文写于2018年3月24日长沙湖南大学友谊村）

学其成时念吾师
——潘懋元先生作序的故事

"饮其流者怀其源，学其成时念吾师。"今年8月，是我国高等教育学的开山鼻祖潘懋元先生100周岁华诞。作为他的弟子，我一直想写点东西。思前想后，我想起了潘先生两次为拙作作序的事。

第一次作序是2004年。2003年，我有幸在厦门大学高教所跟随潘先生做了一年访问学者。记得那年12月底临近访学结束，先生将我的论文《我国高校追求"大而全"和"升格热"的外部原因及应对策略》推荐到每周一高教所举办的学术例会上分享。得知消息的我做梦都没想到自己有这个机会，毕竟我只是个"旁听生"。那天的学术报告会结束后，学生们都陆续走了，潘先生正在收拾东西，我走过去，一方面想当面辞行，另一方面想再听听他对今天报告的意见。但是，先生并没有谈及报告，而是主动问起我离校的时间，我告诉了他。突然，他提起几天前我跟他说过的书稿。原来，一周前我填写"访问学者考核鉴定表"时，将访学一年来发表的论文和即将完稿的专著《中国高等学校分类与定位问题研究》写了进去。其实，早前我就访学期间发表论文的情况已向先生作了口头汇报，但专著却一直不敢说，因为自己没把握在访学结束时写完。先生语重心长地说："你的专著如果要出版，最好在明年5月前，迟于这个时间，建议你就别出版了。"这真是一份意外的惊喜，先生居然还惦记着我这个"旁听生"的书稿！我当即表示一定在明年5月前出版，还斗胆表达了请先生作序的"非分"请求。先生沉吟道："看了你的书稿后再定吧！"回到我所供职的湖南大学后，我利用业余时间，一边加班修改书稿，一边联系出版社。为了按潘先生提出的时间节点出书，我放弃了回乡下陪父母亲过春节的打算，夜以继日地校改书稿清样，终于在农历正月初十将书稿清样以特快专递寄给了潘先生。没想到一个多月后，厦门大学高教所办公室的范孝平老师打来电话，要将潘先生所作的序言传真给我，我激动而又欣喜，半天愣在那里。

第二次作序在2010年。2005年9月，我有幸忝列"潘门"读博，那年已经42岁了，应该是2005级博士生中年龄最大的吧，当时高教所已改名教育研究院。入学后,我的目标很明确,那就是争取像全日制博士生一样三年毕业。承蒙潘先生厚爱,将他主持的厦门大学"985工程"重点攻关课题的子项目"高等教育分类研究"的任务交给了我。经先生同意,我将子项目作为博士学位论文选题。因此,入学后我坚持边听课、边工作、边做学位论文。经过两年半的努力,2008年3月我完成了学位论文主要部分的撰写,只剩下最后两章。同年4月,经学校批准,我请了三个月假到厦门大学教育研究院专心做论文。那段日子里,我每天的活动轨迹就是"三点一线"——图书馆(资料室)、宿舍、食堂。经过三个月的挑灯苦战,终于在6月底完成了近60万字的博士学位论文初稿。当我如释重负地将论文初稿《高等教育分类的理论逻辑与制度框架研究》呈送潘先生审阅时,他当即回答说:"你是在职博士生,学制是四年,高教所还没有哪位在职博士生是三年毕业的,好好静下心来修改,论文先放我这儿吧。"大概过了两周,潘先生把我叫到他家里,在对我的论文初稿提出修改意见后,专门谈了如何由博返约的问题,明确要求我大幅度压缩篇幅。我严格按照他的要求,又经过近一年反反复复的打磨,历经三次大的修改和增删,到2009年4月定稿时论文的篇幅已压缩到了35万字,但所分类的高校数量却从66所增加到了105所。在顺利通过论文答辩后不久,我收到了厦门大学的通知,我的博士学位论文被纳入厦门大学"'985工程'中国特色高等教育体系研究丛书",由广东高等教育出版社出版。得到这个消息后,我马上打电话给先生报喜,并顺势提出了请他作序的想法,先生欣然应允,当时我内心的感激之情无以言表。

时光荏苒,日月如梭。距先生第一次为拙作作序已经过去了16年,第二次作序晃眼间也已有10年之久。这些年来,我只要回忆起先生的两篇序言,里面的句子仍历历在目。譬如,在《中国高等学校分类与定位问题研究》的序言中,潘先生指出:"高等学校的分类与定位问题的研究,是高等教育理论工作者应当攻关的难题。"再如,潘先生在《高等教育分类的理论逻辑与制度框架研究》的序言中强调:"研究过程十分艰苦,往往要废寝忘食,而由博返约,却要忍痛割爱。前者是作者自己完成的,后者却是我逼出来的。"如果说先生的第一次作序点燃了我"敢为天下先"的豪迈激情,那么第二次作序则给了我"板凳甘坐十年冷"的及时提醒;如果说先生的第一篇序言给了我莫大的鼓励和鞭策,那么第二篇序言则提出了由博返约的殷殷期许。

我深知,潘先生之所以两次为拙作作序,并非我的学识有多高,而是出于对学术新题、新作、新人的鼓励:首先,两部著作的选题都是"新题",即"高等学校的分类与定位",而这一问题恰恰是潘先生率先在世纪之交提出的,在先生看来，我国高等教育即将步入大众化阶段，正如他在拙作《中国高等学校分类与定位问题研究》序言中所说的："高等学校的分类是一个世界性的难题，又是关系到中国高等教育能否持续发展的关键。"其次，两部著作都是关于高等学校分类的"新作"，"始生之物，其形必丑"，需要得到学界同行的包容和接纳。再次，作为一名年龄偏大的学术"新人"，我"文未重于世"，出版学术著作是需要推介的，否则很难引起同行的关注和共鸣。当然，这只是我的冒昧揣测。但不管怎么说，我切身感受到的是潘先生"有教无类"的博大胸襟，"诲人不倦"的无我境界，"爱生如子"的舐犊情怀，而这恰恰是时刻激励我知难而进、笃定前行的动力！

（本文写于 2020 年 3 月 25 日武汉华中师范大学）

附　　录

《中国高等学校分类与定位问题研究》序一

高等学校的分类是一个世界性的难题,又是关系到中国高等教育能否持续发展的关键。

为什么是一个难题?因为面临着复杂交错的多种多样模式的高校,分类只能从现实出发,采用归纳法构建高等教育的层次、类型结构,使每所高校能够实事求是地确定自己在整个高等教育体制中的适当地位,并根据自己的定位找准可持续的发展方向;而不能从理论出发,采用演绎法脱离实际设想一个理想的框架,规范复杂交错的数以千计的高等学校。在中央集权的国家中,也许可以用行政命令来强行规范分类,但其结果或者是扼杀了高校自主发展的生机,或者是有些高校阳奉阴违,瞒天过海。

为什么是关系到中国高等教育可持续发展的关键?因为任何一所高校制定可持续发展的战略,必须明确自己的发展方向;发展方向的确定要根据外部环境与自身特点作出准确的定位;而定位的前提是分类。从而构成了这样的链条:分类→定位→发展方向→发展战略→可持续发展。

在精英高等教育阶段,问题虽已存在但不突出。中国的传统大学,基本上是单一的理论型本科教育,向上伸出少量的研究生教育,向下伸出若干本科压缩型的高等专科教育。研究生很少,基本上到高等学校当教师或到研究机构搞科研;老大专在人才市场上虽不能"适销对路",也还能"分配"就业。当精英教育阶段向高等教育大众化阶段发展,计划经济的分配制度转变为市场经济的自主择业时,单一化的人才培养模式与多样化的人才需求的矛盾就暴露出来了。

如何解决这一矛盾?《中华人民共和国高等教育法》有一条重要的规定:"采取多种形式积极发展高等教育事业。"指明"积极发展高等教育事业"是要以"多种形式"为前提的。现在的情况,形式倒是多种的,有全日制普通高校与成人高校,有正规教育与非正规教育,有大学、学院、高职、高专、电大、网络学院等等,但模式却是趋于单一。不论理工、科技、农林、师范或以地方命名的大学、学院,都是标榜学科齐全;也不论地方院校、高职高专,都以综合性研究型定位,以办成全国(或全省)一流、世界(或全国)

知名为发展方向。千校一路，争奔研究型大学；缺乏特点，都要培养精英人才。不言而喻，无论对于一所高等学校，还是对于全国高等教育，都不可能持续发展。

如何改变当前许多（不是所有）高等学校存在的分类不清、定位不明的现象，不能只靠强制性的行政命令，需要的是正确的政策引导。而制定正确的政策要有高等学校分类与定位的理论根据。因此，高等学校的分类与定位问题的研究，是高等教育理论工作者应当攻关的难题。

我曾涉及这个问题的探讨，参考美国卡内基的高等教育机构分类法、联合国教科文组织国际教育分类标准第三级教育的分类，结合中国高等学校的现状，就类型划分，划了几道粗杠，粗分为三大类型[①]。但结合层次进一步细分，面对复杂交错的情况，力已不逮。至于分类指导、合理定位的运作机制与策略，更未能顾及。正在我知难而止的时候，在厦门大学高等教育科学研究所访学的陈厚丰副教授，接过接力棒，知难而进，完成了"中国高等学校分类与定位问题研究"这一难度很大的课题。即将出版的这部专著，就是课题的主要研究成果。"事非经过不知难"，后生可畏。

这部专著，从中国高等学校的分类与定位的现状与问题出发，根据教育内外部关系和高等学校社会职能等理论，参考国内外高等学校分类法，分析国内外高等学校定位的案例，构建中国高等学校类型和层次结构，设计引导中国高等学校分类办学与合理定位的政策和策略。有理论、有比较、有案例、有建议，兼顾科学性与操作性。围绕分类与定位问题，论及评估、排名、质量、发展、高校职能、政府管理、办学自主权等当前高等教育研究的许多重大问题，内容庞大而逻辑严谨，是国内第一部论述高等学校分类与定位的全面系统的专著。

当然，高等学校的分类与定位，正如本文开头所说，是一个世界性的难题，而在中国当前，尤难取得共识。作者的研究成果，只能说是一种尝试，其中诸多论点，很难说已是成熟的定论。但不论读者认同或存疑，如能启发人们进一步思考，引起大家的重视，群策群力，合力攻关，也许能得到更为满意的成果。而这部专著出版的目的也就达到了。

（潘懋元，2004年3月10日于厦门大学高等教育科学研究所）

---

① 潘懋元，吴玫. 高等学校分类与定位问题［J］. 复旦教育论坛，2003（3）：5-9.

《中国高等学校分类与定位问题研究》序二

20世纪90年代以来,我国高等教育的改革发展步入了一个新中国成立后前所未有的快速发展时期。面对全面建设小康社会的艰巨任务以及广大人民群众日益增长的接受高等教育的迫切需求,我国的高等教育在规模、结构、质量、效益协调发展上遇到了前所未有的严峻挑战。随着高等教育大众化阶段的提前到来,我国高等教育的结构优化问题又一次成为高等教育界普遍关注的重要议题。特别是1999年开始实行高校连续扩招以来,在校学生人数激增,新升格的高校越来越多,盲目追求高层次、追求综合化以及新一轮的办学"大而全"的浪潮正成为我国高等教育事业发展中的新热点。怎样尽快形成一个与高等教育大众化必然相伴的、多样化的办学格局,如何使2000多所高校以适应我国社会经济发展的需要为先导,形成一个高效运转而又科学、合理、优化的高等教育结构,有效地扭转目前我国高校中普遍存在的分类不清、定位不明、特色迷失、目标趋同、盲目升格和片面追求"大而全"、综合化等问题,是当前我国高等教育进一步深化改革中迫切需要解决的一个重要问题,这也是近几年来我国高校分类与定位问题越来越受到我国高等教育理论界与实际工作者竞相关注的原因。

陈厚丰同志所著的《中国高等学校分类与定位问题研究》一书,是我国学者公开出版的第一部研究高等学校分类与定位的专著。其主要特点是:研究目的明确,针对性强;研究思路清晰、科学;引用资料全面、翔实;问题分析深入、严谨,颇有新意;分类方案具体可行;政策建议详尽、合理。在这部专著中,一方面,作者比较全面、系统地综合归纳了几十年来国内外学者有关这一问题的研究成果,并进行了必要的评析;另一方面,经过作者的深入分析与研究,结合我国高等教育的实际和发展目标,对我国高等学校的分类与定位提出了颇有见地的看法与建议,既有理论,又有实践与对策;既有丰富充实的素材,又有严密的分析与论证;既有具体的分类方案,又有操作性强的政策建议。无论对高等教育行政主管部门、各高等学校领导，还是对广大的高等教育研究工作与实际工作者，都有很重要的参考价值。

陈厚丰同志在书中对我国高等学校分类与定位的现状进行了比较全面的论述，在充分肯定改革开放以来我国高等教育所取得的举世瞩目的成就的基础上，指出了目前我国高等学校在分类与定位问题上存在的一系列问题。比如，为什么我们刚刚对几十年来我国高校"千校一律""千人一面"的办学模式进行了批判与反思，又出现了新一轮的盲目追求办学"高层次"、"综合化"、定位不明、目标趋同的状况？在这部专著中，作者分别从外部与内部两个视角比较全面、系统而深刻地分析了造成这些问题的深层次原因，对高等教育界从理论上、思想上与实践上深刻认识造成这一现象的根源，就目前在高校分类与定位方面出现的偏差进行反思，确立正确的办学理念，会有很大的启发与帮助，这也是本书的一个主要的特色。

作者对国内外有关高等教育研究机构与学者所提出的在高校分类与定位方面有代表性、影响较大的观点与方案进行了相当详尽的介绍，并对其优点与不足作了深入的评析。作者还介绍了国内外高校在对待分类与定位方面的典型案例。这些研究均为作者深入思考与提出我国高校的分类与定位方案打下了坚实的基础。

在"中国高等学校分类与定位的基本构想"一章中，作者首先明确提出了高校分类与定位的目的、原则与依据，通过对我国高校类型与层次划分的构想，提出了具体的分类方法。这一分类方法的特点是涵盖面广，充分考虑了各个类型与层次的高校在承担"三大职能"上的特点与区别，分类清晰、定位明确。作者提出的中国高等学校合理定位机制的构想为促进分类与定位方案的完善（如进一步研究与制定划分各个类型与层次高校的量化条件与标准）打下了很好的基础，并对这一方案的实施提出了操作性较强的建议。总之，这一高校分类与定位方案的完善与实施必将既有利于国家与地方各级教育行政部门进一步搞好对高校的宏观管理与引导，又有利于各个高校根据社会经济发展的需要与自身的条件（优势、特色与不足）科学地确定自己的位置，各安其位，不断增强自我发展能力，办出特色，争创一流，达到进一步优化我国高等教育结构与教育资源配置的目的，以求在较少投入的同时对我国社会经济的发展做出最大的贡献。

高校分类与定位方案的推行与落实不可能是一蹴而就的，必须依靠切合我国高校办学实际的政策与策略强有力的引导与推动，正确协调与处理政府、社会与高校三者的关系。作者从真正落实高校办学自主权，创新高校分类标准和评价排名体系，引导高校合理定位和分类发展，形成高校自主办学自我约束的机制以及创新高等教育理念，加强社会舆论引导等方面提出了一系列很有见地、具体可行的政策与措施方面的建议。由于作者长期从事高校的教学、管理工作并负责政策研究室的工作，既具有比较扎实的理论基础，又积累了比较丰富的实践经验，十分熟悉我国高等教育改革、发展的过程与现状以及各个时期的政策，因此，所提出的有关政策与策略方面的建议比较切合实际，有很好的参考价值。一年多以前，陈厚丰同志有机会到厦门大学高等教育科学研究所做访问学者，以潘懋元教授为首的一批知名学者悉心指点，以及厦门大学高等教育科学研究所浓郁的学术氛围和条件，对这部专著的问世也起到了重要的促进作用。

当今我国高等教育的发展进程与世界发达国家二战以后的发展状况有许多类似之处。当然，今天的时代背景、社会经济、科技文化的发展与进步等方面与当时已有了很大的差别，但是高等教育从精英阶段向大众化阶段发展以及高等教育大发展后出现的众多值得研究的新情况、新课题（在世界高等教育发展史上称之为"院校研究"）却是大体相似的，"高校分类与定位"就是其中一个十分重要的课题。无论从宏观上还是微观上看，这一问题的合理解决，对优化我国高等教育结构，最大限度地发挥高等教育资源的作用，促进我国高等教育人才培养主动适应我国社会经济发展的需求，在高等教育大众化阶段继续推进我国高等教育在规模、结构、质量、效益等方面协调发展都具有十分重要的意义。相信这部专著的出版会对我国高等教育事业的健康、持续发展起到重要的促进作用。

陈厚丰同志这部专著的出版对促进我国高等教育研究工作加强理论与实际的联系也有很好的启示作用。他本人是一个高等教育的实际工作者，在长期实践中感受到了我国高等教育改革发展中的许多实际问题，带着这些问题，他参阅了大量的文献资料，从理论与实践的结合上开展了针对性很强的研究工作。陈厚丰同志在研究中注意到了从我国社会经济和高等教育发展的全局上考察与研究问题，又从理论上系统分析了实际问题产生的原因，充分利用本人多年积累的理论功底与实践经验，对我国高校分类与定位问题进行了多视角、多维度的分析与探索,终于提出了许多有创见的看法。这一过程再一次提醒我们,与其他学科一样,高等教育研究的源泉是实践,而有价值的研究成果必然会在解决实际问题中发挥强有力的指导作用。

(孙宗禹,2004年2月于长沙岳麓山下湖南大学)

《高等教育分类的理论逻辑与制度框架研究》序

六年前,陈厚丰研究员出版了他的第一部关于高等教育分类研究的专著《中国高等学校分类与定位问题研究》,对当时由于高等教育大众化迅猛推进和实施单一化的高等学校评估制度而导致的分类不清、发展方向不明的现象,起了一定的理论引导作用。虽然软性的理论引导不能像刚性的政策、法规那样收到立竿见影的效果,但在这本专著和其后陆续出版的几本有关著作以及众多的有关论文的影响下,人们逐渐认识到高等教育分类问题在高等教育发展上的重要意义,许多高等学校的办学者也开始理性地思考学校的定位与发展方向,从而分类问题也就进入了决策者的视野中。如果说当时还存在高等教育、高等学校要不要分类发展、能不能分类定位的争论,那么六年后的2010年公布的《国家中长期教育改革和发展规划纲要(2010—2020年)》(以下简称《规划纲要》),已经把"建立高校分类体系,实行分类管理……引导高校合理定位,克服同质化倾向,形成各自的办学理念和风格,在不同层次、不同领域办出特色,争创一流",明白无误地写进刚性的规划中。

陈厚丰又锲而不舍地带着深化高等教育分类理论与构建适应中国现实的分类框架的意愿,承担重点科研课题,撰写博士学位论文。即将出版的这本《高等教育分类的理论逻辑与制度框架研究》,既是重点课题研究的新成果,也是一篇获得高度评价的优秀博士论文。

在这本新的专著中,陈厚丰不仅依据教育基本规律和高等教育大众化理论来研究高等教育分类问题,而且运用科学技术发展与学科分化理论、社会分工理论、个性差异理论等有关理论,还兼采中外学者的分类理论与分类方案之所长,形成了系统的理论逻辑和全面的分类框架。因而,这本新著比第一本著作具有理论加深和框架周全的特点。具体来说:

第一,将分类理论提高到规律的层面上认识。全书所揭示的四点结论,实际上就是四条规律性的认识。而这四条规律性的认识,是从全书的阐述与论证逻辑地推出的结论。因此,我建议读者最好先读"结论"部分,以结论为线索去理解全书的理论逻辑,不至于迷失在大量的资料与复杂的推理过程中。

第二，集纳各家见解，构建比较周全的高等教育分类框架。各家的分类方案，往往只就一个侧面提出分类的见解，有按培养目标分的、按学科数量分的、按职能与层次分的等等。虽然按培养目标分类是具有本质性的内涵，但按其他标准分类也有其适用面，并且有的已很流行。本书集纳各家分类方案构建了四维分类图式，即"2、3、3、3"的分类框架，并通过中国105所普通高校进行检验，证明这一框架及其分类指标的可行性。

同时，这本新著较之第一本著作，资料更加丰富而并不臃肿，引述的理论、分析的案例、有关的头绪更多而并不杂乱。层次较为分明，文字较为简约。研究过程十分艰苦，往往要废寝忘食，而由博返约，却要忍痛割爱。前者是作者自己完成的，后者却是我逼出来的。相信这本新著的出版，对《规划纲要》所提出的"建立高校分类体系，实行分类管理"，"引导高校合理定位，克服同质化倾向"将有进一步的贡献。

是为序。

(潘懋元，2010年4月18日于厦门大学高等教育科学研究所)

高等教育分类理论与实践的创新性探索
——《高等教育分类的理论逻辑与制度框架研究》简评

实现高等教育的分类发展，是优化高等教育资源配置，完善高等教育结构，全面提升高等教育质量，推进创新人才培养的必然选择。随着我国高等教育从大众化逐渐走向普及化，以及从外延式发展向内涵式发展的转型，高等教育的合理分类问题越来越引起高等教育学术界和国家政策制定者的重视。陈厚丰研究员的著作《高等教育分类的理论逻辑与制度框架研究》（广东高等教育出版社，2011年版）正是适应高等教育分类发展需要的又一力作。作者不仅具有丰富的高校教学、管理实践经验，而且较长时期致力于高等教育分类研究，因而对什么是高等教育分类、为什么要对高等教育进行分类、怎样进行高等教育分类，以及怎样促进我国高等教育分类发展等问题都有着独到见解。综观全书，该书具有以下四个特点：

一是研究视野开阔。在该书中，作者突破了以往高等教育分类研究思维缺乏系统性和整体性的局限，将高等教育分类的理论视野从高校层面拓展到高等教育层面，不仅研究高等教育的"自成系统"，也注重研究高等教育的"互成系统"；不仅从高等教育系统内部探索了高等教育分类的规律，而且还研究和揭示了我国高等教育分类与社会发展之间的规律。该书从纵向上梳理了世界高等教育系统分化与重组的脉络与图式，进而提炼出高等教育系统分化与重组的规律；从横向上探讨了世界上代表性国家的高等教育分类制度，揭示了高等教育分类制度架构的一般规律。同时，该书通过比较国内外高等教育分类制度、分类理论及分类法，推理出高等教育分类与高等教育转型及规模之间的规律，并分析了高等教育规模大发展引发的矛盾和问题，总结出经济社会发展和人民群众对优质高等教育资源的多样化需求与高等教育分类之间的规律。其开阔的研究视野，使我国的高等教育分类研究从国际比较的"学习者"转变为立足国情的"构建者"；从外部现象的"描述者"转变为内部规律的"揭示者"，提升了高等教育分类研究的水平，拓展了中国高等教育分类研究的影响，为我国高等教育的合理分类奠定了较为坚实的基础。

二是理论逻辑严谨。该书以高等教育的内外部关系规律与高等教育结构理论、经济结构多样化与社会分工理论和高等教育大众化理论为理论基础，以科学技术与学科分化理论、社会分工理论、人的个性差异理论等为高等教育分类的理论依据，形成了系统的高等教育分类理论逻辑。作者基于高等教育系统分化与重组的历史事实，抽象出了高等教育分类的本质内涵；基于高等教育分类研究的背景，探究了高等教育分类的必要性。同时，作者分析比较了国内外代表性高等教育分类制度与分类法，建设性地提出了区别高校分类与高校排名的创新观点。最后，作者从高等教育学制系统、法律法规体系、政策框架三个角度提出了促进我国高等教育分类发展的建议。该书周密的研究思路就是高等教育分类严谨的理论逻辑，这是值得充分肯定的。

三是实证研究充分。理论指引实践，量化把握尺度，社会科学的本质在很大意义上就是按人们的经验量化。与量化密切相关的实证研究是促进包括教育学在内的社会科学取得突破性进展的关键。作者认为，高等教育分类研究既是一项理论研究课题，也是一项技术应用性很强的实证研究。因此，作者在阐释高等教育分类的理论逻辑与理论框架的基础上，对中国普通高校分类标准与指标体系进行了以具体分类尝试验证分类设想的可行性为特色的实证研究。在该书中，作者借鉴国内外学者的分类观点，依据数据统计探讨了中国高校分类标准与指标体系的构建，并分总体和分类检验两步对分类指标进行了调整，最后从定性扩展到定量，选取我国大陆地区105所普通高校进行分类尝试，以验证分类标准与指标体系的可行性。在理论思辨仍是高等教育分类研究主流方法的当今，该书对高校分类标准与指标体系的实证研究对丰富高等教育分类研究方法具有重要的启迪意义。

四是前瞻对策可行。科学研究的目的在于发现真理、揭示规律。它具有三个基本功能：一是描述功能，即告诉人们是什么，揭示事物的真实面貌；二是解释功能，即告诉人们为什么，揭示事物之间的因果关系；三是预测功能，即告诉人们会怎样，揭示事物变化的未来趋势。该书作者为了充分发挥此研究的预测功能，在理论研究、实证研究的基础上，根据自己对社会经济发展形势的分析，描绘了我国未来高等教育的结构蓝图，并为我国高等教育分类发展提出了很多合理的政策建议，如高等职业教育的任务是培养"技术技能型高级专门人才"，"高等职业教育所授的学历学位，实质上是高级技术技能型学位"；"可以考虑将少量办学时间长、质量高、声誉好的高等职业技术院校升格为高等职业技术大学","将现有的新建地方本科院校转型为高等职业技术大学","在少量优质的高等职业技术大学试办技能型硕士学位教育"等等。该书不仅对我国高等教育分类发展的顶层设计起到了政策咨询作用,也对不同类型的高校合理定位起到了方向指引作用。

(本文作者系董泽芳、张海珍,原载《大学教育科学》2020年第1期)

高等教育须加强"顶层设计"

近20年来,中国的高等教育发生了巨大的变化,其中最显著的变化是由精英教育转变为大众化教育。数据显示,我国高等教育毛入学率已经由1990年的3.45%增长至2010年的26.5%。

与10年前人人艳羡的上大学相比,现在上大学已不再是遥不可及,关键是上什么大学。同时,随着时易世变,近几年来,此前一些人做梦也想不到的"生源危机"竟然悄悄浮现。

这种危机当然与生源减少和招生规模增长有关。以山东省为例,2008年该省高考报名人数为78.1万人,此后持续下降到2011年的58.7万人,但该省的招生计划却在逐年增加,由2008年的43.7万人增长至2011年的48.4万人,考录比例已接近对等。

真的是中国高校多了,考生数量"入不敷出"了吗?如果对照国外,情况似乎并非如此。从绝对数量上看,中国的高校不算多,如美国目前有4000多所高校,平均7万人就拥有一所高校,但中国只有2000多所高校,平均43万人才拥有一所高校。从高等教育毛入学率上看,美国为82%,高出中国数倍。

中国高等教育目前关键的问题还在于质量不尽如人意,尚无法提供足够优质的教育服务,难以满足民众和社会对优质教育的期望,导致部分民众"用脚投票",要么干脆放弃高考,要么选择外出留学,且留学人数连创新高。

中国高等教育为何质量不如人意?作为长期研究高校分类与定位方面的专家,中国高等教育学会会员、湖南大学办公室主任陈厚丰教授在其新作《高等教育分类的理论逻辑与制度框架研究》中,给出了明白浅显而又令人信服的答案:"我国高等学校里普遍存在着类型不清、定位不明、目标雷同、特色迷失、盲目追求'大而全'和提升办学层次的'升格热',致使作为主要担负精英教育职责的重点大学大办成人教育、高等职业教育和网络教育,而作为我国高等教育大众化主力的高职、高专却又一厢情愿地追求学校升格。"

确实,在高等教育扩招热潮中,中国高等教育逐步丧失了原有的特色、优势,还导致部分名牌大学庸俗化、重点大学一般化,高校"千校一面"、课程体系"千篇一律"的程度越来越严重。

陈厚丰认为，中国高等教育所出现的问题，板子不应该光打在高校身上，主要原因在外部，这是由高等教育管理体制、办学资源配置规则及其政策导向导致的。如大学的办学自主权至今没有完全落实、以规模和层次为标准的拨款方式导致高校盲目追求"大而全"和层次升格等。

然而除此之外，更重要的原因在于，计划经济时代残留下来的高校分类方式，使得教育主管部门对高校的合理评价付之阙如，从而导致政策一刀切，使高等教育陷入失序状态中，既破坏了原有的生态，又隔断了历史的脉络。

在陈厚丰看来，高等教育总体规模越大，高校总数越多，高等教育系统的多样性和复杂程度就越高，人们认识、了解和管理高等教育系统的难度也越大，必须加强以教育规划、高校分类体系等为主要内容的"顶层设计"，促使各种类型的高校加强分工与协作。他认为，要改变中国一些高校贪大求洋和层次升格的冲动，只有合理分类并构建高校分类发展的制度体系，才能有效地引导高等教育更加健康、协调和持续的发展。因为只有分类，才能充分尊重各类高校的个性和特色，从而消除一刀切的管理冲动。

在陈厚丰看来，进入大众化阶段后，随着高等教育层次和类型的不断分化，中国的高等教育也迫切需要通过分类来引导高校分流，从而重建高等教育的新秩序。

《国家中长期教育改革和发展规划纲要（2010—2020年）》就把"建立高校分类体系，实行分类管理。发挥政策指导和资源配置的作用，引导高校合理定位，克服同质化倾向"写进了其中，陈厚丰教授的这本书恰好为大学如何分类提供了理论逻辑和制度框架。正如中国高等教育学创始人、厦门大学教授潘懋元在为该书所作的序中所说的："（作者）运用科学技术发展与学科分化理论、社会分工理论、个性差异理论等有关理论，还兼采中外学者的分类理论与分类方案之所长，形成了系统的理论逻辑和全面的分类框架。"

"道不同而不相悖，万物并育而不相害。"确实，当前中国高等教育最迫切的工作之一，就是要通过对高校分类管理，充分尊重各类高校的特点和特色，这样才有利于改变当前高等教育的无序竞争状态，营造共同欣荣的高等教育生态。

（本文作者系叶铁桥，原载《中国科学报》2012年2月29日B3版）

我国高等教育研究学术群体可视化知识图谱构建与分析

学术研究群体的状况反映了一门学科的成熟程度和发展水平。随着高等教育学科发展的日趋成熟和逐步完善，对高等教育学者及群体的研究也逐步引起了学者们的关注。如辽宁师范大学教育学院的潘黎和大连大学人文学部的侯剑华两位老师就曾借助 CiteSpace 可视化工具对国际高等教育研究代表人物和学术团体思想进行了分析[①]，但对国内高等教育研究代表人物和学术群体的研究尚未见到。本文采用作者共被引分析方法，通过建立作者共被引矩阵，运用多元统计和社会网络分析等多种研究方法，构建了我国高等教育研究学术群体的可视化知识图谱，形象地展示了我国高等教育学潜在的学科结构及学者分布，进而分析了高等教育研究学术群体在数量、结构、位置等方面的特点以及学者之间的联系和关系。

一、研究方法与矩阵构建

作者共被引分析是"以文献的作者为基本单元建立共被引关系，使为数众多的作者通过被引证的关系聚集成一个个学科群体，形成学科群体网络，从而反映学科专业人员之间的联系和结构特点，并反映出他们所从事的学科专业之间的联系及其发展变化趋势"[②] 的一种研究方法。社会网络分析是研究社会关系的一种新兴的研究方法，它能够对社会网络中行为者之间的关系进行量化分析，以可视化的图形展示行为者之间的深层次关系及描述群体关系的结构[③]。

---

① 潘黎，侯剑华. 国际高等教育研究代表人物和学术团体思想的可视化探析：基于《Higher Education》等 8 种 SSCI 期刊作者共被引的分析［J］. 中国高教研究，2012（6）：8-12.

② 刘旭，侯海燕，杨虹. 基于作者共被引分析的国外知识管理领域流派研究［J］. 图书馆学研究，2010（1）：14-18；8.

③ 黄维，陈勇. 中国教育经济学研究者合作网络的社会网络分析［J］. 现代大学教育，2010（2）：14-19；111.

本文采用作者共被引分析方法来构建我国高等教育研究领域主要学者的共被引矩阵，运用多元统计分析方法来构建和分析我国高等教育学术群体的知识图谱，运用社会网络分析方法来构建和研究我国高等教育研究学者共被引网络知识图谱。

一个学者能够与其他学者在某个学科中形成学术群体，本身需要具有一定的学术影响力，并且与其他学者有共同的学术兴趣，互相之间有紧密的学术联系。而论文被引总频次和作者共被引总频次能够较好地反映学者的学术影响力和学者之间的学术联系[①]。因而本文确定高等教育研究领域主要学者的方法有以下两种。

（1）统计《中国高教研究》《高等教育研究》《中国高等教育》《学位与研究生教育》《江苏高教》《高等工程教育研究》《黑龙江高教研究》以及《高教探索》8种高等教育学核心期刊载文的作者被引数据，并以被引总频次300为阈值，从而筛选出50位高被引作者，如表1所示。

表1 我国高等教育研究50位高被引作者（总被引频次＞300）

作者	总被引频次	作者	总被引频次	作者	总被引频次
潘懋元	3963	顾明远	776	吴启迪	506
刘献君	2845	眭依凡	748	王战军	479
杨叔子	2471	刘宝存	746	周川	475
张尧学	1899	赵沁平	734	王建华	449
周济	1778	蔡克勇	685	闵维方	438
周远清	1376	马陆亭	668	蔡国春	437
张应强	1192	田建国	666	董云川	399
纪宝成	1166	杨德广	653	赵炬明	394
别敦荣	1117	刘海峰	652	衣俊卿	385
张楚廷	982	王伟廉	595	龚放	377
冯向东	921	周光礼	585	谢维和	342
钟秉林	913	沈红	582	陈厚丰	330
袁贵仁	892	胡建华	565	顾建民	325
邬大光	889	秦惠民	555	薛天祥	321
文辅相	882	王义遒	544	康宁	314
王冀生	820	赵婷婷	536	戚业国	306
谢安邦	780	董泽芳	520		

---

① 陈瑜林，闫志明. 我国教育技术学术群体可视化知识图谱构建与分析［J］. 中国电化教育，2012（12）：1-7.

(2) 在中国引文数据库的"教育与社会综合"学科范围内两两检索 50 位学者之间的共被引频次，然后把 50 位学者两两之间的共被引频次整理在一起，就可以形成我国高等教育学者的共被引矩阵，如表 2 所示。

表 2　我国高等教育研究主要作者共被引矩阵（部分）

	潘懋元	刘献君	杨叔子	张尧学	周济	周远清	张应强	纪宝成	别敦荣	张楚廷	冯向东	钟秉林	袁贵仁
潘懋元		217	84	34	205	172	270	115	184	93	92	85	75
刘献君	217		90	4	72	63	71	23	86	42	51	37	27
杨叔子	84	90		2	58	179	44	25	16	44	8	89	16
张尧学	34	4	2		79	18	5	4	1	2	1	12	4
周济	205	72	58	79		75	18	49	39	21	18	42	101
周远清	172	63	179	18	75		27	57	25	31	7	68	31
张应强	270	71	44	5	18	27		17	80	37	24	14	39
纪宝成	115	23	25	4	49	57	17		18	9	12	23	24
别敦荣	184	86	16	1	39	25	80	18		27	31	53	33
张楚廷	93	42	44	2	21	31	37	9	27		11	16	14
冯向东	92	51	8	1	18	7	24	12	31	11		14	4
钟秉林	85	37	89	12	42	68	14	23	53	16	14		20
袁贵仁	75	27	16	4	101	31	39	24	33	14	4	20	

二、运用多元统计分析构建高等教育学术群体知识图谱

多元统计分析包括因子分析、聚类分析和多维尺度分析，它们可以根据学者之间研究的相似性来对主要学者进行聚类和划分。本文先通过 SPSS 19 软件把作者共被引矩阵转换成相关矩阵和相异矩阵，再进行因子分析、聚类分析与多维尺度分析，从而可以根据学者之间共被引产生的相似性关系，聚类和划分成一个个学术群体。

（一）因子分析

表 3 是因子分析所得出的解释总变量表，从中可知，第一个公因子的解释总变异量达到了 34.299%，再查看成分矩阵可知，有 14 位学者在两个或多个公因子的负载值都超过 0.4，说明不少学者的研究互相之间都有较紧密的学术联系，并且很多学者的研究均具有跨领域性，不局限于某一领域。因而聚类分析和多维尺度分析的结果，将是按学者间学术联系最紧密的领域进行聚合和分类，而不是以研究领域的有无进行划分。

表3 公因子解释总变异量(部分)

成分	合计	初始特征值方差的%	累积%	合计	旋转平方和载入方差的%	累积%
1	17.149	34.299	34.299	5.405	10.811	10.811
2	4.859	9.719	44.017	4.832	9.665	20.476
3	3.333	6.666	50.683	4.825	9.65	30.126
4	3.022	6.045	56.728	4.423	8.847	38.973
5	2.527	5.054	61.782	3.552	7.104	46.077
6	2.084	4.169	65.951	3.398	6.797	52.874
7	1.927	3.855	69.806	3.19	6.381	59.255
8	1.721	3.442	73.248	3.127	6.255	65.51
9	1.585	3.169	76.417	3.041	6.081	71.591
10	1.211	2.423	78.84	2.888	5.776	77.367
11	1.143	2.287	81.127	1.88	3.759	81.127
12	0.803	1.605	82.732			
13	0.799	1.597	84.329			

提取方法:主成分分析。

(二)聚类分析与多维尺度分析

通过对相关矩阵进行聚类分析和对相异矩阵进行多维尺度分析,综合两

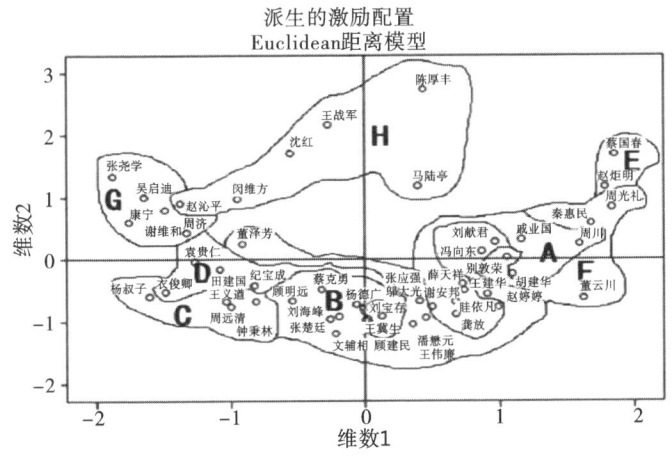

备注:每个闭合的区域代表一个学术群体,与聚类树图标示保持一致,分别用A、B、C、D等字母代表各学术群体。

图1 多维尺度分析结果

者的结果，可以把我国高等教育领域的主要学者划分为 8 个学术群体，如图 1 所示。因子分析结果已经证明，我国高等教育学者学术视野都比较广阔，个人研究涉及的领域比较广泛，因而聚类分析与多维尺度分析所划分的学术群体，体现的是学者在某一领域的研究跟其他学者的学术联系非常密切，并不代表学者的研究仅限于此领域。

（三）学术群体的划分

表 4 为综合聚类分析和多维尺度分析所得出的我国高等教育研究领域主要学者构成的 8 个学术群体及其成员列表，其中成员人数最多的是 16 人，最少的是 2 人。我们知道，学者的代表作在很大程度上可以反映学者在学科中的具体贡献和研究领域。本文在研究过程中，通过分析学者的代表作（被引频次居前 10 位的代表性论文）来了解各学术群体及其学者的主要研究方向和领域，通过分析共被引频次的高低来了解学术群体中不同学者研究成果的相关性的高低，通过分析不同学者共被引频次总和的大小来了解各个学者在该学术群体中的影响力大小。

表 4　我国高等教育研究领域主要学者的学术群体

序号	成员	人数
A	谢安邦、胡建华、周川、龚放、薛天祥、戚业国	6
B	潘懋元、刘献君、张应强、张楚廷、冯向东、邬大光、文辅相、顾明远、蔡克勇、杨德广、刘海峰、王伟廉、赵婷婷、董泽芳、王建华、顾建民	16
C	杨叔子、周远清、钟秉林、王义遒	4
D	纪宝成、袁贵仁、王冀生、眭依凡、刘宝存、田建国、衣俊卿	7
E	蔡国春、赵炬明	2
F	别敦荣、周光礼、秦惠民、董云川	4
G	张尧学、周济、吴启迪、谢维和、康宁	5
H	赵沁平、马陆亭、沈红、王战军、闵维方、陈厚丰	6

1. 学术群体 A

学术群体 A 中有 6 位学者，从他们的代表作中可知，这一学术群体研究领域涉及高等教育管理体制改革、教师教育、高等教育大众化、大学文化素质教育、通识教育、创造性人才培养、院校研究、高等教育质量保障等多个方面。其中，每一位学者研究领域都很宽泛，但也有一定的侧重。如谢安邦、薛天祥两位学者侧重于教师教育研究，周川教授侧重于院校研究，胡建华教授侧重于高等教育管理体制改革研究，龚放教授侧重于研究创新人才培养，戚业国教授则侧重于研究高等教育质量保障。从各个学者的共被引频次来看，胡建华和周川共被引频次最高，高达173次，说明他们二人研究成果相关性最高，其他依次为薛天祥和谢安邦、胡建华和薛天祥、胡建华和龚放、胡建华和谢安邦、周川和龚放、周川和薛天祥、谢安邦和戚业国等，戚业国和胡建华研究成果相关性最低。从各个学者相互之间的共被引频次总和来看，排在最高的是胡建华，余下依次为周川、薛天祥、谢安邦、龚放和戚业国，这一次序也反映了各位学者在这个学术群体中学术影响力的大小。

2. 学术群体B

学术群体B有16位学者，是人数最多的学术研究群体。从他们的代表作来看，该群体的研究领域更加宽泛，包括高等教育思想、高等学校发展战略、高等教育发展模式、高等学校教学改革、大学文化素质教育、教师教育、高考改革、学科建设、学位与研究生教育、现代大学制度、高等学校职能、大学文化建设等，其中大多数学者研究方向都比较开阔，只有刘献君、文辅相、刘海峰和王伟廉四位学者的研究方向比较明确，如刘献君教授侧重于高校发展战略研究，文辅相教授重点研究大学素质教育，刘海峰教授侧重于研究高考和科举，王伟廉教授则重点研究高校教学管理。从共被引频次来看，排在最高的前五对学者依次为潘懋元和王伟廉、潘懋元和邬大光、潘懋元和顾明远、潘懋元和刘海峰、潘懋元和杨德广，这说明，在这一群体中，这6位学者的研究成果相关性最高。从共被引频次的综合来看，从高到低排在前十位的依次是潘懋元、张应强、顾明远、邬大光、王伟廉、杨德广、蔡克勇、刘海峰、刘献君、顾建民，这也反映了在这一群体中这10位学者的学术影响力的大小顺序。

3. 学术群体C

学术群体C有4位学者，从他们的代表作来看，这一学术群体的研究领域也比较开阔，但主要集中在大学人文素质教育和大学文化素质教育两个方面。其中杨叔子和王义遒两位学者的研究方向比较集中，周远清和钟秉林两位学者的研究方向则相对宽泛。不过，他们四位在人文素质教育研究上都有交集。因此，可以把这一学术群体看作大学人文素质教育研究群体。从共被引频次来看，杨叔子和周远清最高，其余依次为杨叔子和王义遒、杨叔子和钟秉林、周远清和钟秉林、周远清和王义遒、钟秉林和王义遒。这也反映了他们之间研究成果相关性的高低。从共被引频次总和的多少来看，杨叔子最高,其余依次为周远清、钟秉林、王义遒。这说明在这个学术群体中,杨叔子学术影响力最大,其余依次为周远清、钟秉林和王义遒。

4. 学术群体 D

学术群体 D 有七位学者,从他们的代表作来看,除纪宝成和袁贵仁研究领域比较宽泛以外,王冀生、眭依凡、刘宝存、田建国、衣俊卿五位学者研究方向都比较明确,主要集中在大学办学理念、大学文化建设等方面。从他们的共被引频次来看,眭依凡和王冀生最高,其余依次为王冀生和袁贵仁、眭依凡和袁贵仁、刘宝存和眭依凡、袁贵仁和衣俊卿、刘宝存和王冀生、王冀生和田建国、袁贵仁和纪宝成、袁贵仁和田建国、眭依凡和纪宝成。这也反映了他们之间研究成果相关性的高低顺序。从共被引频次的总和来看,王冀生、袁贵仁和眭依凡三位学者明显高于其余四位学者,其余依次为刘宝存、田建国、纪宝成、衣俊卿。这也说明在这一群体中各位学者学术影响力的状况。

5. 学术群体 E

学术群体 E 有 2 位学者,从其代表作来看,他们的研究方向最为明确和集中。蔡国春主要集中于中美高校学生事务管理研究和院校研究,而赵炬明则专注于现代大学与院校研究。他们二人的共被引频次为 45,反映了两位学者的研究成果有较高的相关性。从上文表 1 反映的总被引频次来看,蔡国春的总被引频次为 437,赵炬明的总被引频次为 394,这说明,在这一群体内,蔡国春的学术影响力要大于赵炬明。

6. 学术群体 F

学术群体 F 有 4 位学者,从他们的代表作来看,这一学术群体的研究方向也比较宽泛,涉及高校治理结构、教学改革、教育理念、大学精神、高等教育评估等方面,但在高校治理结构上他们之间有较大的交集,所以,这一群体可以称之为高校治理结构研究群体。从他们代表作的共被引频次来看,别敦荣、周光礼、董云川和秦惠民四位学者都在 50~55 次之间,秦惠民和周光礼有 42 次,董云川和周光礼、秦惠民的共被引频次分别为 21 和 20 次。这说明,周光礼、董云川、秦惠民三位学者与别敦荣教授的研究成果相关性最高,其次是周光礼和秦惠民,相关性较低的是董云川和周光礼、董云川和秦惠民。从四位学者的共被引频次总和来看,别敦荣、周光礼、秦惠民和董云川四位学者分别为 158 次、118 次、114 次和 41 次,这也反映了四位学者在这一群体中的学术影响力。

7. 学术群体 G

学术群体 G 有 5 位学者。从他们的代表作来看,这一群体的研究方向则比较宽泛,包括了高等职业教育、现代远程教育、教师教育、独立学院发展、高水平大学建设、专业学位教育、教学工作、高教管理体制改革、高等教育资源配置、大学生就业等多个方面。从他们代表作的共被引频次来看,吴启迪与周济的共被引频次最高,余下依次为谢维和与康宁、康宁与周济、张尧学与周济、张尧学与吴启迪、谢维和与周济、张尧学和康宁,而谢维和与吴启迪、张尧学的共被引频次都比较低,这一顺序也反映了他们之间研究成果相关性的高低。从他们各位共被引频次的总和来看,周济最高,余下依次为康宁、吴启迪、谢维和、张尧学。这也是他们在这一学术群体中学术影响力的反映。

8. 学术群体 H

学术群体 H 有 6 人。从他们的代表作中也可以看出,这一学术群体的研究领域也很宽泛。其中,赵沁平、王战军主要研究研究型大学建设、学位与研究生教育,马陆亭和陈厚丰主要研究高等学校分类,沈红和闵维方主要研究高等教育成本分担、大学生资助。此外,沈红的研究型大学建设研究也很有影响,因此沈红在研究方向上与王战军也有交集。这种研究方向上的特点也反映在他们代表作的共被引情况中。如沈红和闵维方的共被引频次最高(58 次),其次是马陆亭和陈厚丰(51 次),再次是王战军和沈红(50 次),第四是赵沁平和王战军(37 次)。其余学者的研究成果之间共被引频次都不高,这反映出他们之间研究成果的相关性不高。从这一群体各个学者的共被引频次总和来看,沈红最高,余下依次为王战军、马陆亭、闵维方、赵沁平和陈厚丰,这也说明了以上各位学者在这一群体中学术影响力的大小顺序。

(四) 战略坐标图分析

战略坐标图(Strategic Diagram)是 Law 等人于 1988 年提出的,是在聚类分析的基础上,用可视化的形式来描述研究领域或主题内部联系情况和领域间相互影响情况[①]。它将一个二维空间划分为四个象限,第一象限表示核心且成熟,第二象限表示边缘但成熟,第三象限表示既边缘又不成熟,第四象限是核心但不成熟。在战略坐标图中,X 轴为向心度,表示群体间相互影响的强度;Y 轴为密度,表示某一群体内部的联系强度。向心度一般是用某一群体与其他群体的外部链接来表示,密度以群体内部各学者之间的平均共

---

① 张晗,王晓瑜,崔雷. 共词分析法与文献被引次数结合研究专题领域的发展态势[J]. 情报理论与实践,2007,30(3):378-380;426.

被引频次来表示①。本文根据聚类分析结果和作者共被引矩阵，计算了每一类学术群体的向心度和密度（如表5所示），并依据向心度和密度绘制出战略坐标图，如图2所示。由图2可知，学术群体B在第一象限，说明潘懋元、王伟廉、邬大光等学者组成的学术群体，不仅内部之间学术联系非常紧密，而且跟其他群体学者的联系也非常密切，这一群体在8个学术群体中居于中心、核心位置。学术群体A、学术群体C、学术群体F和学术群体G处于第四象限，且位置相对集中，说明这几个学术群体之间的学术联系较为密切，这几个学术群体也同样居于比较核心的位置，但学术群体内部的联系、沟通以及互动显得略差一些。学术群体D、学术群体E和学术群体H处于第三象限，说明他们在内、外部的学术联系方面都相对差一些，处于较边缘的位置。

表5 学术群体的向心度和密度表

学术群体类别	外部连接平均数	向心度	内部连接平均数	密度
A	915.08	147.49	260.49	−55.11
B	1251.61	484.02	1254.97	939.37
C	961.01	193.42	294.37	−21.23
D	695.59	−72	138.45	−177.15
E	192.69	−574.9	45	−270.6
F	849.73	82.14	130.08	−185.52
G	812.89	45.3	292.23	−23.37
H	462.15	−305.44	109.21	−206.39

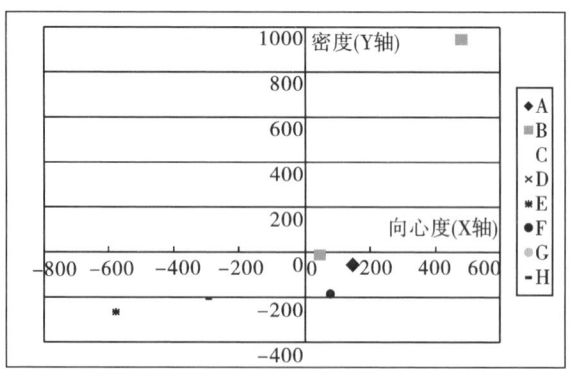

图2 我国高等教育学术群体的战略坐标图

① 陈瑜林. 我国教育技术主要研究领域的历史演进：基于CNKI"两刊"关键词、主题词的类团分析 [J]. 电化教育研究, 2012 (8)：36-42；53.

三、社会网络分析构建高等教育学术群体知识图谱

多元统计分析可以较好地观察学者之间的关系和分类，但不能够表现学者之间联系的强弱，而社会网络分析则可以弥补这方面的不足。社会网络分析是对社会关系结构及其属性加以分析的一套规范和方法，主要分析的是不同个体、群体所构成的关系的结构及其属性[①]。本文主要运用社会网络分析方法来分析我国高等教育研究主要学者的共被引网络，以此来了解其社会网络特征。将50位学者的共被引矩阵导入 Ucinet 软件和 Netdraw 软件，生成的学者共被引网络知识图谱如图3所示。

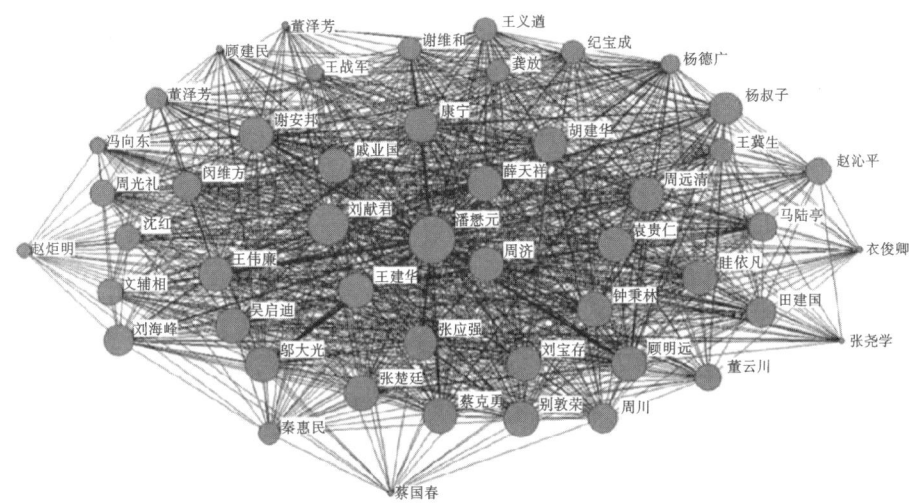

备注：整个网络由结点和连线构成，其中网络中的结点代表作者，结点大小代表各位作者在网络中的影响力；连线代表作者之间的共被引关系，线条的粗细代表作者之间的关系密切程度。

图3　高等教育研究学者共被引网络知识图谱

（一）网络整体属性分析

1. 密度分析

密度反映的是社会网络关系的密切程度，密度越大，表明网络成员之间的关系越密切。在作者共被引网络中，网络密度反映了网络中各个点之间联

---

① 林聚任. 社会网络分析：理论、方法与应用 [M]. 北京：北京师范大学出版社，2009：41.

络的紧密程度。联络密切的网络会促进信息的交流和科研的合作；反之，过于稀疏的网络则会阻碍科学研究的发展①。通过 Ucinet 软件可以算出，50 位学者组成的共被引网络的密度是 21.51，网络的连通性较好，有不少节点高度连接，说明 50 位学者之间共被引情况普遍，频次较高，他们的学术联系比较广泛且紧密，各自的研究能够相互交叉、相互借鉴、相互参考，研究互动大，有些学者甚至一起形成紧密的学术共同体。

2. 小世界效应验证

小世界效应是社会网络中的一种特殊现象。所谓小世界效应，就是指在社会网络中，大部分节点彼此并不相连，但它们之间只要经过少数几步就可到达。在作者共被引网络中，如果具有小世界效应，就说明该网络是"一个信息通畅，科研人员能够快捷交流的网络；相反则是一个信息流通速度慢，甚至信息闭塞、人员不能够快速进行交流的网络"②。因而是否存在小世界效应，表明该网络是否有利于学术交流和学科发展。通过 Ucinet 软件分析可知，我国高等教育研究作者共被引网络中节点之间的平均距离是 1.036，即在该共被引网络中，每两个学者只要通过 1.036 个人就可以互相建立学术联系。根据小世界效应理论，平均路径长度不超过 10 的网络就可以说具有小世界效应，这表明我国高等教育学者的共被引网络具有显著的小世界效应特征，是一个信息交流畅通、学术互动频繁、有利于学科发展的网络。

3. 网络聚集度分析

网络聚集度反映了节点之间的紧密程度，值位于 0 和 1 之间，值越大说明整个网络越紧密，否则越疏松③。通过 Ucinet 软件分析可知，共被引网络的聚集度为 0.982，由此可以看出我国高等教育学者共被引网络的聚集度是非常高的，说明我国高等教育学者之间的学术联系是非常密切的。

（二）中心性分析

中心性是社会网络分析的重点之一，是关于行动者在社会网络中的中心性位置的测量概念，描述的是个人或组织在其所处的社会网络中的地位极其

---

① 邱均平，张晓培. 基于 CSSCI 的国内知识管理领域作者共被引分析 [J]. 情报科学，2011（10）：1441-1445.

② 张玥，朱庆华. Web2.0 环境下学术交流的社会网络分析：以博客为例 [J]. 情报理论与实践，2009（8）：28-32.

③ 袁润，王慧. 基于社会网络分析的图书馆学论文合著现象研究 [J]. 图书情报研究，2010（3）：37-40.

重要[①]。根据计算方法的不同，中心性可分为度数中心性、亲近中心性、中介中心性。限于篇幅，本文仅列出中心性居前15位的学者，如表6所示。

表6　中心性居前15位的学者

作者	度数中心性（NrmDegree）	作者	亲近中心性（nCloseness）	作者	中介中心性（nBetweeness）
潘懋元	25.37	袁贵仁	100	袁贵仁	2.24
顾明远	9.48	刘献君	100	刘献君	2.24
周济	7.94	王伟廉	100	王伟廉	2.24
刘献君	7.48	张楚廷	100	张楚廷	2.24
邬大光	6.75	周济	100	周济	2.24
张应强	6.5	周远清	100	周远清	2.24
别敦荣	6.26	张应强	100	张应强	2.24
杨德广	6.17	刘宝存	100	刘宝存	2.24
康宁	6.07	别敦荣	100	别敦荣	2.24
周远清	6.07	蔡克勇	100	蔡克勇	2.24
胡建华	5.88	薛天祥	100	薛天祥	2.24
薛天祥	5.75	钟秉林	100	钟秉林	2.24
王伟廉	5.48	戚业国	100	戚业国	2.24
杨叔子	5.27	邬大光	100	邬大光	2.24
谢安邦	4.94	顾明远	100	顾明远	2.24

1. 度数中心性

度数中心性又叫点度中心性，指网络中与该节点直接相连的节点个数。如果一个点与许多点直接相连，该点就有较高的点度中心性[②]。在作者共被引网络中，学者的度数中心性越高，说明该学者在整个学科研究中越居于中心的位置。由表3可知，潘懋元的度数中心性最高，相对度数中心性达到了25.37，跟其他49位学者均有共被引关系，与王伟廉、邬大光的共被引频次均达到了500次左右，还与另外24位学者的共被引频次达到了百次以上，说明潘懋元教授在由50位学者组成的我国高等教育研究作者共被引网络中处于最核心的位置。表中其他学者的相对度数中心性也都超过了4.94，说明这

---

① 刘军. 整体网分析讲义：UCINET软件实用指南 [M]. 上海：格致出版社，2009：97.
② 徐媛媛，朱庆华. 社会网络分析法在引文分析中的实证研究 [J]. 情报理论与实践，2008，31 (2)：184-188.

10位学者均处于整个网络的核心位置，是我国高等教育研究的核心学者。

2. 亲近中心性

亲近中心性又叫接近中心性，是以距离为概念来计算一个节点的中心程度，与别人越近则中心性越高，与别人越远则中心性越低[①]。在社会网络中，亲近中心性主要是指某点到网络中所有其他点的距离总和最短。这样的点在网络中有最佳的视野，可以知道网络中所发生的事情，以及信息的流通方向，该点在传递信息方面十分容易。由表6可知，亲近中心性居前的10位学者，他们的亲近中心性都是100，说明他们具有一致且最高的亲近中心性，具有最佳的学术视野，掌握着学术信息流通方向。

3. 中介中心性

中介中心性又叫间距中心性，描述节点在整个网络中的中心程度，表征的是整个网络的集中或集权程度，即整个网络围绕一个点或一组点来组织运行的程度，测量的是行动者对资源的控制的程度[②]。在作者共被引网络中，一个学者的中介中心性越高，说明有越多的学者需要通过他才能发生联系。由表6可知，中介中心性居前10位的学者，他们的中介中心性均为2.24，说明他们均有整个网络的最大控制权，控制资源能力较强，是整个共被引网络构建的关键，具有最大的中间影响力，他们对学术知识和学术信息的交流起着重要的桥梁作用和中介作用。同时也可以发现，在高等教育作者共被引网络中，中介中心性排名基本与亲近中心性排名一致。

（三）核心—边缘结构分析

核心—边缘结构分析是根据网络中节点之间联系的紧密程度，将网络中的节点分为两个区域，核心区域和边缘区域。处于核心区域的节点在网络中占有比较重要的地位。核心—边缘结构分析的目的是研究社会网络中哪些节点处于核心地位，哪些节点处于边缘地位，其本质是将实际数据与理想的模型数据进行比较，通过计算两者的相关性来分析实际数据是否具有核心—边缘结构[③]。通过在Ucinet软件中对学者共被引网络进行连续性核心—边缘模

---

① 邱均平，吴慧. 基于SNA的国际科学计量学作者共被引关系研究：以SCIENTOMETRICS期刊2000—2010年数据为例［J］. 情报科学，2012（2）：166-172.

② 邱均平，张晓培. 基于CSSCI的国内知识管理领域作者共被引分析［J］. 情报科学，2011（10）：1441-1445.

③ 李亮，朱庆华. 社会网络分析方法在合著分析中的实证研究［J］. 情报科学，2008（4）：549-556.

型分析，计算结果显示实际数据与理想模型之间的相关系数为 0.859，属强相关，说明作者共被引网络存在核心—边缘结构。软件同时也计算出了每位学者在网络中的核心度，我们以核心度大于 0.1 为标准，共筛选出 13 位核心学者，如表 7 所示。排名第一的是潘懋元教授，其核心度达到 0.77，远远大于其他的学者。对比表 6 可以发现，这 13 位学者均属于度数中心性居前 15 位的学者范围，可见，核心度排名跟度数中心性排名也是基本一致的，都可以在一定程度上表明学者在网络中的地位和位置，确定谁是核心学者。

表 7 核心—边缘结构分析中的核心学者

排名	作者	核心度	排名	作者	核心度
1	潘懋元	0.77	8	薛天祥	0.134
2	王伟廉	0.216	9	刘献君	0.132
3	邬大光	0.214	10	周济	0.131
4	顾明远	0.2	11	刘海峰	0.119
5	张应强	0.151	12	别敦荣	0.115
6	杨德广	0.15	13	周远清	0.111
7	胡建华	0.134			

四、小结与讨论

通过我国高等教育研究学术群体可视化知识图谱的构建与分析，可以得出以下几个结论：

（1）我国高等教育 50 位高被引作者可以划分为 8 个学术群体，各学术群体成员数量从 2 人到 16 人不等，每一学术群体均在高等教育研究的某一或某几个方向具有较强的学术联系。

（2）我国高等教育研究学术群体是一个学术互动强、学术交流快速的学者团体。由 50 位学者组成的共被引网络，密度大、网络聚集度高，具有显著的小世界效应特征，网络的连通性好，信息传递快，整个网络联系紧密，是有利于学科发展的网络。

（3）潘懋元、王伟廉、邬大光、顾明远、张应强、杨德广等几位学者在学者的度数中心性、亲近中心性、中介中心性以及核心—边缘结构的核心度分析中，均居于前列，处于整个共被引网络的核心位置，是我国高等教育研究的核心学者。

（4）各学术群体和大部分学者研究领域都比较宽泛，尚未形成专一而又精深的研究方向。绝大多数学术群体的研究内容都有交叉、融合现象，学术群体之间的研究边界趋于模糊，这表明从事高等教育研究的大部分学者的研究方向都趋于多元化，并没有在某一研究方向或领域深入探究。这种现象表明，我国高等教育研究的学术群体和学者专业化程度不高，研究方向不够明确具体，研究深度不够，不利于高等教育学科的成熟和完善。

最后，需要说明的是，作者共被引分析作为研究学术群体的一种方法，虽然以量化的形式较为客观地反映了学术群体的结构布局，但本文统计数据来源于中国引文数据库的期刊论文，由于作者对文献引用动机的多样性，以及早期文献引文标示的不规范性，在一定程度上造成了数据的失真，难免与现实情况有一些偏差。因此，本文仅仅是将一种新方法引入高等教育研究的一个尝试，同时，希望此文能够抛砖引玉，由此引起学界的关注，并在以后的研究中能够梳理出支撑高等教育学术群体的思想和理念，更加深入地透视高等教育研究学术群体与学科结构的阶段特征。

（本文作者系罗云、武建鑫，原载《高教探索》2015年第3期）

后　　记

　　这是我出版的第三部学术性著作。从严格意义上说，这部著作只是一部论文集，以收录本人独立完成的论文为主，同时收录了我与导师、领导、同行、同事、同学及学生合作撰写的论文，并征得了这些合作者的同意和授权。尽管如此，这部论文集仍然能够反映我自1992年以来从事学术研究的历程及成果。从收录论文的时间看，2003年至2011年是高峰期，这是因为这段时间正是我攻读硕士和博士学位的时期，所以公开发表的论文相对较多。至于此前和此后公开发表的论文相对较少，究其原因，主要还是与我所从事的工作密切相关。例如，2003年以前我先后在湖南大学党委办公室和政策研究室工作，2011年以后又在湖南大学办公室（党委办公室、校长办公室）工作过8年。在这两段时间里，日常事务繁忙，政策研究任务重，沟通协调工作多，经常加班加点。2018年调任华中师范大学从事纪检、监察和巡察工作以来，由于工作性质所限，我严格约束自己的学术兴趣，将主要精力投入管理工作之中，因而也很少公开发表论文。从收录论文的内容看，主要集中在高等教育和高等学校的分类与定位及相关治理问题上，具体包括分类和定位、高教治理、大学治理、国际比较、大学文化、学术评价、感念师恩等方面。令我特别感动的是，在这部学术著作汇编和出版过程中，我始终得到了华中师范大学、合作者及许多同志的热情支持和帮助。本书的出版荣幸地获得了2022年度华中师范大学出版基金的资助，华中师范大学出版社党委书记廖卫鹏、社长周挥辉、总编辑刘从德，高教分社负责人何军华、编辑鲁丽等同志给予了大力支持和热心帮助，学校办公室桂文亮同志协助下载、收集并汇编了我个人或者与我有关的学术论文，张凡稷、陈逸云同学参与了校对工作。在此，谨向华中师范大学、华中师范大学出版社、合作者和帮助本书出版的诸位同志致以诚挚的感谢！

　　我长期从事大学管理工作，为此也付出了很多，舍弃了很多，甚至也牺牲了自己的学术爱好。但是，我并不后悔。毕竟，我所攻读的是理论性、应用性、综合性都很强的高等教育学专业，从事的研究方向是高等教育管理，将自己所学所思所研之成果，运用于生动、火热的新时代中国高等教育治理，特别是中国大学治理实践，以此为建设世界一流大学和教育强国贡献绵薄之力，是"为党育人、为国育才"的信念之所在、使命之所在、职责之所在。而这部学术著作恰恰是我所学所思所研的主要收获，因此我希望它的出版，不仅对正在从事高等教育和大学管理工作的人员有一定的启迪和借鉴意义，也为推动我国高等教育治理体系和治理能力现代化、提升大学治理水平做出应有的贡献。

是为记。

陈厚丰

2022 年 4 月